सफल सोच का सफल जादू

सफल सोच का सफल जादू

दौलतमंद बनने की राह

डेविड जे. श्वार्ट्ज़

अनुवाद : डॉ. सुधीर दीक्षित, रजनी दीक्षित

MANJUL

मंजुल पब्लिशिंग हाउस

MANJUL

मंजुल पब्लिशिंग हाउस

कॉरपोरेट एवं संपादकीय कार्यालय

• द्वितीय तल, उषा प्रीत कॉम्प्लेक्स, 42 मालवीय नगर, भोपाल-462 003

विक्रय एवं विपणन कार्यालय

• सी-16, सेक्टर 3, नोएडा, उत्तर प्रदेश, 201301

वेबसाइट : www.manjulindia.com

वितरण केन्द्र

अहमदाबाद, बेंगलुरू, कोच्चि, कोलकाता, चेन्नई,
हैदराबाद, मुम्बई, नई दिल्ली, पुणे

डेविड जे. श्वार्ट्ज़ द्वारा लिखित मूल अंग्रेजी पुस्तक
द मैजिक ऑफ़ थिंकिंग सक्सेस का हिन्दी अनुवाद

The Magic of Thinking Success by David J. Schwartz – Hindi Edition

यह हिन्दी संस्करण 2005 में पहली बार प्रकाशित
12वीं आवृत्ति 2025

ISBN 978-81-8322-002-6

हिन्दी अनुवाद : डॉ. सुधीर दीक्षित, रजनी दीक्षित

मुद्रण व जिल्दसाज़ी : रेप्रो इंडिया लिमिटेड

सारा एन. श्वार्ट्ज़ को समर्पित

एक बहुत ही ख़ास **बड़ी चिंतक।**

हम सबको दिखाती रहो कि हम किस तरह

- **प्रेम बाँटकर प्रेम हासिल कर सकते हैं,**
- **छोटी-छोटी बातों में ख़ुशी खोज सकते हैं,**
- **अपनी प्रतिभा का इस्तेमाल करके अमीर बन सकते हैं।**

सारा, मेरी प्यारी पोती, मेरी ख़ास दोस्त,
यह पुस्तक तुम्हें समर्पित है;
और तुम्हारी बहन एबिगैल अमान्डा को
तथा तुम्हारे भाई डेविड जेम्स को।

प्राक्कथन

इंसान की सबसे मूल्यवान अनुभूति कौन सी है ? चारों तरफ़ व्याप्त जीवन के विहंगम दृश्य को देखने की क्षमता ? गीत और भाषा की ध्वनियाँ सुनने की शक्ति ? भौतिक संसार का आनंद अनुभव करने की क्षमता ? या फिर शायद समृद्ध प्रकृति की मधुरता और सौंदर्य का स्वाद व गंध लेने की योग्यता ?

डॉ. डेविड श्वार्ट्ज़ का विश्वास है कि हमारी सबसे अधिक मूल्यवान अनुभूति है "मस्तिष्कदृष्टि" (mindsight) – वह क्षमता जिसके द्वारा हम अपने जीवन को सबसे संतोषजनक रूप में देख सकते हैं। परंतु मस्तिष्कदृष्टि जीवन को सर्वश्रेष्ठ रूप में देखने की सिर्फ़ मानसिक दृष्टि ही नहीं है; यह इससे भी अधिक है। यह एक नज़रिया है और कार्ययोजना भी; यह एक सपना है और उस सपने को हक़ीक़त में बदलने की योग्यता भी।

सफल सोच का सफल जादू व्यावहारिक सुझाव देती है और भावनात्मक संबल भी देती है। इसके सहारे हम अपने अंदर छुपी शक्तिशाली "छठी इंद्रिय" को खोज सकते हैं और उसका प्रभावी प्रयोग कर सकते हैं। हममें से बहुत कम लोग जानते हैं कि हम क्या चाहते हैं, उसे पाने की योजना बनाने की बात तो छोड़ ही दें। फिर भी, यह तय है कि सही दिशा में चलने पर हमारा जीवन जितना रोमांचक, संतुष्टिदायक और सफल हो सकता है, उतना दिशाहीन जीवन नहीं हो सकता। यह पुस्तक हमें बताती है कि हम ख़ुद को ऐसी राह पर कैसे ले जायें, जिससे हमें सुख और संतुष्टि मिले। साथ ही, यह बहुमूल्य उपाय भी बताती है, जिससे हमें इस राह पर बने रहने में मदद मिल सके। इसमें जीवन के हर क़दम पर सफलता हासिल करने का मार्गदर्शन दिया गया है।

डॉ. श्वार्ट्ज़ कहते हैं कि व्यक्तिगत सफलता व्यक्तिगत सुख की पर्यायवाची है। आप अपने बारे में, अपने काम के बारे में, अपने रिश्तों के बारे में और दुनिया के बारे में जैसा महसूस करते हैं, उसी अनुपात में आपकी व्यक्तिगत सफलता अधिक या कम होती है।

लेखक ने विस्तार से बताया है कि सच्चे सफल लोग वे होते हैं, जो हर नये दिन का स्वागत उत्साह, आत्मविश्वास और आशा के साथ करते हैं। उन्हें ख़ुद पर भरोसा होता है और उस जीवन पर भी, जिसे जीने का विकल्प उन्होंने चुना है। वे जानते हैं कि जीवन में सब कुछ *पाने* के लिये उन्हें अपना सब कुछ *देना* पड़ेगा। वे "प्रेम करने से प्रेम करते हैं और अपने काम से प्रेम करते हैं।" वे लोग दूसरों को प्रेरित करने में कुशल होते हैं और दूसरों की उपलब्धियों पर ख़ुश होते हैं। वे दूसरों का ध्यान रखते हैं, उनके साथ अच्छा व्यवहार करते हैं और बदले में उनके साथ भी अच्छा व्यवहार किया जाता है। मस्तिष्कदृष्टि द्वारा वे जानते हैं कि मेहनत, चुनौती और त्याग जीवन के हिस्से हैं। वे हर दिन दुख को व्यक्तिगत विकास के अवसर में बदल लेते हैं। सफल व्यक्ति डर का सामना करके उसे जीत लेते हैं और दर्द को झेलकर उसे हरा देते हैं। उनमें अपने दैनिक जीवन में सुख पैदा करने की क्षमता होती है, जिससे उनके आसपास रहने वाले सौभाग्यशाली लोग भी सुखी हो जाते हैं। उनकी निश्छल मुस्कान आंतरिक शक्ति और जीवन की सकारात्मक शैली का प्रमाण होती है।

क्या आप ख़ुद को उन लोगों में से एक मानते हैं, जिन्होंने व्यक्तिगत सफलता हासिल कर ली है? क्या आप उतने सुखी हैं, जितने आप होना चाहते हैं? क्या आप अपने सपनों का जीवन जी रहे हैं या फिर आप उतने से ही संतुष्ट होने की कोशिश कर रहे हैं, जो आपके हिसाब से आपको मिल सकता है? क्या आपको हर दिन सुंदर व संतुष्टिदायक अनुभवों से भरे अद्‌भुत अवसर की तरह दिखता है? अगर ऐसा नहीं है, तो डॉ. श्वार्ट्ज़ के पास आपके लिये एक महत्वपूर्ण संदेश है : किसी को भी संपूर्ण, समृद्ध और पुरस्कार से भरे जीवन से कम पर समझौता नहीं करना चाहिये। वे ऐसे अनिवार्य नज़रिये और तरीक़े बताते हैं, जिनके द्वारा ऐसा किया जा सकता है। साथ ही वे यह भी स्पष्ट करते हैं कि व्यक्तिगत रूप से सफल होने के लिये कौन से क़दम उठाना ज़रूरी है।

आप अपनी मनचाही ज़िंदगी जीने में सफल हो पायेंगे या नहीं, यह अब पूरी तरह आप पर निर्भर है। इस पुस्तक के पन्नों में जो ज्ञान दिया गया है, उसका इस्तेमाल करके आप अपने सपनों को हक़ीक़त में बदल सकते हैं।

✱ ***मेल्विन पॉवर्स***

प्रकाशक, विलशायर बुक कंपनी

प्रस्तावना

यह रहा एक आश्चर्यजनक तथ्य : प्रत्येक 100 परिवारों में से एक परिवार की पूँजी एक मिलियन डॉलर या इससे अधिक है। आज अमेरिका में लगभग दस लाख मिलियनेअर हैं!

दुखद आर्थिक परिस्थितियों में रह रहे अनगिनत लोग इस समय पूछ रहे हैं, ".ज्यादा दौलत हासिल करने और अमीरों जैसी जीवनशैली का आनंद लेने के लिये मुझे क्या करना चाहिये ? मैं अपने जीवन में अधिक सुख, दौलत और संतुष्टि किस तरह हासिल कर सकता हूँ ?"

सफल सोच का सफल जादू का मुख्य लक्ष्य है : आप जहाँ हैं, वहाँ से आपकी मनचाही जगह तक पहुँचने में आपकी मदद करना; चाहे आपकी उम्र, लिंग, शिक्षा, परिवार, पृष्ठभूमि, स्वास्थ्य या व्यवसाय कुछ भी हो।

इस पर विचार कीजिये : आज के अस्सी प्रतिशत मिलियनेअर पिछले 20 सालों में "अमीर" बने हैं। और वे पैसे के अलावा दूसरे मायनों में भी अमीर हैं। आज के.ज्यादातर अमीर लोग कड़ी मेहनत में सुख का अनुभव करते हैं, अपने परिवारों को सबसे ऊपर रखते हैं और समाज में प्रतिष्ठित होते हैं।

आज के अमीर लोग किस तरह अमीर बन रहे हैं ? .ज्यादातर अपने बिज़नेस के माध्यम से बनते हैं, जबकि बहुत से लोग (20 प्रतिशत) नेटवर्क मार्केटिंग द्वारा मिलियनेअर बनते हैं।

नये अमीरों में विनम्रता का गुण देखा जा सकता है। मेरे मित्र डॉ. थॉमस स्टैनले मिलियनेअर्स पर सबसे बड़े विशेषज्ञ हैं और वे बताते हैं कि 15,000 अमीर मोबाइल होम्स में रहते हैं! और उनमें से जितने अमीर लोग महँगी यूरोपीय कारें चलाते हैं, उससे .ज्यादा लोग पिकअप ट्रक चलाते हैं।

अमीरी की जड़ लोगों के मस्तिष्क में होती है। आपका मस्तिष्क सबसे शक्तिशाली पर्सनल कंप्यूटर है। और आप इसके प्रोग्रामर हैं। आप अपने मस्तिष्क के कंप्यूटर को निर्देश दे सकते हैं कि यह सही नौकरी चुने, सही निवेश करे या सही जीवनसाथी चुने। आप अपने मस्तिष्क को इस तरह से प्रोग्राम कर सकते हैं कि आप लोगों के साथ प्रभावी व्यवहार कर सकें, ख़ुद

को प्रतिष्ठित बना सकें और दौलत हासिल कर सकें।

हम अपने मस्तिष्क की जैसी प्रोग्रामिंग करते हैं, समय के साथ हम सब ठीक वैसे ही बन जाते हैं। अमीर आदमी अपने मस्तिष्क में अमीरी के सोच की प्रोग्रामिंग करता है। जबकि दुखी आदमी अपने मस्तिष्क को निर्देश देता है, "मुझे दुखी, औसत, नीरस और छोटा बनाओ।"

संक्षेप में, किसी कंप्यूटर की तरह ही आपका मस्तिष्क भी आपका आज्ञाकारी सेवक है। इससे आप जो कहेंगे, वह करने के लिये यह पूरी तरह तत्पर है। यह भी याद रखिये कि आपके मस्तिष्क को इस बात की परवाह नहीं होती कि आप इसे किस तरह के निर्देश दे रहे हैं। यह तो हमेशा आपके आदेश के हिसाब से काम करता है। अगर आप यह प्रोग्रामिंग करेंगे कि आपको किन कारणों से सफल होना चाहिये, तो आप सफलता का आनंद लेंगे। परंतु अगर आप कंप्यूटर की प्रोग्रामिंग में यह भर देंगे, "मैं असफल हूँ," तो आज्ञाकारी सेवक की तरह आपका मस्तिष्क इस प्रोग्राम के अनुरूप काम करके आपको सचमुच असफल बना देगा।

आपका मस्तिष्क बगीचे की मिट्टी की तरह है। मिट्टी को इस बात की परवाह नहीं होती कि आप इसमें कौन सा बीज बो रहे हैं - गाजरघास या आम, खरपतवार या गोभी। मिट्टी (यानी आपके मस्तिष्क) का काम है आपके द्वारा बोये गये बीज को पोषण देना। अमीरी के बीज बोयें और अमीरी की फ़सल काटें; ग़रीबी के बीज बोयें और ग़रीबी की फ़सल काटें।

सफल लोग अकसर मुझे बताते हैं, "पाँच साल पहले *मैं अचानक जान गया* कि मैं अपने बिज़नेस में सफल होने वाला हूँ," या *"मैंने अपना मन बना लिया* कि मैं कभी हार नहीं मानूँगा या ना सुनकर कभी कोशिश करना नहीं छोडूँगा," और "एक बार जब मैंने *संकल्प* कर लिया, तो मेरे भीतर की किसी शक्ति ने मुझे टूटने नहीं दिया।"

ये बातें उन लोगों की हैं, जिन्होंने अपने मस्तिष्क की प्रोग्रामिंग जीतने के लिये की थी।

जबकि मैंने असफल लोगों को यह कहते सुना है, "मैं जानता था कि मैं उस नौकरी में सफल नहीं हो सकता," "यह काम करने से पहले ही मुझे ग़लती का अंदेशा था," और "मैं हमेशा असफल हुआ हूँ तथा इस अनुभव ने एक बार फिर यह साबित कर दिया है।"

प्रस्तावना

ये बातें उन लोगों की हैं, जिन्होंने अपने मस्तिष्क की प्रोग्रामिंग असफल होने के लिये की थी।

मस्तिष्क की सफल प्रोग्रामिंग कैसे की जाये, यह सीखना आपकी सफलता के लिये महत्वपूर्ण है। इस जानकारी का लाभ लें कि दूसरों को कैसे प्रभावित किया जाता है, किस तरह अपने आपको अधिक बेहतर ढंग से प्रस्तुत किया जाता है, किस तरह बड़े और मूल्यवान लक्ष्यों को हासिल किया जाता है। अपनी शक्तियों के माध्यम से सफलता हासिल करें। "मैं-सिर्फ़-औसत-हूँ" के विचारों का सिलसिला ख़त्म करें। औसत दर्जे, बोरियत और नीरसता के जीवन से ऊपर उठें। तनाव, चिंता और डर के असली कारण को हरा दें।

याद रखें, आप जो बनना चाहते हैं, आपमें वह बनने की शक्ति है। आपमें अपनी चुनी हुई मंज़िल तक पहुँचने की शक्ति है। महान लक्ष्यों को हासिल करने की शक्ति है। किसी भी सीढ़ी पर ऊपर चढ़ने की शक्ति है। अपने मस्तिष्क की सकारात्मक प्रोग्रामिंग करके आप अपने जीवन को बेहतरीन बना सकते हैं।

बहुत आसान लगता है ? काश ऐसा ही हो! सफलता के नियम आसान होते हैं। "सफल कैसे हों" का जवाब आसान और आम है। इतना आसान कि किसी जटिल और कठिन जवाब की उम्मीद करने वाले अधिकांश लोग इतने आसान जवाब को देख ही नहीं पाते। वे लोग प्रतिष्ठा, शक्ति, दौलत और अच्छे जीवन की सरल राह को पहचान ही नहीं पाते।

आज की आर्थिक स्पर्धा के युग में विजेता अवसर को सिर्फ़ देखते नहीं हैं; वे उसे झपट लेते हैं। उनके लिये गिरने का मतलब होता है "उछलकर दुबारा उठना।" इसका मतलब "मैदान छोड़ना" कभी नहीं होता। जो लोग सफलता को आदत बना लेते हैं, उनकी नज़रों में नौकरी कंपनी की जेल में काटी जाने वाली सज़ा की तरह नहीं होती, बल्कि एक प्रेरणादायक चुनौती की तरह होती है।

20/80 के नियम को जानें। इस नियम के अनुसार 20 प्रतिशत या इससे कम लोग 80 प्रतिशत या इससे अधिक महत्वपूर्ण चीज़ों, उपलब्धियों या इमारतों के स्वामी होते हैं। इस नियम को जानना इसलिये ज़रूरी है, क्योंकि यह जीवन के हर क्षेत्र में लागू होता है।

कल्पना कीजिये कि आपकी जान-पहचान के 20 लोग आज से दस साल बाद दुबारा मिलेंगे। मान लीजिये इस समूह की कुल पूँजी 100 सेवफल है, तो दस साल बाद सेवफलों का विभाजन इस तरह होगा : 16 लोगों - यानी औसत लोगों - के पास कुल 20 सेवफल होंगे, जबकि चार सफल लोगों के पास 80 सेवफल होंगे यानी हर एक के पास 20। इस तरह हर सफल आदमी के पास 20 सेवफल होंगे, जबकि हर औसत आदमी के पास एक सेवफल से थोड़ा सा ही अधिक होगा।

140 साल पहले जॉन ग्रीनलीफ़ व्हिटियर ने यह विचारोत्तेजक पंक्तियाँ लिखी थीं :

"बोले या लिखे जाने वाले दुखद शब्दों में
सबसे दुखद शब्द हैं : 'ऐसा हो सकता था!'"

चाहे इंसान की उम्र 20 साल हो या 40 या 80 साल, पीछे पलटकर देखने पर इंसान अकसर दुखी होता है और पछताता है। ऐसी दुनिया में रहने से आपका दिल टूट सकता है, जिसमें साधारण लोग मिलियनेअर बन रहे हैं, जबकि आप नहीं बन रहे हैं। बहुत दुख होता है, जब आपसे कम योग्य या कम शिक्षित व्यक्ति को प्रमोशन मिल जाता है और वह आपका बॉस बन जाता है। बहुत निराशा होती है, जब आप किसी अवसर को ठुकरा देते हैं और फिर देखते हैं कि किसी दूसरे ने उस अवसर को झपट लिया तथा उससे लाखों डॉलर कमा लिये। यह बेहद दर्दनाक अनुभव है कि आप अपने बच्चों को वह शुरुआत न दे पायें, जिसकी उन्हें जीवन में ज़रूरत है। और यह बात आपकी आत्मा को कुंद कर देती है कि आप ग़ुलामी की ज़िंदगी जी रहे हैं, जबकि दूसरे लोग मुक्त, रोमांचक और चुनौतीपूर्ण जीवन जी रहे हैं।

अब यह रही अच्छी ख़बर। ज़िंदगी निराशाओं के बजाय जीतों की श्रृंखला भी हो सकती है। यह ज़रूरी नहीं है कि इंसान व्हिटियर के शब्दों "ऐसा हो सकता था" के दुख को भोगने के लिये अभिशप्त रहे। यह पुस्तक आपको बताती है कि सफल, सुखद और संपूर्ण जीवन किस तरह जिया जा सकता है। इसका अध्ययन करें, इस पर चिंतन करें और इसकी फ़िलॉसफ़ी पर अमल करें, ताकि आप व्हिटियर के निराशाजनक शब्दों को इस तरह से लिख सकें :

"बोले या लिखे जाने वाले सुखद शब्दों में
सबसे सुखद शब्द हैं : 'मैं सफल हो गया!'"

विषय-वस्तु

अध्याय एक

सफल जीवन की शुरुआत एक सपने से होती है

सफल लोग अपनी वर्तमान नौकरी, परिवार, सेहत या आमदनी की तरफ़ नहीं देखते। वे भीड़ से आगे निकल जाते हैं और एक छोटा परंतु महत्वपूर्ण काम करते हैं : वे जीवन को उस तरह नहीं देखते जैसा वह है, बल्कि उस तरह देखते हैं जैसा वह हो सकता है। वे देखते हैं कि जीवन कैसा होगा, जब वे इसमें "मैं जीतूँगा" के लगनशील व बुद्धिमत्तापूर्ण प्रयास भर देंगे।

किसी काम में प्रगति तभी हो सकती है, जब उसकी संभावनाओं को देखा जाये। प्रगति उस स्थिति में नहीं हो सकती, जब हम सिर्फ़ वास्तविकता को ही देखें। महान आर्किटेक्ट, भवन निर्माता और निवेशक बड़े शहर की झुग्गियों और खंडहरों की वास्तविकता को नहीं देखते। वे इन झुग्गियों को नई बस्तियों में बदलने की संभावनाओं को देखते हैं, जहाँ लोग रहें, काम करें और जीवन का आनंद लें। हर कंपनी, स्कूल, संस्था और इमारत एक सपना है, जिसे किसी ने देखा और हक़ीक़त में बदला।

महान जीवन हमेशा एक महान सपने से शुरू होता है।

हर इंसान के पास दो तरह की दृष्टि होती है : नेत्रदृष्टि (Eyesight) और मस्तिष्कदृष्टि (Mindsight)। नेत्रदृष्टि हमें बताती है कि हमारे चारों

तरफ़ कौन सी वस्तुएं हैं। नेत्रदृष्टि वृक्षों, लोगों, इमारतों, पहाड़ों, पानी, सितारों और अन्य भौतिक व मूर्त वस्तुओं की तस्वीरें बनाती है। नेत्रदृष्टि भौतिक है।

मस्तिष्कदृष्टि नेत्रदृष्टि से अलग है। मस्तिष्कदृष्टि यह देखने की शक्ति नहीं है कि क्या मौज़ूद है, बल्कि यह देखने की शक्ति है कि इंसान की बुद्धि के प्रयोग के बाद क्या संभव हो सकता है। मस्तिष्कदृष्टि सपने देखने की शक्ति है। मस्तिष्कदृष्टि भविष्य की तस्वीरें बनाती है - वह घर जिसका हम ख़्वाब देखते हैं, वे पारिवारिक संबंध जो हम चाहते हैं, वह आमदनी जिसका हम आनंद लेंगे, वे छुट्टियाँ जो हम मनायेंगे या वह दौलत जो भविष्य में हमारे पास होगी।

नेत्रदृष्टि पूरी तरह भौतिक है और सिर्फ़ वास्तविकता देखती है। मस्तिष्कदृष्टि पूरी तरह मानसिक है और सिर्फ़ संभावनायें देखती है। मस्तिष्कदृष्टि वह दिखाती है, जो अभी वास्तविक या भौतिक नहीं है। हम सपने देखने की अपनी मस्तिष्कदृष्टि को किस तरह चुनते हैं, इससे हमारी सफलता (उपलब्धि, प्रभाव और संतुष्टि), हमारी संपत्ति (आमदनी, पूँजी और शारीरिक स्वास्थ्य) और हमारा सुख (सम्मान, ख़ुशी और शांति) तय होते हैं।

लोगों की नेत्रदृष्टि लगभग एक सी होती है। बहुत कम उम्र में ही सभी बच्चे वस्तुओं को स्पष्ट रूप से देख सकते हैं, जैसे लोग, इमारतें, सितारे और पानी। परंतु लोगों की मस्तिष्कदृष्टि में बहुत अंतर होता है, यानी उन चीज़ों की मानसिक तस्वीरें देखने में, जो अभी वास्तविक या भौतिक नहीं हैं। ज़्यादातर लोग भविष्य को मुश्किलों से भरा "देखते" हैं। नौकरी या बिज़नेस के क्षेत्र में वे एक औसत, कम तनख़्वाह के काम में ख़ुद को ज़िंदगी गुज़ारते "देखते" हैं। सामाजिक जीवन में उनकी मस्तिष्कदृष्टि बहुत कम ख़ुशी "देख" पाती है और यहाँ उन्हें बहुत बोरियत तथा बड़ी समस्यायें "दिखती" हैं। और पारिवारिक जीवन में भी वे ज़्यादा से ज़्यादा सिर्फ़ एक सामान्य, उबाऊ, समस्याओं से भरा जीवन "देखते" हैं।

दूसरी ओर, सफलता की ओर बढ़ रहे कुछ स्वप्नदर्शी भविष्य को चुनौतियों से भरा देखते हैं। वे काम को प्रगति और प्रतिष्ठा की राह के रूप

में देखते हैं, जिस पर आगे चलकर बड़े पुरस्कार मिलेंगे। रचनात्मक स्वप्नदर्शी सामाजिक संबंधों को उत्साहवर्धक, प्रेरक और ख़ुशनुमा नज़रिये से देखते हैं। पारिवारिक जीवन में वे रोमांच, रोचकता और ख़ुशी देखते हैं। वे एक सुखद और अच्छे जीवन का सपना देखने का विकल्प चुनते हैं।

हम अपनी ज़िंदगी को विजेताओं की तरह जियेंगे या पराजितों की तरह, यह इस बात पर निर्भर करता है कि हम अपनी मस्तिष्कदृष्टि का प्रयोग किस तरह करते हैं – हम क्या "देखने" या किस चीज़ के सपने "देखने" का विकल्प चुनते हैं ? हममें से हर एक के पास इस जीवन को स्वर्ग या नरक बनाने की शक्ति है, जो इस बात पर निर्भर करती है कि हम इसके बारे में किस तरह के सपने देखने का विकल्प चुनते हैं। जो लोग जीवन को स्वर्ग की तरह देखते हैं, वे विजेता होते हैं; जो लोग जीवन को नरक की तरह देखते हैं, वे पराजित होते हैं।

कुछ लोग यह मानते हैं कि उनका भविष्य क़िस्मत या तक़दीर से तय होता है। ये लोग सोचते हैं कि दौलत, सफलता और अच्छा जीवन पाँसे फेंकने, पहिये के घूमने या लॉटरी में खुलने वाले नंबर पर निर्भर होता है।

कितनी मूर्खतापूर्ण बात है!

आँकड़ों के हिसाब से लॉटरी में दस लाख डॉलर जीतने की संभावना करोड़ों में एक है। लॉटरियाँ उन लोगों को आकर्षित करती हैं, जो मानते हैं कि सिर्फ़ कुछ डॉलर के निवेश से दौलत हासिल की जा सकती है। लॉटरी या किसी भी तरह का जुआ उन्हीं लोगों को फँसाने के लिये चलाया जाता है, जो सोचते हैं कि वे तक़दीर या क़िस्मत के सहारे अमीर बन सकते हैं।

चाहने और सपने देखने में अंतर होता है। चाहना निष्क्रिय होता है। चाहना एक आलसी मनोरंजन है, जिसके पीछे न तो बुद्धि होती है, न ही प्रयास। परंतु सपने देखने के पीछे परिणाम हासिल करने की कार्ययोजना या एक्शन प्लान होता है।

जिम "चाहता है" कि उसे प्रमोशन मिले। परंतु जिम कभी स्वेच्छा से अतिरिक्त काम करने की पहल नहीं करता। वह अपने ज़रूरतमंद

सहकर्मियों की मदद करने से बचता है। वह कभी अपनी तरफ़ से इस तरह का कोई नया सुझाव नहीं देता, "हम इसे क्यों नहीं आज़माते ?" क्या जिम की अधिक धन कमाने की इच्छा कभी हक़ीक़त में बदल पायेगी ? ज़ाहिर है, नहीं।

मैरी "चाहती है" कि वह उस अकाउंटिंग फ़र्म में पार्टनर बन जाये, जहाँ वह काम करती है। परंतु उसके पास एडवांस्ड अकांउटिंग कोर्स करने का "समय ही नहीं है।" जब दिन में 12 या 14 घंटे काम करने की ज़रूरत होती है, तब वह अपनी तरफ़ से मदद करने का कोई प्रस्ताव नहीं रखती। वह फ़र्म के ग्राहकों को टैक्स बचाने के सुझाव देने में भी बिलकुल मेहनत या कोशिश नहीं करती। परिणाम ? मैरी की इच्छा कभी पूरी नहीं हो पाती।

टिम और सूज़न "चाहते हैं" कि उनका अपना सफल बिज़नेस हो। परंतु वे वीकएंड के मनोरंजन को प्राथमिकता देते हैं। उनका सारा समय पार्टियों, सैर-सपाटे और मनोरंजन में ही गुज़र जाता है। और उनकी चाहत सिर्फ़ चाहत ही बनी रहती है।

देखिये, कोई भी कुछ भी चाह सकता है। परंतु सपने देखने वाला जब कुछ चाहता है, तो वह उसे हासिल करने के लिये मेहनत करता है।

आप अपने परिचितों को दो श्रेणियों में बाँट सकते हैं : विजेता और पराजित। विजेता सक्रिय स्वप्नदर्शी होते हैं। वे अपने सपनों को सकारात्मक व भौतिक उपलब्धियों में बदलने के लिये मेहनत करते हैं। पराजित निष्क्रिय दोषदर्शी होते हैं। वे यह मानते हैं कि "सिस्टम" उनके ख़िलाफ़ है और भविष्य भाग्य द्वारा तय होता है।

पराजित लोग दूसरों की बुराई करते हैं। "जून को प्रमोशन इसलिये मिला, क्योंकि उसने बॉस के साथ 'थोड़ा अतिरिक्त काम' करवाया।" "फ़्रेड को बड़ा ऑर्डर इसलिये मिला, क्योंकि उसने ख़रीदार को रिश्वत दी।" "पीट और सारा के पास नई मर्सिडीज़ है, पर शायद उन्हें पाँच साल तक इसकी क़िस्तें चुकाना पड़ेंगी।"

विजेता सद्भावना से भरे होते हैं। "मैं जॉन की उपलब्धि पर ख़ुश

हूँ। वह कड़ी मेहनत करता है और उसे पुरस्कार मिलना ही चाहिये।" "बेट्टी का प्रमोशन यह साबित करता है कि जब कोई बहुत अच्छा काम करता है, तो उसे उसका इनाम मिलता है।"

पराजित लोग निराशावादी होते हैं। "अर्थव्यवस्था चौपट हो चुकी है। देश कर्ज़ में डूबा है, व्यापारिक असंतुलन के चलते मंदी के बुरे दिन आने वाले हैं, इसलिये भविष्य के लिये निवेश करने की झंझट में मत फँसो।"

जो बड़े सपने देखते हैं, वे सोचते हैं, "इस समय अर्थव्यवस्था कितनी ही अच्छी या बुरी हो, यह बेहतर हो जायेगी। ऐसा हमेशा होता है। मैं एक महान भविष्य की कल्पना कर रहा हूँ। इसके अलावा, मैं देश की अर्थव्यवस्था को नियंत्रित नहीं कर सकता, परंतु मैं *अपनी* अर्थव्यवस्था को तो नियंत्रित कर सकता हूँ।"

पराजित लोग स्वार्थी होते हैं। "यह मेरा काम नहीं है। मैं उसकी मदद क्यों करूँ?" "किसी ने भी आज तक मेरे लिये कुछ नहीं किया। इसलिये मैं भी दूसरों के लिये कुछ नहीं करूँगा।"

विजेता उदार होते हैं। "पैसे कमाने में मैं दूसरों की जितनी मदद करूँगा, बदले में मुझे उतने ही ज़्यादा पैसे मिलेंगे।" "दूसरे लोगों के लिये किये गये अच्छे कामों का पुरस्कार हमेशा मिलता है।"

पराजित लोग बिना कुछ दिये सब कुछ हासिल करना चाहते हैं। "मैं एक बड़ी कंपनी के लिये काम करता हूँ। मुझे ज़्यादा तनख़्वाह मिलना चाहिये।" "मैं यहाँ पर दस साल से हूँ। कंपनी को मुझे ज़्यादा तनख़्वाह देना चाहिये।" "एक्सपेंस अकाउंट में गड़बड़ी करो। सभी ऐसा करते हैं।" "हालाँकि मैं बीमार नहीं हूँ, फिर भी मैं तीन दिन की बीमारी की छुट्टी ले लूँगा। यह मेरा अधिकार है।"

विजेता जानते हैं कि "दुनिया में मुफ़्त में कुछ नहीं मिलता," "त्याग का मतलब है अपने और अपने प्रियजनों के सुखद भविष्य के लिये निवेश करना," और "कड़ी मेहनत इंसान को सुखी बनाती है।"

जब हम लोगों की अधिकतम संभावनाओं को विकसित करने में

उनकी मदद करते हैं, तो यह अपने आप में एक बड़ा पुरस्कार होता है। कई मैनेजर मुझे बता चुके हैं, "लोगों को औसत ज़िंदगी से बचाने और उन्हें सफलता का रास्ता दिखाने में मुझे बहुत संतोष मिलता है।" सेल्समैन बताते हैं कि किस तरह वे ग्राहक की मदद करते हैं, ताकि वह अपने बिज़नेस को नया आयाम देकर उसे लाभदायक बना सके। खेल प्रशिक्षक बताते हैं कि किस तरह वे किसी खिलाड़ी को साहस व दिशा देते हैं और फिर उसे मशहूर होते देखते हैं।

हाल ही में मैंने पाँचवीं कक्षा की एक स्कूल टीचर के सम्मान में आयोजित समारोह में भाग लिया। यह असामान्य बात थी, क्योंकि अधिकांश वयस्क अपनी पाँचवीं कक्षा की टीचर की परवाह नहीं करते हैं। कई बार तो वे उसे पूरी तरह भूल जाते हैं। परंतु इस समारोह में सैकड़ों लोग मौज़ूद थे। इन लोगों ने मिस बॉवर का आभार माना कि उन्होंने उनके लिये कितना कुछ किया था।

समारोह के बाद मैंने मिस बॉवर से पूछा, "आपने बच्चों के लिये क्या किया ?"

उन्होंने सोचते हुए जवाब दिया, "मैंने बच्चों को कभी बच्चा नहीं माना। मैंने अपने मस्तिष्क को इस तरह प्रशिक्षित किया ताकि मैं यह देख सकूँ कि ये बच्चे वयस्कता की मंज़िल की ओर बढ़ रहे यात्री हैं, ये बच्चे ऐसे पौधे हैं जो धीरे-धीरे परंतु निश्चित रूप से विशाल वृक्ष में विकसित हो रहे हैं। मैंने अपनी शैक्षणिक ज़िम्मेदारियों को तीन आयामों से देखा : अच्छे माता-पिता, अच्छे नागरिक और अच्छे कर्मचारी बनने में उनकी मदद करना। इसी मुख्य विचार ने मुझे राह दिखाई कि मैं उन्हें किस तरह और क्या पढ़ाऊँ।"

कितना अद्भुत उदाहरण है! यह उससे तो बहुत बेहतर है कि बच्चों को सिर्फ़ बच्चे ही माना जाये और यह सोचा जाये कि शिक्षा देना भी सिर्फ़ एक नौकरी है। मिस बॉवर ने बच्चों में छुपी संभावनाओं को देखा और उस संभावना को हक़ीक़त में बदलने के लिये मार्गदर्शन देने की अपनी ज़िम्मेदारी समझी।

सपने को किस तरह बड़ा करें

किसी दूसरे की उपलब्धियों को नज़रअंदाज़ करने के लिये इस तरह की बात कहना आसान है कि उसकी "क़िस्मत अच्छी थी," उसमें "बेहतर खेलने की क्षमता है," वह "पैदाइशी जीनियस है," "उसने यह फ़र्श पर लेटकर हासिल किया," या किसी और तरीक़े से यह बताना कि सफलता क़िस्मत की वजह से मिली।

बहरहाल सच तो यह है कि सफलता, दौलत और ख़ुशी क़िस्मत की वजह से नहीं मिलते। सभी उपलब्धियाँ उन सपनों की वजह से पैदा होती हैं, जिन्हें साहसी लोग हक़ीक़त में बदल देते हैं। हम जिन बड़ी-बड़ी इमारतों में रह रहे हैं, जो कृषि उत्पादक हमें अनाज खिला रहे हैं, जो उद्योग हमारा मनोरंजन कर रहे हैं, जो संस्थायें शिक्षा दे रही हैं और प्रेरित कर रही हैं, वे रचनात्मक व्यक्तियों के विचारों और सपनों से विकसित हुए हैं।

जब आप किसी सफल बिज़नेस, स्कूल, सांस्कृतिक या राजनीतिक संस्था को देखते हैं, तो आप किसी इंसान के सपने को देख रहे हैं, जो हक़ीक़त में बदल चुका है। रचनात्मक सपनों की बदौलत ही सुखी परिवार संभव होता है।

जीवन को बगीचे की तरह मानें।

एक समय था जब कैलिफ़ोर्निया की वादियाँ रेगिस्तान थीं। परंतु कुछ स्वप्नदर्शियों ने इस "बेकार" भूमि को सिंचित क्षेत्र के रूप में देखा, जहाँ लोगों के लिये उपयोगी अनाज उगाया जा सकता था। जिन्होंने यह ज़मीन ख़रीदी, वे अपने सपनों पर मेहनत करके मालामाल हो गये।

सफल लोग वे होते हैं, जो अपने सपने को दूसरों द्वारा चाही जाने वाली सेवा और सामान में बदल देते हैं।

किसी सपने को सफलता तक विकसित करना बगीचे को विकसित करने की तरह है। इसमें छह क़दम शामिल हैं :

1. *अपने सपने का बीज चुनिये।*
2. *उस बीज को स्वीकार करने के लिये अपने मस्तिष्क*

को तैयार कीजिये।

3. *अपने सपने का बीज बोइये।*
4. *अपने सपने के बीज को खाद-पानी दीजिये।*
5. *अपनी ऊर्जा को एकाग्र कीजिये।*
   "मैं करके दिखाऊँगा" का प्रयोग कीजिये।
6. *समय से अपने लिये काम करवाइये।*

पहला क़दम : अपने सपने का बीज चुनिये

जिस तरह अच्छी खेती के लिये मक्का का बीज सावधानी से चुनना महत्वपूर्ण है, उसी तरह अच्छे जीवन के लिये सपने का बीज समझदारी से चुनना अनिवार्य है।

बीज हमेशा अपनी तरह के फल देते हैं। गेहूँ के बीज से हमेशा गेहूँ की फ़सल मिलती है, मक्का की नहीं। नीबू के बीजों से नीबू के पेड़ मिलते हैं, आड़ू के नहीं।

सपने का बीज भी अपनी प्रकृति के फल देता है। किस सपने का बीज बोया जाये, यह फ़ैसला करते समय आपको ख़ुद से दो अहम् सवाल पूछना चाहिये, "मैं क्या करना चाहता हूँ ?" और "इस सपने में कितने लाभ की संभावना है ?"

मैं क्या करना चाहता हूँ?
इसमें कितने लाभ की संभावना है?

दूसरों की सेवा के बदले में मिलने वाला लाभ आपका पुरस्कार है। बिज़नेस में हम अच्छे सामान और सेवाओं को उचित क़ीमत पर देकर लाभ कमाते हैं।

बिज़नेस के अतिरिक्त, जैसे स्कूलों और सेवाभावी संस्थाओं में, लाभ के मायने बदल जाते हैं। लाभ का मतलब यह हो सकता है कि कितने लोगों को सिखाया गया या बेहतर ढंग से जीने में उनकी मदद की गई।

किसी चर्च के लिये लाभ का मतलब यह हो सकता है कि उसने कितने लोगों की मदद की। किसी परोपकारी संस्था के लिये लाभ का मतलब यह हो सकता है कि उसने कितने ग़रीबों को भोजन कराया। किसी ट्रेड एसोसियेशन के लिये लाभ का मतलब यह हो सकता है कि उसने अपने सदस्यों की कितनी सेवा की। लाभ हमेशा हमारे द्वारा की जाने वाली भलाई का पैमाना है।

आपका सपना चाहे जो भी हो, यह बात तो तय है कि आप अधिकतम लाभ की फ़सल पाना चाहते हैं, क्योंकि लाभ से ही परिणाम तौले जाते हैं।

संभावना बहुत महत्वपूर्ण है। हर व्यक्ति में कई योग्यतायें होती हैं। अच्छे जीवन की एक कुंजी है अपनी सर्वश्रेष्ठ योग्यता को चुनना और उसे विकसित करना। दुखी जीवन का रास्ता वह काम करना है, जिसके बारे में हम जानते हैं कि वह ग़लत है। कोई महिला चित्रकार किसी पेंटिंग के बदले में 25 डॉलर हासिल करके बहुत ख़ुश हो सकती है, क्योंकि वह जानती है कि उसकी मेहनत से दूसरे की आत्मा को सुख मिलेगा।

जब आप सपने का चुनाव करें, तो ख़ुद से पूछें, "मेरा सपना पूरा होने से दूसरों को कितनी संतुष्टि मिलेगी?"

याद रखें, पैसा अपने आप में न तो अच्छा होता है, न ही बुरा। पैसा सिर्फ़ (1) एक माध्यम है जो मानवीय गतिविधि को ऊर्जा व दिशा देता है, और (2) स्कोर रखने का तरीक़ा है। एक तरफ़ पैसा स्कूल तथा अस्पताल बनवाता है और हमारी सरकार चलाता है। दूसरी तरफ़ पैसा अपराध बढ़ाता है, विश्वस्त पदों पर बैठे लोगों को रिश्वतख़ोर बनाता है और सरकार, शिक्षा तथा चर्च के कुछ सदस्यों को भ्रष्ट करता है।

मैं क्या करना चाहता हूँ?

सफलता बहुत आसान होती, अगर हम किसी स्टोर में जाकर दुकानदार से यह कह सकते, "ऐसे सपने का बीज दीजिये, जो मुझे गारंटी से सफल और अमीर बना दे।" परंतु हम ऐसा नहीं कर सकते। सपनों के बीज बाज़ार में नहीं बिकते। न ही उन्हें विरासत में हासिल किया जा

सकता है, उधार लिया जा सकता है या किसी दूसरे को हस्तांतरित किया जा सकता है। दोस्त, माता-पिता और शिक्षक लक्ष्य के बारे में सुझाव दे सकते हैं, परंतु सिर्फ़ आप ही इस सवाल का जवाब दे सकते हैं, "मेरे लिये कौन सा सपना सबसे अच्छा है ?"

अकसर मुझसे पूछा जाता है, "मैं किस बिज़नेस में ढेर सारी दौलत कमा सकता हूँ ?" यह सवाल किसी रोशनी भरे दिन में यह पूछने की तरह है, "सूरज की रोशनी कहाँ है ?" या फिर समुद्र में किसी जहाज़ के डेक पर खड़े होकर यह पूछने की तरह है, "पानी कहाँ है ?"

"पैसा कहाँ है ?" इस सवाल का जवाब है, "हर तरफ़।" अमेरिका में नौकरियों में अमीर बनने की बहुत संभावना है। अधिकांश संगीतकारों की आमदनी कम है, परंतु कुछ संगीतकार हर साल करोड़ों कमाते हैं। इसी तरह आम तौर पर पादरियों को कम वेतन मिलता है, परंतु कुछ को बहुत अधिक धन मिलता है। कई छोटे बिज़नेस मालिक बहुत कम कमाते हैं, परंतु कुछ अमीर बन जाते हैं और उन्हें आशा से अधिक पुरस्कार मिलते हैं।

आर्थिक अवसर के संदर्भ में कहा जाये, तो कोई व्यवसाय किसी इंसान को अमीर नहीं बनाता। इंसान ख़ुद अपने आपको अमीर बनाता है।

सपने का सबसे अच्छा बीज वह है, जिसे आप अपने दिमाग़ से बाहर न निकाल सकें - ऐसा विचार जो कभी आपका साथ न छोड़े, ऐसा उद्देश्य या काम जिसमें आप डूब जायें और दीवानगी की हद तक पहुँच जायें। आदर्श सपने का बीज वह काम है, जिसे किये बिना आप रह न सकें।

दूसरा क़दम : उस बीज को स्वीकार करने के लिये अपने मस्तिष्क को तैयार कीजिये

हर माली जानता है कि बीज बोने से पहले ज़मीन को जितनी अच्छी तरह से तैयार किया जायेगा, बीज उतने ही अच्छे उगेंगे। जिस तरह ज़मीन पौधे के लिये है, उसी तरह आपका मस्तिष्क सपने के लिये है। सपने के बीज को स्वीकार करने के लिये आपका मस्तिष्क जितनी अच्छी तरह से

तैयार होगा, आपके सपने की जड़ें उतनी ही अच्छी तरह जमेंगी। अच्छी तरह से तैयार ज़मीन कहती है, "मैं बीज को स्वीकार करती हूँ।" सपने के लिये तैयार मस्तिष्क कहता है, "मैं सपने को स्वीकार करता हूँ। मैं इसके लिये तैयार हूँ।"

अपनी स्वप्न-मशीन (dream machine) पर गर्व कीजिये। आपका मस्तिष्क, जहाँ आप अपने सपने को बोते और पालते हैं, अनूठा है। पूरी सृष्टि में ऐसा कोई नहीं है, जो आपकी तरह दिखता, बोलता, चलता और सोचता हो।

इस बात पर ख़ुश हों। अनूठे होने का अर्थ यह है कि जिस सपने को आप हक़ीक़त में बदलना चाहते हैं, उसके लिये आपके पास सर्वश्रेष्ठ स्वप्न-मशीन है।

कुछ लोग कहते हैं, "काश मैं... (अपने बॉस, किसी अमीर आदमी, अपने भाई या बहन, अमेरिका के राष्ट्रपति जैसे किसी सत्ताधारी व्यक्ति) की जगह होता।" जो लोग ऐसा कहते हैं, वे सबसे महान उपहार को नज़रअंदाज़ कर रहे हैं – अनूठापन।

यह हो सकता है कि आप अमेरिका के राष्ट्रपति के साथ अपना पद बदलना चाहें। परंतु आप निश्चित रूप से ज़िंदगी की अदला-बदली नहीं करना चाहेंगे। अपने जीवन को पसंद करना एक अच्छी बात है। आपके उद्देश्यों के लिये आपके पास सर्वश्रेष्ठ स्वप्न-मशीन है।

अपने मस्तिष्क को पी.एम.ए. (positive mental attitude) यानी सकारात्मक मानसिक नज़रिये के द्रव से धोयें। आपके हाथ और चेहरा धूल, कीचड़ और ग्रीस की वजह से गंदे हो जाते हैं। कुछ समय बाद हताशा, हार और निराशा की वजह से आपके मस्तिष्क में भी गंदगी जमा हो सकती है। जिस तरह भोजन करने से पहले हमें अपने हाथ धोने की ज़रूरत होती है, उसी तरह सपने पर काम करने से पहले हमें अपना मस्तिष्क धोने की ज़रूरत होती है।

अपने सपने की जड़ों को मज़बूत करने के लिये आपको उन यादों को धोकर साफ़ कर देना चाहिये, जो आपको पीछे धकेल रही हैं – जैसे वह समय जब आपने कोई काम करने की असफल कोशिश की थी, जिस वजह

से आप मूर्ख साबित हुए और अपमानित हुए, या वह समय जब आपने बिज़नेस, विवाह या निवेश में हार का सामना किया हो।

अपने मस्तिष्क को साफ़ करने के लिये उस पर "पी.एम.ए. द्रव" छिड़कें। यानी अपनी सफलताओं और उपलब्धियों के सकारात्मक मानसिक नज़रिये के विचार सोचें, वह प्रशंसा याद करें जो आपको अपने पसंदीदा लोगों से मिली या वह जीत जो आपने हासिल की।

अपनी पराजय की तरफ़ सिर्फ़ सबक़ सीखने के लिये देखें। फिर उसे भूल जायें। नकारात्मक यादों को धोकर मिटा दें। अपना सपना निरोगी भूमि में बोयें।

अपने सपने की सैर का ब्रोशर तैयार कर लें। कल्पना करें कि कोई दोस्त आपको और आपकी पत्नी को मॉस्को की यात्रा पर चलने का सुझाव दे रहा है। परंतु वहाँ जाने में आपकी कोई दिलचस्पी नहीं है। उसकी कोई वजह नहीं है। आप बस यूँ ही नहीं जाना चाहते। फिर आपका दोस्त आपको मॉस्को के इतिहास, संस्कृति, रीति-रिवाज़ों, मनोरंजन और सामाजिक समस्याओं की तस्वीरें दिखाता है और कुछ समय बाद आप जाने के लिये तैयार हो जाते हैं!

हम किसी चीज़ के बारे में जितना अधिक जानने लगते हैं, उसके बारे में हमारी जिज्ञासा उतनी ही बढ़ती जाती है। हमारा मस्तिष्क भी हमारे सपनों को इसी तरह से स्वीकार करता है। आपके पास अपने सपने की तस्वीर जितनी स्पष्ट होगी, आप उसके बारे में उतने ही अधिक उत्साही होंगे।

सपने को स्वीकार करने के लिये मस्तिष्क को तैयार करने का एक ज़रूरी हिस्सा है - अपनी भौतिक दृष्टि से सपने को पूरी स्पष्टता से देखना।

अगर आप किसी विशेष घर का सपना देख रहे हैं, तो पड़ोस में अकसर घूमें और अपने सपने के घर को देखें।

अपने बच्चों के लिये अच्छी शिक्षा का सपना देख रहे हैं? उस विश्वविद्यालय का भ्रमण करें, जहाँ आपका सपना सच होगा।

अपने दम पर कोई नया कैरियर या बिज़नेस शुरू करने का सपना देख रहे हैं? इसके बारे में जितना संभव हो, उतना अध्ययन करें। उस कैरियर या बिज़नेस में काम कर रहे लोगों से बात करें। अपनी योजना को काग़ज़ पर लिख लें - पहले तो बड़ी तस्वीर, इसके बाद विस्तृत विवरण।

अपनी मानसिक दृष्टि का प्रयोग करके अपने मस्तिष्क को तैयार करें, ताकि वह महान सपने के बीज को विकसित कर सके।

तीसरा क़दम : अपने सपने का बीज बोइये

सावधानी से चुने गये बेहतरीन टमाटर के बीज के बारे में सोचिये। इस छोटे से बीज में 25 पौंड फल देने की संभावना छुपी है। एक बीज आसानी से अपने वज़न से दस लाख गुना अधिक वज़न के फल पैदा कर सकता है। बहरहाल, इतनी संभावनाओं के बावज़ूद वह एक भी टमाटर नहीं देगा, जब तक कि उसे बोया न जाये।

यही महान सपनों के साथ होता है। धन कमाने, बिज़नेस खड़ा करने, सामाजिक समस्या सुलझाने या जीवन को बेहतर बनाने के लिये दुनिया के सर्वश्रेष्ठ विचार भी व्यर्थ हैं, जब तक कि उन्हें बोया न जाये। और जब अच्छी तरह से तैयार किसी मस्तिष्क में महान विचार बोये जाते हैं, तो अद्‌भुत परिणाम मिलते हैं। मैक्डॉनल्ड्स से लेकर फ़ोर्ड तक और हर्शे की कैंडी से लेकर कोकाकोला तक हर महान व्यवसाय कभी सिर्फ़ एक विचार था, *जिसे बोया गया*।

इनकी दौलत एक विचार से पैदा हुई, जिस पर मेहनत की गई।

हमारे चारों तरफ़ ऐसे लोग हैं, जो "काश-मैंने-ऐसा-किया-होता" की बीमारी के सामने हार मान लेते हैं। यह बीमारी कई रूपों में मिलती है। निवेश करने के बारे में चर्चा करते समय लोग कहते हैं, "काश मैंने दस साल पहले अमुक शेयर ख़रीद लिये होते," या "मेरी छठी इंद्रिय ने मुझे फलाँ कंपनी में निवेश करने को कहा था, परंतु मैंने ऐसा नहीं किया।"

जिन लोगों ने अपने सपने को नहीं बोया, वे बिज़नेस शुरू करने की बात करते समय कहते हैं, "मैं 1980 में अपना बिज़नेस शुरू करना चाहता था, परंतु मेरे सामने कुछ समस्यायें थीं।" या "जब मैं पीछे

पलटकर देखता हूँ, तो मैं अमुक अवसर का लाभ न उठाने के लिये ख़ुद को लानतें भेज सकता हूँ।"

कैरियर के बारे में चर्चा करते समय आप अकसर लोगों को यह कहते हुए सुन सकते हैं कि किस तरह उन्होंने अपने सपने की संभावना को मर जाने दिया : "मैं अपना ख़ुद का बिज़नेस खड़ा करना चाहता था, परंतु मुझे अपना रास्ता साफ़ नज़र नहीं आ रहा था," या "बहुत पहले, मैं दरअसल कंप्यूटर लाइन में जाना चाहता था, परंतु फिर मैंने सोचा कि कंप्यूटर का फ़ैशन सिर्फ़ कुछ समय तक ही रहेगा।"

"काश-मैंने-ऐसा-किया-होता" की बीमारी उतनी ही आम है, जितना कि जुकाम। बुद्धिमानी से भरी एक पुरानी कहावत है, "बोले या लिखे जाने वाले दुखद शब्दों में सबसे दुखद शब्द हैं : 'ऐसा हो सकता था!'" इसकी वजह से उन लोगों का जीवन निराशाजनक हो जाता है, जिनके पास महान विचार तो होते हैं परंतु वे उन्हें मर जाने देते हैं।

सपनों को हक़ीक़त में बदलने के लिये यहाँ पर दो योजनायें हैं :

1. **सपना बोइये**। कर्म कीजिये। अभी शुरू कीजिये। आज मुझे एक कार डीलर ने फ़ोन करके आग्रह किया कि मैं उसकी कंपनी के सर्वश्रेष्ठ वर्ष के समारोह में उसके सेल्स स्टाफ़ के सामने भाषण दूँ। उसने मुझसे कहा, "आठ साल पहले मैं पुलिस अफ़सर था। नौकरी ठीक-ठाक थी, परंतु कम तनख़्वाह, राजनीति और नकारात्मक माहौल मुझ पर बुरा असर डाल रहे थे। एक वीकएंड में मैंने आपकी पुस्तक *द मैजिक ऑफ़ थिंकिंग बिग* ***(बड़ी सोच का बड़ा जादू)*** पढ़ी और अध्याय 10 "काम में जुटने की आदत डालिये" का एक वाक्य पढ़ा। सोमवार की सुबह मैं अपने बॉस से मिलने गया और अपना इस्तीफ़ा दे दिया। मैंने फ़ैसला कर लिया कि अगर मुझे इस जीवन का आनंद लेना है, तो मुझे अभी शुरू करना होगा। मैंने ऐसा ही किया। और सिर्फ़ आठ साल में ही मैं आर्थिक रूप से स्वतंत्र हो गया हूँ।"

जब हम अपने सपनों को सच करने के लिये मेहनत करते हैं, तब ऐसा ही होता है।

कॉलेज जाकर डिग्री हासिल करना चाहते हैं? *अभी शुरू करें।*

आपको लग रहा है कि आप अपनी नौकरी में प्रगति नहीं कर पा रहे हैं ? *अभी अपने वरिष्ठ अधिकारी से बात करें।* कर्ज़ में गले तक डूबे हुए हैं ? *अभी हाल अपनी आर्थिक स्थिति का विश्लेषण करें।*

2. **अपने सपने को बोने के लिये आदर्श स्थितियों का इंतज़ार न करें।** बचपन में खेती करते समय मैंने यह सीख लिया था कि बुआई की स्थितियाँ कभी आदर्श नहीं होतीं। बीज बोने के लिये मौसम या तो ज़रूरत से थोड़ा ज़्यादा नम होता था या फिर थोड़ा ज़्यादा सूखा। या तो यह थोड़ा जल्दी होता था या फिर थोड़ी देर हो चुकी होती थी। मुझे याद है, एक वसंत में मेरे पिताजी ने कहा था, "हमने आज तक मक्का इतनी देर से कभी नहीं बोई है और हमें शायद अच्छी फ़सल न मिले। परंतु अगर हमने इस समय मक्का नहीं बोई, तो हमें बिलकुल भी फ़सल नहीं मिलेगी।"

इसलिये, "जब" के पलायनवादी वाक्यों पर सावधानी से ग़ौर करें, जैसे "मैं अपने सपने पर काम करना तब शुरू करूँगा, जब अर्थव्यवस्था सुधर जायेगी।" या "...जब मैं कर्ज़ से बाहर निकल आऊँगा," या "...जब छुट्टियाँ ख़त्म हो जायेंगी," या "...जब अमुक ऐसा काम कर लेगा।"

याद रखें, एक वक़्त ऐसा आयेगा, जब आप आगे होंगे!

चौथा क़दम :
अपने सपने के बीज को खाद-पानी दीजिये

अपने टमाटर के बीज के बारे में थोड़ा और सोचिये। बीज बेहतरीन है, ज़मीन अच्छी तरह से तैयार है और आपने बीज बो भी दिया है। पर अच्छे स्वाद वाले टमाटर उगें और ढेर सारे उगें, इसके लिये इस बीज को पोषण की ज़रूरत है - सूरज की रोशनी, खाद और पानी की।

आपके सपने के बीज को भी पोषण - कल्पना, प्रोत्साहन और विचार - की ज़रूरत होती है, ताकि वह विकसित हो सके और आपको दौलतमंद बना सके। सरकारी आँकड़ों के अनुसार हर साल बीस लाख बिज़नेस शुरू होते हैं, परंतु इनमें से बहुत थोड़े ही सफल हो पाते हैं। किसी

न किसी तरह से इसका प्रमुख कारण है लापरवाही।

मैं आपको एक दंपति टॉम और सूज़न के बारे में बता दूँ, जो एक मल्टी-लेवल मार्केटिंग बिज़नेस में आर्थिक स्वतंत्रता और समृद्धि के अपने सपने को विकसित कर रहे हैं।

सूज़न ने इसे इस तरह से बताया :

"हमने फ़ैसला किया कि इस मूलभूत विचार में - जिसे आपने सपने का बीज कहा है - वे सारी संभावनायें थीं, जो हम चाहते थे। हमने दूसरे लोगों को इसमें सफल होते देखा - और वे हमसे ज़्यादा स्मार्ट या बेहतर नहीं थे। इसलिये हमने फ़ैसला किया - नहीं, हमने *संकल्प* किया - कि हम अपने बिज़नेस को सफल बनायेंगे। हमने हर रात को तीन घंटे बिज़नेस के लिये अलग निकालकर रख दिये और हर वीकएंड में आठ घंटे। समय निकालने के लिये हमें 'त्याग' करना पड़ा।" वे हँसते हुए आगे बोलीं, "हमें टी.वी., बॉलिंग आदि को छोड़ना पड़ा - जिनमें हमें वैसे भी कोई ख़ास मज़ा नहीं आता था।

"हम इस बिज़नेस में सप्ताह में कम से कम एक बार लोगों से आमने-सामने मिले और अपने ग्रुप लीडर से फ़ोन पर जितनी बार बात कर सकते थे, की। हमें उन लोगों से बहुत उपयोगी विचार मिले, जो इस बिज़नेस में बहुत अच्छा प्रदर्शन कर रहे थे। जब भी हमारे सामने कोई समस्या आती थी, हम मदद माँग लेते थे। और इसने हमें थोड़ी सी उम्मीद की रोशनी और प्रोत्साहन दिया, जिसकी हमें ज़रूरत थी।

"हमने अपने ख़ाली समय का एक-एक मिनट बिज़नेस फैलाने में लगाया। हमने बैठकों व सेमिनारों में भाग लिया और अपने बिज़नेस को उतनी ही सावधानी से पाला-पोसा, जितनी सावधानी से हम अपने दो बच्चों को पालते हैं।"

टॉम ने मुझे बताया कि बिज़नेस के पहले साल में उन्हें 31,000 डॉलर की कमाई हुई। परंतु मुख्य मुद्दा यह है कि वे अपने बिज़नेस को सफल बना रहे थे : इसकी देखभाल करके, इसे पोषण देकर ताकि यह सफल बन सके।

सबक़ : एक बार सपने को बोने के बाद इसे पोषण दें। सेमिनारों में भाग लें। अगर ज़रूरी हो तो कॉलेज जायें। ट्रेड एसोसियेशन के सदस्य बनें। सफल लोगों से बातें करें। पढ़ें।

सफलता की मानसिकता वाले दूसरे लोगों की मदद लें। मानवीय स्वभाव का एक पुराना नियम है - "एक जैसे पंख वाले पक्षी इकट्ठे उड़ते हैं।" यह नियम हमेशा सही है। इसलिये, अगर आप बहुत कमाना चाहते हैं और दौलतमंद बनना चाहते हैं, तो ऐसे लोगों के साथ जुड़ें जिनकी आमदनी बहुत ज्यादा हो और जो इससे भी अधिक दौलत हासिल करना चाहते हों। जिस तरह के लोगों के साथ आप हर दिन उठते-बैठते हैं, देर-सबेर आप उन्हीं की तरह बन जाते हैं। अगर आपके दोस्तों के समूह में ऐसे लोग हैं जो औसत ज़िंदगी से संतुष्ट हैं, जिनके जीवन की फ़िलॉसफ़ी है "जो-क़िस्मत-में-होगा-वही-मिलेगा," तो समय के साथ आप भी वैसे ही बन जायेंगे। आपका सपना मर जायेगा, आपकी दृष्टि धुँधली हो जायेगी और आपकी आध्यात्मिक मृत्यु हो जायेगी।

इसका उदाहरण देखिये। मान लीजिये आप अपने "औसत" मित्रों को बताते हैं कि पाँच साल के भीतर आप हर साल दो लाख डॉलर कमाने जा रहे हैं। आपके "साधारण" दोस्त आप पर हँसेंगे। वे आपको बतायेंगे कि आप नादान हैं, मूर्ख हैं। यही नहीं, वे अपने दूसरे दोस्तों को भी मज़े लेकर बतायेंगे कि आप कितने मूर्ख हैं, जो सोच रहे हैं कि आप इतना सारा पैसा कमा सकते हैं। परंतु अगर आप उन लोगों को अपनी योजना बतायेंगे, जो दो लाख डॉलर प्रति वर्ष कमा रहे हैं, तो वे कहेंगे, "बहुत बढ़िया। यह बहुत अच्छी बात है। मैं इसमें आपकी किस तरह मदद कर सकता हूँ ?"

इस बात का ध्यान रखें, जो लोग सफल नहीं हो पा रहे हैं, वे यह नहीं चाहते कि आप सफल हों। वे चाहते हैं कि आप औसत ज़िंदगी जियें, क्योंकि इससे उन्हें अपने बारे में कोई शिकायत नहीं होगी। दुख में संगी-साथी अच्छे लगते हैं, इसलिये "हम-कहीं-नहीं-जा-रहे-हैं" सोचने वाले दोस्त तो यही चाहेंगे कि आप भी औसत बने रहें। आपके नकारात्मक सहयोगी चाहते हैं कि आप असफल हो जायें। अगर आप सफल हो

जायेंगे, पैसे कमायेंगे और "अच्छे" जीवन का आनंद लेंगे, तो इससे वे असहज हो जायेंगे। ऐसा करके आप उनके समूह के साथ विश्वासघात करेंगे। जबकि अगर आप असफल होंगे, तो आपके औसत मित्र अपने बारे में बेहतर महसूस करेंगे। दूसरी तरफ़, आपके परिचित दौलतमंद लोग यह चाहते हैं कि आप सफल हों। दौलतमंद और सफल लोग जानते हैं कि आपस में बाँटने के लिये बहुत कुछ है।

अपने सपनों को बड़ा करते समय अपने आपको सकारात्मक लोगों से घेर लें। सकारात्मक लोग चाहते हैं कि आप जीतें, सफलता हासिल करें, अच्छे जीवन का आनंद लें, वास्तविक संतुष्टि प्राप्त करें और दूसरों के जीवन में योगदान दें।

दूसरी तरफ़ नकारात्मक लोग चाहते हैं कि आप जीवन में अपनी वर्तमान स्थिति को स्वीकार करें, बोरियत और औसत दर्जे के साथ संतुष्ट रहें, कम आमदनी में गुज़ारा करें और उन पुरस्कारों से वंचित रहें, जो दूसरों की मदद करने से मिलते हैं।

खरपतवार और इल्लियों को दूर रखें। आइये हम दुबारा आपके टमाटर के पौधे की तरफ़ चलते हैं। अगर सूर्य की ऊर्जा, पानी और पोषण के लिये इसे खरपतवार से मुक़ाबला करना पड़े, तो इसकी फ़सल कमज़ोर होगी। और मौक़ा पाते ही इल्लियाँ इसे कुतर जायेंगी और नष्ट कर देंगी।

आर्थिक स्वतंत्रता का आपका सपना भी खरपतवार और इल्लियों को अपनी तरफ़ आकर्षित करेगा। "यह काम नहीं करेगा," "तुम अपना समय बर्बाद कर रहे हो" जैसी बातें कहकर आपके नकारात्मक दोस्त खरपतवार के बीज बो देंगे। इतने बड़े सपने देखने पर कुछ मित्र आपका मज़ाक़ उड़ायेंगे। कई लोग आपकी तरफ़ "आज के लिये जियो" का प्रलोभन भी उछालेंगे। आपके सपने को ख़तरे में डालने के लिये इल्लियाँ भी आ जायेंगी। हो सकता है किसी "दोस्त" के मन में आपसे पैसे उधार लेने की इच्छा जाग जाये या फिर वह आपको किसी "बेहतर" अवसर की खोज करने के लिये प्रेरित कर दे।

इसके अलावा, मीडिया की तरफ़ से भी खरपतवार और इल्लियाँ

आयेंगी। इस बात के लिये तैयार रहें कि आप पर नकारात्मक ख़बरों की बमबारी होगी और यह ख़बरें बिज़नेस, अर्थव्यवस्था, व्यापारिक असफलताओं, संसद की जाँच और टैक्स कानून में परिवर्तनों के बारे में होंगी।

नकारात्मक लोगों से ख़ुद को अलग करने के लिये बहुत कोशिश करना पड़ती है, परंतु *यह लगभग तय है कि अगर आप सफलता की मानसिकता वाले लोगों के साथ जुड़ेंगे, तो आप दौलतमंद बन जायेंगे।*

इसलिये, इसी समय यह फ़ैसला करें कि आप जिन लोगों के साथ जुड़े हैं, आप उनकी हर दिन जाँच करेंगे। ऐसे लोगों से ख़ुद को दूर कर लें, जो हर चीज़ के बारे में बुरी बात कहते रहते हैं और आपके सपने की मौत चाहते हैं।

पाँचवाँ क़दम : अपनी ऊर्जा को एकाग्र कीजिये "मैं करके दिखाऊँगा" का प्रयोग कीजिये

फ़ुटबॉल के महान कोच विंस लॉम्बार्डी का प्रसिद्ध कथन है, "आदर्श रूप से अनुशासित इच्छाशक्ति को कोई भी ताक़त नहीं रोक सकती।" उनके जीतने के रिकॉर्ड ने इस कहावत में गहरा अर्थ भर दिया, "जहाँ चाह, वहाँ राह।"

कोच लॉम्बार्डी का उत्कृष्ट योगदान यह था कि उन्होंने यह दिखाया कि इच्छाशक्ति क्या कर सकती है। यह न सिर्फ़ फ़ुटबॉल मैच जीत सकती है, बल्कि ज़िंदगी के मैच भी जीत सकती है।

जीत आती है जब आप सोचते हैं, *"मैं जो चाहता हूँ पाकर रहूँगा;"* जीत तब नहीं आती जब आप सोचते हैं, *"मैं कुछ पाना चाहूँगा।"* देखिये, किसी इंसान का सबसे सशक्त संकल्प होता है, *"मैं करके दिखाऊँगा"*। जब आप ठान लेते हैं, *मैं करके दिखाऊँगा*, तो आपका मस्तिष्क दो आश्चर्यजनक काम करता है : पहला, यह आपको बताता है कि किस तरह आपके सपनों को सच किया जाये और, दूसरा, "मैं करके दिखाऊँगा" का संकल्प आपको आवश्यक शक्ति देता है।

इसे इस तरह से देखें। आपकी सारी मानसिक शक्ति "मैं करके दिखाऊँगा" वाले मानसिक हिस्से में है। आप अपने सपनों को जितनी गहराई से अपने मस्तिष्क में रोपेंगे, उनका साकार होना उतना ही तय है। अगर आप सोचते हैं, "मैं जो घर चाहता हूँ, उसे ख़रीदकर *दिखाऊँगा,"* तो पैसे का स्रोत अपने आप प्रकट हो जायेगा। अगर आप सोचते हैं "मैं अपने बिज़नेस के विचार को हक़ीक़त बनाकर *दिखाऊँगा"*, तो इसे करने का तरीक़ा अपने आप सामने आ जायेगा। अगर आप सोचते हैं, "मैं नौकरी में प्रमोशन लेकर *दिखाऊँगा,"* तो आपके सामने यह स्पष्ट हो जायेगा कि आपको क्या करना है।

एक बार "मैं करके दिखाऊँगा" की इच्छाशक्ति आपके पूरे नियंत्रण में आ जाये, तो फिर मैच जीतना, पैसे कमाना, अपना मनपसंद जीवनसाथी पाना, चुनाव जीतना - यानी आप जो चाहते हैं उसे पाना - आपके लिये आसान होगा।

हर इंसान के मस्तिष्क में दो पहलू होते हैं : "मैं कोशिश करूँगा" का पहलू और "मैं करके दिखाऊँगा" का पहलू। जब कोई कहता है, "मैं कोशिश करूँगा," तो इसका मतलब होता है "मैं प्रक्रिया तो पूरी करूँगा, परंतु मुझे यक़ीन है कि मैं असफल हो जाऊँगा।" "मैं कोशिश करूँगा" वाले लोग अचेतन मन में हार के बारे में पहले से ही सोच रहे हैं। वे हारने के बाद बचाव के रास्ते या अच्छे से बहाने के बारे में सोच रहे हैं। जो सेल्समैन अपने मैनेजर से कहता है, "मैं मिस्टर ब्राउन से मिलने की कोशिश करूँगा, पर मुझे नहीं लगता कि मैं ऐसा कर पाऊँगा," वह मिस्टर ब्राउन से नहीं मिल पायेगा। परंतु जो सेल्समैन कहता है, "मैं मिस्टर ब्राउन से मिलूँगा। मैं नहीं जानता कि कैसे, परंतु मैं यह करके दिखाऊँगा," वह न सिर्फ़ मिस्टर ब्राउन से मिलेगा, बल्कि मिस्टर ब्राउन को कुछ बेचकर भी आयेगा।

सबक़ : किसी भी सपने - दौलत, प्रशंसा, बिज़नेस में सफलता - को हासिल करने के लिये लक्ष्य के प्रति पूर्ण समर्पण की आवश्यकता होती है।

एकाग्र ऊर्जा तय करती है कि कौन जीतेगा। किसी चैंपियनशिप मैच में दो टेनिस खिलाड़ियों पर विचार करें - दोनों खिलाड़ियों का रिकॉर्ड शानदार है, दोनों के पास ही लगभग बराबर अनुभव है, दोनों ही बहुत अच्छी शारीरिक स्थिति में हैं और दोनों ही समान उम्र के हैं। कौन जीतेगा? वह खिलाड़ी, जिसमें अधिक संकल्पशक्ति होगी।

कोलंबस ने नई दुनिया खोजी। क्यों? उस समय कम से कम सौ समुद्री कप्तान उतने ही योग्य थे। उनमें से कई तो अनजान समुद्र में पश्चिम की ओर यात्रा करने के बारे में विचार भी कर रहे थे। फ़र्क़ सिर्फ़ यह था कि कोलंबस ने *फ़ार* ईस्ट का शॉर्टकट खोजने का दृढ़ संकल्प कर लिया था। दो दशक से भी अधिक समय तक उसने अपनी ऊर्जा को "समुद्री अभियान" पर जाने पर एकाग्र कर लिया।

चार्ल्स लिंडबर्ग पहला पायलट नहीं था, जिसके मन में अटलांटिक को बिना रुके अकेले पार करने का विचार आया। पर उसकी "सपने की मशीन" उसकी उड़ने वाली मशीन से कहीं बेहतर थी। उसके संकल्प ने उसे पहला पायलट बनाया और उसका नाम दुनिया भर में मशहूर हो गया।

वान ब्रॉन सबसे स्मार्ट या सबसे उच्च शिक्षित रॉकेट इंजीनियर नहीं था, परंतु वह सबसे समर्पित, निष्ठावान तथा प्रेरित रॉकेट इंजीनियर था। और उसने चंद्रमा पर हमारी विजय में मुख्य भूमिका अदा की। अमेरिकी झंडा चंद्रमा पर हमेशा रहेगा, क्योंकि उसके सपने ने दूसरे इंजीनियरों की कल्पना और अंततः विश्व की कल्पना को प्रेरित किया।

कौन जीत रहा है? टी.पी. या जे.ई.?

दो लोगों पर विचार करें, टेड पी. और जॉन ई.। दोनों की ही उम्र पैंतीस के लगभग है। किसी भी पारंपरिक पैमाने से टेड का आई.क्यू. चोटी के एक प्रतिशत लोगों के बराबर है। उच्च शिक्षित टेड के पास पीएच.डी. की डिग्री है। वह आकर्षक और स्वस्थ है, अपने विवाह से ख़ुश है और उसकी एक प्यारी बेटी भी है। टेड की रुचियाँ भौतिकी से बास्केटबॉल और विश्व की राजनीति तक फैली हुई हैं।

ऐसा लगता है जैसे यह असाधारण रूप से सफल व्यक्ति का वर्णन हो ? ग़लत। टेड एक इलेक्ट्रॉनिक्स इंजीनियर है, जिसने छह साल में चार नौकरियाँ बदली हैं। टेड कहीं नहीं जा रहा है। हर नौकरी से निकाले जाने का कारण एक ही होता है – "टी.पी. बहुत ज़्यादा प्रोजेक्ट्स में शामिल हो जाता है और वह कभी कोई काम पूरा नहीं करता," "कभी किसी प्रोजेक्ट को पूरा करके नहीं दिखाता," "अद्‌भुत इंसान, परंतु वह गेंद को गोल में नहीं डाल पाता।"

समस्या ? टेड अपनी ऊर्जा को एकाग्र नहीं करता। उसका मस्तिष्क कभी पूरी तरह एक जगह पर नहीं रहता।

दूसरी तरफ़, जॉन ई. ऊपर से टी.पी. की तुलना में बहुत कम योग्य नज़र आता है। जॉन में सामान्य बुद्धि है, उसके पास कोई डिग्री नहीं है, उसका वज़न ज़्यादा है और वह बहुत कम पढ़ता है (एक बार जब बातचीत में किसी ने जॉन से पूछा, "फ़ॉकलैंड्स कहाँ है ?" तो जॉन का जवाब था, "मेरे ख़्याल से इंडियाना में होगा")।

ऐसा लगता है जैसे जॉन साधारण होगा ? सही ? ग़लत!

जॉन और उसका परिवार ख़ुश है। जॉन का अपना ख़ुद का बिज़नेस है। वह डीलरों को क्रीड़ा नौकायें बेचता है और हर साल 2,50,000 डॉलर से अधिक का नक़द मुनाफ़ा कमाता है।

जॉन की सफलता का रहस्य क्या है ? उसे नावों से प्रेम है – वे किस तरह बनाई जाती हैं, वे क्या कर सकती हैं, उनका प्रयोग कैसे करना चाहिये। और उसका विश्वास है कि हर आदमी के पास कम से कम एक नाव होना चाहिये। जॉन के घर के हर कमरे में आपको ऐसा फ़र्नीचर, लैंप या पेंटिंग मिल जायेगी, जिससे नावों के प्रति उसका प्रेम प्रकट होता हो।

टेड और जॉन के बीच मुख्य अंतर क्या है ? टेड अपनी ऊर्जा को बर्बाद करता है, जबकि जॉन अपनी ऊर्जा को एकाग्र करता है। टेड दूर के कई लक्ष्यों पर अपनी पेलेट गन से निशाना लगाता है। जॉन अपनी ऊर्जा को राइफल में एकाग्र करता है और पास के एक लक्ष्य पर निशाना साधता है।

यह करें। अपने सपने को हक़ीक़त में बदलने के लिये "ज़ीरो इन" करें, "अपने काम को इकट्ठा करें," "मैं करके दिखाऊँगा" की अपनी ऊर्जा को एकाग्र करें और संकल्प लें।

छठा क़दम : समय से अपने लिये काम करवाइये

किसी छोटे बच्चे के लिये यह समझना बहुत मुश्किल होता है कि सब्ज़ी के बीज से फल उगने में कई सप्ताह या महीने लग जायेंगे। या फिर यह समझना कि छोटे देवदार के पौधे को विशाल वृक्ष बनने में कई दशक लग सकते हैं।

दरअसल किसी भी उम्र के किसी भी व्यक्ति के लिये यह समझना मुश्किल है कि समय से अपने लिये काम करवाना कितना ज़रूरी और समझदारी का काम है।

कैरियर बनाने के लिये समय का निवेश करें

आप अपने सपने के बीज से जो लाभ चाहते हैं, उन्हें मिलने में समय लगता है। मैं आपको रैशेल के बारे में बता दूँ, जो मेरे एक दोस्त की बीस वर्षीय बेटी है। वह सचमुच दुविधा में थी। उसने मुझसे कहा, "मैं डॉक्टर बनना चाहती हूँ। मेरे नंबर इतने अच्छे हैं कि मुझे पाँच सबसे अच्छे मेडिकल कॉलेजों में से एक में प्रवेश मिल जायेगा।"

मैंने जवाब दिया, "मुझे ऐसा नहीं लगता कि इसमें कोई समस्या है। मेडिकल कॉलेजों का स्टैंडर्ड बहुत ऊँचा होता है; वे दस में से नौ आवेदकों को अस्वीकार कर देते हैं।"

"मैं जानती हूँ," रैशेल ने सहमत होते हुए कहा, "पर मेडिकल कॉलेज जाने का मतलब है बिना आमदनी के दस साल तक बहुत ज़्यादा मेहनत करना। और अगले दस साल मेरे जीवन के बेहतरीन साल हैं। मैं घूमना-फिरना चाहती हूँ, बहुत से लोगों से मिलना चाहती हूँ, ज़्यादातर युवा लोग जो करते हैं वह करना चाहती हूँ। मुझे क्या करना चाहिये ?"

मैंने कहा, "काम इंसान के जीवन का एक प्रमुख हिस्सा होता है।

अगर तुम्हें लगता है कि तुम कोई और काम करने के बजाय डॉक्टर बनना चाहती हो, तो फिर डॉक्टर बन जाओ। दस साल बहुत लंबे दिखते हैं, परंतु तुम्हें इस अनुभव में आनंद आयेगा। और इसके बाद भी प्रैक्टिस के लिये तुम्हारे पास चालीस साल का समय बचा रहेगा।"

सपनों की परीक्षा लेने वाली यह चुनौती सबके सामने आती है, "क्या मैं भविष्य के अधिक बड़े पुरस्कार के लिये अभी समय और योग्यता का निवेश करूँ, या मैं अपने समय का निवेश .ज्यादातर लोगों की तरह करूँ और सिर्फ़ आज के लिये जियूँ ?"

धन कमाने के लिये समय का निवेश कीजिये

आप अकसर यह कहावत सुनते हैं, "बहुत सा पैसा कमाने के लिये बहुत से पैसे की ज़रूरत होती है।" एक और पुरानी कहावत है, जो सच नहीं है, "अमीर लोग अधिक अमीर बनते हैं और ग़रीब लोग अधिक ग़रीब।"

दरअसल निवेश में धन की मात्रा से अधिक महत्त्वपूर्ण होता है समय। एक डॉलर अधिक नहीं होता, परंतु 12 प्रतिशत की दर से निवेश किये जाने पर, चक्रवृद्धि ब्याज के हिसाब से यह 30 साल में 32 डॉलर कमायेगा, 60 साल में 1,024 डॉलर और 90 साल में 32,768 डॉलर।

चक्रवृद्धि के सिद्धांत का सीधा सा अर्थ है कि आपको अपने निवेश से जो लाभ मिलता है, आप भविष्य में .ज्यादा लाभ कमाने के लिये उसका दुबारा निवेश कर देते हैं। इस उदाहरण की तरफ़ देखें कि चक्रवृद्धि का ज़बर्दस्त जादू समय बीतने पर किस तरह दौलत प्रदान कर सकता है :

जेन और जिल दोनों की उम्र 25 साल है। दोनों ही एक बार 1,000 डॉलर का निवेश करती हैं, जिसमें 18 प्रतिशत की दर से लाभांश मिलेगा। 12 महीने के बाद जेन फ़ैसला करती है कि वह अपने 180 डॉलर के लाभांश से अपने लिये कुछ ऐसा ख़रीद लेगी, जो वह "सचमुच" चाहती है। जिल अपने 180 डॉलर को अपने 1000 डॉलर के मूल निवेश में जोड़ने का फ़ैसला करती है।

इस तरह एक साल के अंत में जेन के पास 1,000 डॉलर का निवेश है और 180 डॉलर का वह सामान है, जिसके पीछे वह पागल थी। जिल के पास 1000 डॉलर और 180 डॉलर हैं जो उसके लिये काम कर रहे हैं, यानी कुल मिलाकर उसका निवेश 1,180 डॉलर है। अगर जेन अपने लाभ को हर वर्ष ख़र्च करती रहे और जिल अपने लाभ का लगातार निवेश करती रहे तथा ब्याज की दर 18 प्रतिशत बनी रहे तो उनके धन की तस्वीर कैसी होगी, इस पर एक नज़र डालें :

वर्ष के अंत में	जेन और जिल की उम्र	जेन का धन	जिल का धन
4	29	$ 1,000	$ 2,000
8	33	1,000	4,000
12	37	1,000	8,000
16	41	1,000	16,000
20	45	1,000	32,000
24	49	1,000	64,000
28	53	1,000	1,28,000
32	57	1,000	2,56,000
36	61	1,000	5,12,000
40	65	1,000	10,24,000

40 साल के अंत में जब जेन और जिल 65 की हो जायेंगी, तो यह रहे परिणाम।

जेन के पास अब भी उसके 1,000 डॉलर और 40 तोहफ़े होंगे, जो उसने 180 डॉलर प्रति वर्ष के हिसाब से ख़रीदे होंगे, यानी कुल मिलाकर 7,200 डॉलर के तोहफ़े (40 वर्ष × $180)। जबकि जिल के पास दस लाख डॉलर से अधिक होंगे। चक्रवृद्धि के जादू से जिल का निवेश हज़ार गुना बढ़ गया। अगर जिल का धन सिर्फ़ 15 प्रतिशत की दर से भी चक्रवृद्धि हो रहा होता, तो भी उसके पास 65 साल की उम्र में तीन लाख डॉलर से अधिक होते।

निवेश के बारे में आपको जो सबसे महत्त्वपूर्ण सिद्धांत मालूम होना चाहिये, वह है चक्रवृद्धि का सिद्धांत। इस पर विचार करें : हर महीने 12 प्रतिशत के ब्याज पर सिर्फ़ 100 डॉलर का निवेश करने से आपके पास 30 साल बाद 3,08,097 डॉलर हो जायेंगे। हर महीने सौ डॉलर की रक़म 50 साल में 30,00,000 डॉलर हो जायेगी।

याद रखें, तीन चीज़ें तय करती हैं कि दौलतमंद बनाने वाली योजना आपको कितना अमीर बनायेगी – आपने कितनी रक़म का निवेश किया है, किस ब्याज दर पर निवेश किया है और आप अपने धन को कितने लंबे समय तक अपने लिये काम करने देते हैं।

"72 के नियम" को जानें। यह जानने के लिये कि आपका पैसा कितनी तेज़ी से दुगना होगा, सिर्फ़ 72 की संख्या को ब्याज दर से भाग दे दें। अगर आपका धन नौ प्रतिशत पर निवेश किया गया है, तो यह आठ साल में दुगना होगा (72 ÷ 9)। अगर आपका धन 18 प्रतिशत ब्याज कमा रहा है तो यह सिर्फ़ चार साल में दुगना हो जायेगा (72 ÷ 18)।

ज़रा देखें कि 10,000 डॉलर का एकमुश्त निवेश 12, 18 और 24 प्रतिशत के चक्रवृद्धि ब्याज के हिसाब से आपके लिये कितना कुछ कर सकता है, *बशर्ते आप समय को अपने लिये काम करने का मौक़ा दें।*

वर्ष के अंत में	12 प्रतिशत	18 प्रतिशत	24 प्रतिशत
12 वर्ष	$ 40,000	$ 80,000	$ 1,60,000
24 वर्ष	1,60,000	6,40,000	25,60,000
36 वर्ष	6,40,000	51,20,000	4,09,60,000
48 वर्ष	25,60,000	4,00,96,000	65,53,60,000

आप जो भी चाहते हों, एक समय में एक क़दम से आप उसे पा लेंगे

सफलता, दौलत और ख़ुशी हमेशा क़दम-दर-क़दम हासिल की जाती हैं, न कि एक बार में छलाँग लगाकर। इन उदाहरणों पर

विचार कीजिये :

- एक नवजात शिशु के लिये महँगी कॉलेज शिक्षा का सपना सिर्फ़ 50 डॉलर प्रति माह के समझदारीपूर्ण निवेश से पूरा किया जा सकता है।
- आकर्षक शरीर का अर्थ है हेल्थ सेंटर और जॉगिंग ट्रैक की बार-बार यात्रा। वज़न एक बार में एक पौंड करके ही कम किया जा सकता है।
- कोई लड़की राष्ट्रीय ब्यूटी क्वीन बन सकती है, एक बार में एक सौंदर्य प्रतियोगिता जीतकर और प्रतियोगिताओं के बीच में कोचिंग तथा अनुशासन से।
- कोई फ़ुटबॉल टीम चैंपियनशिप जीत सकती है, अगर वह एक अच्छे मैच के बाद दूसरा अच्छा मैच खेले तथा उसके बाद एक और अच्छा मैच खेले।
- पीट रोज़ बेसबॉल हिट करने की संख्या में सार्वकालिक लीडर बने। उन्होंने एक बार में एक हिट करके यह रिकॉर्ड बनाया। उन्होंने अपने सामने के तात्कालिक लक्ष्य पर पूरा ध्यान एकाग्र किया - हिट करना। और बड़ा सपना - नया रिकॉर्ड बनाना - सच हो गया।
- जो अभिनेता एक बार में एक दृश्य पर ध्यान एकाग्र करते हैं, महान अभिनेता बन जाते हैं।
- एक पैर वाला एक आदमी देश के इस छोर से उस छोर तक 3,062 मील दौड़ा, ताकि अपने इस सपने को सच कर सके कि अपंगता सिर्फ़ मस्तिष्क में होती है। उसने एक बार में एक क़दम दौड़कर ऐसा किया।
- एक मैनेजर कंपनी में एक के बाद एक प्रमोशन पाकर चोटी पर पहुँचा, न कि अचानक ऊपर की तरफ़ एक ही छलाँग में पहुँच गया।
- लाखों रॉकेट प्रक्षेपणों के बाद जाकर यह पूरी तरह समझ में आया कि चंद्रमा तक पहुँचने और वहाँ से लौटने के लिये किन चीज़ों की ज़रूरत है।

इस पुराने नीतिसूत्र को याद रखिये, "लंबी से लंबी यात्रा भी एक क़दम से शुरू होती है।" महान दौलत की शुरुआत सिर्फ़ कुछ डॉलरों से होती है। सुखी जीवन एक बार में एक दिन में बनाया जाता है।

इन सिद्धांतों को अमल में लाइये, अभी!

- दृढ़ता से बड़ी शक्तिशाली तस्वीरें बनाइये कि आप क्या हो सकते हैं, क्या हासिल कर सकते हैं और किन चीज़ों के स्वामी बन सकते हैं। सफलता एक सपना है, जिस पर मेहनत की गई हो।
- जीवन को एक बगीचे की तरह मानिये। हमें वही पौधे मिलते हैं, जिनके बीज हमने लगाये हैं।
- बीज हमेशा अपनी तरह की फ़सल देता है। पूछिये "मैं कौन से बीज की फ़सल काटना चाहता हूँ ?" और "मेरे सपने से लाभ की संभावना क्या है ?"
- अपने महान विचार को स्वीकार करने के लिये अपने मस्तिष्क को तैयार कीजिये। धूल, कीचड़ और ग्रीस को धोकर साफ़ कीजिये; इसे महान विचार स्वीकार करने के लिये तैयार कीजिये।
- एक महान सपना बोइये। दौलत सिर्फ़ एक विचार है, जिस पर मेहनत की गई है। आदर्श परिस्थितियों का इंतज़ार मत कीजिये।
- अपने सपने के बीज को कल्पना, प्रोत्साहन और विचारों द्वारा पोषण दीजिये। सफलता की मानसिकता वाले लोगों को अपनी मदद करने दीजिये।
- **"मैं करके दिखाऊँगा!"** के नज़रिये से अपनी ऊर्जा को एकाग्र करें। आप सफल होंगे। विजेता बनने की सिर्फ़ "कोशिश" न करें।
- समय का लाभ लें। कैरियर बनाने में समय का निवेश करें। दौलत बनाने में इसका प्रयोग करें।

अध्याय दो

काम करते समय सीटी बजायें!

बीस साल पहले एक कॉलेज के डीन रिटायर हो रहे थे। मैंने उनके विदाई समारोह में भाग लिया। उन्होंने संक्षिप्त धन्यवाद भाषण दिया और उसमें इस शानदार आदमी ने अपनी फ़िलॉसफ़ी बताई कि सफल जीवन की राह क्या है। उन्होंने कहा, "मित्रो, सुख की सिर्फ़ दो राहें हैं। एक है प्रेम और दूसरा है काम। जीवन में वास्तविक संतुष्टि हासिल करने के लिये दो क़दम उठाइये : पहला, हर मानवीय संबंध में प्रेम का समावेश कीजिये। दूसरा, ऐसा काम खोजिये, जिसमें आपको आनंद आये और फिर उसे अच्छी तरह से करने में अपनी शत-प्रतिशत ऊर्जा लगा दीजिये। सबसे प्रेम करें और काम करने का आनंद लें। अगर आप ऐसा कर लें, तो यह बात तय है कि आप सुखी और अमीर होंगे।"

बूढ़ा विद्वान सही था। प्रेम करिये और अपने काम का आनंद लीजिये। जब आप ऐसा करते हैं, तो सुख, समृद्धि तथा सफलता सुनिश्चित हो जाती हैं।

कैरियर की ग़ुलामी की जंज़ीरें तोड़िये

मैं कई लोगों से बात करता हूँ, जो अपने कैरियर से असंतुष्ट हैं। जब हमारी चर्चा इस सवाल पर आती है, "अगर आप इतने ही दुखी हैं, तो दूसरी नौकरी की तलाश क्यों नहीं करते ?" तो मुझे कई बहाने सुनने

को मिलते हैं (वे इन्हें "कारण" कहते हैं) कि वे अपनी ख़ुद की ओढ़ी हुई नौकरी की ग़ुलामी में क्यों पड़े हुए हैं। ये रही वे जंज़ीरें, जिनके द्वारा लोग अपने आपको उस नौकरी से बाँध लेते हैं, जिसे वे पसंद नहीं करते :

नौकरी की पहली जंज़ीर :
"नौकरी बदलने के लिये मैं ज़्यादा बूढ़ा हूँ (या ज़्यादा छोटा हूँ)।"

बहुत से लोग 40 घंटे प्रति सप्ताह की अपनी नौकरी की जेल में सिर्फ़ इसलिये क़ैद रहते हैं, क्योंकि वे सोचते हैं कि उनकी उम्र ज़्यादा हो चुकी है। उन्हें लगता है कि वे इतने बूढ़े हो चुके हैं कि वे बाहर जाकर अपना मनचाहा काम नहीं कर सकते। जो लोग इस तरह से सोचते हैं, उन्हें यह याद रखना चाहिये कि अमेरिका के पहले बिलियनेअर हेनरी फ़ोर्ड 40 के दशक तक सिर्फ़ एक शेड ट्री मैकेनिक थे। दुनिया भर में मशहूर मैक्डॉनल्ड्स की स्थापना करने से पहले 50 की उम्र तक रे क्रॉक कम आमदनी वाले सेल्समैन थे। जब कर्नल सैंडर्स ने केंटकी फ्राइड चिकन स्टोर्स शुरू किया, तो उनकी उम्र 60 से अधिक थी। और जब राष्ट्रपति रीगन को पहली बार राष्ट्रपति पद की शपथ दिलाई गई, तो वे 70 साल के थे।

उम्र के दूसरे छोर पर एप्पल कंप्यूटर्स और कैबेज पैच डॉल्स के संस्थापक ने जब अपना बिज़नेस शुरू किया, तब उनकी उम्र लगभग पच्चीस साल थी।

किसी कैरियर को शुरू करने या बदलने की सबसे अच्छी उम्र क्या है ? वही, जो इस वक़्त आपकी है। सफल लोग नौकरी संबंधी निर्णय लेते समय उम्र को अनदेखा कर देते हैं।

नौकरी की दूसरी जंज़ीर :
"परंतु मेरी वर्तमान नौकरी में ठीक-ठाक पैसा मिल जाता है। कम आमदनी में मेरा गुज़ारा नहीं हो पायेगा।"

पिछले महीने मैंने अटलांटा के एक अच्छे रेस्तराँ में लंच किया।

वेटर ने मेरा नाम लेकर मेरा अभिवादन किया और फिर बताया कि वह मेरा पूर्व विद्यार्थी था। "आप शायद मुझे भूल गये होंगे, पर चार साल पहले आपने मुझे पढ़ाया है। दो साल पहले मैंने फ़ाइनैंस में एम.बी.ए. की डिग्री ली थी।"

यह स्पष्ट था कि वेटर मुझसे बात करना चाहता था। जब मैंने लंच ख़त्म कर लिया, तो उसने मुझसे कहा, "आपको शायद हैरानी हो रही होगी कि एम.बी.ए. की डिग्री होने के बाद भी मैं वेटर का काम क्यों कर रहा हूँ। मैं बताता हूँ। मुझे जो सबसे अच्छी नौकरी मिल रही थी, वह थी 22,500 डॉलर की। यहाँ पर मैं हर साल लगभग 30,000 डॉलर कमा लेता हूँ। मैं एक अच्छा वेटर हूँ और इस रेस्तराँ में बहुत अच्छी टिप मिलती है। जब नौकरियों में फ़ाइनैंस के एम.बी.ए. के लोगों की माँग और तनख़्वाहें बढ़ेंगी, तब मैं वह नौकरी पाने की कोशिश करूँगा, जहाँ मैं अपनी शिक्षा का प्रयोग कर सकूँ।"

मैंने जवाब दिया, "देखो, तुम्हें यहाँ देखकर मुझे आश्चर्य हो रहा है। पर मैं तुम्हें आश्वस्त कर दूँ, ऐसा इसलिये नहीं है क्योंकि तुम, जैसा कुछ लोग कहेंगे, 'सिर्फ़' एक वेटर हो।" (फिर मैंने बताया कि मैं भी एक वेटर था और ट्रक ड्राइवर, होटल क्लर्क, खेत में काम करने वाला मज़दूर, घर-घर जाकर सामान बेचने वाला सेल्समैन भी - और यह सारे काम मैंने अच्छी तरह और मन लगाकर किये थे।) मैंने उसे यह समझाने की कोशिश की कि हर काम महत्वपूर्ण *होता है* और उसका सम्मान किया जाना चाहिये।

मैंने अपने मित्र को बताया कि अगर वह सचमुच रेस्तराँ बिज़नेस को पसंद करता है, तो उसे यहीं पर रुके रहना चाहिये। हर काम सम्मानजनक होता है। परंतु अगर उसे इस उद्योग में अपना भविष्य नहीं दिखता, तो उसे कम आमदनी को स्वीकार करना चाहिये और फ़ाइनैंस की नौकरी कर लेना चाहिये।

मैंने इस मुद्दे पर ज़ोर दिया कि लंबे समय में लोग वह काम करके सबसे अधिक पैसा कमाते हैं, जो उन्हें चुनौती देता है। कई लोग यह ग़लती करते हैं कि वे सिर्फ़ शुरुआती तनख़्वाह पर विचार करते हैं और भविष्य की आमदनी को नज़रअंदाज़ कर देते हैं।

दो सप्ताह बाद मेरे पास इस पूर्व विद्यार्थी का फ़ोन आया। "मैं फ़ाइनैंस में नौकरी खोज रहा हूँ। मैं सचमुच यही काम करना चाहता हूँ।"

सबक़ : संभावना पर विचार कीजिये। लंबे समय के बारे में सोचिये। काम की संतुष्टि के बारे में सोचिये। कुछ समय के तात्कालिक पुरस्कारों को देखकर लालच मत कीजिये।

नौकरी की तीसरी जंज़ीर : "पर मेरा परिवार (पति, पत्नी या माता-पिता) मुझसे उम्मीद करता है कि मैं अमुक काम करूँ।"

आप निश्चित रूप से ऐसी महिलाओं को जानते होंगे, जो कोई कैरियर शुरू करना चाहती हैं, परंतु ऐसा इसलिये नहीं कर पातीं क्योंकि उनके पति आपत्ति करते हैं। और शायद आप ऐसे पतियों को भी जानते होंगे, जो दूसरी संभावनाओं का पीछा करना चाहते होंगे, परंतु ऐसा इसलिये नहीं कर पाते क्योंकि पत्नियाँ "मना" कर देती हैं। और कुछ बच्चे जब व्यवसाय चुनते हैं तो वे ऐसा अपनी इच्छा से नहीं करते, बल्कि इसलिये करते हैं क्योंकि उन्हें लगता है कि उनके माता-पिता ऐसा करने के लिये उन पर दबाव डाल रहे हैं।

जब कोई अपने जीवनसाथी को उसकी पसंद की नौकरी या कैरियर चुनने से रोकता है, तो उसका व्यवहार स्वार्थपूर्ण होता है। इस तरह रोकने से अकसर गहरा संघर्ष छिड़ जाता है। रिश्ते में हर व्यक्ति को दूसरे की रुचियों को ध्यान में रखते हुए उदारतापूर्ण कार्य करना चाहिये और साझे लाभ के लिये त्याग करने का इच्छुक रहना चाहिये। जब दोनों ही एक-दूसरे के प्रति उदारतापूर्ण व्यवहार करेंगे और इच्छा से त्याग करेंगे, तो नतीजा निश्चित रूप से सुखद होगा।

आदर्श स्थिति में पति-पत्नी दोनों को एक साझे आर्थिक लक्ष्य का पीछा करना चाहिये। जब अमेरिका मूलतः एक कृषि-प्रधान समाज था, तब पति-पत्नी के रिश्ते सबसे मधुर थे। क्यों ? क्योंकि जिस आर्थिक लक्ष्य तक पहुँचने की वे कोशिश कर रहे थे, वह एक ही था। एक-दूसरे

पर निर्भर होने के कारण दंपति आध्यात्मिक रूप से भी एक ही सूत्र में बँधे रहते थे।

आज बहुत कम परिवार आर्थिक दृष्टि से परस्पर निर्भरता के लाभों का आनंद उठा पाते हैं - वह आनंद जो साझा लक्ष्यों को हासिल करने के लिये इकट्ठे काम करने में आता है। परंतु कई पति-पत्नी अपने रिटेल स्टोर्स, रेस्तराँओं, डे केयर सेंटर्स, कानूनी दफ़्तरों, मेडिकल क्लीनिक्स और सर्विस एंटरप्राइज़ेस में इकट्ठे काम करके बहुत सुख हासिल कर रहे हैं।

कई माता-पिता चाहते हैं कि बच्चे उनके नक़्शेक़दम पर चलें, ख़ासकर चिकित्सा और कानून जैसे व्यवसायों में या ख़ानदानी बिज़नेस में। परंतु मम्मी या डैडी के मनपसंद काम करने के लिये बच्चों को प्रोत्साहित करना ग़लत है, जब तक कि बच्चे को उस व्यवसाय से प्रेम न हो। मैं एक उदाहरण देना चाहूँगा।

लगभग 15 साल पहले मेरे दो विद्यार्थी थे। दोनों ही अंत्येष्टि करने वाले निर्देशकों के बेटे थे। इस बिज़नेस में लंबे समय से यह परंपरा चली आ रही थी कि पुत्र ख़ानदानी बिज़नेस संभालेगा। संयोग से दोनों ही पुत्रों ने अपने परिवारों का बिज़नेस संभाला। एक युवक को अंत्येष्टि का निर्देशक बनने का विचार बहुत पसंद था और इस वजह से उसका बिज़नेस फला-फूला। दूसरे युवक ने अपने पिता का अंत्येष्टि बिज़नेस संभाला, परंतु सिर्फ़ परिवार के प्रबल दबाव की वजह से। चार साल बाद उसका बिज़नेस चौपट हो गया और इस बिज़नेस को इसके वास्तविक मूल्य से कम क़ीमत पर बेचना पड़ा।

किसी बच्चे को अपने माता-पिता के बिज़नेस में जाने के लिये विवश करना या उस पर दबाव डालना तीन कारणों से ग़लत है :

1. जब तक पुत्र या पुत्री उस बिज़नेस को पसंद न करे, तब तक वह अपने माता या पिता के बिज़नेस में सफल नहीं हो सकता।
2. बच्चे अपने जीवन में माता-पिता के हस्तक्षेप से चिढ़ जायेंगे।
3. माता-पिता उन दोयम दर्जे की उपलब्धियों से निराश होंगे, जो निश्चित रूप से मिलेंगी। समझदार माता-पिता जानते हैं कि बच्चों

को उनकी पसंद के क्षेत्र में सफल होते देखना बहुत संतोषजनक अनुभव होता है।

नौकरी की चौथी जंज़ीर : ''परंतु मैं जिस क्षेत्र में जाना चाहता हूँ, वहाँ बहुत भीड़ है।''

मैं आपको एक बात जितनी प्रबलता से बता सकता हूँ, बता देना चाहता हूँ। इसे दो बार पढ़ें, ताकि आगे बढ़ने से पहले यह आपके अवचेतन में समा जाये। *जिस व्यक्ति में सफल होने की प्रबल इच्छा है, उसके लिये कोई भी बिज़नेस कभी बहुत योग्य लोगों से भरा नहीं रहा है, न ही भविष्य में भरा रहेगा।*

वकालत को ही लें। वकालत में पूरी रुचि और सही नज़रिया रखने वाले अच्छे लोगों को एक दशक तक यह बताया गया, "वकालत से बचो, यहाँ बहुत भीड़ है। हर साल सात हज़ार वकील वकालत छोड़ देते हैं। जापान की तुलना में हमारे यहाँ बीस गुना वकील हैं। अगर तुम वकील बनने की कोशिश करोगे, तो भूखे मर जाओगे। इसके अलावा, वकालत अब सम्मानजनक पेशा नहीं रह गया है। यक़ीन न हो, तो अख़बारों में वकीलों के विज्ञापन पढ़ लो।"

यह सच है कि *संख्या के हिसाब से* वकालत के पेशे में भीड़ दिखती है। पर जब आप न्यायाधीशों, प्रख्यात कानूनी फ़र्मों के पार्टनरों और कानूनी विद्वानों से बात करेंगे, तो आपको यह पता चलेगा कि *गुणवत्ता के स्तर पर* वकालत के पेशे में बिलकुल भीड़ नहीं है।

समस्या यह है कि जो लोग वकालत कर रहे हैं, उनमें से कई यह काम ग़लत कारणों से कर रहे हैं : (1) "मैं इसमें आसानी से बहुत पैसे कमा सकता हूँ," (2) "यह राजनीति में जाने का एक अच्छा रास्ता है," और (3) "मैं कानून न जानने वाले लोगों के अज्ञान का लाभ उठा सकता हूँ।"

परंतु जो सही कारण से वकालत का पेशा चुनते हैं, उनके लिये इसमें बहुत संभावनायें हैं। इस पेशे में जाने के सही कारण हैं : (1) "मुझे

यह चुनौतीपूर्ण लगता है," (2) "समाज जितना जटिल होता जायेगा, योग्य वकीलों की माँग उतनी ही बढ़ती जायेगी," और (3) "कानून तथा न्याय हमेशा एक सम्मानजनक पेशा रहेगा।"

"यह क्षेत्र भीड़ भरा हुआ है" की सलाह अब उन लोगों को दी जाती है, जो चर्च, कॉलेज प्रशिक्षण, चिकित्सा, अभिनय, पत्रकारिता और बिज़नेस में जाने के बारे में विचार कर रहे हैं। सच तो यह है कि किसी भी पेशे में ऐसे लोगों की भीड़ नहीं है, जिनमें व्यवसाय के प्रति श्रेष्ठ नज़रिया हो और अच्छा प्रदर्शन करने की प्रबल इच्छा हो।

यह ध्यान रखें कि सभी भविष्यवक्ताओं की तरह कैरियर के भविष्यवक्ता भी अकसर ग़लत होते हैं। उदाहरण के तौर पर जब सरकार राष्ट्रीय रक्षा पर अधिक ज़ोर देती है, तो इंजीनियरों के सुनहरे भविष्य की भविष्यवाणी की जाती है। परंतु जब रक्षा व्यय में कटौती होती है, तो लोगों को इंजीनियरिंग से बचने की सलाह दी जाती है।

रोज़गार के अवसर हमेशा बदलते रहते हैं। जब द्वितीय विश्वयुद्ध समाप्त हुआ, तो किसी ने कंप्यूटरों की ज़बर्दस्त माँग की भविष्यवाणी नहीं की। टेलीविज़न, सड़क निर्माण, जेट एयरक्राफ़्ट और लॉजिंग उद्योग, जो आज रोज़गार के ज़बर्दस्त स्रोत हैं, उस वक़्त छोटे उद्योग थे। आज बहुत कम लोग जेनेटिक्स, यात्रा और मनोरंजन के नये प्रकारों में लोगों की ज़बर्दस्त भावी माँग की भविष्यवाणी कर रहे हैं।

सबक : अगर आप समझदारी से कैरियर चुनना चाहते हों, तो सिर्फ़ उसी क्षेत्र के बारे में विचार कीजिये, जिसमें जाने की आपकी "धधकती हुई प्रबल इच्छा" हो।

नौकरी की पाँचवीं जंज़ीर :

"वह काम मत करो - उसमें आगे रास्ता बंद है।"

पूरे देश में फ़ास्ट-फ़ूड रेस्तराँओं, दवा की दुकानों, फ़ोटोग्राफ़ी स्टूडियो, सुपरमार्केट और कार गैरेजों - हर तरह के रिटेल और सर्विस बिज़नेस में "कर्मचारी चाहिये" के साइनबोर्ड टँगे हुए हैं। और प्रत्येक उद्योग व व्यवसाय में हर दिन अख़बारों के वर्गीकृत रोज़गार पृष्ठों में

नौकरियों के अवसर उपलब्ध हैं। रोज़गार की माँग रोज़गार की पूर्ति से बहुत ज़्यादा है।

इसके बाद भी सत्तर लाख से लेकर एक करोड़ लोग हर समय बेरोज़गार रहते हैं। क्यों ?

एक कारण तो यह है कि बेरोज़गारी के लाभ कुछ ज़्यादा ही उदार हैं। परंतु मुख्य समस्या यह है कि कई लोग उपलब्ध नौकरियों को बंद रास्ते वाली मानते हैं या अपने स्तर से हीन समझते हैं। (एक कम्युनिटी कॉलेज के ग्रैजुएट ने मुझे हाल में बताया, "मैंने कॉलेज की पढ़ाई मैक्डॉनल्ड्स में हैमबर्गर बेचने के लिये नहीं की थी।")

कई लोग अवसरों के प्रति अंधे होते हैं और वे जल्दी ही इस निष्कर्ष पर पहुँच जाते हैं कि कई नौकरियाँ कहीं नहीं ले जातीं। सच तो यह है कि मुक्त समाज में बंद रास्ते वाली कोई नौकरी नहीं होती - सिर्फ़ बंद रास्ते वाले लोग होते हैं, जो अवसरों के प्रति अंधे होते हैं।

मुझे उदाहरण देने दें। हमारे घर के अलावा 15,000 अन्य घरों का कचरा उठाने वाली फ़र्म के मालिक ने 18 साल की उम्र में हेल्पर के रूप में काम शुरू किया था। 12 साल बाद आज वह मल्टी-मिलियनेअर है। जहाँ दूसरों ने सिर्फ़ एक गंदा, बदबूदार, घटिया-से-भी-घटिया काम देखा, वहीं उसने सेवाओं को सुधारने, उत्पादकता बढ़ाने, लागत कम करने और इस प्रक्रिया में पैसा कमाने की संभावना को देखा।

सबक़ : हर काम में भविष्य होता है; हर काम खुले रास्ते वाला होता है।

अपने काम को उस तरह देखें जिस तरह यह हो सकता है, न कि उस तरह जिस तरह यह वर्तमान में है। स्मार्ट लोग उस काम को नहीं देखते जो इस समय उनके पास है, बल्कि यह देखते हैं कि यह उन्हें कहाँ ले जा सकता है। यह न देखें कि क्या है, बल्कि यह देखें कि क्या हो सकता है!

हमारे सबसे बड़े संगठनों के बहुत से प्रमुख ऐसे हैं, जिन्होंने कंपनी में सबसे निचले स्तर से काम शुरू किया और एक-एक सीढ़ी चढ़कर वे कंपनी के मैनेजमेंट की चोटी तक पहुँचे। मैंने हाल में ओरेगॉन में एक ऐसे ही प्रमुख से बात की। इस आदमी की औपचारिक शिक्षा हाई स्कूल से

अधिक नहीं थी (परंतु बड़ी इलेक्ट्रॉनिक्स फ़र्म के इस प्रेसिडेंट ने यह नीति बनाई कि शाम को कॉलेज जाने वाले हर कर्मचारी की पढ़ाई का पूरा ख़र्च कंपनी उठायेगी)।

"मैं कंपनी में जब आया, तब मैं बीस साल का था," उसने बताया। "मुझे असेंबली लाइन का काम दिया गया। ईमानदारी से कहूँ तो मुझे उस काम से नफ़रत थी। परंतु मैंने उसे एक अवसर की तरह देखा। अगर मैं अच्छा काम करूँगा, तो मेरा प्रमोशन हो जायेगा। मैंने जल्दी से काम सीखा और फिर इस बारे में सुझाव देना शुरू किये कि हम पुर्ज़ों को असेंबल करने के तरीक़े में किस तरह सुधार कर सकते हैं।

"जल्दी ही मुझे तरक्की मिल गई। और अगले काम में निपुण होने के बाद मैंने सवाल पूछना और सुझाव देना शुरू किया, जिसका परिणाम यह हुआ कि मुझे तेज़ी से प्रमोशन मिले। जब मैं अड़तीस साल का था, तो बोर्ड ऑफ़ डायरेक्टर्स ने मुझे प्रेसिडेंट बना दिया।"

मैंने टिप्पणी की, "आपको ख़ुद पर बहुत गर्व होना चाहिये।"

"मुझे है," मेरे मित्र ने जवाब दिया, "पर मैं अब भी अपने सभी कर्मचारियों में ऊपर उठने की इच्छा जाग्रत करने में सफल नहीं हो पाया हूँ। जैसा आप जानते हैं कि कंपनी कर्मचारियों की शिक्षा का ख़र्च उठाती है; हमारी अतिरिक्त सुविधायें बहुत अधिक हैं और हम लगभग हमेशा कंपनी के लोगों को ही प्रमोशन देते हैं। जो लोग रूटिन काम करते हैं वे कम से कम उतने ख़ुश हैं, जितने कि वेस्ट कोस्ट पर किसी भी अन्य फ़र्म के उनके साथी।

"मैं असंतुष्ट हूँ," उन्होंने कहा, "क्योंकि हमारे बहुत कम कर्मचारी ख़ुद को ऊपर उठाने की कोशिश करते हैं। मैंने अपने संगठन के ढाँचे को इस तरह तैयार किया है, ताकि हर कर्मचारी के पास ऊपर उठने की संभावना रहे। फिर भी निचली पायदान के अधिकांश लोग सोचते हैं कि वे जो काम कर रहे हैं, उसमें प्रगति नहीं हो सकती और इसलिये वे आगे बढ़ने के लिये कोई प्रयास नहीं करते।"

याद रखें, ऐसे लोग होते हैं जो प्रगति नहीं करते; ऐसा कोई काम नहीं होता जिसमें प्रगति नहीं हो सकती।

डेल्टा एयरलाइंस हो या आई.बी.एम. या बैंक ऑफ़ अमेरिका – हर महान बिज़नेस कभी छोटा बिज़नेस था। परंतु इस बिज़नेस का मार्गदर्शन उन साधारण लोगों ने किया, जिनके पास असाधारण लक्ष्य और दृष्टि थी।

चेक-आउट काउंटर को चलाना, होटल में आगंतुकों का नाम रजिस्टर में लिखना, टेबलों पर वेटर का काम करना, अस्पताल में अर्दली होना, टैक्सी चलाना और पैकेट इधर से उधर पहुँचाने जैसे "महत्वहीन" काम सीखने के अवसर हैं। लगातार यह देखा जा रहा है कि एक्ज़ीक्यूटिव्ज़ भावी मैनेजर्स के रूप में ऐसे उम्मीदवार चाहते हैं, जो हर तरह का काम जानते हों और जिनके पास ज़मीनी अनुभव हो। काम की दुनिया में जो चीज़ सचमुच महत्वपूर्ण है, वह है काम करके हासिल किया गया ज्ञान, न कि पाठ्यपुस्तकों में काम के बारे में दी गई जानकारी पढ़कर हासिल किया गया ज्ञान।

बेहतर सेहत चाहिये? अपने काम का आनंद लीजिये!

हर आदमी बेहतर सेहत चाहता है। यह बहुत अच्छी बात है। हम एक अद्भुत संसार में रह रहे हैं और हमारी अवधि बहुत सीमित है। अगर आप इसका आनंद ले रहे हैं, तो आपको यह जीवन बहुत ही छोटा लगता होगा।

परंतु हम जिस बहुमूल्य सवाल का सामना करते हैं, वह है "कैसे।" हर साल हम नये रिकॉर्ड बनाते हैं कि हमने विशेष आहार, दवाइयों, जॉगिंग, हेल्थ क्लब की फ़ीस पर कितना पैसा ख़र्च किया; छुट्टियों पर जाने, बेहतर दिखने, बेहतर अनुभव करने, बेहतर सोने और जीवन को लंबा करने की कोशिश पर कितना ख़र्च किया।

सेहतमंद जीवन की अपनी खोज में हमने अनजाने में ही सेहतमंद तथा सुखी जीवन के लिये आवश्यक सबसे महत्वपूर्ण तत्व खो दिया है – *वह काम जिसका हम आनंद लें।* अधिक आयु और चुनौतीपूर्ण कार्य में एक सीधा संबंध होता है।

अगर आपको काम में मज़ा आ रहा है, तो यह लंबे, सुखी और स्वस्थ जीवन की सर्वश्रेष्ठ गारंटी है।

नेशन्स बिज़नेस पत्रिका ने एक सर्वे में अपने पाठकों से कहा कि वे अमेरिका के दस शीर्षस्थ बिज़नेसमैनों की सूची बनायें, जो अमेरिका की स्वतंत्रता प्राप्ति के शुरुआती दो सौ वर्षों में रहे। कोई भी यह सोचेगा कि इस तरह के व्यक्ति को बहुत चिंता, कड़ी मेहनत, कुंठा और काम-धंधे संबंधी अन्य मुश्किलों का सामना करना पड़ा होगा, तभी वह इतना महान बन पाया होगा।

सर्वे में पाठकों ने एडिसन, बेल और फ़ोर्ड जैसे लोगों के नाम दिये। चोटी के सभी दस व्यक्ति लाखों कर्मचारियों की आजीविका के लिये उत्तरदायी थे। इनमें से प्रत्येक ने बिलियनों डॉलर उगाहे और ख़र्च किये थे। और ये सब अत्यंत प्रतियोगी उद्योगों में थे, जिसे स्वास्थ्य पत्रिकायें अकसर जल्दी होने वाली मौत का कारण बताती हैं।

इन महान उपलब्धि हासिल करने वालों की मृत्यु की औसत आयु कितनी थी? अठासी वर्ष!

इस सदी के महान राजनेता विंस्टन चर्चिल ने बहुत शराब पी, हर दिन दर्जन भर सिगार पिये और कभी न तो जॉगिंग की, न ही जिम गये, न ही कोई व्यायाम किया। और चर्चिल ने हर मनपसंद चीज़ मनचाही मात्रा में खाई।

उन्होंने ब्रिटेन का बहुत कठिन समय में नेतृत्व किया, पुस्तकें लिखीं, हर अवसर पर बोले और असंख्य मुश्किल निर्णय लिये। चर्चिल ने अच्छी सेहत के सारे "नियमों" की अवहेलना की, सिवाय उस एक नियम के, जिसे हम नज़रअंदाज़ कर देते हैं : *उन्होंने अपने काम का आनंद लिया।*

चर्चिल की मृत्यु 91 वर्ष की आयु में हुई!

बहुत कम लोग बॉब होप और जॉर्ज बर्न्स जितनी कड़ी मेहनत करते हैं, और ये लोग 80 पार करने के बाद भी बहुत मज़बूत हैं। उन्हें पैसे या प्रशंसा की ज़रूरत नहीं है; उन्हें हज़ारों सम्मान मिल चुके हैं।

उनके चलने का कारण क्या है? उन्हें कौन सी चीज़ सेहतमंद बनाती है? वे जो करते हैं, उन्हें उससे प्रेम है।

अपने काम से प्रेम करें और तनाव को हरा दें

कुछ साल पहले देश के एयरक्राफ़्ट कंट्रोलर हड़ताल पर गये। यूनियन ने सामान्य माँगें कीं - अधिक धन, बेहतर अतिरिक्त सुविधायें और काम करने के कम घंटे। यूनियन लीडर ने अपनी माँगों के समर्थन में सबसे मुख्य दलील यह दी कि कंट्रोलर्स को भयानक "तनाव" झेलना पड़ता है। कंट्रोलर्स की शिकायत थी कि हवाई अड्डे में ट्रैफ़िक को अंदर आने और बाहर जाने देने की प्रक्रिया मानसिक रूप से इतनी तनावपूर्ण होती है कि इससे कई लोग मदिरापान, मादक द्रव्य और नर्वस ब्रेकडाउन के शिकार हो चुके हैं। उनका यह भी कहना था कि हवाई यातायात को नियंत्रित करने का असामान्य "तनाव" हृदयरोग, हाई ब्लड प्रेशर, बच्चों पर हिंसा और तलाक़ के लिये भी ज़िम्मेदार था।

इन सभी "तनाव-संबंधी" समस्याओं के इलाज के लिये यूनियन ने जो सुझाव दिये, उनकी मूल बात यह थी कि "उन्हें अधिक धन दिया जाये।" (यह समझना मुश्किल है कि कौन इतना मूर्ख होगा, जो इस बात पर यक़ीन कर ले कि ऊँची तनख़्वाहों से कंट्रोलर्स का तनाव ठीक हो सकता है।)

कुछ मनोवैज्ञानिकों और मनोविश्लेषकों ने काम संबंधी तनाव की सबसे ज़्यादा शिकायत करने वाले हड़ताली कंट्रोलर्स के एक समूह की जाँच की। इस जाँच में यह महत्वपूर्ण परंतु सीधी सी बात सामने आई : *तनाव के शिकार कंट्रोलर्स अपने काम को पसंद नहीं करते थे।* उन्हें कभी एयरक्राफ़्ट कंट्रोलर बनना ही नहीं चाहिये था।

मस्तिष्क की जाँच करने वालों ने एक और चीज़ खोजी। जो कंट्रोलर्स हड़ताल पर नहीं गये थे और जो तनाव की शिकायत नहीं कर रहे थे, वे अपने काम की चुनौती, ज़िम्मेदारी और रोमांच का आनंद लेते थे।

मैं एक कंट्रोलर को जानता हूँ, जो दुनिया के सबसे व्यस्त हवाई अड्डे - अटलांटा हवाई अड्डे - पर काम करता है। उसने मुझे बताया कि वह सचमुच अपने काम को पसंद करता है। परंतु समूह के दबाव के कारण वह भी हड़ताल पर चला गया। मेरे दोस्त ने मुझसे एक दिलचस्प बात कही। उसने कहा, "आप जानते हैं, मुझे हड़तालियों की उस मूर्खतापूर्ण

लाइन में चलकर जाने में बहुत अधिक तनाव महसूस हुआ। इतना तनाव मुझे उस समय महसूस नहीं होता था, जब मैं हर मिनट तीन सौ से पाँच सौ यात्रियों को ज़मीन से उड़ाने या ज़मीन पर उतारने का काम करता था। यात्रियों को यह बताने के लिये साइनबोर्ड उठाना मुझे अजीब लग रहा था कि हमारी ज़िंदगियाँ तनाव की वजह से बर्बाद हो रही थीं, जबकि मैं जानता था कि मेरे मामले में यह सच नहीं था।"

चूँकि हवाई यातायात राष्ट्र के लिये अनिवार्य है और चूँकि सरकारी कर्मचारियों की हड़तालें ग़ैरकानूनी हैं, इसलिये राष्ट्रपति रीगन ने कंट्रोलर्स से कह दिया, "अपने काम पर वापस जाइये, वरना आपको नौकरी से निकाल दिया जायेगा।" उनमें से कइयों ने नौकरी से निकलने का विकल्प चुना। यूनियन ने भविष्यवाणी की थी कि बहुत सी हवाई दुर्घटनायें होंगी, परंतु यह भविष्यवाणी सच नहीं हुई। और हर साल लाखों मील हवाई यात्रा करने वाले व्यक्ति के रूप में मुझे यह जानकर राहत मिली कि उन कंट्रोलर्स की जगह अब ऐसे कंट्रोलर्स रख लिये गये, जिन्हें हवाई यातायात को नियंत्रित करने में आनंद आता था।

तनाव भुक्तभोगियों के लिये वास्तविक होता है, पर क्यों?

इस बात की संभावना है कि आप ऐसे लोगों को जानते होंगे, जो तनाव की शिकायत करते होंगे। इनमें से कुछ अपनी समस्या को अधिक तीखेपन से परिभाषित करते हुए इसे "बर्न आउट" की संज्ञा देते हैं, जो तेज़ी से लोकप्रिय हो रही एक नई मनोविश्लेषकीय शब्दावली है।

ग़लतफ़हमी न पालें। तनाव बहुत वास्तविक दिखता है। लोग हर साल अपनी समस्याओं के इलाज के लिये दवाइयों, आहार, व्यायाम और डॉक्टरी ख़र्च में बिलियनों डॉलर ख़र्च करते हैं। परंतु दवा, जॉगिंग, वज़न उठाने और डॉक्टरों से सलाह लेने से तनाव का इलाज नहीं होता।

असली इलाज इतना आसान है कि उसकी तरफ़ हमारा ध्यान ही नहीं जाता - तनाव का इलाज करने के लिये आपको इसके कारण पर आक्रमण करना चाहिये। और *तनाव का कारण है वह काम करना,* जो

आपको आनंददायक, चुनौतीपूर्ण और अपने या दूसरों के लिये लाभकारी न लगता हो। जो लोग काम-संबंधी तनाव की शिकायत करते हैं, वे मिसफ़िट होते हैं। संक्षेप में वे अपने काम को पसंद नहीं करते। उन्हें लगता है कि वे अयोग्य हैं, ऊब चुके हैं, ग़लत जगह पर हैं, अक्षम हैं, उनके साथ दुर्व्यवहार होता है, उन्हें धमकियाँ दी जाती हैं और उनकी कभी प्रशंसा नहीं होती।

एक डॉक्टर ने तनाव के लिये यही इलाज सुझाया : अपने काम को पसंद करो

दो साल पहले, मुझे अपने बायें पैर में एक बड़ा ऑपरेशन करवाना पड़ा। अगले दिन डॉक्टर यह देखने के लिये मेरे पास आये कि योजना के अनुसार मेरी हालत में सुधार हो रहा था या नहीं। मैंने सफल ऑपरेशन के लिये डॉक्टर को धन्यवाद दिया। फिर मैंने पूछा कि हर सप्ताह पाँच या छह ऑपरेशन करने के तनाव को वे कैसे झेल पाते हैं, जिसमें ऑपरेशन के बाद के काम और मरीज़ों के रिश्तेदारों से निबटना शामिल है।

डॉक्टर ने मुस्कराते हुए कहा, "मैं अपने काम से प्रेम करता हूँ। मैंने आपका जिस तरह का ऑपरेशन किया है, उस क्षेत्र में मैं देश के सबसे अच्छे सर्जनों में से एक हूँ। अब अगर मुझे वह करना पड़े, जो आप करते हैं (लगभग हर दिन अलग-अलग लोगों के सामने बोलना), तो मेरी हालत बहुत ख़राब हो जायेगी। मैं भाषण देने के डर से मर जाऊँगा।

"देखिये," डॉक्टर ने आगे कहा, "मुझे अपने काम पर गर्व है। मैं जानता हूँ कि मैं बहुत योग्य हूँ। अधिक सुखद जीवन जीने में लोगों की मदद करना - और कई मामलों में तो ज़िंदा रहने में उनकी मदद करना - बहुत बड़ा पुरस्कार है।

"आधे घंटे बाद मैं एक बहुत दुखद ऑपरेशन करने जा रहा हूँ। मुझे एक मरीज़ का दाहिना पैर काटना है। इसके बाद भी मैं उसके बचने की गारंटी नहीं दे सकता, परंतु ऑपरेशन के बाद मैं प्रार्थना करूँगा और ईश्वर को धन्यवाद दूँगा कि उसने मुझे वह योग्यता तथा सहनशक्ति दी कि मैं उस आदमी को बचाने का प्रयास कर सकूँ और उसका इलाज करने के लिये

संघर्ष कर सकूँ।"

मैंने पूछा, "ऐसा लगता है जैसे यह बहुत गंभीर ऑपरेशन है, डॉक्टर। अगर मरीज़ मर जाये, तो आपको कैसा लगेगा?"

डॉक्टर का जवाब था, "मैं तब भी गहरी नींद सोऊँगा, क्योंकि मैंने अपनी तरफ़ से सर्वश्रेष्ठ प्रयास किया है। मैं जानता हूँ कि अगर मैंने ऑपरेशन नहीं किया, तो मरीज़ तीन-चार दिन में मर जायेगा। मुझे विश्वास है कि ईश्वर यही चाहता है कि इंसान अपना सर्वश्रेष्ठ प्रयास करे। मैं वही करूँगा। बाक़ी सब उसके ऊपर है।"

अगर आप अपने काम को पसंद करते हैं, तो तनाव होता ही नहीं है

डॉक्टर के साथ चर्चा के बाद मुझे दूसरे कमरे में पहुँचा दिया गया। अपनी खिड़की से मैंने देखा कि मज़दूर अस्पताल के लिये एक और भवन बना रहे थे। उस काम को देखते समय मैंने ग़ौर किया कि मज़दूर ज़मीन से 11 मंज़िल ऊपर बने बारह इंच चौड़े स्टील गर्डर्स पर आराम से और शांति से चल रहे थे। एक ग़लत क़दम का मतलब था निश्चित मृत्यु। हममें से ज़्यादातर लोग अगर ऐसी स्थिति में काम करें, तो हमें सचमुच तनाव हो जायेगा। परंतु मज़दूर अपने काम को पसंद करते थे, इसलिये उन्हें बिलकुल तनाव नहीं होता था।

कोई भी काम तनावपूर्ण हो सकता है, अगर उसे करने वाले व्यक्ति को उसमें मज़ा नहीं आ रहा हो। शिक्षण कार्य में जिसकी रुचि न हो, वह स्कूल में पढ़ाने में पागल हो जायेगा। अगर हमें किसी महत्वपूर्ण फ़ुटबॉल मैच में निर्णायक मैदानी गोल दाग़ने के लिये कहा जाये, तो हममें से बहुत से लोगों के होश उड़ जायेंगे। जब विद्यार्थी किसी विषय को सिर्फ़ मजबूरी में पढ़ता है तो उसे बहुत तनाव होगा, परंतु अपना पसंदीदा विषय पढ़ते समय उसे तनाव होने की संभावना कम होगी।

मैंने हाल ही में उन कामों की सूची बनाई, जो मेरे लिये सबसे तनाव भरे होंगे। अगर आप भी ऐसी ही सूची बना लें, तो शायद आपको भी

लाभ पहुँचे। यह रही मेरी सूची :

- न्यूयॉर्क में टैक्सी चलाना।
- पुलिस वाले के रूप में काम करना।
- इन्कम टैक्स रिटर्न तैयार करना।
- तलाक़ के मामलों का वकील होना।
- ड्राफ़्ट्समैन के रूप में काम करना।

सबक़ : जिस काम में आपको सचमुच आनंद आता है, वह काम करना सुख, सफलता और समृद्धि की कुंजी है। जिस नौकरी को आप पसंद न करते हों, उसे करके अच्छे जीवन की संभावना को कमज़ोर मत बनाइये।

क्या मैनेजर अपने कर्मचारियों की तुलना में नौ गुना अधिक स्वस्थ होते हैं?

मैनेजमेंट सेमिनारों में कई सालों तक मैंने प्रतिभागियों से दो संख्यायें लिखने को कहा : पिछले साल उन्होंने बीमारी की वजह से कितने दिन छुट्टी ली और उनके अधीनस्थ औसत कर्मचारी ने बीमारी की वजह से कितने दिन छुट्टी ली।

उत्तर हैरान करने वाले थे। औसत मैनेजर लगभग दो दिन बीमार रहा था, जबकि औसत कर्मचारी 18 दिन बीमार रहा था यानी कि मैनेजर की तुलना में नौ गुना अधिक।

क्यों ? मुख्य स्पष्टीकरण यह है कि मैनेजर कर्मचारियों की तुलना में अपने काम से अधिक संतुष्ट रहते हैं। जो लोग अपनी नौकरी से ख़ुश नहीं रहते, उनके हर अवसर पर "बीमार" पड़ने की संभावना अधिक होती है जब तक कि बीमारी की छुट्टियों की संख्या यूनियन के समझौते या कंपनी द्वारा निर्धारित छुट्टियों से ज़्यादा न हो जाये।

यही नहीं, जो कर्मचारी अपने काम को पसंद नहीं करते वे :

- कंपनी का माल ज़्यादा चुराते हैं (जैसे सामान और औज़ार),
- ज़्यादातर झगड़े और नोंक-झोंक का कारण बनते हैं,

- अफ़वाह फैलाते हैं जिससे काम-काज में रुकावट आती है, और
- कम उत्पादकता का मूल कारण होते हैं।

मद्यपान का असली कारण क्या है?

मेरा एक मित्र है, जो एक प्रसिद्ध अल्कोहल रिहैबिलिटेशन सेंटर का आंशिक स्वामी और मैनेजिंग डायरेक्टर है। उसकी सेवाओं की बहुत ज़रूरत है। 20 वर्ष से अधिक आयु की जनसंख्या के कम से कम दस प्रतिशत हिस्से को अल्कोहलिक माना जाता है। और अल्कोहलिज़्म की लागत - दुर्घटनायें, काम से अनुपस्थिति, काम में ग़लतियाँ, ग़लत निर्णय और टूटे घर - हमारे राष्ट्रीय रक्षा के ख़र्च से कम से कम दुगनी होगी।

मैंने अपने मित्र से शराब के आदी होने के असली कारण पूछे। वह धीमे से हँसा और बोला, "इंसान शराब का आदी तब होता है, जब वह बहुत ज़्यादा शराब पीने लगता है। परंतु गंभीरता से कहा जाये तो ज़्यादा शराब पीना समस्या नहीं है, यह तो समस्या का सिर्फ़ एक लक्षण है।

उसने स्पष्ट किया, "हमारे सेंटर में हम सावधानी से रिकॉर्ड रखते हैं और पूरे मनोवैज्ञानिक परीक्षण करते हैं। हमने पाया है कि हम जिन लोगों का उपचार करते हैं, उनमें से 70 प्रतिशत लोग मूलतः अपनी नौकरी से असंतुष्ट होते हैं। असंतोषजनक नौकरी के दर्द को भुलाने के लिये वे अधिक शराब पीते हैं।"

फिर अल्कोहल रिहैबिलिटेशन सेंटर के डायरेक्टर ने एक ऐसी बात कही, जो हम सभी के लिये महत्वपूर्ण है। "पिछले पंद्रह वर्षों में हमने एक सौ चौवन पादरियों की शराब की लत का इलाज किया। हमारे विश्लेषण के अनुसार दस में से सात को धार्मिक उपदेशक का काम करने में आनंद नहीं आता था। उनमें से अधिकांश धार्मिक उपदेशक इसलिये बने, क्योंकि उन्हें लगा कि उनका परिवार ऐसा करने के लिये उन पर दबाव डाल रहा था।

"हमने पाया है कि सिर्फ़ शराब ही नहीं, बल्कि मादक द्रव्यों की अधिकांश समस्याओं के पीछे भी मूल कारण काम की असंतुष्टि होती है।

इसलिये, हमारी चिकित्सा के हिस्से के रूप में हम अपने मरीज़ों को रोज़गार संबंधी मार्गदर्शन देने पर बहुत ज़ोर देते हैं, ताकि वे ऐसा काम खोज सकें जिसमें उन्हें आनंद आये।"

"आपके मरीज़ों के ठीक होने की दर क्या है ?" मैंने पूछा। "मुझे लगता है कि जो लोग इलाज करवाते होंगे, उनमें से ज़्यादातर देर-सबेर दुबारा पीना शुरू कर देते होंगे।"

"आप ठीक कह रहे हैं, परंतु हमने यह भी पाया है कि जो लोग हमारे कैरियर परामर्श के सुझावों को मान लेते हैं, उनके ठीक होने की दर बहुत अधिक होती है बजाय उन लोगों के जो अपने काम को नापसंद करने के बावज़ूद उसे करते रहते हैं।"

त्याग करने में आनंद लीजिये : त्याग सफलता में निवेश है

ए.पी. गथी ने एक बार लिखा था, "बिना जोखिम के लाभ कमाना, बिना ख़तरे के अनुभव पाना और बिना काम किये पुरस्कार पाना लगभग उतना ही असंभव है, जितना कि बिना पैदा हुए ज़िंदा रहना।"

इस प्रेरणादायी कथन में हमें सफल जीवन की एक अनिवार्य शर्त मिलती है।

संक्षेप में, बिना त्याग के सफलता नहीं मिलती।

परंतु क्या त्याग करना बुरा है ? हमारी भाषा के कई शब्दों की तरह "त्याग" शब्द को भी ग़लत समझा जाता है। अधिकांश लोगों के लिये त्याग का मतलब होता है समय या पैसा देना, मुश्किलें झेलना या कोई अप्रिय काम करना। हालाँकि यह सच है कि त्याग के यह सब अर्थ हो सकते हैं, परंतु यह परिभाषा का सिर्फ़ आधा हिस्सा है। इस परिभाषा का दूसरा हिस्सा भी है, जिसे लगभग हमेशा नज़रअंदाज़ कर दिया जाता है - *त्याग किसी अधिक बहुमूल्य वस्तु को प्राप्त करने के लिये भी किया जा सकता है।*

इसलिये, त्याग की पूरी परिभाषा है किसी मूल्यवान वस्तु - धन,

समय या ऊर्जा – को देना, ताकि बदले में अधिक मूल्यवान वस्तु – अधिक धन, अधिक ऊँचा जीवनस्तर, बच्चों की बेहतर शिक्षा या अन्य बहुमूल्य वस्तुएं – प्राप्त हों।

या बहुत आसान शब्दों में कहें, तो त्याग का अर्थ है : बाद में बहुत कुछ हासिल करने के लिये अभी थोड़ा देना।

इस तरह से देखा जाये, तो त्याग का अर्थ है निवेश। हम आज कुछ देते हैं, ताकि हमें कल कोई चीज़ अधिक मात्रा में मिले।

मैं आपको अपने एक परिचित एक्ज़ीक्यूटिव का उदाहरण दूँ। डब्ल्यू. जेरोम ने अपनी पत्नी, चार बच्चों और ख़ुद के लाभ के लिये त्याग किया।

मैं जेरोम को 25 साल से जानता हूँ। उस समय वह एक प्रसिद्ध होम प्रॉडक्ट्स कंपनी में सेल्समैन था। कंपनी में उसकी सफलता उल्लेखनीय थी। उसके चीफ़ एक्ज़ीक्यूटिव ऑफ़िसर बनने के एक महीने बाद मैंने उसके साथ लंच किया। मैंने जेरोम से यह पूछा कि उसने, उसकी पत्नी और उसके परिवार ने जो त्याग किये थे, उसके एवज में यह पुरस्कार पाना क्या लाभ का सौदा था – वह सबसे बड़ा पुरस्कार, जो उसने हासिल किया था।

जेरोम ने एक पल सोचा और फिर उसने एक गहरी बात कही।

"कंपनी में अपना कैरियर शुरू करते समय मैं इस पुरानी कहावत की बुद्धिमत्ता को समझ गया था कि 'शिकार करने के बजाय पीछा करने में अधिक आनंद आता है।' मैंने इसका यह मतलब निकाला कि चोटी पर पहुँचने में जितना आनंद आयेगा, कम से कम उतना आनंद तो मुझे चोटी तक पहुँचने की कोशिश में आना चाहिये।

"देखिये," जेरोम ने आगे कहा, "जीवन एक यात्रा है और हम सभी के लिये मौत आख़िरी मंज़िल है। मुझे लगता है कि सब इस बात पर सहमत होंगे कि रोमांचक जीवन जीना तीस या चालीस साल तक बोरियत की मुर्दा ज़िंदगी जीने से अधिक आनंददायक है। इसलिये मेरी पत्नी मैरी और मैंने शुरू में ही यह तय कर लिया था कि मैं इस कंपनी के शिखर पर पहुँचूँगा – और मुझे यह कहने में कोई संकोच नहीं है कि शुरुआत से ही मैं शिखर तक पहुँचना चाहता था – एक महान रोमांचक अभियान।"

"पिछले पच्चीस सालों में आपने कितनी बार शहर बदले?" मैंने पूछा।

जेरोम का जवाब था, "सात। इसका मतलब था सात घर बेचना, सात घर ख़रीदना, चार बच्चों को सात अलग-अलग तरह के स्कूल सिस्टम में डालना और सात अलग-अलग समुदायों के साथ तालमेल बिठाना।"

मैंने बीच में कहा, "अधिकांश लोग कहेंगे कि यह कैरियर के लिये बहुत ज़्यादा त्याग था।"

जेरोम ने स्पष्ट किया, "मैंने और मैरी ने हर तबादले को रोमांच की तरह लिया। हमने अपने बच्चों को सिखाया कि वे हर तबादले को नये दोस्त बनाने, देश को ज़्यादा अच्छी तरह देखने, अलग-अलग रीति-रिवाज़ों, मौसमों और लोगों के तौर-तरीक़ों को जानने के अवसर की तरह देखें। निश्चित रूप से बच्चे अपने दोस्तों को कुछ समय तक याद करते थे, परंतु छोटी उम्र में लोग ख़ुद को जल्दी ही नये माहौल में ढाल लेते हैं।

"और मुझे कई दूसरी तरह की क़ीमतें भी चुकानी पड़ीं। मुझे इस प्रक्रिया में अलग-अलग मैनेजरों के साथ तालमेल बिठाना पड़ा। उनमें से कुछ बहुत अच्छे थे। कुछ अच्छे नहीं थे। कई बार मेरे अधीनस्थ सही तरह के नहीं थे। दो बार तो मेरे सहयोगियों ने मेरी ग़लत छवि बनाकर मेरे कैरियर की प्रगति में बाधा डालने की कोशिश की। परंतु मैंने इन अनुभवों का स्वागत किया - उनसे मैं अधिक मज़बूत हुआ।"

जेरोम ने जो किया, वह दरअसल यह था : त्याग करना अकसर एक मानसिक अवस्था होती है। ज़्यादातर लोग यह मानते हैं कि तबादला होने का अर्थ त्याग करना है, परंतु जेरोम और मैरी ने तबादलों को रोमांच की तरह लिया।

अगर त्याग करने से पुरस्कार मिलता है, तो लोग इससे बचने के लिये दूर क्यों भागते हैं? लोग त्याग करने से क्यों बचते हैं? लोग भविष्य में और अधिक संतुष्टि हासिल करने के लिये आज के आनंद को क्यों नहीं छोड़ना चाहते? शायद ऐसा उस नज़रिये की वजह से होता है, जो युद्ध के दौरान सैनिकों में लोकप्रिय था, "खाओ, पियो और मौज करो, क्योंकि कल

तुम मर सकते हो," या शायद यह "अभी" की पीढ़ी की बची हुई निशानी है, जो चाहती है कि इसकी माँगें तत्काल पूरी हों - ठीक उसी तरह, जैसे कोई बच्चा तत्काल संतुष्टि चाहता है।

जो भी अधिकतम सफलता हासिल करना चाहता है, उसे बाद में मिलने वाले पुरस्कारों के लिये वर्तमान में त्याग करने या निवेश करने का इच्छुक होना चाहिये।

इस बिंदु के पक्ष में आप नीचे लिखी बातों पर विचार करें :

- 65 साल की उम्र तक पहुँचने वाले ज़्यादातर लोगों की बचत, निवेश या अन्य जायदाद कम होती है - और यह तब होता है, जब वे दुनिया के सबसे अमीर समाज में 45 वर्ष का वयस्क जीवन बिता चुके हैं। अगर ग़रीबी और ग़रीबी के निकट रह रहे इन लोगों ने अपने कमाये धन का सिर्फ़ दस प्रतिशत ही सैकड़ों "सुरक्षित" निवेशों में से किसी एक में निवेश किया होता, तो उनकी आर्थिक स्थिति बहुत अच्छी होती और सामाजिक सुरक्षा की व्यवस्था धीरे-धीरे पूरी तरह ख़त्म हो सकती थी।
- कई युवा महसूस करते हैं कि उन्हें सप्ताह में सिर्फ़ 35 से 40 घंटे तक ही काम करना चाहिये। इससे अधिक काम करने के लिये कहा जाना उन्हें इतना "बड़ा" त्याग लगता है कि वे दूसरी नौकरी खोजने लगते हैं।
- लाखों लोग ऐसी नौकरियाँ कर रहे हैं, जिनमें रोबोट और कंप्यूटर तेज़ी से उनकी जगह ले रहे हैं। ये लोग सोचते हैं कि अधिक माँग वाले क्षेत्रों से संबंधित नई योग्यतायें सीखना बहुत बड़ा त्याग है।
- अपनी कमाई का एक हिस्सा निवेश करने के बजाय करोड़ों लोग प्रलोभन के सामने हार मान लेते हैं और अभी-नक़द-नहीं-48-महीनों-की-आसान-क़िस्तों-में जैसी योजना पर चीज़ें ख़रीद लेते हैं।
- और लाखों विद्यार्थी किसी विषय को सचमुच सीखने के लिये त्याग करना पसंद नहीं करते। पास होने के लिये पढ़ने के बजाय वे बाक़ी सभी संभव तरीक़ों का इस्तेमाल करते हैं।

सकारात्मक पहलू से सोचा जाये, तो हर उम्र में कुछ लोग इतने समझदार होते हैं कि वे त्याग करने के इच्छुक रहते हैं।

समाज में डॉक्टरों का बहुत सम्मान होता है। क्यों ? क्योंकि डॉक्टर बनने के लिये बहुत अधिक त्याग करना पड़ता है। डॉक्टर बनने के लिये प्रि-मेडिकल कॉलेज में बहुत अच्छे नंबर लाना पड़ते हैं और फिर मेडिकल कॉलेज की तेल निकालने वाली पढ़ाई करना पड़ती है। फिर *असली* त्याग आता है : रेज़िडेंट या प्रशिक्षु के रूप में किसी अस्पताल में अनुभव हासिल करने के लिये काम करना। कम तनख़्वाह पर प्रशिक्षु एक सप्ताह में सौ या इससे अधिक घंटे काम करता है, बिना आराम या नींद के लगातार 36 घंटे गुज़ारता है और एक महीने में उसे सिर्फ़ एक ही दिन की छुट्टी मिलती है। डॉक्टरों को प्रशिक्षित करने वाले विशेषज्ञ कहते हैं कि काम की यह असाधारण दिनचर्या आवश्यक है, ताकि नये डॉक्टरों में उस अनुशासन और ज़िम्मेदारी का एहसास विकसित हो सके, जिसकी उनसे अपेक्षा की जाती है। मेडिकल लाइन में बूट कैंप में सेवा करना कठिन है, परंतु जो डॉक्टर अपने प्रशिक्षणकाल में उत्तीर्ण हो जाते हैं, उन्हें अपनी उपलब्धि पर बहुत गर्व होता है।

मेरे एक युवा डॉक्टर मित्र जॉन वाय. एक उदाहरण हैं। मैं उन्हें तब से जानता हूँ, जब उन्होंने दस साल पहले प्रि-मेडिकल किया था।

हाल ही में उन्होंने मुझे बताया, "जब से मैंने मेडिकल कॉलेज में पढ़ना शुरू किया है, तब से मैं सप्ताह में सात दिन, हर दिन बारह से सोलह घंटे तक काम कर रहा हूँ। त्याग करने में मुझे दिक्क़त नहीं होती। जल्दी ही मैं डॉक्टरी की प्रैक्टिस करने लगूँगा और अधिकांश लोगों के हिसाब से मेरी आमदनी अच्छी-ख़ासी होगी। इसके बाद बरसों से नौ से पाँच बजे तक काम करने वाले मेरे पुराने दोस्त मुझसे जलेंगे, क्योंकि मेरी जीवनशैली उनसे बेहतर हो जायेगी।"

जॉन की बातें सुनकर मैं उन परिचित युवकों के बारे में सोचने लगा, जो कल बेहतर परिणाम पाने के लिये आज त्याग कर रहे हैं। डब्ल्यू. पीट कंप्यूटर सर्विसमैन के रूप में काम करता है। उसका पेजर हर सप्ताह 168 घंटे उसके पास रहता है। वह सेवा के कॉल्स पर ख़ुशी-ख़ुशी जाता है, "क्योंकि यह मेरा काम है, मैं इसमें अच्छा हूँ और मेरी कंपनी ग्राहकों को

संतुष्ट रखने में विश्वास करती है।"

मैं एक 32 वर्षीय महिला को भी जानता हूँ। वह सेक्रेटरी के रूप में फ़ुल टाइम काम करती है और वेटर के रूप में पार्ट टाइम; सिर्फ़ इसलिये ताकि वह अपनी छोटी बहन की मदद कर सके, जो किडनी की लाइलाज बीमारी से पीड़ित है, जिसके इलाज में बहुत ख़र्च होता है।

त्याग एक निवेश है और इसका अर्थ सिर्फ़ पैसा ही नहीं होता। इसका अर्थ उससे बहुत आगे जाता है। त्याग का अर्थ है इस दुनिया में ख़ुशी खोजने में दूसरों की मदद करना, ताकि आपको गहरी संतुष्टि प्राप्त हो।

आपको ए.पी. गथी का वह वाक्य याद है, जो मैंने पहले बताया है ? "बिना जोखिम के लाभ कमाना, बिना ख़तरे के अनुभव पाना और बिना काम किये पुरस्कार पाना लगभग उतना ही असंभव है, जितना कि बिना पैदा हुए ज़िंदा रहना।"

मैं आपके सामने एक पुरानी कहानी फिर से दोहरा दूँ। एक बहुत अमीर राजा संक्षेप में यह जानना चाहता था कि सफल होने के लिये क्या जानना ज़रूरी है। उसने अपने राज्य के सबसे समझदार लोगों से यह रहस्य खोजने को कहा, "मैं आप लोगों को जवाब खोजकर लाने के लिये दस साल का समय देता हूँ।"

दस साल बाद समझदार लोग लौटे और उन्होंने राजा की टेबल पर 24 पुस्तकें रख दीं।

"यह रहस्य बहुत जटिल दिख रहा है," राजा ने कहा। "संक्षिप्त जवाब खोजने के लिये आप दस साल और मेहनत करें।"

दस साल बाद विद्वान दुबारा लौटे। इस बार उन्होंने राजा की मेज़ पर सिर्फ़ एक पुस्तक रखी।

राजा ने कहा, "यह अब भी थोड़ा जटिल लग रहा है। मैं आपको दस साल और देता हूँ, ताकि आप सफलता का संक्षिप्त सिद्धांत पता कर सकें।"

दस साल और गुज़र गये। समझदार लोग अब अधिक बूढ़े तथा थके थे। इस बार उन्होंने राजा की मेज़ पर सिर्फ़ एक काग़ज़ रख दिया। इस

पर लिखा था, "दुनिया में कोई चीज़ मुफ़्त में नहीं मिलती।"

राजा ने बहुत ख़ुश होकर समझदार लोगों को बधाई देते हुए कहा, "आख़िरकार आपने सफलता का सिद्धांत खोज ही लिया। दुनिया में कोई चीज़ मुफ़्त में नहीं मिलती।"

सिर्फ़ त्याग के द्वारा मुझे दोस्त, सुख, उपलब्धि, धन, तरक्की, पुरस्कार, प्रेम और अन्य मूल्यवान वस्तुएं मिली हैं।

त्याग करने का आनंद उठाइये। त्याग सफलता की ओर ले जाता है।

अधिक सफलता चाहिये? अधिक त्याग की आदत डालिये

कई लोग मानते हैं कि प्रोफ़ेशनल खिलाड़ियों को बहुत अधिक पैसा मिलता है, ख़ासकर फ़ुटबॉल खिलाड़ियों को। परंतु अगर त्याग के बारे में विचार किया जाये, तो शायद उन्हें कम पैसा मिलता है! प्रोफ़ेशनल बनने के लिये बहुत ज़्यादा अभ्यास और त्याग की आवश्यकता होती है। हाई स्कूल के 12,000 खिलाड़ियों में से एक फ़ुटबॉल खिलाड़ी के नाम पर विचार किया जाता है। जब खिलाड़ी को कॉन्ट्रैक्ट मिल जाता है, तो इससे भी बड़े त्याग की ज़रूरत होती है। अभ्यास बहुत ज़्यादा त्याग माँगता है। टी.वी. पर आप जो एक पास देखते हैं, वह पास देने के लिये क्वार्टरबैक ने 100 पास देने का अभ्यास किया होगा; किसी मैच में कोई तकनीक आज़माने से पहले उसका 50 बार अभ्यास किया गया होगा। कई अन्य त्याग भी शामिल हैं जैसे अपने परिवार से दूर रहना, कष्टकारी यात्रा, चोटें और जब प्रदर्शन आशा के अनुरूप न हो, तो अहं को चोट पहुँचना और दर्शकों की गालियाँ।

बहुत से त्याग करने के बाद ही खिलाड़ी प्रोफ़ेशनल बनते हैं।

सफल लोगों के बेहतरीन प्रदर्शन बहुत आसान दिखते हैं। जिस वक्ता के भाषण पर ज़बर्दस्त तालियाँ बजाई जाती हैं, जिस कलाकार की पेंटिंग ऊँचे दाम पर बिकती है, जो एक्ज़ीक्यूटिव शिखर पर पहुँच जाता है, जो सेल्समैन राष्ट्रीय पुरस्कार जीतता है - वे सब बिना स्पष्ट प्रयास के

सफलता हासिल करते दिखते हैं।

परंतु सफल लोगों के साथ पर्दे के पीछे जाइये और आप पायेंगे कि उन्होंने बहुत अधिक तैयारी की थी। जो पियानोवादक श्रोताओं को मंत्रमुग्ध कर देता है, उसने हर घंटे के प्रदर्शन के लिये दस घंटे या इससे अधिक अभ्यास किया होगा। महान फ़ुटबॉल खिलाड़ी अपने खेले जाने वाले हर मिनट का बीस गुना समय अभ्यास में लगाते हैं।

शीर्षस्थ लोगों के काम सहज लगते हैं और संगीत के कार्यक्रमों में कई श्रोताओं को यह लगता है कि वाद्ययंत्र बजाना बहुत आसान है या वादकों में मधुर सुर निकालने की स्वाभाविक प्रतिभा है। देखने वाले यह नहीं जान पाते कि इन शीर्षस्थ लोगों को हर दिन अपनी योग्यताओं को विकसित करने में कितना समय देना पड़ता है या कितनी मेहनत करना पड़ती है।

अगर आप किसी डॉक्टर, संगीतकार या वक्ता को सहजता से काम करते देखें, तो दरअसल आप एक ऐसे व्यक्ति को देख रहे हैं, जिसने सर्वश्रेष्ठ बनने के लिये बहुत से त्याग किये हैं।

एक पुरानी कहानी बताती है कि प्रोफ़ेशनल लोग अधिक धन क्यों कमाते हैं : एक कंपनी में एक मशीन थी, जो ख़राब हो गई थी। कर्मचारियों ने अपनी तरफ़ से इसे ठीक करने की पूरी कोशिश की। आख़िरकार, मैनेजर ने एक सलाहकार को बुलवाया। विशेषज्ञ ने मशीन को कुछ मिनट तक देखा, अपने किट में से रबर का हथौड़ा निकाला, मशीन में एक ख़ास जगह पर धीमे से हथौड़ा मारा और लो! मशीन अच्छी तरह चलने लगी।

जल्दी ही मैनेजर को 300 डॉलर का बिल मिला। मैनेजर हैरान था। सलाहकार ने मशीन पर सिर्फ़ एक हथौड़ा मारा था। इसलिये उसने सलाहकार से अपना बिल वस्तुवार देने को कहा। सलाहकार ने यह बिल भेजा :

मशीन पर हथौड़ा मारना ....1 डॉलर

यह जानना कि हथौड़ा कहाँ मारा जाये ....299 डॉलर

कुल 300 डॉलर

सबक : विशेषज्ञीय ज्ञान लाभदायक होता है!

कोई किस तरह प्रोफ़ेशनल बनता है ? सिर्फ़ अभ्यास, अभ्यास और अधिक अभ्यास से।

और किसी व्यक्ति को कब प्रोफ़ेशनल समझा जा सकता है ? कितने अभ्यास की आवश्यकता होती है ? क्या कॉलेज में कुछ साल गुज़ारने भर से ही कोई व्यक्ति प्रोफ़ेशनल बन जाता है ?

यह रहा एकमात्र अर्थपूर्ण मापदंड : *व्यक्ति तब प्रोफ़ेशनल बनता है, जब उसका काम इतना आसान, इतना सहज, इतना सरल दिखने लगे कि उसे कोई भी कर सके।*

वह नर्स प्रोफ़ेशनल है, जो किसी मरीज़ की मुश्किल से मिलने वाली नस में से खून निकाल ले और उसे दर्द न हो। इसी तरह वह गोताखोर भी प्रोफ़ेशनल है, जो 60 फ़ुट ऊपर से कूदे और पानी बिलकुल भी न उछले। और वह शिक्षक प्रोफ़ेशनल है, जो आठ साल के बच्चों को गुरुत्वाकर्षण का सिद्धांत इस तरह समझाये कि वे समझ जायें।

हर व्यवसाय में प्रोफ़ेशनल लोगों की ज़रूरत है - ऐसे लोग, जो अपने काम को कुशलता, विशेषज्ञता और निष्ठा के साथ करें। फ़ास्ट फ़ूड रेस्तराँ और दाँत की सर्जरी से लेकर कंप्यूटर प्रोग्रामिंग तक हर क्षेत्र में प्रोफ़ेशनल लोगों को ही सर्वाधिक पुरस्कार मिलते हैं।

क्या अनुभव किसी व्यक्ति की योग्यता का सूचक है?

एक रोज़गार विशेषज्ञ ने मुझे बताया कि उसके व्यवसाय के लोगों को एक समस्या यह आती है कि लोगों और नौकरियों में तालमेल कैसे बिठाया जाये। वे कहती हैं, "आजकल अधिकांश बायोडेटा विशेषज्ञों द्वारा फ़ीस लेकर तैयार किये जाते हैं। ज्यादातर बायोडेटा जिस तरह दिखते हैं और उनमें जो लिखा होता है, उसकी वजह से किसी व्यक्ति की वास्तविक योग्यताओं को समझ पाना दिनोदिन मुश्किल होता जा रहा है। हम रोज़गार से जुड़े लोग इस महत्वपूर्ण बिंदु को अब अच्छी तरह से समझ चुके हैं कि 'अनुभव' और 'योग्यता' के बीच अकसर कोई तालमेल नहीं होता।"

मैंने उनसे इसे स्पष्ट करने को कहा।

उन्होंने कहा, "देखिये, अनुभव कई बार बहुत भ्रामक हो सकता है। उदाहरण के तौर पर पाँच साल के अनुभव का अर्थ यह भी हो सकता है कि इस व्यक्ति ने पाँच साल तक नौकरी तो की, परंतु उसने पिछले चार साल से कुछ भी नहीं सीखा। अनुभव को नौकरी के वर्षों से नापा जाता है, परंतु दरअसल इससे किसी व्यक्ति की योग्यता के बारे में ज़रा भी पता नहीं चलता।

मेरी मित्र ने आगे कहा, "ऐसा अकसर होता है कि दो साल के अनुभव वाला व्यक्ति दस साल के अनुभव वाले व्यक्ति से अधिक मूल्यवान हो। आज ऊपर बढ़ने के लिये दरअसल महत्त्वपूर्ण यह है कि नौकरी करते समय आदमी ने कितना *सीखा* - सिर्फ़ समय की मात्रा महत्त्वपूर्ण नहीं है।"

सबक़ : अगर आप सर्वश्रेष्ठ आर्थिक और मनोवैज्ञानिक पुरस्कार पाना चाहते हैं तथा अभ्यास करके निष्ठा से आगे बढ़ना चाहते हैं, तो यह जान लें कि यदि आप किसी नौकरी में बिना विकास के समय गुज़ारते हैं, तो अंततः आप उस समय को बर्बाद कर रहे हैं।

बिज़नेसमैन भी त्याग करते हैं

अधिकांश मिलियनेअर स्वनिर्मित हैं। अधिकांश मिलियनेअर्स को दौलत विरासत में *नहीं* मिली। अमेरिका के दस लाख मिलियनेअर्स में से 81 प्रतिशत ने अपनी दौलत अपने ख़ुद के बिज़नेस से कमाई है।

और अपने ख़ुद के बिज़नेस में सफल होने के लिये त्याग की ज़रूरत होती है। जब कोई आम आदमी किसी स्वनिर्मित मिलियनेअर को देखता है, तो वह जलते हुए सोचता है कि क़िस्मत की वजह से वह व्यक्ति अमीर बना होगा। उसका यह सोचना सही हो सकता है *बशर्ते* क़िस्मत से उसका यह मतलब है : कुछ समय तक अच्छे घर, शानदार कारों, महँगी छुट्टियों के बिना रहना, हर सप्ताह 70 से लेकर 100 घंटे तक काम करना, अपनी बचत को बिज़नेस में गँवाने का जोखिम उठाना, अधिक धन उधार लेना और टी.वी., पढ़ने और दोस्तों के साथ समय गुज़ारने जैसे "आनंदों" को छोड़ना।

सही कैरियर कैसे चुनें

आप शायद जीवन में जितना समय काम करने में गुज़ारते हैं, उतना किसी अन्य चीज़ को करने में नहीं गुज़ारते। और आपके काम के जीवन की गुणवत्ता आपके घरेलू जीवन की गुणवत्ता को प्रभावित करती है, जो आप अपने जीवनसाथी, बच्चों और मित्रों के साथ गुज़ारते हैं। आप अपने काम को जितना पसंद करते हैं, आप स्वयं को भी उसी अनुपात में पसंद करते हैं। यही नहीं, आपकी सफलता, दौलत, सुख और सेहत भी बहुत हद तक आपके काम पर निर्भर करती है।

सही कैरियर खोजने के लिये दो मुख्य प्रश्न हैं :

1. क्या पुरस्कार प्रदर्शन पर आधारित हैं ?
2. क्या आपकी योग्यता के विस्तार के साथ नौकरी का विस्तार होता है ?

क्या पुरस्कार प्रदर्शन पर आधारित हैं?

किसी नौकरी को चुनते समय एक महत्वपूर्ण प्रश्न यह है, "क्या मेरे पुरस्कारों - तनख़्वाह, बोनस, अतिरिक्त सुविधायें, प्रमोशन - का आधार मेरा प्रदर्शन होगा ?" दूसरे शब्दों में, अगर आप **बहुत अच्छा** काम करते हैं, तो क्या आपको सिर्फ़ **अच्छा** काम करने की तुलना में अधिक धन मिलेगा ?

कॉमन सेंस हमें बताता है कि तनख़्वाह की सभी योजनायें इस बात पर आधारित होना चाहिये कि कर्मचारी कितनी अच्छी तरह काम करता है। परंतु अकसर ऐसा होता नहीं है। मैं आपको एक उदाहरण दे दूँ और इस बात की संभावना है कि आपने भी ऐसा ही कुछ देखा होगा।

जिल, बॉब और फ्रैन एक सुपरमार्केट में कैशियर का काम करते हैं। उनके काम एक जैसे हैं : ग्राहकों का मुस्कराकर अभिवादन करें, सामान की क़ीमत जोड़ें, पैसे लें, सामान को थैले में डालें और ख़ुशी-ख़ुशी कहें, "धन्यवाद।" जिल में उत्साह और ऊर्जा भरी है तथा वह अपनी शिफ़्ट में 150 ग्राहकों की सेवा करती है। बॉब हर तरह से औसत है; वह

सिर्फ़ औसत प्रयास करता है और 100 ग्राहकों की सेवा करता है। फ्रैन का नज़रिया है "मैं-यहाँ-सिर्फ़-इसलिये-हूँ-क्योंकि-मुझे-अपना-पेट-पालना-है" और वह सिर्फ़ 50 ग्राहकों की सेवा करता है। फिर तनख़्वाह का दिन आता है। अब ज़रा सोचिये किसे कितनी तनख़्वाह मिलेगी? तीनों को बराबर तनख़्वाह मिलती है।

यह अन्यायपूर्ण लग सकता है, परंतु सच तो यह है कि ज़्यादातर लोगों को अपने काम के बदले में पर्याप्त पुरस्कार नहीं मिल रहे हैं। इस उदाहरण में जिल ने इतना काम किया था, जितना बॉब और फ्रैन दोनों ने मिलकर किया था।

कमीशन सेल्स के क्षेत्र में पुरस्कार प्रदर्शन के अनुरूप मिलते हैं। कमीशन सेल्समैन को भुगतान इस आधार पर मिलता है कि उसने कितना सामान बेचा। (इससे अधिक तार्किक व्यवस्था क्या हो सकती है? सेलिंग का लक्ष्य बेचना ही तो होता है।) बिज़नेसमैन को भी इस बात के लिये पुरस्कार मिलता है कि वे अपनी कंपनी के लिये आमदनी जुटाने और लागत कम करने में कितने सक्षम हैं। क्या यह खोजने में समझदारी नहीं दिखती कि जब आप किसी के लिये काम करने जायें, तो पहले यह पता लगा लें कि क्या आपके अतिरिक्त प्रयास के बदले में पुरस्कार मिलेगा?

दो क्षेत्रों में पुरस्कार और प्रदर्शन के बीच किसी तरह का कोई संबंध नहीं है, और अगर है भी तो बहुत कम। ये क्षेत्र हैं सरकार और शिक्षा। शायद आप कुछ निष्ठावान सरकारी कर्मचारियों को जानते होंगे, जो अपने सर्वश्रेष्ठ प्रोफ़ेशनल प्रयास करते होंगे, परंतु बदले में उन्हें अपने उन सहयोगियों जितना धन नहीं मिलता, जो लगभग कुछ नहीं करते। यही शिक्षकों के बारे में सच है। सरकार और शिक्षा दोनों ही तंत्रों में अकसर सेवा के वर्षों के लिये पुरस्कार दिये जाते हैं, बजाय इसके कि किये गये काम की गुणवत्ता के आधार पर पुरस्कार दिये जायें।

जब तक अन्य तत्त्व आर्थिक पुरस्कार से बहुत वज़नदार न हों, तब तक बुद्धिमान व्यक्ति दूसरे क्षेत्रों में अपने कैरियर का विकल्प चुनना चाहेंगे।

क्या यह नौकरी आपकी योग्यता का विस्तार करती है?

किसी नौकरी को करने से पहले ख़ुद से पूछें, "क्या मैं आज से छह महीने, एक साल या तीन साल बाद अधिक मूल्यवान बन जाऊँगा?" अगर आप अपनी वर्तमान नौकरी छोड़ने के बारे में सोच रहे हैं, तो पूछें, "क्या मैंने वर्तमान नौकरी में कुछ उपयोगी सीखा है?"

अगर पहले सवाल का जवाब "नहीं" है, तो वह नौकरी न करें। अगर दूसरे सवाल का जवाब "नहीं" है, तो जितनी जल्दी हो सके नई नौकरी ढूँढ़ लें।

अपना प्रशिक्षण-काल सर्वश्रेष्ठ मार्गदर्शक के साथ गुज़ारो। हर व्यक्ति को "प्रशिक्षण केंद्र" की आवश्यकता होती है - जहाँ ज्ञान, योग्यतायें और तकनीकें हासिल की जाती हैं - ताकि वह व्यक्ति अपने मनचाहे काम को करने के लिये तैयार हो जाये। जो स्मार्ट फ़ुटबॉल खिलाड़ी प्रोफ़ेशनल बनना चाहते हैं, वे ऐसे कॉलेजों को चुनते हैं, जिनमें से अधिकांश खिलाड़ी चुने जाते हैं। महत्वाकांक्षी डॉक्टर सबसे सम्माननीय मेडिकल कॉलेजों को चुनते हैं। और कंप्यूटर के क्षेत्र में अंदर और बाहर की बात सीखने के इच्छुक लोग किसी शीर्षस्थ कंप्यूटर कंपनी में प्रशिक्षण लेते हैं।

किसी नौकरी को चुनने का मूलभूत विचार शुरुआती तनख़्वाह न होकर यह होना चाहिये कि क्या आप वहाँ कुछ ऐसा सीखते हैं, जो ऊपर उठने में आपकी मदद करेगा या आपका अपना व्यवसाय शुरू करने के लिये आपको तैयार करेगा।

अधिकांश कानूनी और अकाउंटिंग पार्टनरशिप्स, एडवर्टाइज़िंग एजेंसियाँ, मेडिकल प्रैक्टिस और परामर्शदाता संस्थायें ऐसे लोगों द्वारा शुरू की गई हैं, जिन्होंने किसी दूसरी फ़र्म के लिये काम करके आवश्यक योग्यतायें सीखी हैं।

किसी नौकरी के अवसर का मूल्यांकन करते समय महत्वपूर्ण सवाल यह होता है, "मैं यहाँ क्या सीख सकता हूँ, जो मुझे अपने बिज़नेस

या इस क्षेत्र में ऊपर की तरफ़ प्रमोशन के लिये तैयार करेगा ?"

कई लोग कॉलेज से निकलकर जल्दबाज़ी में किसी ऐसी जगह प्रशिक्षण लेने लगते हैं, जहाँ वे बहुत कम या बिलकुल नहीं सीख पाते, जिसका प्रयोग वे ऊपर बढ़ने में कर सकें। कुछ न सीखना सबसे बुरी बात होती है।

कोई कोच या मार्गदर्शक खोजें, जो आपको ज़्यादा से ज़्यादा सिखा सके। महान अभिनेता महान निर्देशकों के अधीन काम करके अपनी योग्यताओं को निखारते हैं। बहुत कम फ़ुटबॉल खिलाड़ी महान कोच के बिना शिखर पर पहुँच पाते हैं। बेहतरीन सेल्समैनों को मूलभूत तकनीकें बेहतरीन सेल्स मैनेजर सिखाते हैं।

इस बात को याद रखें : अगर आप पहले से ही अपने बॉस से ज़्यादा जानते हैं, तो आप अपना समय बर्बाद कर रहे हैं।

"बूट कैंप" में जाने के लिये ख़ुशी-ख़ुशी तैयार रहें। नये लोगों को सिखाने के लिये मिलिट्री में बूट कैंप का इस्तेमाल किया जाता है। प्रशिक्षण और अनुशासन बहुत कड़ा होता है। बूट कैंप के मुख्य उद्देश्य हैं मूलभूत प्रशिक्षण देना और भविष्य के काम के लिये व्यक्ति का मूल्यांकन करना। परंतु एक और महत्वपूर्ण लक्ष्य यह निधारित करना होता है कि क्या रंगरूट "झेल सकता है ?" कुछ लोग नहीं झेल सकते और उन्हें मुक्त कर दिया जाता है।

सिविलियन्स के लिये भी बूट कैंप होते हैं। मैं इस समय साउथवेस्टर्न कंपनी के बारे में सोच रहा हूँ : नैशविले की वह कंपनी, जो बाइबल साहित्य बेचने के लिये गर्मियों में कॉलेज के युवा विद्यार्थियों को नियुक्त करती है। नैशविले में कुछ दिनों के गहन प्रशिक्षण के बाद उन्हें सामान बेचने के लिये देश भर में भेजा जाता है। और यह कड़ी मेहनत का काम होता है। वे सुबह जल्दी शुरू करते हैं और देर रात तक ग्राहकों को सीधे सामान बेचने का काम करते हैं।

युवा सेल्समैन कमीशन पर काम करते हैं। और ऑर्डर माँगते समय वे जितनी बार "हाँ" सुनते हैं, उससे कई गुना अधिक बार "नहीं" सुनते हैं। परंतु वे प्रभावी सेलिंग की मूलभूत बातें सीख जाते हैं, ठीक उसी तरह,

जिस तरह बूट कैंप में नौसैनिक यह सीखता है कि युद्ध में कैसे बचा जाये।

मैं बहुत से साउथवेस्टर्न प्रशिक्षुओं से मिला हूँ और लगभग हमेशा वे बिज़नेस में बहुत सफल हुए हैं। साउथवेस्टर्न प्रतिनिधियों के रूप में उनकी गर्मियाँ उनके जीवन का चरम बिंदु होती हैं। वे सीखते हैं कि किस तरह बचा जाये और सफल हुआ जाये। सामान बहुत अच्छा होता है और लीडरशिप उत्कृष्ट होती है, परंतु फिर भी *सफलता व्यक्ति पर निर्भर करती है।* व्यक्ति को इसे अपने दम पर हासिल करना होता है।

संक्षेप में :

- कैरियर की ग़ुलामी की जंज़ीरों को तोड़कर फेंक दीजिये।
    1. अगर आप नौकरी बदलना चाहते हैं, तो आपकी वर्तमान उम्र सही है।
    2. वर्तमान की तनख़्वाह से अधिक महत्वपूर्ण भविष्य की तनख़्वाह है।
    3. आपके सबसे क़रीबी लोग चाहते हैं कि आप अपनी नौकरी में ख़ुश रहें।
    4. हर क्षेत्र ऐसे लोगों के लिये पूरी तरह खुला है, जो अपना सर्वश्रेष्ठ प्रयास करते हैं।
- बेहतर स्वास्थ्य चाहते हैं ? अपने काम का आनंद लीजिये।
- अपने काम से प्रेम करें और तनाव व अन्य बीमारियों को हरा दें।
- त्याग सफलता के लिये किया गया निवेश है; त्याग करने से पुरस्कार मिलते हैं।
- नौकरी चुनते समय यह सुनिश्चित कर लें कि तनख़्वाह और पुरस्कार प्रदर्शन के आधार पर मिलते हों।
- ऐसी नौकरी चुनें, जो आगे बढ़ने और आपकी योग्यताओं को अधिकतम करने में आपकी मदद करती हो।

❖❖❖

अध्याय तीन

बड़ी सोच का बड़ा जादू

जब मैं कॉलेज में था, तो मैंने फ़ैसला किया कि मैं एक साल तक हर वीकएंड पर एक अलग चर्च में जाऊँगा। मैंने संकल्प कर लिया था कि मैं अधिक से अधिक आस्थाओं, विश्वासों और अवधारणाओं के संपर्क में आऊँगा। मुझे आशा थी कि मैं वह खोज लूँगा, जो हम सब खोजना चाहते हैं - काम आने वाली, सफलता की एक प्रैक्टिकल फ़िलॉसफ़ी। एक रविवार को मैं एक पूर्व-निश्चित चर्च की तरफ़ जा रहा था। रास्ते में मैं एक और चर्च के पास से गुज़रा। लॉन में बुलेटिन बोर्ड लगा था, जिस पर प्रवचन का शीर्षक लिखा था। शीर्षक इतना रोचक था कि मैंने यहीं रुकने का फ़ैसला किया।

प्रवचन का शीर्षक सचमुच आकर्षक था : "सबसे बड़ा प्रलोभन।" मैं युवा था और प्रलोभनों के बारे में पहले से ही बहुत कुछ जानता था। प्रवचन की शुरुआत में पादरी ने स्पष्ट किया कि सबसे बड़ा प्रलोभन वासना नहीं है, लोभ नहीं है, चोरी नहीं है, झूठ बोलना नहीं है। उन्होंने जनसमुदाय को बताया कि सबसे बड़ा प्रलोभन है छोटी मानसिकता वाले, ईर्ष्यालु और नकारात्मक लोगों के घटिया जीवनमूल्यों के सिस्टम को स्वीकार कर लेना। पादरी ने इस बात पर ज़ोर दिया कि अगर हम इस प्रलोभन को जीत लें, तो बाक़ी प्रलोभनों से निबटना तुलनात्मक रूप से आसान हो जायेगा।

उन्होंने बार-बार इस बात पर ज़ोर दिया : *अपने जीवन को सही फ़ोकस में करें।* इस बात पर ध्यान एकाग्र करें कि बाक़ी चीज़ों की तुलना में सचमुच बड़ा क्या है : आपका परिवार, आपका कैरियर, आपका धन और आपके लक्ष्य।

कई दशक बीत चुके हैं, परंतु मुझे आज भी वह प्रवचन याद है, जैसे मैंने उसे आज सुबह ही सुना हो। मुझे इसमें जो महान संदेश मिला, उसे मैं आपके साथ बाँटना चाहता हूँ। पादरी ने समझदारी की जो बात मुझे सिखाई थी, उससे आपको भी सफलता, दौलत और सुख की यात्रा में मदद मिलेगी।

केक पर आइसिंग लगायें
लोग जितनी उम्मीद करते हैं, उससे अधिक दें

एक अच्छे केक में क्या ख़ास बात होती है ? ज़ाहिर है आइसिंग। अतिरिक्त मीठी आइसिंग, जो केक बन जाने के बाद उस पर लगाई जाती है। कुछ बेकरियों का केक का बिज़नेस अच्छा चल रहा है और वे ग्राहक की पसंद के हिसाब से उन्हें सजाती हैं। कुछ महीने पहले की बात है, मेरी पोती सारा बीमार थी। मैंने उसके लिये एक केक ख़रीदा और बेकरी में बैठी महिला से उस पर लिखवा लिया, "सारा, मैं ख़ुश हूँ कि तुम ठीक हो रही हो।" (ध्यान दें मैं चाहता था कि सारा अपने आपको बीमार न समझे, बल्कि यह महसूस करे कि वह ठीक हो रही है।) वह केक (और केक से भी अधिक महत्वपूर्ण था आइसिंग पर लिखा संदेश) एक टन दवा के बराबर था। और जब सारा ने अपने लिये व्यक्तिगत रूप से सजाया गया केक देखा, तो उसकी आँखों की चमक और आवाज़ की चहक से उसके दादाजी में भी नया जोश आ गया।

केक पर आइसिंग लगाना सफलतापूर्वक धन कमाने का सिद्धांत है। दो साल पहले बहुत ज़्यादा ठंड पड़ी। पाइप जमने की वजह से पानी नहीं आ रहा था। इसलिये मैंने प्लंबरों को फ़ोन करना शुरू किया। पहले पाँच प्लंबरों ने साफ़ मना करते हुए कहा, "हम जितना काम कर सकते हैं, हमारे पास उससे बहुत ज़्यादा काम है। हम आपके पास शायद अड़तालीस

घंटे या इससे अधिक समय तक नहीं आ सकते।" आख़िरकार छठवें प्लंबर ने कहा, "देखिये, मैं लगातार चालीस घंटे से काम कर रहा हूँ। पर मैं जानता हूँ कि आप कहाँ रहते हैं और मैं आपकी मदद करना चाहता हूँ। अगर आप बत्तियाँ जली रहने दें और मुझे बता दें कि चाबी कहाँ रखी है, तो मैं रात को एक से दो बजे के बीच वहाँ पर आ जाऊँगा।"

जब प्लंबर रात को दो बजे के कुछ समय बाद आया, तो मैं काम कर रहा था। कुछ ही समय में पानी आने लगा और प्लंबर चला गया। परंतु घटना यहीं पर ख़त्म नहीं हुई। चार दिन बाद जब ठंड कम हो गई, तो मेरे पास प्लंबर का फ़ोन आया, "मैं सिर्फ़ यह पता करना चाहता हूँ कि पाइप ठीक तरह से काम कर रहे हैं और उनमें से पानी तो लीक नहीं हो रहा है।"

मैंने उसे बताया कि हर चीज़ ठीक तरह से काम कर रही थी। फिर उसने कहा, "मुझे आपकी सेवा करके ख़ुशी हुई। मिस्टर श्वार्ट्ज़, मेरा एयर-कंडीशनिंग का बिज़नेस भी है। अगर आपको गर्मियों में सेवा की आवश्यकता हो, तो सिर्फ़ फ़ोन कर दें और मैं सीधे आपके पास आ जाऊँगा।"

और क़िस्मत का खेल देखिये। सचमुच मेरा एयर कंडीशनिंग सिस्टम जून में ख़राब हो गया और ज़ाहिर था उसे सुधारने का काम उसी प्लंबर को मिला, जिसने जमे हुए पाइप को ठीक करने का समय निकाला था। क्यों ? क्योंकि उसने ठंडे मौसम में पाइप ठीक करने के बाद मुझे फ़ोन किया था और मुझसे पूछा था, "सब-कुछ-ठीक-तो-है ?"

प्लंबर ने "केक" पर आइसिंग लगाई और इस वजह से उसे अधिक बिज़नेस मिल गया।

किस तरह युवा दंतचिकित्सक ने थोड़ी आइसिंग का प्रयोग करके अपनी प्रैक्टिस बनाई

कुछ समय पहले की बात है। मेरे 25 साल पुराने डेंटिस्ट ने मुझे बताया कि वह रिटायर हो रहा था। उसने अपनी प्रैक्टिस एक युवा

दंतचिकित्सक को बेच दी थी, जिसने हाल ही में डेंटल कॉलेज से परीक्षा पास की थी। मेरे पुराने डेंटिस्ट ने मुझे आश्वस्त किया कि यह युवक बहुत योग्य था, इसलिये अगर मुझे भविष्य में दाँतों की तकलीफ़ हो, तो मैं उसी से परामर्श लूँ।

कुछ समय बाद मेरे दाँतों में तकलीफ़ हुई और मैंने नये डॉक्टर से अपॉइंटमेंट लिया। सच कहूँ तो मैं बहुत घबरा रहा था। परंतु मैंने पाया कि युवा डॉक्टर प्रोफ़ेशनल था और उसमें बहुत आत्मविश्वास भी था।

अगले दिन शनिवार को मेरे फ़ोन की घंटी बजी। "मैं बिल विल्सन बोल रहा हूँ, आपका दाँतों का डॉक्टर। मैंने सिर्फ़ यह जानने के लिये फ़ोन किया है कि आपके दाँत ठीक तो हैं।" फिर उसने मुझे दो-एक सुझाव दिये और मुझे बताया कि मेरी सेवा करके उसे कितनी ख़ुशी हुई है।

कल्पना कीजिये। दाँतों का डॉक्टर फ़ोन करके आपसे पूछ रहा है कि सब कुछ ठीक तो है। यह फ़ोन कॉल केक पर लगाई गई आइसिंग थी। इसने यह साबित किया कि मेरे ठीक होने में दाँतों के डॉक्टर की रुचि थी।

तीन मिनट की उस फ़ोन कॉल ने इस बात को सुनिश्चित कर दिया कि मैं बरसों तक उसी नये दंतचिकित्सक के पास जाता रहा। और इसके बाद जब भी कोई मुझसे पूछता था, "क्या आप किसी अच्छे दंतचिकित्सक को जानते हैं ?" तो तत्काल मेरे दिमाग़ में उसी दंतचिकित्सक का नाम आ जाता था। वह एक फ़ोन कॉल उस दंतचिकित्सक को कई वर्षों में हज़ारों डॉलर की आमदनी प्रदान करेगी।

कोई किस तरह सफल डेंटल प्रैक्टिस बनाता है ? केक पर कुछ आइसिंग लगायें। सिर्फ़ एक काम करें : आशा से अधिक सेवा करें।

किस तरह "केक पर थोड़ी सी आइसिंग" रियल एस्टेट बिज़नेस बना रही है

सेवा को पहले रखें और पैसा अपने आप आ जायेगा। यह सफलता का उतना ही सटीक नियम है, जितना कि गुरुत्वाकर्षण भौतिकी का।

मेरी एक मित्र हैं, जो रहवासी रियल एस्टेट बेचती हैं। हर बिक्री के बाद वे सद्भावनावश ग्राहक को फ़ोन करती हैं। उनका यह काम केक पर लगी आइसिंग की तरह है। वे कहती हैं, "रियल एस्टेट बिज़नेस में ऐसा आम तौर पर नहीं किया जाता। ज़्यादातर एजेंट डरते हैं कि ग्राहक शिकायतें करेगा। अकसर लोगों को छोटी-मोटी समस्यायें होती हैं। और मैं उन्हें सुलझा देती हूँ। मेरी प्रतिष्ठा के लिये और कोई चीज़ इतनी अच्छी नहीं होती, जितनी कि बिक्री के बाद की गई सेवा। जब लोग शिकायत करते हैं, तो एक तरह से मुझे ख़ुशी होती है। लोग जल्दी ही उस एजेंट को भूल जाते हैं, जो उन्हें सिर्फ़ मकान बेचता है। पर वे उस एजेंट को याद रखते हैं, जो बिक्री के बाद उनकी सेवा करता है।

"और आपको यह जानकर आश्चर्य होगा," उन्होंने आगे कहा, "कि जिन लोगों को मैंने मकान बेचा था, वे अकसर कुछ साल बाद मुझसे दुबारा संपर्क करते हैं और बताते हैं कि उनका ट्रांसफ़र हो गया है या वे किसी ज़्यादा बड़े घर में जाना चाहते हैं। वे मुझसे उसी घर को दुबारा बेचने को कहते हैं, जो उन्होंने मुझसे ख़रीदा था। मैं इस बिज़नेस में तेरह साल पहले आई थी और एक घर तो ऐसा है, जिसे मैं तीन बार बेच चुकी हूँ।"

सेल के बाद की जाने वाली सेवा यानी सौदे पर थोड़ी सी अतिरिक्त आइसिंग से लाभ होता है। लोग जितना पाने की उम्मीद करते हैं, बस उससे थोड़ा सा ज़्यादा दें।

जॉन दुगने कपड़े क्यों बेचता है

होलसेल वस्त्र व्यवसाय में बहुत प्रतियोगिता है। कई बार तो ऐसा होता है कि छोटे रिटेलर के स्टोर में जितने ग्राहक आते हैं, उससे ज़्यादा संख्या में सेल्समैन होते हैं, जो सामान बेचने की कोशिश करते हैं। कपड़ों के बहुत कम सेल्समैन बड़ी सफलता हासिल कर पाते हैं, पर जॉन एस. काफ़ी सफल हैं।

एक दिन मैंने जॉन से पूछा कि वे बाक़ी होलसेल सेल्समैनों से दुगनी कमाई कैसे कर लेते हैं।

जॉन ने एक पल के लिये सोचा और फिर कहा, "शिक्षा।"

इस पर मैंने जॉन से कहा, "यह सुनकर मैं हैरान हूँ। मैं जानता हूँ कि कई लोगों की उपलब्धियों में शिक्षा एक महत्वपूर्ण तत्व होता है, परंतु शायद ही कभी मैंने यह सुना है कि शिक्षा पहले स्थान पर आती है।"

जॉन हँसा और बोला, "मैंने अपनी बात को ठीक तरह से स्पष्ट नहीं किया। मेरा मतलब यह नहीं है कि मेरी शिक्षा की वजह से मेरी कमाई ज़्यादा हो रही है। मैं सिर्फ़ कुछ समय के लिये नाइट स्कूल गया हूँ। शिक्षा से मेरा मतलब दूसरा था। मैं अपने रिटेल ग्राहकों को यह शिक्षा देता हूँ कि मैं उन्हें जो सामान बेचता हूँ, उसे वे अपने ग्राहकों को किस तरह बेचें।

"देखिये," जॉन ने समझाया, "मेरी बिक्री दरअसल तब तक पूरी नहीं होती, जब तक कि व्यापारी मेरे सामान को ख़रीद न लें। यह बिक्री का सिर्फ़ आधा हिस्सा है। दूसरा आधा हिस्सा तब पूरा होता है, जब उस व्यापारी के ग्राहक उससे वह सामान ख़रीदते हैं, जो मैंने उसे बेचा था। मेरे कई ग्राहक अच्छे व्यापारी नहीं हैं। वे नहीं जानते कि सामान किस तरह बेचा जाये। और अगर वे मुझसे ख़रीदे गये माल को नहीं बेच पायेंगे, तो मेरा बिज़नेस जल्दी ही ठप्प हो जायेगा। इसलिये जब मैं अपने ग्राहकों को कोई नई रेंज देता हूँ, तो मैं उन्हें बता देता हूँ कि उस कपड़े के लिये किस तरह की महिला सबसे अच्छी ग्राहक हो सकती है – उसकी उम्र, उसकी फ़ैशन की रुचि, उसकी आमदनी इत्यादि। फिर मैं यह समझाता हूँ कि कपड़े की किन विशेषताओं पर ज़ोर देना है, किस तरह उस कपड़े का प्रदर्शन करना है और सबसे महत्वपूर्ण बात, किस तरह ग्राहक की कल्पना को जकड़ना है।"

"कल्पना को जकड़ने से आपका क्या मतलब है?" मैंने पूछा।

जॉन हँसा और उसने जवाब दिया, "महिलाओं और पुरुषों के कपड़े बेचने वाले ज़्यादातर लोग सिर्फ़ कपड़ा बेचते हैं। 'यह 100 प्रतिशत ऊन से बना है' या 'धोने पर यह कपड़ा नहीं सिकुड़ेगा।' परंतु इस तरह की बातों से माल नहीं बिकता। यह बोलते समय व्यापारी सिर्फ़ वही दोहरा रहा है, जो लेबल पर लिखा है। मैं अपने रिटेल व्यापारियों को यह सिखाता हूँ कि वे ग्राहक को यह बतायें कि उनके कपड़े पहनने से ग्राहक

ऑफ़िस में कितना अच्छा दिखेगा या लोग सोचेंगे कि यह कितनी महँगी ड्रेस है, जबकि दरअसल यह महँगी नहीं है, या यह कहना कि 'आप इस ड्रेस में बहुत दुबली दिख रही हैं।'" कल्पना से मेरा यही मतलब है। जब मैं कल्पना को अपने रिटेलर के दिमाग़ में डाल देता हूँ, तो वे ज़्यादा बेचते हैं और इस कारण मैं भी ज़्यादा बेचता हूँ।

"यह मूलभूत रूप से बहुत आसान है। पर मेरे अधिकांश प्रतिद्वंद्वी इस मुग़ालते में रहते हैं कि रिटेलर अपने आप सामान बेचने के तरीक़े खोज लेगा। मुझे लगता है कि आपको अपने सवाल का जवाब मिल गया होगा कि मैं सड़क पर काम कर रहे औसत सेल्समैन से दो गुना अधिक क्यों कमाता हूँ।"

सेल्समैन ध्यान दें : अपने ग्राहकों के लिये केक पर थोड़ी आइसिंग लगायें। प्रॉडक्ट बेचने में उनकी मदद करें, ताकि वे आपसे सामान लें।

अधिक चाहिये? आप जो भी करें, थोड़ा अतिरिक्त दें

एक प्रसूति विशेषज्ञ ने मुझे बताया कि जब डिलिवरी के बाद माँ अस्पताल से जाती है, तो कुछ दिनों के बाद वह उसे फ़ोन क्यों करता है।

"यह पूरी तरह सद्भावना की फ़ोन कॉल होती है, क्योंकि माँ और शिशु की देखभाल अब दूसरे विशेषज्ञ करते हैं। परंतु इसके बावज़ूद मैं फ़ोन करता हूँ। इसके पीछे मेरा स्वार्थ होता है। मैं चाहता हूँ कि नई माँ अपनी गर्भवती सहेलियों को मेरे बारे में बताये।"

दावा निबटाने के बाद बीमा एजेंट अपने ग्राहक को फ़ोन करते हैं या उससे मिलते हैं, ताकि यह सुनिश्चित कर सकें कि वह संतुष्ट हो गया है। और चूँकि ग्राहक अब यह जानता है कि बीमा कंपनी भुगतान करती है, इसलिये कॉल के लिये यह आदर्श समय होता है। इस समय ग्राहक बीमे की अपनी दूसरी ज़रूरतों पर विचार करता है। दावे का भुगतान करना अधिक बीमा बेचने का ज़बर्दस्त अवसर होता है।

सभी क्षेत्रों के स्मार्ट लोग जिस केक को बेचते हैं, उस पर थोड़ी सी

अतिरिक्त आइसिंग लगा देते हैं। जो कंप्यूटर कंपनियाँ मार्केट में अधिक माल बेचना चाहती हैं, वे बिक्री के बाद यह जानकारी लेती हैं कि इंस्टालेशन ठीक तो हुआ है। मैं कपड़े के एक सेल्समैन को जानता हूँ, जो ग्राहकों के सूट ख़रीदने के एक महीने बाद फ़ोन करके उनसे पूछता है कि सूट संतोषजनक तो है। कॉल के दौरान यह सेल्समैन ग्राहकों को उन नये कपड़ों के बारे में बताता है, जो स्टोर में हाल ही में आये हैं।

बेट्टी एम. बहुत सा घरेलू सामान बेचती है - डिटर्जेन्ट, सिल्वर पॉलिश, कारपेट क्लीनर, डिओडोरेन्ट्स आदि। वह हर महीने अपने प्रत्येक ग्राहक को फ़ोन करके पूछती है कि सामान किस तरह काम कर रहा है। इसके बाद वह कुछ दूसरे सामान सुझाती है, जिनकी गृहिणी को ज़रूरत हो सकती है। उसका कहना है, "निश्चित रूप से हमारे सामान सबसे अच्छे हैं। कुछ ग्राहक मेरे घर पर फ़ोन करके उनका ऑर्डर देते हैं। परंतु अपना बिज़नेस बढ़ाने के लिये *मैं उन्हें फ़ोन करती हूँ।*"

जो विद्यार्थी बेहतर अंक चाहते हैं, वे अपनी रिपोर्ट तैयार करते समय कुछ अतिरिक्त कार्य करते हैं, जैसे अच्छी टाइपिंग या सुंदर फोल्डर और वे टीचर के नाम की स्पेलिंग सही लिखते हैं।

केक पर आइसिंग लगाने का अर्थ यह है कि लोग जितना पाने की उम्मीद करते हैं, उन्हें उससे कुछ अधिक देना और यह छोटी-छोटी चीज़ों से शुरू होता है, जैसे फ़ोन का जवाब देना। अकसर ऐसा होता है कि जब आप किसी कंपनी में फ़ोन करते हैं, तो आपको ऐसा लगता है जैसे ऑपरेटर दरअसल यह कह रही हो, "मैं अपने काम को पसंद नहीं करती। आप मुझे तंग क्यों कर रहे हैं ? अब आप क्या चाहते हैं ?" जवाब देने वाले व्यक्ति की आवाज़ की टोन उस व्यक्ति के नज़रिये को बताती है और साथ ही उस कंपनी के नज़रिये को भी।

स्मार्ट बिज़नेस मैनेजर कभी भी ग्राहकों के संपर्क में आने वाले पदों पर नकारात्मक लोगों को नियुक्त नहीं करते, जैसे टेलीफ़ोन ऑपरेटर, रिसेप्शनिस्ट, चेकआउट स्टैंड कैशियर और टिकट बेचने वाले। कंपनी के ग्राहक कंपनी के प्रेसिडेंट या महत्वपूर्ण मैनेजर से शायद ही कभी मिलते हैं। वे कंपनी के बारे में सही या ग़लत विचार उसी व्यवहार से बनाते हैं,

जिस तरह का व्यवहार उन्हें "महत्वहीन" लोगों से मिलता है।

अनुभवी यात्री ऐसी होटलों में ठहरते हैं, जहाँ रिज़र्वेशन करने वाले कर्मचारी विनम्र और सकारात्मक होते हैं। लोग वेटरों के व्यवहार के आधार पर रेस्तराँ चुनते हैं। किसी रेस्तराँ में बार-बार जाने के पीछे सेवा अधिक महत्वपूर्ण होती है; भोजन का स्वाद कितना अच्छा है यह हमेशा कम महत्वपूर्ण होता है। और कूरियर कंपनियाँ जानती हैं कि सरकारी डाक सेवा को पछाड़ने में शिष्ट व दोस्ताना सेवा उनका सर्वश्रेष्ठ प्रतियोगी हथियार है, क्योंकि सरकारी डाक सेवा में काउंटर पर बैठे लोगों का नज़रिया आम तौर पर नकारात्मक होता है।

"प्लीज़," "थैंक यू" और "आज आप *अच्छे* दिख रहे हैं" मुफ़्त की आइसिंग है, जिससे सामान बिकता है और बिज़नेस बढ़ता है।

मैनेजरों के लिये टिप्पणी : अपनी कंपनी या ऑफ़िस में फ़ोन करें। अगर आपको अच्छी आवाज़ में "मुझे सचमुच ख़ुशी है कि आपने फ़ोन किया" सुनाई न दे, तो उस व्यक्ति को या तो सिखायें या फिर बदल दें। किसी मित्र से कहें कि वह आपकी कंपनी में आये। अगर उसे वहाँ पर अच्छी सेवा न मिले, तो सुधार करने के क़दम उठायें।

सफलता चाहने वाले लोग पूछते हैं, "लोग जितनी आशा करते हैं, मैं उन्हें उससे अधिक किस तरह दे सकता हूँ ? जिस केक को मैं बेच रहा हूँ, उस पर मैं किस तरह की आइसिंग लगा सकता हूँ ?"

केक – वह सामान या सेवा, जो आप दे रहे हैं – सिर्फ़ बेक किया हुआ आटा है। परंतु जब आप इस पर थोड़ी सी आइसिंग लगा देते हैं और सामान बेचने के बाद थोड़ी सी अतिरिक्त सेवा करते हैं, तो आप उस आटे को जायकेदार बना देते हैं। इसे आज़माकर देखिये और पुरस्कारों का आनंद लीजिये।

लोगों को प्रभावित करने के लिये "सर्वश्रेष्ठ परिणाम" की शैली का प्रयोग कीजिये

कुछ महीने पहले मैंने मिनीपॉलिस में अपने युवा मित्र अलेक डब्ल्यू. के साथ नाश्ता किया, जो अपनी मीटिंग-प्लानिंग सेवा चलाता है। वह

महत्वपूर्ण कॉरपोरेट मीटिंगों की योजना बनाता है और सुविधाओं, मनोरंजन, वक्ताओं, पुरस्कारों और भाग लेने वालों के आने-जाने की व्यवस्था करता है - वे सारे विवरण, जो किसी सफल मीटिंग का हिस्सा हैं। नाश्ते पर अलेक ने मुझसे कहा, "अभी आपकी फ़्लाइट में तीन घंटे का वक़्त है। मुझे एक संभावित ग्राहक से मिलने जाना है। क्या आप मेरे साथ चलेंगे ? शायद आप सेल्स प्रस्तुति देने के संबंध में मुझे एक-दो सुझाव दे सकें।"

मैंने कहा कि अगर मेरे जाने से कोई व्यवधान न हो, तो मुझे ऐसा करने में ख़ुशी ही होगी।

अलेक ने बहुत अच्छी तरह से अपनी प्रस्तुति दी। उसने अपने संभावित ग्राहक से यह पूछा कि वह इस मीटिंग से जो सर्वश्रेष्ठ परिणाम चाहता है, उन्हें विस्तार से बताये। अलेक ने कहा, "मिस्टर ब्राउन, यह मान लें कि मीटिंग ख़त्म हो चुकी है और इसमें भाग लेने वाले घर जा रहे हैं। आप क्या चाहेंगे कि वे कंपनी को किस तरह देखें, अगले साल के आपके लक्ष्यों या नई प्रॉडक्ट लाइन को किस तरह देखें। आदर्श स्थिति में आप मीटिंग से क्या हासिल करना चाहते हैं ?"

अलेक ने अपनी पूरी प्रस्तुति इसी बात में लगा दी कि संभावित ग्राहक "सर्वश्रेष्ठ परिणाम" का वर्णन करे।

जब अलेक ने सर्वश्रेष्ठ परिणाम के बारे में पता कर लिया, तो उसने सावधानी से उन प्रमुख लक्ष्यों को दोहराया, जो संभावित ग्राहक मीटिंग से चाहता था। फिर उसने संभावित ग्राहक को धन्यवाद दिया और एक समय तय कर लिया, जब वह वापस आकर कॉरपोरेट मीटिंग के लिये एक विस्तृत योजना प्रस्तुत करेगा।

बाद में अलेक ने समझाया, "नये संभावित ग्राहकों के साथ मैं हमेशा दो इंटरव्यू की शैली का प्रयोग करता हूँ। पहले इंटरव्यू में मैं सिर्फ़ जानकारी इकट्ठी करता हूँ। मैं कभी भी संभावित ग्राहक को यह बताने की कोशिश नहीं करता कि मेरी सेवायें कितनी अच्छी हैं। इससे पहले मैं यह पता लगाता हूँ कि ग्राहक क्या चाहता है और उसकी ज़रूरतें क्या हैं। दूसरे इंटरव्यू में मैं बताता हूँ कि उसके लक्ष्यों को हासिल करने में मेरी सेवायें किस तरह उसकी मदद कर सकती हैं।"

घर लौटने वाली फ़्लाइट में मैं अलेक और उसकी अति-प्रभावी सेल्स तकनीक को अपने दिमाग़ से नहीं निकाल पाया। अलेक ने ग्राहक से यह नहीं कहा, "यह आपके लिये सबसे अच्छा रहेगा," या "हमारे पास आपकी मीटिंग के लिये बहुत बढ़िया योजना है।" इसके बजाय अलेक ने एक डॉक्टर की तरह व्यवहार किया। उसने अपने संभावित ग्राहक को यह बताने दिया कि वह मीटिंग से क्या हासिल करना चाहता था। इसके बाद अलेक ने एक आदर्श योजना तैयार की, ताकि उसके संभावित ग्राहक के लक्ष्य हासिल हो जायें।

नौकरी पाने के लिये सर्वश्रेष्ठ परिणाम की शैली का प्रयोग करें। नौकरी पाने के लिये बायोडेटा पर बहुत ज़ोर दिया जाता है। जबकि सच तो यह है कि बायोडेटा सिर्फ़ इंटरव्यू तक पहुँचाने में आपकी मदद करता है। यह आपको नौकरी नहीं दिलाता। नौकरी आपको व्यक्तिगत इंटरव्यू दिलाता है। और इंटरव्यू में आप अलेक के "सर्वश्रेष्ठ परिणाम" के तरीक़े का प्रयोग करके इससे लाभ उठा सकते हैं।

किस तरह ? इस तरह।

इंटरव्यू की शुरुआत में इंटरव्यू लेने वाले से कुछ इस तरह की बात कहें, "मैं जानता हूँ कि इस इंटरव्यू में हम आज इसलिये मिल रहे हैं क्योंकि आप यह देखना चाहते हैं कि मैं आपके लिये ठीक हूँ या नहीं, और मैं यह देखना चाहता हूँ कि आपकी कंपनी मेरे लिये ठीक है या नहीं। हम यह देखने के लिये मिल रहे हैं कि क्या रोज़गार के संबंधों से हम दोनों को लाभ होगा। क्या आप उस आदर्श व्यक्ति का वर्णन करेंगे (सर्वश्रेष्ठ परिणाम), जो आप इस पद के लिये चाहते हैं ?"

जब आप इस तरह खुलकर सच्ची बात कहते हैं, तो आपके संभावित नियोक्ता इसके जवाब में इस तरह की बात कहेंगे, "हम जो व्यक्ति चाहते हैं, उसमें कई गुण होना चाहिये : ईमानदारी, योग्यता, पहल करने की शक्ति, सहयोग करने की इच्छा और महत्वाकांक्षा।"

जब आप यह जान जायें कि संभावित नियोक्ता कौन से गुण चाहता है, तो आप यह स्पष्ट कर सकते हैं कि आप उसकी ज़रूरतों के हिसाब से किस तरह आदर्श हैं। इसके बाद आप उसके आदर्श स्तरों के

अनुरूप अपनी योग्यता साबित कर सकते हैं। उसे यह बताकर अपनी ईमानदारी का प्रमाण दीजिये कि पुरानी कंपनी में आप पर विश्वास करके आपको धन या सामान का ज़िम्मा सौंपा गया था। आप निपुण हैं, यह बताने के लिये आप अपनी नौकरी का अनुभव, शिक्षा और प्राप्त हुए सम्मानों का उल्लेख करें।

जब आप अपने नियोक्ता से सर्वश्रेष्ठ उम्मीदवार का वर्णन करने के लिये कहते हैं, तो आप परिपक्व बुद्धि का परिचय देते हैं। क्योंकि इसके बाद आप अपने नियोक्ता की आवश्यकताओं के अनुरूप अपनी योग्यताओं का प्रदर्शन कर सकते हैं। आप अपने नियोक्ता के सामने यह भी साबित कर देते हैं कि आप नौकरी के लिये आवेदन करने में बिज़नेसमैन की तरह व्यवहार कर रहे हैं।

किस तरह सर्वश्रेष्ठ परिणाम की नीति से 15,00,000 डॉलर की रियल एस्टेट बिकी

अलेक ने सर्वश्रेष्ठ परिणाम की नीति का सफलतापूर्वक इस्तेमाल किस तरह किया, यह देखने के बाद मैंने इस उपाय को सेलिंग क्लीनिकों में सिखाना शुरू किया और मैंने हमेशा यह उल्लेख किया कि मैंने इसे किससे सीखा है। लगभग 18 महीने बाद मैंने रियल एस्टेट एजेंटों के एक समूह के सामने "सर्वश्रेष्ठ परिणाम बेचने" की अवधारणा समझाई और वहाँ मैं लॉस एंजेलिस के रियल एस्टेट एजेंट जैक ए. से मिला।

जैक ने मुझे बताया कि उसने किस तरह इस उपाय के अनुरूप काम किया। "आपके सेमिनार के कुछ समय बाद ही मेरे पास पिट्सबर्ग से एक एक्ज़ीक्यूटिव का फ़ोन आया। यह एक्ज़ीक्यूटिव अपनी कंपनी का ब्रांच ऑफ़िस शुरू करने के लिये लॉस एंजेलिस में रहने आ रहा था। मैंने सर्वश्रेष्ठ परिणाम वाली सेल्स नीति का प्रयोग करने का फ़ैसला किया। मैंने उससे पाँच या दस मिनट तक शुरुआती बात की और उसे विश्वास दिलाया कि मैं उसे कुछ घरों के विस्तृत विवरण भेजूँगा। फिर मैंने उससे पूछा कि वह इस बारे में विस्तार से बताये कि वह किस तरह का घर चाहता था। फ़ोन पर एक घंटे की इस बातचीत के बाद मैं जान गया कि उसे अपना

घर कितने एकांत में चाहिये था, किस तरह के पड़ोसी चाहिये थे और शॉपिंग सेंटर, स्कूल और गोल्फ़ कोर्स कितने पास चाहिये थे। मैंने वह हर चीज़ जान ली, जो मेरे संभावित ग्राहक के हिसाब से महत्वपूर्ण थी। मैंने उससे वायदा किया कि मैं दो हज़ार एक सौ साठ घरों की अपनी सूची में उसके मनपसंद घर की तलाश करूँगा और उसे दो दिन में जवाब दूँगा।

"दो दिन बाद मैंने फ़ोन किया और संभावित ग्राहक को बताया कि मुझे चार घर मिले थे, जो उसकी आवश्यकताओं को पूरा करते थे। मैंने उससे व उसकी पत्नी से अगले वीकएंड में लॉस एंजेलिस की यात्रा करने का अनुरोध किया।

"मैं संभावित ग्राहक और उसकी पत्नी से शनिवार की सुबह हवाई अड्डे पर मिला। मैं उन्हें लंच के लिये शहर के उस हिस्से में ले गया, जहाँ चारों घर स्थित थे। फिर मैंने उन्हें वे चारों घर दिखाये। तीन घंटे में पति-पत्नी ने अपने लिये घर पसंद कर लिया और सेल पूरी हो गई।"

"परंतु आपने तो कहा था कि सर्वश्रेष्ठ परिणाम की तकनीक का प्रयोग करके आपने पंद्रह लाख डॉलर की जायदाद बेची ? क्या उस आदमी ने एक घर की इतनी भारी क़ीमत दी थी ?"

"अरे नहीं," एजेंट ने मुस्कराते हुए कहा, "परंतु अगले छह महीनों में पाँच और परिवारों का यहाँ ट्रांसफ़र हुआ। चूँकि मैंने मालिक की इतनी अच्छी सेवा की थी, इसलिये यह स्वाभाविक था कि मालिक ने स्टाफ़ को सलाह दी कि वे घर ख़रीदने के बारे में मुझसे संपर्क करें। इस तरह मैं छह घर बेचने में सफल हुआ।"

मैंने अपने एक मित्र को भी सर्वश्रेष्ठ परिणाम की नीति समझाई, जो अपना मल्टी-लेवल मार्केटिंग बिज़नेस बना रहा है। उसके संगठन में लोग शुरुआत में पार्ट-टाइम सामान बेचते हैं और दूसरे लोगों को अपने बिज़नेस में शामिल होने का आमंत्रण देते हैं।

लोगों को शामिल करने के लिये वह उनसे पूछता है कि वे उस आदर्श पार्ट-टाइम बिज़नेस का वर्णन करें, जिसके वे मालिक बनना चाहेंगे। मेरा दोस्त मुझे बताता है कि लोग अपने पार्ट-टाइम बिज़नेस में

जो चीज़ें चाहते हैं, वे हैं असीमित आमदनी, पारिवारिक हिस्सेदारी, काम के लचीले घंटे, कम लागत और ऐसा सामान जो सचमुच उपयोगी हो।

मेरे मित्र ने स्पष्ट किया, "जब मैं लोगों से इस बारे में संकल्प करवा लेता हूँ कि वे क्या चाहते हैं, तो इसके बाद उन्हें यह दिखाना आसान होता है कि मेरा बिज़नेस किस तरह उनकी रुचियों के हिसाब से आदर्श है।"

सर्वश्रेष्ठ परिणाम की नीति काम करती है! इसका प्रयोग करें।

एक प्रमुख सॉफ़्टवेअर कंपनी अमेरिका और यूरोप के अपने 2,000 ग्राहकों से अधिक बिज़नेस हासिल करने के लिये सर्वश्रेष्ठ परिणाम की नीति का प्रयोग करती है। साल में दो बार कंपनी एक "सम्मेलन" आयोजित करती है, जिसमें ग्राहकों को *अपने ख़र्च पर* भाग लेने का आमंत्रण दिया जाता है! इस सम्मेलन का उद्देश्य यह है कि ग्राहक सॉफ़्टवेअर निर्माता को यह बता सकें कि वे वर्तमान प्रॉडक्ट्स में क्या परिवर्तन देखना चाहते हैं या उनके हिसाब से किन नये प्रॉडक्ट्स की ज़रूरत है। इस तरह से सॉफ़्टवेअर कंपनी अपनी मार्केटिंग लागत कम कर लेती है और ग्राहकों की बहुत अधिक वफ़ादारी हासिल करती है।

यह पूछने का अभ्यास करें, "आपका क्या विचार है?"

सर्वश्रेष्ठ परिणाम की तकनीक का एक प्रमुख हिस्सा यह है कि आप दूसरों को उनके विचार व्यक्त करने का अवसर दें। हर व्यक्ति के मन में बहुत से विचार होते हैं : कंपनी जो कर रही है, वह सही है या ग़लत; अर्थव्यवस्था के बारे में क्या अच्छा है, क्या बुरा; गवर्नर, मेयर और प्रेसिडेंट किस तरह काम कर रहे हैं; और क्या सामाजिक सुरक्षा चलती रहेगी?

हर कंपनी में बहुत से लोगों के पास इस बारे में विचार होते हैं कि कंपनी को बेहतर तरीक़े से कैसे चलाया जा सकता है। समस्या यह है कि अधिकांश कंपनियों में जो लोग काम करते हैं, उनसे यह कभी नहीं पूछा जाता, "इस बारे में आपके क्या विचार हैं?" "क्या आप जानते हैं कि इसे बेहतर तरीक़े से कैसे किया जा सकता है?" और "क्या आप कोई रास्ता सुझा सकते हैं, जिससे इस काम को कम समय में किया जा सके?" इसका

परिणाम यह होता है कि समझदारी के बहुत से विचारों का कभी दोहन नहीं हो पाता, विचारशील व्यक्ति कुंठित महसूस करते हैं और कंपनी का प्रदर्शन प्रभावित होता है।

फ़्लोरिडा में मेरा एक मित्र है पीटर एफ., जो स्टील फैब्रिकेशन बिज़नेस में है। पिछली मंदी के दौरान अधिकांश स्टील कंपनियों की समस्यायें निराशाजनक थीं। परंतु पीटर का बिज़नेस तरक्की कर रहा था। मैं पीटर से एक महीने पहले उसकी कंपनी के रिज़ॉर्ट होटल में मिला। मैंने उससे पूछा कि जब उसके प्रतियोगी कष्ट में हैं, तो उसका बिज़नेस क्यों तरक्की कर रहा है।

"मुझे लगता है कि इसके पीछे कई कारण हैं, परंतु सबसे महत्वपूर्ण कारण शायद यह है कि मैं कोई भी महत्वपूर्ण निर्णय लेने से पहले अपने कर्मचारियों के विचार जान लेता हूँ। मैं नियमित रूप से ***द वॉल स्ट्रीट जर्नल*** और अन्य बिज़नेस प्रकाशन पढ़ता हूँ, परंतु, जैसा मैंने सेना में सीखा, सर्वश्रेष्ठ ज्ञान अकसर पैदल सिपाहियों से मिलता है। हम अपने स्टील को देश भर में इंस्टाल करते हैं। मैं इस बात का विशेष ध्यान रखता हूँ कि इंस्टालेशन करने वाले लोगों से मेरी चर्चा होती रहे। मैं उनसे पूछता हूँ कि हमारे ग्राहक क्या सोच रहे हैं। मैं विचारों का स्थायी प्रवाह बनाये रखता हूँ और हमारे इंस्टालेशन करने वाले लोगों और सेल्समैनों से जानकारी इकट्ठी करता हूँ।

"हम अपने ग्राहकों को बहुत से कस्टम-डिज़ाइन वाले रेफ्रिजरेटेड स्टील वेअरहाउस भी सप्लाई करते हैं। मैं हमेशा अपने वर्तमान ग्राहकों से पूछता हूँ कि वे अगली पीढ़ी के रेफ्रिजरेटेड स्टोरेज में किन अतिरिक्त सुविधाओं को देखना चाहेंगे।

"विचार सबके मन में आते हैं, सोचते सभी हैं," मेरे दोस्त ने कहा, "इसलिये मैं उन्हें अपने विचार बताने के लिये प्रोत्साहित करता हूँ। जब मैं इंस्टाल करने वालों, ट्रक ड्राइवरों, उत्पादन कर्मचारियों या ग्राहकों से उनके विचार पूछता हूँ, तो मैं दो चीज़ें हासिल करता हूँ। पहली, मैं उनका सहयोग हासिल कर रहा हूँ, क्योंकि उनके पास मुझे अपने विचार बताने का अवसर है। दूसरी चीज़, मैं बहुत से अच्छे विचार हासिल करता हूँ,

जिनसे मैं लाभ उठा सकता हूँ।

"मुझे अपने कुछ मैनेजरों को 'आपका-क्या-विचार-है' तकनीक सिखाने में कुछ समस्या आई। उनमें से कुछ को तो पहले इस बात का प्रशिक्षण दिया गया था कि दूसरे लोगों के, ख़ासकर अधीनस्थों के विचार पूछना कमज़ोरी की निशानी है। मेरा मानना है कि दूसरे लोगों के विचार सुनना दृढ़ता की निशानी है।"

सर्वश्रेष्ठ परिणाम की नीति का प्रयोग करें। आप जो चाहते हैं उसे हासिल करने में यह चमत्कार कर देती है, सेल हो, बेहतर नौकरी हो या फिर सहयोग व समर्थन हो।

- पता लगायें कि सामने वाला क्या आदर्श लाभ हासिल करना चाहता है।
- अपने प्रस्ताव को इस तरह से रखें कि उसे वह आदर्श लाभ मिल सके।

आप जो भी करते हों, उसमें सर्वश्रेष्ठ परिणाम का प्रयोग कर सकते हैं।

अगर आप विद्यार्थी हैं और ए ग्रेड हासिल करना चाहते हों, तो कोर्स के शुरू में शिक्षक से यह पूछ लें कि ए ग्रेड हासिल करने के लिये क्या आवश्यक है।

अगर आप वकील हैं और किसी की वसीयत तैयार करने में मदद कर रहे हैं, तो वसीयत बनाने से पहले यह ठीक-ठीक जान लें कि ग्राहक वसीयत से क्या हासिल करना चाहता है।

अगर आप आज से छह महीने बाद प्रमोशन पाना चाहते हैं, तो अपने मैनेजर से यह पूछ लें कि इसे हासिल करने के लिये आपको क्या करना होगा।

क्वालिटी के बारे में सोचें (इससे लाभ होता है), न कि क्वांटिटी के बारे में (इससे नुक़सान होता है)

औसत लोगों (जो कम के साथ संतुष्ट हो जाते हैं) और उत्कृष्ट

लोगों (जो अधिक का आनंद लेने के लिये समर्पित हैं) में एक सूक्ष्म परंतु महत्वपूर्ण अंतर होता है। सफलता चाहने वाले लोग अपने हर काम में क्वालिटी को पहले नंबर पर रखते हैं, चाहे वह सामान ख़रीदना हो या दोस्त बनाना। जबकि औसत लोग क्वांटिटी या मात्रा पर ध्यान देते हैं। सफलता चाहने वाले लोग वास्तविक मूल्य की तलाश करते हैं; औसत लोग सिर्फ़ यह विचार करते हैं "इसकी क़ीमत कितनी है ?" "यह कितनी बड़ी है ?" और " 'मूल' क़ीमत क्या थी ?"

सस्तासाइटिस से बचें। मैं कई बरसों से एक छोटा प्रयोग करवा रहा हूँ। यह मूर्खतापूर्ण लग सकता है, परंतु इससे शिक्षा मिलती है। किसी क्लासरूम या सम्मेलन में भाग लेने वाली महिलाओं से मैं कहता हूँ कि वे एक काग़ज़ पर अपने पास मौज़ूद सैंडलों की संख्या लिख दें।

औसत संख्या 24 है! फिर मैं एक और सवाल पूछता हूँ। "आपने अपने जूतों में से पिछले छह महीनों में कितने सैंडल पहने हैं ?" औसत संख्या आम तौर पर चार या पाँच होती है।

अंत में, मैं पूछता हूँ, "आपने इतने सारे सैंडल क्यों ख़रीदे, जब आपको उन्हें पहनना ही नहीं था ?" जवाब लगभग वही मिलता है। "वे सेल में मिल रहे थे और मुझसे ख़रीदे बिना रहा नहीं गया," या "सैंडल स्टोर में बहुत अच्छे दिख रहे थे, परंतु मुझे जल्दी ही पता चल गया कि मैं उन्हें पसंद नहीं करती," या "उन पर पचास प्रतिशत की छूट थी।"

इस प्रयोग को करने से मैंने एक और सबक़ सीखा। जो सैंडल उन्होंने ख़रीदे थे, परंतु जिन्हें वे पहनती नहीं थीं, वे ख़राब तरीक़े से बनाये गये थे, घटिया क्वालिटी के थे और वर्तमान फ़ैशन तक सीमित थे। महिलाओं ने जिन सैंडल को सबसे ज़्यादा पहना, वे अच्छी क्वालिटी के (तुलनात्मक रूप से महँगे) थे, उनकी फ़िटिंग अच्छी थी और वे आकर्षक थे।

शर्ट और टाई को लेकर मैंने पुरुषों के साथ भी इसी तरह के प्रयोग किये हैं। निष्कर्ष वही निकलता है। ज़्यादातर पुरुष अपनी शर्ट और टाई के बहुत सीमित हिस्से को पहनते हैं। मैंने-इसे-इसलिये-ख़रीदा-क्योंकि-यह-सेल-में-मिल-रहा-था की प्रेरणा भी मौज़ूद रहती है।

समझदार ग्राहकों के पास हर चीज़ तुलनात्मक रूप से कम रहती है। वे जानते हैं कि *सचमुच* मूल्यवान वस्तुएँ "सेल में" या "सस्ती" नहीं मिलतीं। स्मार्ट ख़रीदार इस कहावत की बुद्धिमत्ता को पहचानते हैं, "दुगनी क़ीमत दो और आधी संख्या ख़रीदो।"

आज ख़रीदी गई क्वालिटी ड्रेस आज से एक या दो दशक बाद भी फ़ैशन में रहेगी। अच्छी क्वालिटी की कार आज से पाँच या दस साल बाद भी उतनी ही मूल्यवान रहेगी और लोग उसकी प्रशंसा करेंगे, जबकि आज का "सस्ता सौदा" जल्द ही बेकार हो जायेगा। अच्छी क्वालिटी की ज्वैलरी समय गुज़रने के साथ अधिक मूल्यवान बन जाती है, जबकि आज ख़रीदी गई भावताव वाली सस्ती ज्वैलरी की कल कोई क़ीमत नहीं रहेगी।

आम तौर पर "यह विशेष सेल में मिल रहा है" का अर्थ होता है "यह बहुत अच्छा नहीं है।"

कुछ लोगों का अनुमान है कि "सेल" में ख़रीदे गये भोजन का 30 प्रतिशत कचरे के डिब्बे में जाता है। कुछ डिटर्जेन्ट निर्माता एक बहुत ही आसान चाल चलते हैं और अपने सामान को थोड़े बड़े डिब्बे में पैक कर देते हैं, ताकि वह "काफ़ी सस्ता" दिखे। चाहे आप कुछ भी ख़रीदें – कपड़े, उपकरण, कार, भोजन, यहाँ तक कि घर भी – अगर कोई चीज़ सेल में मिल रही हो, तो उसे ख़रीदने के बारे में थोड़ा सावधान रहें। "एक पैसा बचाने की समझदारी और एक रुपया गँवाने की मूर्खता" – बेंजामिन फ्रैंकलिन द्वारा सुझाई गई यह अवधारणा आज भी सही है।

इन दिनों एक बिलकुल नया उद्योग – मिनी वेअरहाउस – विकसित हुआ है। इसका मुख्य उद्देश्य सामान रखने में उन लोगों की मदद करना है, जो सोचते हैं कि काश उन्होंने वह सामान नहीं ख़रीदा होता, परंतु उसे कूड़ेदान में फेंकने में उन्हें अपराधबोध का अनुभव होता है। छोटे घर और कॉन्डोज़ समस्या नहीं हैं – समस्या तो उस प्रलोभन का प्रतिरोध करने की असमर्थता है, जिसकी वजह से हम घटिया और बेकार सामान ख़रीदते हैं।

अधिक दोस्त या असली दोस्त ? कुछ साल पहले मैं कॉलोरेडो के रिज़ॉर्ट में एक पूर्व सांसद से मिला। हम दोनों ने ही एक मानव संसाधन सम्मेलन को संबोधित किया। बाद में, हमने जीवन के महानतम रहस्य

यानी लोगों के बारे में दो घंटे तक बातें कीं।

मेरे नये परिचित ने मुझे बताया, "मैं बारह साल तक संसद सदस्य था। उस दौरान मुझे लगता था कि मेरे हज़ारों दोस्त हैं। हर सप्ताह मुझे सैकड़ों चिट्ठियाँ मिलती थीं। दर्जनों लोग मुझे फ़ोन करते थे। जब मैं अपने जिले में आता था, तो शुभचिंतक मुझे घेर लेते थे। चुनाव ख़र्च के लिये पैसे जुटाने में मुझे कोई समस्या नहीं आती थी।

"फिर," पूर्व सांसद ने कहा, "मैं अपने सातवें चुनाव अभियान में हार गया। और इसके कुछ घंटे बाद ही मैंने अपने जीवन का बहुत बड़ा सबक़ सीखा। (इस मोड़ पर पूर्व सांसद ने अपने दोनों हाथ उठाये। उसकी हथेलियाँ मेरी तरफ़ थीं और उँगलियाँ फैली हुई थीं।) मैंने पाया कि मेरे पास दुनिया में दस सच्चे दोस्त नहीं हैं।"

मैंने टिप्पणी की, "आपके अनुभव से आपने कुछ सबक़ सीखा होगा।"

मेरे दोस्त ने स्पष्ट किया, "बिलकुल। इस बारे में सोच-विचार के बाद मैं इस निष्कर्ष पर पहुँचा कि दस सच्चे दोस्त होना बेहतर है बजाय इसके कि आपके पास दस हज़ार लोग हों, जो तभी तक आपके साथ रहें जब तक आप शिखर पर हों, परंतु जब आप नीचे गिर जायें तो उसी पल आपका साथ छोड़ दें, आपको नज़रअंदाज़ कर दें, यहाँ तक कि आपका तिरस्कार करने लगें। हर चीज़ की तरह दोस्तों को भी उनकी क्वांटिटी या संख्या के हिसाब से नहीं, बल्कि उनकी क्वालिटी या गुणवत्ता के हिसाब से तौला जाना चाहिये।"

इस बूढ़े सज्जन ने एक महत्वपूर्ण बात कही : जब दोस्तों की संख्या पर विचार करें, तो उन्हीं को गिनें जो सचमुच आपकी परवाह करते हैं, आपकी मदद करना चाहते हैं और बदले में कुछ नहीं चाहते। उन लोगों को अपने दोस्तों में न गिनें, जो आपसे सिर्फ़ कोई लाभ चाहते हैं।

रियल एस्टेट में कम क़ीमत का अर्थ है बुरा सौदा। रियल एस्टेट हमारी नज़रों में सबसे आदर्श निवेश या बिज़नेस है। रियल एस्टेट ही ऐसी इकलौती जायदाद है, जो सचमुच स्थायी है। इसीलिये इसे "रियल" कहा जाता है। यह और नहीं बनाई जा सकती। हम जो खाते हैं, पहनते

हैं, प्रयोग करते हैं, या जहाँ हम रहते और काम करते हैं - रियल एस्टेट उन सबका स्रोत है। फिर भी जब रहवासी रियल एस्टेट को ख़रीदने या किराये पर लेने की बात आती है, तो कई लोग क़ीमत को ऊपर रख देते हैं और वास्तविक मूल्य को नीचे। और इस वजह से वे नुक़सान उठाते हैं।

घर को चुनना एक लंबा, मुश्किल, यहाँ तक कि दर्दनाक अनुभव भी हो सकता है। और जब घर ख़रीदने का फ़ैसला आख़िरकार कर लिया जाता है, तो कई ख़रीदार जल्द ही नाखुश हो जाते हैं। अकसर इस तरह की चर्चायें उस दंपति के बीच होती हैं, जिन्होंने हाल ही में कोई घर ख़रीदा है।

पत्नी : "यह मेरे सपनों का घर नहीं है, पर मुझे लगता है कि यह हमारी ज़रूरत के हिसाब से ठीक है। इसके अलावा, हम दोनों की तनख़्वाह मिलाकर भी बहुत ज़्यादा नहीं है और हमारी नौकरियों की कोई गारंटी नहीं है। हम वह घर भी ख़रीद सकते थे, जिसे हम सचमुच ख़रीदना चाहते थे, पर एजेंट ने इस बात पर ज़ोर दिया कि यह मकान सस्ता है।"

पति : "मैं सहमत हूँ। सच कहूँ तो यह जगह बहुत अच्छी नहीं दिखती है और मुझे थोड़ा संकोच भी हो रहा है। पर अगर हमारी क़िस्मत अच्छी रही, तो हमारी आमदनी बढ़ जायेगी और शायद चार या पाँच साल में हम किसी ऐसे घर में रहने लगेंगे, जिसे हम ज़्यादा पसंद करते हों।"

पत्नी : "मैं भी ऐसी ही आशा करती हूँ। जिमी अभी सिर्फ़ चार साल का है, इसलिये मुझे लगता है कि तब तक पड़ोस उसके हिसाब से ठीक ही रहेगा।"

पति : "शायद हम उस ज़्यादा अच्छे घर को ख़रीद सकते थे, परंतु हम इसी में संतुष्ट रहने की कोशिश करेंगे। आजकल समय का कोई भरोसा नहीं है।"

इन लोगों ने जो समझौता किया है, क्या वह फ़ायदे का सौदा है ? पति-पत्नी घर को सचमुच पसंद नहीं करते, इसलिये वे इसकी कम देखभाल करेंगे और इसमें बहुत कम सुधार करेंगे। बच्चा उस उम्र में है, जब आस-पास का माहौल और दूसरे बच्चों का प्रभाव बहुत ज़्यादा महत्वपूर्ण होता है। चूँकि घर किसी अच्छे इलाक़े में नहीं है, इसलिये उसे

उतनी सराहना नहीं मिलेगी, जितनी कि अच्छे इलाक़े में रहने पर मिलती। दरअसल इस घर की क़ीमत घट भी सकती है।

जहाँ हम रहते हैं, वह जगह हमारे जीवन के हर पहलू को प्रभावित करती है – हमारे नज़रिये, हमारे आत्मविश्वास, हमारी मित्रताओं, यहाँ तक कि हमारे स्वास्थ्य को भी। जो लोग रियल एस्टेट चुनने में फ़र्स्ट क्लास चुनाव करते हैं, वे ज़्यादा सुखी रहते हैं, समय के साथ ज़्यादा दौलतमंद बनते हैं और उन लोगों से बेहतर अनुभव करते हैं, जो सस्ता ख़रीदते हैं और *समझौता करो* के मार्ग पर चलते हैं।

पेपर क्लिप मानसिकता से बचें। प्रचुर दौलत इकट्ठी करने के लिये लोगों को सिर्फ़ दो मूलभूत सवालों का सही जवाब देना होता है।

पहला है :

"हम किस तरह अपनी आमदनी बढ़ा सकते हैं ?"

दौलत बढ़ाने वाला दूसरा सवाल है :

"हम किस तरह अपने ख़र्च को कम कर सकते हैं ?"

व्यक्तिगत या बिज़नेस फ़ाइनैंस में लिये गये हर निर्णय में इन दो सवालों का जवाब देना होता है।

जब ख़र्च में कटौती करने की बात आती है, तो कई लोग "पेपर क्लिप मानसिकता" अपना लेते हैं। दर्जनों बार मैंने देखा है कि बिज़नेस एक्ज़ीक्यूटिव्ज़ लागत कम करने या ख़र्च कम करने के तरीक़ों पर चर्चा कर रहे थे। और बिना अपवाद के हर बार चर्चा तुलनात्मक रूप से महत्वहीन मुद्दों पर होने लगती थी, जैसे ऑफ़िस सप्लाई (कानूनी पैड, लिफ़ाफ़े, पेपर क्लिप), यात्रा तथा गर्मियों में तापमान थोड़ा बढ़ा देना, ताकि हर कर्मचारी थोड़ा अधिक गर्म रहे (और थोड़ा कम कार्यकुशल भी) और जाड़े में तापमान को थोड़ा कम कर देना, ताकि कर्मचारी थोड़े ज़्यादा ठंडे रहें (और थोड़े कम कार्यकुशल भी)।

छोटे-ख़र्चों-में-कटौती करने के ये प्रयास अकसर ख़र्च से मुक़ाबला करने के बड़े तरीक़ों को अनदेखा कर देते हैं, जैसे लाभहीन प्रॉडक्ट्स को बंद कर देना, कुछ डिपार्टमेंटों को मिला देना, कंप्यूटरों का बेहतर प्रयोग

करना और नये वेन्डर चुनना।

यह कहा गया है, "अमेरिकी हर चीज़ की क़ीमत जानते हैं, परंतु किसी चीज़ का मूल्य नहीं जानते।" हम इस कहावत के उदाहरण हर दिन देखते हैं। बिज़नेस करने की पेनी-वाइज़-पाउन्ड-फ़ूलिश (एक पैसे की बचत और एक रुपये की फ़िज़ूलख़र्ची) नीति आम है। लोग अकसर कार का बीमा सिर्फ़ प्रीमियम के आधार पर करवाते हैं तथा बाद में वे हैरान और ग़ुस्सा होते हैं, जब उन्हें पता चलता है कि कंपनी उनके दावे की किन-किन चीज़ों का भुगतान *नहीं* करेगी।

एक मित्र ने मुझे अपने सस्ते अकाउंटेंट का अनुभव सुनाया।

"मैंने छह साल तक जे.जे. से अकाउंटेंट का काम करवाया। मैं अकाउंटिंग के बारे में कुछ नहीं जानता। मैंने सुना था कि जे.जे. की प्रति घंटे फ़ीस बहुत कम थी। फिर मैं दूसरे शहर में चला गया और मैंने अकाउंटेंट बदलने का फ़ैसला किया। मेरे नये अकाउंटेंट की फ़ीस ज़्यादा थी, परंतु मेरे पास समय कम था, इसलिये मैंने उसे अपने रिटर्न फ़ाइल करने के लिये दिये। उसने पिछले छह सालों के मेरे स्टेटमेंट का अवलोकन किया और मुझे बताया कि मुझे ग़लत सलाह दी गई थी। स्टेटमेंट में भारी ग़लतियाँ नहीं थीं, परंतु उसने कहा कि कई निर्णय लेने की चूकें अवश्य थीं, जिनमें डिप्रिसियेशन, व्यापारिक ख़र्च, पेंशन तथा लाभ-हिस्सेदारी योगदान और टैक्स रोकने के मामले शामिल थे। मैंने उससे पूछा कि मैंने कितना अधिक टैक्स चुकाया था, जिसे मैं बचा सकता था। उसने जवाब दिया, 'मैं बिना हिसाब किये आपको ठीक-ठीक तो नहीं बता सकता। आपने निर्णय की चूक की वजह से जो अधिक भुगतान किया है, उसे वापस पाने के लिये अब बहुत देर हो चुकी है, परंतु मेरा अनुमान है कि आपने कम से कम एक लाख डॉलर अधिक चुकाये हैं।'"

छह साल के दौरान मेरे मित्र ने अकाउंटिंग की फ़ीस के रूप में शायद 4,000 या 5,000 डॉलर बचाये थे, परंतु बदले में उसने आवश्यकता से एक लाख डॉलर अधिक टैक्स दिया था।

मेरे कैरियर के शुरू में मैंने 'एक-एक पैसा' बचाने वाले एक असली आदमी के लिये काम किया। मेरी एक ड्यूटी थी क्लर्कों को भर्ती करना।

कई बार मैंने सुझाव दिया (पर मेरे बॉस ने मेरी योजना को नामंज़ूर कर दिया) कि हम इस काम के लिये सबसे अच्छे लोगों को रखें। इसमें "औसत" कर्मचारियों से 10 या 20 प्रतिशत अधिक तनख़्वाह देना पड़ती। परंतु मेरे बॉस ने कम लागत वाले स्टाफ़ को ही प्राथमिकता दी, जो हमेशा ज़्यादा महँगा साबित हुआ क्योंकि इन कर्मचारियों की उत्पादकता कम थी, इनसे ग़लतियाँ अधिक होती थीं, ये कम दिन काम करते थे और बीमारी की छुट्टियाँ बहुत लेते थे।

बड़े चिंतक छोटी चीज़ों पर भी ध्यान देते हैं

हार्वे एस. फ़ायरस्टोन कहते हैं, "सफलता विवरण की पुत्री है।" कितनी सच बात है! हममें से ज़्यादातर लोगों ने देखा होगा कि फ़ुटबॉल मैच में कोई टीम सिर्फ़ इसलिये हार गई, क्योंकि एक खिलाड़ी ने सामने वाली टीम के खिलाड़ी को उस तरीक़े से कवर नहीं किया, जिस तरह से योजना बनाई गई थी। हमने कॉमेडियनों को फ़्लॉप होते देखा है, क्योंकि उनकी टाइमिंग एक सेकंड या इससे भी कम अंतर से गड़बड़ा गई। और हमने कई सेल्समैनों को सेल गँवाते देखा है, क्योंकि ऑर्डर के लिये पूछते समय उनकी आवाज़ की टोन ग़लत हो गई।

इस उदाहरण पर विचार करें। वोल्क्सवैगन सबसे ज़्यादा बिकने वाली कारों में से एक है। लोग इसकी मज़बूती और विश्वसनीयता की वजह से इस पर भरोसा करने लगे। डिटेल्स (विवरण) महत्वपूर्ण थे। फिर कंपनी ने इस कार को अमेरिका में बनाना शुरू कर दिया। जल्दी ही, बिक्री बहुत कम हो गई। और इसका कारण सिर्फ़ यह था कि छोटी-छोटी बातों की तरफ़ ध्यान नहीं दिया गया। छोटी-छोटी चीज़ें गड़बड़ होने लगीं। दरवाज़े के हैंडल गिरने लगे। क्लच गड़बड़ थे। एयर कंडीशनर चलते नहीं थे। ब्रेक सिस्टम ठीक तरह से काम नहीं करते थे। सुरक्षा की समस्याओं की वजह से कई कारों को वापस लेना पड़ा।

वोल्क्सवैगन ने अपने बाज़ार का एक बड़ा हिस्सा गँवा दिया, इसलिये नहीं क्योंकि कार की मूलभूत (बड़ी) योजना दोषपूर्ण थी, बल्कि इसलिये क्योंकि कार को असेंबल करने के विस्तृत निर्देशों का पूरी तरह

पालन नहीं किया गया था। परिणाम यह हुआ कि लाखों कार ख़रीदारों ने वोल्क्सवैगन को अनदेखा करना शुरू कर दिया, जब तक कि इसकी विश्वसनीयता एक बार फिर स्थापित नहीं हो गई।

विवरण के प्रति असावधानी सिर्फ़ वोल्क्सवैगन की समस्या नहीं है। कुछ सालों में जितनी कारें वापस ली गई हैं, उनमें से ज़्यादातर के पीछे कारण लापरवाही थी, न कि निर्माण का दोष।

एक सर्जन ने मुझे बताया कि उसने जो घुटने का ऑपरेशन किया, उसमें उसे तीन घंटे के बजाय पाँच घंटे का समय क्यों लगा। "मैं एक मशीनी पुर्ज़े को घुटने के जोड़ में फ़िट करने वाला था। जिस व्यक्ति को इस पुर्ज़े का ऑर्डर देने की ज़िम्मेदारी दी गई थी, उसने ग़लत साइज़ के पुर्ज़े का ऑर्डर दे दिया। सही साइज़ का पुर्ज़ा बुलवाने में दो घंटे बर्बाद हो गये।"

वॉशिंगटन नेशनल से बर्फ़ीले तूफ़ान में उड़ान भर रहे हवाई जहाज़ की दुर्घटना में 100 से अधिक लोग मारे गये, क्योंकि पायलट ने सोचा कि डैनों पर सैकड़ों पौंड बर्फ़ के होने से फ़र्क़ नहीं पड़ेगा। परंतु इस अतिरिक्त वज़न से फ़र्क़ पड़ा और कुछ ही सेकंडों में जहाज़ पोटोमैक में गिर गया।

सर्वश्रेष्ठ यह है कि बड़ी योजना अगर विवरण के साथ मिल जाये। जब हम कोई बड़ी योजना बना लें, तो इसके बाद विवरण पर ध्यान देने से हमें बहुत लाभ होता है। मेरा एक मित्र न्यू ऑर्लियेन्स में दो सफल रेस्तराँओं का मालिक है। हर रेस्तराँ बहुत पैसे कमाता है। मैंने अपने दोस्त से पूछा कि वह अपने रेस्तराँओं को इतना व्यस्त कैसे रख पा रहा है, जबकि अधिकांश रेस्तराँओं का तो ख़र्च ही मुश्किल से निकल पा रहा है।

मेरा दोस्त हँसा और उसने कहा, "अपनी सफलता को स्पष्ट करने के लिये मेरे पास तीन रहस्य हैं : विवरण, विवरण और विवरण। हम मीनू से शुरू करते हैं। हर सलाद, ब्रेड, ड्रिंक और डेज़र्ट के नाम बहुत सोच-विचार के बाद चुने गये हैं। पाँच डेकोरेटर्स से राय लेने के बाद मैंने सजावट की योजना चुनी। मैंने चालीस वायलिनवादकों को बजाते हुए सुना, तब जाकर उनमें से तीन को चुना, जिनका हम प्रयोग करते हैं। फूलों की सजावट, फ़र्नीचर, कुर्सियाँ, चाँदी - हर चीज़ सावधानी से चुनी गई है।"

मैंने पूछा, "और भोजन के बारे में ?"

मेरे रेस्तराँ मालिक मित्र ने कहा, "यह पूरे मामले का सबसे आसान हिस्सा है। हम सिर्फ़ बेहतरीन क्वालिटी का मीट, सब्ज़ियाँ और फल ख़रीदते हैं। न्यू ऑर्लियेन्स में सौ दूसरे रेस्तराँ भी ऐसा ही करते हैं। परंतु फ़र्क़ यह है कि मेरे कर्मचारी जब भोजन तैयार करते हैं, तो वे विवरण के प्रति .ज्यादा ध्यान देते हैं।"

एक बार फिर मेरा दोस्त हँसा और उसने कहा, "विवरण, विवरण और विवरण।"

यह था उस रेस्तराँ मालिक का उदाहरण, जो अपने प्रतियोगियों से लगभग दुगनी क़ीमत वसूल करता है, उसका रेस्तराँ हमेशा भरा रहता है और वह बहुत .ज्यादा पैसा सिर्फ़ इसलिये कमाता है, क्योंकि उसने इस अवधारणा की बुद्धिमत्ता को पहचान लिया है "बड़े चिंतकों के लिये छोटी चीज़ें बहुत मायने रखती हैं।"

विवरण के प्रति थोड़ा .ज्यादा ध्यान हर काम में आपको लाभ पहुँचाता है। मैंने एक वस्त्र निर्माता से पूछा कि वह अपने सूट की क़ीमत अपने प्रतियोगियों की तुलना में 50 से 100 प्रतिशत .ज्यादा ऊँची रखने के बाद भी सफल क्यों है।

उसने जवाब दिया, "देखिये, मैं जानता हूँ कि आप एक बड़े चिंतक हैं। मैं भी हूँ। परंतु मैं एक छोटा चिंतक भी हूँ।"

मैंने पूछा, "क्या आप इसका मतलब समझायेंगे ?"

"मुझे ख़ुशी होगी।"

फिर उसने रैक पर से एक सूट निकाला और मुझे दिखाया कि वह सूट के साथ क्या करता था, जो घटिया और सस्ते दामों वाले उसके प्रतियोगी नहीं करते थे। उसने मुझे सूट की सिलाई और बुनाई दिखाई, सूट को बनाने का तरीक़ा बताया, लाइनिंग बताई, किस तरह बटन सिले गये थे - "छोटी" चीज़ें।

उसके प्रदर्शन को देखने के बाद मैं समझ गया कि उसे अधिक क़ीमत क्यों मिलती है।

द्वितीय विश्वयुद्ध में शायद सबसे महत्वपूर्ण बात जर्मन युद्धपोत बिस्मार्क का डूबना था। अगर बिस्मार्क को डुबाया न गया होता, तो शायद ब्रिटेन हार गया होता। इसलिये चर्चिल ने पूरी तरह से मन बना लिया कि बिस्मार्क को डुबाना ही होगा। जहाज़ को डुबाने का आदेश देते समय चर्चिल ने नौसेना के सेनापतियों से बार-बार कहा कि वे हर विवरण पूरी तरह से तय कर लें। कुछ दिनों में बिस्मार्क डूब गया। विवरण पर ध्यान देने से फ़र्क़ पड़ा। "छोटी" चीज़ों की तरफ़ ध्यान देने की वजह से ब्रिटेन को सुरक्षित रहने में मदद मिली।

"महत्वहीन" चीज़ों से बहुत फ़र्क़ पड़ता है

ट्रेड एसोसियेशनों, सेल्स व मैनेजमेंट सेमिनारों और अन्य समूहों के सामने बोलते रहने की वजह से मैं सप्ताह में कई बार ख़ुद यह देखता हूँ कि विवरण के प्रति ध्यान देना क्यों महत्वपूर्ण है।

यह रही वे तीन ग़लतियाँ, जो मैंने पिछले महीने कीं, जिनकी वजह से मीटिंग के उद्देश्य से ध्यान भटक गया :

पहली स्थिति : कार्यक्रम के एक महत्वपूर्ण अतिथि के नाम की स्पेलिंग ग़लत छप गई। जो लोग प्रोफ़ेशनल वक्ता होते हैं, उन्हें दुर्भाग्य से ग़लत स्पेलिंग की आदत डालना पड़ती है। मेरे नाम 'श्वार्ट्ज़' की स्पेलिंग मीटिंग के कार्यक्रमों में अकसर स्वार्ट्ज, सुअर्टस, श्वार्ट्स, शुआर्ज और यहाँ तक कि शुल्ट्ज़ भी छपी है।

परंतु आमंत्रित अतिथि आगबबूला हो गया, क्योंकि उसका सरनेम *मीयर* के बजाय *मेयर* छप गया था। उसने ग़ुस्से से एसोसियेशन के एक्ज़ीक्यूटिव डायरेक्टर, प्रेसिडेंट और स्टाफ़ से शिकायत की। श्रोताओं को संबोधित करते समय भी उसने अपने नाम की ग़लत स्पेलिंग को लेकर काफ़ी बातें कहीं। यह सच है कि उसकी प्रतिक्रिया कुछ ज़्यादा ही तीखी थी, यह सच है कि उसका ग़ुस्सा ज़रूरत से ज़्यादा था, परंतु इससे एक छोटा परंतु बड़ा ही महत्वपूर्ण बिंदु उजागर होता है : लोगों के नाम की सही स्पेलिंग लिखें - मेमो पर, चिट्ठियों पर, आमंत्रण पत्रों पर और घोषणाओं पर।

एक पुरानी कहावत है, "किसी व्यक्ति का नाम भाषा का सबसे महत्वपूर्ण शब्द होता है।"

दूसरी स्थिति : एक पुरस्कार समारोह में 12 लोगों को असाधारण प्रदर्शन के लिये पुरस्कार दिया जाना था (जिन्हें पूर्व में ही सूचित कर दिया गया था कि उन्हें पुरस्कार मिलने वाला था)। अनजाने में सूची में से दो लोगों के नाम छूट गये। यह ग़लती एक सप्ताह तक पकड़ में नहीं आई। जिन लोगों को छोड़ दिया गया था, वे इतने संकोची थे कि यह नहीं कह पाये, "अरे, मेरा पुरस्कार कहाँ है?"

परंतु नुक़सान हो चुका था। जिन दो लोगों को सम्मान नहीं मिला, उन्हें लगा कि उन्हें दरकिनार कर दिया गया और महत्वहीन समझा गया। भविष्य में उनका सहयोग और समर्पण मिलना अब शायद संभव नहीं होगा।

सबक़ : जब आप पुरस्कार दे रहे हों, तो यह पूरी तरह से सुनिश्चित कर लें कि हर उस व्यक्ति को पुरस्कार मिले, जिसे पुरस्कार मिलना है।

तीसरी स्थिति : ख़ुशी का घंटा अधिक लंबा चलता है। किसी दावत के पहले ख़ुशी का घंटा आयोजित करना अमेरिकी बैठक की परंपरा है। शराब उन्मुक्तता से बहती है और कुछ शामिल होने वाले इस अवसर का लाभ उठाकर शराब पीने के अपने पुराने रिकॉर्ड तोड़ देते हैं। हाल ही में हुए एक समारोह में मीटिंग की योजना बनाने वालों ने फ़ैसला किया कि वे दावत से पहले हर एक को "फ़र्स्ट-क्लास" मूड में ले आयेंगे। इसलिये, ख़ुशी का घंटा 60 मिनट से बढ़ाकर 90 मिनट का कर दिया गया।

दावत में लगभग 500 लोगों ने भाग लिया। जब खाने का समय आया, तो उनमें से एक तिहाई पूरी तरह नशे में धुत्त थे, एक तिहाई संयमित रूप से पिये हुए थे और बचे हुए एक तिहाई संजीदा थे। ख़ुशी के घंटे को काफ़ी लंबा चलने की अनुमति देने के अलावा मीटिंग की योजना बनाने वालों ने एक और "छोटी" ग़लती की। डिनर के दौरान भी बार खुले रहे, ताकि शराबी खाने के साथ भी शराब पी सकें।

आख़िरकार वक्ता ने, जो अमेरिकी सीनेटर थे, अपना भाषण

दिया। इसके बाद जो हुआ, वह बहुत ही दुर्भाग्यपूर्ण था। सीनेटर को एक गंभीर भाषण देना था। उनके बोलना शुरू करने के कुछ ही समय बाद, श्रोताओं में से कई नशे में धुत्त लोगों ने उनसे सवाल पूछ-पूछकर उन्हें परेशान करना शुरू कर दिया (अगर वे लोग होश में होते, तो वे विनम्र होते और अपने मैनर्स का ध्यान रखते)। और उनके पूरे भाषण के दौरान कम से कम एक दर्जन लोग टॉयलेट की तरफ़ जाने के लिये खड़े हो रहे थे और एक दर्जन लोग वहाँ से हलके होकर लौट रहे थे।

परिणामों का विश्लेषण कीजिये : जब सीनेटर ने बोलना ख़त्म किया तो वे ग़ुस्सा नहीं थे, बल्कि पागल हो चुके थे। (उन्होंने मुझसे बाद में कहा, "अगली बार इस एसोसियेशन या इसके सदस्यों को वॉशिंगटन में किसी विशेष मदद की आवश्यकता होगी, तो उन्हें अपनी मदद करने के लिये किसी और को ढूँढ़ना पड़ेगा।")

एसोसियेशन के लीडर्स शर्मिंदा थे। और संजीदा श्रोता अपने शराबी साथियों के व्यवहार पर बुरी तरह विचलित थे।

सबक़ : ख़ुशी के घंटे को (एक छोटा विवरण) 30 मिनट से अधिक न बढ़ने दें। इतना पर्याप्त है।

बड़ा सोचें : बहस से बचें

ज्यादातर लोग हर दिन कई बार बहस करते हैं। वे काम सौंपने के ऊपर बहस करते हैं और उसे करने के तरीक़े पर भी। वे राजनीति और कंपनी के मामलों पर बहस करते हैं और इस बात पर भी कि कहाँ खाया जाये। वे बड़े और छोटे दोनों तरह के मुद्दों पर बहस करते हैं।

परंतु लोग बहस में *कभी नहीं* जीतते।

यह एक आश्चर्यजनक तथ्य है। आप बहस में नहीं जीत सकते। अपने जीवनसाथी से किसी भी बात पर बहस कीजिये - डिनर के लिये कहाँ जाना है, छुट्टियों की योजना कैसे बनाना है, बच्चों के लिये कौन सा स्कूल चुनना है - और आप हार जायेंगे। झगड़ा शुरू हो जायेगा। और पटाखों की लड़ की तरह झगड़ा चेन रियेक्शन की तरह होता है। इससे

पहले कि आप यह जान पायें, एक महत्वहीन सी दिख रही बहस (डिनर करने कहाँ जायें) कई नये शाब्दिक विस्फोट कर देती है, जैसे "मैं तुम्हारे दोस्तों और रिश्तेदारों को बर्दाश्त नहीं कर सकता," "तुम घर के ख़र्च के लिये ज़्यादा पैसे क्यों नहीं देते ?" "तुम हर बार अपनी ही अपनी क्यों चलाना चाहते हो ?"

अगर आप किसी संभावित ग्राहक से अपने प्रतियोगी के प्रॉडक्ट की तुलना में अपने प्रॉडक्ट के तुलनात्मक लाभों के बारे में बहस करेंगे, तो आप हार जायेंगे। किसी ट्रैफ़िक हवलदार से बहस करेंगे, तो आपके जुर्माने में एक और अपराध जुड़ जायेगा। अंपायर या रेफ़री से सचमुच गर्मागर्म बहस करेंगे, तो आपको मैच से बाहर कर दिया जायेगा, आप पर ज़ुर्माना कर दिया जायेगा या आपको सस्पेंड कर दिया जायेगा।

जब दो लोग बहस करते हैं, तो दोनों ही अपनी बात सही साबित करने के लिये अपने मस्तिष्क की गहराइयों में सामग्री खोजते हैं। दो लोग किसी मुद्दे पर जितनी ज़्यादा देर तक बहस करते हैं, उन दोनों को उतना ही ज़्यादा विश्वास होता जाता है कि वे सही हैं। इस छोटी और महत्वहीन बहस पर विचार करें। बिल सोचता है कि जायेन्ट्स का क्वार्टरबैक लीग में सर्वश्रेष्ठ है, परंतु जैक "जानता है" कि रैम्स का क्वार्टरबैक सर्वश्रेष्ठ है। बिल और जैक एक घंटे तक बहस करते हैं और दोनों ही अपने आपको सही साबित करने की कोशिश कर रहे हैं। सतही विश्लेषण से (कौन सा क्वार्टरबैक बेहतर लीडर दिखता है) बहस जल्दी ही इस बात की तरफ़ मुड़ जाती है कि कितने प्रतिशत पास पूरे किये गये, कितनी बार क्वार्टरबैक को बाहर निकाला गया, फ़ुटबाल झपटने की योग्यतायें, टचडाउन पासेस को पूरा किया जाना इत्यादि।

अब यह रहा बहस का आश्चर्यजनक समापन। बिल को अब पहले से अधिक विश्वास हो गया है कि वह सही है, क्योंकि बेहतरीन क्वार्टरबैक जायेन्ट्स के पास है और जैक को अब पहले से ज़्यादा विश्वास हो चुका है कि सर्वश्रेष्ठ क्वार्टरबैक रैम्स के पास है।

इसलिये इस नियम को याद रखना चाहिये : बहस जितनी लंबी और गहरी होगी, दोनों पक्ष उतना ही ज़्यादा विश्वास करेंगे कि वे ही सही हैं।

बहस दोनों ही पक्षों को सुरक्षात्मक बना देती है। और जब किसी व्यक्ति को अपने दृष्टिकोण की रक्षा करने के लिये विवश किया जायेगा, तो वह और अधिक "प्रमाण" खोजेगा, ताकि वह अपने आपको सही साबित कर सके।

बहस से किसी की मानसिकता नहीं बदलती। राष्ट्रपतियों के वाद-विवाद आज चुनावी प्रक्रिया का अपेक्षित हिस्सा हैं। परंतु क्या इन वाद-विवादों से, निश्चित ज़मीनी नियमों के मान से दिये गये इन औपचारिक तर्कों से लोगों की धारणायें बदलती हैं कि वे किस उम्मीदवार को पसंद करते हैं ? चुनावी सर्वेक्षण करने वाले कहते हैं, नहीं। राजनीतिक अभियान में विरोधी के साथ बहस करने के लिये उम्मीदवार अगर तैयार होते हैं, तो इसके पीछे एकमात्र अच्छा कारण यह होता है कि वे अपने वर्तमान समर्थन को क़ायम रख पायें। विरोधी के साथ वादविवाद करने से इंकार करने से लगेगा कि उम्मीदवार डरपोक है और इस बात से (न कि वाद-विवाद में उसके द्वारा कही गई बातों से) उसके वोट कम हो सकते हैं। किसी भी डेविड-गोलियाथ की स्थिति में, ज्यादातर लोग डेविड या अंडरडॉग का साथ देते हैं।

महत्वपूर्ण बिंदुओं को दोहराते हुए :

- केक पर थोड़ी सी आइसिंग लगायें। लोग जितनी उम्मीद करें, उन्हें उससे अधिक दें। अधिक दें और बदले में आपको अधिक मिलेगा।
- लोगों को प्रभावित करने के लिये "सर्वश्रेष्ठ परिणाम" के बारे में सोचें। फिर जिस चीज़ की कल्पना वे आदर्श के रूप में करते हों, उन्हें वही प्रदान करें।
- क्वालिटी के बारे में सोचें, क्वांटिटी के बारे में नहीं। याद रखें क्वालिटी हर जगह फ़ायदा पहुँचाती है, जबकि क्वांटिटी हर जगह नुक़सान पहुँचाती है चाहे यह सामान ख़रीदना हो, दोस्त चुनना हो या अधिक धन कमाना हो।
- बड़े चिंतक छोटी-छोटी चीज़ों यानी विवरण पर ध्यान देते हैं। यह ध्यान रखें कि "सफलता विवरण की पुत्री है।"

❖❖❖

सफलता के लिये आत्मविश्वास कैसे लायें

परमाणु विध्वंस पर बनी एक फ़िल्म प्रसारित हुई, जिसमें एक महानगर के जीवन पर इसका प्रभाव दिखाया गया। इसके बाद मैंने 100 कॉलेज विद्यार्थियों से उनकी प्रतिक्रियायें पूछीं। "क्या पिछली रात को परमाणु बमों की चिंता की वजह से आपको नींद नहीं आई? क्या इस फ़िल्म की वजह से परमाणु निरस्त्रीकरण के बारे में आपके विचारों में कोई बदलाव आया? क्या आप परमाणु युद्ध की आशंका से सचमुच डरे हुए हैं?"

जवाब नकारात्मक थे। सिर्फ़ तीन विद्यार्थी परमाणु बम और मानव सभ्यता पर इसके प्रभाव को लेकर सचमुच चिंतित या परेशान नज़र आये। सबसे भयावह संभावित घटना यानी परमाणु युद्ध की आशंका ज़्यादातर विद्यार्थियों को चिंतित नहीं कर पाई।

परमाणु विध्वंस की फ़िल्म दिखाने के बाद नींद की गोलियों या ट्रैंक्वेलाइज़र्स की बिक्री में कोई बढ़ोतरी नहीं हुई, न ही आत्महत्याओं में कोई वृद्धि हुई। न ही बम शेल्टर्स, डिब्बाबंद भोजन और ताज़े पानी की बोतलों की बिक्री बढ़ी।

निष्कर्ष : सबसे भयावह संभावित घटना - ऐसी घटना, जो

दरअसल वह सब नष्ट कर सकती है, जिसे इंसान ने हज़ारों सालों में हासिल किया है - लोगों के मन में डर नहीं जगा पाती।

द न्यू इंग्लैंड जर्नल ऑफ़ मेडिसिन में छपी एक ख़बर पर ग़ौर करें: "अमेरिका में धूम्रपान की बीमारी की वजह से हर दिन 1,000 लोग समय से पहले ही मर जाते हैं।" यह एक कटु सत्य है। धूम्रपान असमय मृत्यु का प्रमुख कारण है, क्योंकि यह हृदयरोग, फेफड़े, किडनी, ब्लैडर और बहुत सी अन्य बीमारियों का कारण है, जो जीवन को छोटा कर देती हैं।

परंतु क्या धूम्रपान करने वाले अपनी लत को छोड़ रहे हैं? शायद कुछ लोग ऐसा कर रहे हों, परंतु हर दिन औसतन 1,100 युवक-युवतियाँ इस आदत के शिकार हो रहे हैं।

आप सोच सकते हैं कि प्रचुर उपलब्ध प्रमाण के बाद लोग धूम्रपान छोड़ने के लिये हर आवश्यक क़दम उठायेंगे। परंतु अधिकांश धूम्रपान करने वालों का तर्क होता है, "मैं ठीक रहूँगा। इससे दूसरे लोगों को बीमारियाँ हो सकती हैं, परंतु मुझे नहीं," या "मैं इसे बाद में छोड़ दूँगा," या "मैं एक ऐसे आदमी को जानता हूँ, जो रोज़ तीन पैकेट सिगरेट पीता था, फिर भी वह बानवे साल तक जिया।"

निष्कर्ष : दरअसल अधिकांश धूम्रपान करने वाले इस बात से क़तई नहीं डरते कि यह लत उनका कितना नुक़सान कर सकती है।

अख़बार की ख़बर : अल्कोहल वह दूसरा सबसे बड़ा कारण है, जिसकी वजह से लोग कम आयु में ही मर जाते हैं। लोग इस ख़तरे से बचने के लिये क्या करते हैं? क्या वे सचमुच डर जाते हैं? ज़्यादातर मामलों में, नहीं। शराब पीकर गाड़ी चलाने के नियमों और शराब पीने की उम्र बढ़ाने के बावज़ूद हर साल राजमार्गों पर 25,000 लोग शराब संबंधी दुर्घटनाओं की वजह से मरते हैं। दो लाख लोग स्थायी रूप से अपंग हो जाते हैं और 25 बिलियन डॉलर की संपत्ति नष्ट होती है। शराब संबंधी दुर्घटनाएँ 17 से 25 वर्ष के बीच की आयु के लोगों की मौत का सबसे बड़ा कारण हैं, पर गाड़ी चलाने और शराब पीने को लेकर कोई नहीं डरता।

हमारे असली डर होते हैं नौकरी के लिये आवेदन करने का डर,

तनख़्वाह बढ़ाने की माँग करने का डर, सेल करने का डर, कोई ऐसा काम करने का डर जिसे हमारे दोस्त पसंद न करते हों, अपनी मनचाही चीज़ पाने का डर। और हमारे ये डर भावनाओं पर आधारित होते हैं। जो डर हमारी पहल करने की शक्ति को पंगु बना देते हैं, जो डर हमारे और सफलता या अच्छे जीवन के बीच में बाधा बनकर खड़े होते हैं, उनकी जड़ें दोषपूर्ण चिंतन में होती हैं।

अब यह रही अच्छी ख़बर। हम इन डरों को जीत सकते हैं। हम उन मुश्किलों पर जीत हासिल करने का आनंद ले सकते हैं, जो हमें सफलता, दौलत और सुख का आनंद लेने से रोकती हैं।

आइये देखें कैसे :

कर्म कीजिये :
जिससे डर रहे हों, वह काम कर दीजिये और डर ग़ायब हो जायेगा

मिसेज़ फ्रैंकलिन डी. रूज़वेल्ट हालाँकि संपन्न परिवार में पैदा हुई थीं, परंतु किशोरावस्था में उनमें असुरक्षा की प्रबल भावना थी। अपनी सहेलियों की तुलना में उनमें आत्मविश्वास की बहुत ज़्यादा कमी थी। परंतु बाद में एलीनोर डी. रूज़वेल्ट ने प्रबल आत्मविश्वास हासिल कर लिया। वे वक्ता, लेखिका और बीसवीं सदी की सबसे प्रभावशाली व प्रिय महिला बनीं।

कैसे ?

"लोगों के डर" नाम की भयानक मनोवैज्ञानिक बीमारी को मिसेज़ रूज़वेल्ट इसलिये जीत सकीं, क्योंकि उन्होंने यह समझ लिया कि इस बीमारी का इलाज किस तरह किया जा सकता है। उन्होंने अपनी पुस्तक *यू लर्न बाई लिविंग* में लिखा है –

> "आप शक्ति, साहस और आत्मविश्वास ऐसे हर अनुभव से हासिल करते हैं, जिसमें आप डर की आँखों में देखना सचमुच बंद कर देते हैं। आप इतने सक्षम बन जाते हैं कि

खुद से कह सकें, 'मैं इस दहशत में जिया हूँ। मैं हर उस चीज़ का सामना कर सकता हूँ, जो मेरे सामने आयेगी' ... आपको हर वह काम करना चाहिये, जो आप सोचते हैं कि आप नहीं कर सकते।"

दूसरे शब्दों में, एलीनोर रूज़वेल्ट ने कर्म करके डर को पराजित किया। उन्होंने डर का सामना किया और ख़ुद को बताया, "जिस काम से मैं डरती हूँ, मैं वह काम *कर सकती* हूँ और *करूँगी।*"

मैं अमेरिका के कुछ महानतम वक्ताओं के साथ मंच पर बोलता हूँ। जब हम अपने अनुभव और क़िस्से एक-दूसरे को सुनाते हैं, तो सभी इस बात पर सहमत होते हैं कि हज़ारों बार मंच पर बोलने के बाद भी वे नर्वस हो जाते हैं। हर बार भाषण देते समय वे थोड़े तनाव में होते हैं और थोड़े डरे होते हैं। यही नहीं, सब लोग एक और बात पर भी सहमत होते हैं। भाषण देने से पहले घबराहट की वजह से एड्रीनलिन का स्राव तेज़ हो जाता है, वे अधिक चौकस हो जाते हैं और इसकी वजह से उन्हें प्रोत्साहन मिलता है कि वे अपनी बात को ज़्यादा अच्छी तरह से पेश कर पायें।

नापसंद काम को कर दें, आपकी चिंता अपने आप कम हो जायेगी। हममें से हर एक के सामने ऐसे काम होते हैं, जिनके बारे में हम सोचते हैं कि यह काम हमें न करना पड़े तो अच्छा हो। हमारी ज़िंदगी में बहुत से "डर" होते हैं। जैसे किसी नये संभावित ग्राहक से मिलने जाने का डर। ख़राब आर्थिक स्थिति में कर्ज़ माँगने का डर। जब किसी नौकरी के मिलने की संभावना कम हो, तो उसके लिये आवेदन करने का डर। अपनी पत्नी के साथ किसी समस्या पर विचार करने का डर। किसी ग़ुस्सैल ग्राहक के साथ बात करने के लिये फ़ोन उठाने का डर।

यह रहा एक महत्वपूर्ण तथ्य : आप दुखद काम को जितने लंबे समय तक टालेंगे, यह उतना ही ज़्यादा दुखद होता जायेगा। शायद आप अपनी तनख़्वाह बढ़वाना चाहते हों, ट्रांसफ़र चाहते हों, काम के घंटे बदलवाना चाहते हों। परंतु यह ध्यान रखें कि आप अपनी नौकरी से संबंधित किसी चीज़ को माँगने में जितनी देर लगायेंगे, आपके सामने उतने अधिक कारण आ जायेंगे कि आपको यह माँग क्यों नहीं करना

चाहिये। देर करने से आपका डर बढ़ता है; कर्म करने से डर ख़त्म होता है।

एक दोस्त को उसके आँखों के डॉक्टर ने तीन साल पहले बताया कि उसे मोतियाबिंद का ऑपरेशन करवा लेना चाहिये। सभी ऑपरेशन, चाहे उनमें जान जाने का ख़तरा हो या न हो, दुखद होते हैं। इसलिये मेरे मित्र ने इसे तीन साल तक टाला। आख़िरकार, जब वह एक आँख से लगभग अंधा हो गया, तो उसने ऑपरेशन करवाया और छह घंटे में घर लौट आया। उसने मुझे बाद में बताया कि ऑपरेशन के डर की वजह से उसे तीन साल तक हर रात कम से कम दो घंटे तक नींद नहीं आई - यानी कुल मिलाकर 2000 घंटों से भी अधिक की नींद। कर्म करने की असफलता की वजह से उसकी पढ़ने की क्षमता, टी.वी. देखने की सामर्थ्य और प्रकृति का आनंद लेने की क्षमता भी तीन साल तक काफ़ी प्रभावित हुई। यदि-आवश्यक-है-तो-इसे-अभी-कर-दें फ़िलॉसफ़ी ने मेरे दोस्त के चिंता के समय को बचा दिया होता।

काम टालने से डर ताक़तवर बनता है; *कर्म करने से डर ख़त्म होता है।*

जिस काम से आप डर रहे हों, उसे कर दें और आपका डर ग़ायब हो जायेगा। अपने बॉस के साथ किसी समस्या पर चर्चा करने से डर रहे हैं? *उस पर चर्चा करें।* किसी नौकरी के लिये आवेदन देने में घबरा रहे हैं? *उसके लिये आवेदन दे दें।* किसी व्यक्ति से डेटिंग के लिये पूछने से डर रहे हैं? *उससे पूछ लें।*

मेरे एक दोस्त की हॉबी स्काई डाइविंग है। मैंने उससे पूछा कि उसने किस तरह पहली डाइव लगाने का साहस जुटाया।

उसने कहा, "मैंने दो काम किये। पहला, मैंने ज़मीन पर वे सारे निर्देश हासिल किये कि इसे किस तरह किया जाता है। दूसरा, मैं कूद गया।"

टालने से हमारा आत्मविश्वास उसी तरह कम होता है, जिस तरह बाढ़ भूमि का क्षरण करती है।

आप किसी टालमटोल करने वाले मैनेजर के लिये काम नहीं करना

चाहेंगे। और अगर आप निर्णय नहीं ले पाते, तो आपके कर्मचारी भी आपके लिये काम नहीं करना चाहेंगे।

जितने लंबे समय तक हम किसी अप्रिय मसले को टालते हैं, उतने ही लंबे समय तक वह हमें चिंतित करता है और हमें उतना ही अधिक दर्द सहन करना पड़ता है। किसी समस्या को शुरुआत में ही ख़त्म कर दीजिये। अगर घाव का इलाज न किया जाये, तो वह नासूर बन जाता है और हमारी जान ले सकता है।

"दूसरे-लोग-क्या-सोचेंगे" के डर से कैसे निबटा जाये

हर आदमी दूसरों से प्रशंसा चाहता है। यह मानवीय स्वभाव की मूलभूत आवश्यकता है। किसी काम को करने से पहले - चाहे पहनने के कपड़े चुनना हो, घर सजाना हो, कार ख़रीदना हो या किसी ऑफ़िस में नौकरी करना हो - कई लोग ख़ुद से पूछते हैं, "मेरे दोस्त क्या कहेंगे?" "क्या उन्हें अच्छा लगेगा?" "क्या वे पीठ पीछे मुझ पर हँसेंगे, मेरा मज़ाक़ उड़ायेंगे?" ज़्यादातर लोग वह काम करने से डरते हैं, जिसकी वजह से दूसरों को सदमा लगे, बुरा लगे या वे विचलित हो जायें।

दूसरे-लोग-क्या-सोचेंगे से निबटने का आसान तरीक़ा? अगर आप डरेंगे, तो आप (ज़्यादातर लोग ऐसा ही करते हैं) स्वीकृत सामाजिक मानदंडों के अनुरूप काम करते रहेंगे। परंतु दूसरे लोगों की पसंद-नापसंद और पूर्वाग्रहों के अनुसार अपनी ज़िंदगी गुज़ारने से आपका विकास कुंठित होता है। दूसरों के हिसाब से जीने वाले लोग अपनी प्रतिभा का गला घोंट देते हैं, जो सफलता का आनंद लेने के लिये एक अनिवार्य तत्व है।

क्या-दूसरे-लोगों-को-यह-अच्छा-लगेगा के डर को हराने के लिये यहाँ दो सुझाव दिये जा रहे हैं :

1. आप जो काम करना चाहते हैं, अगर वह नैतिक और कानूनी दृष्टि से सही है, *तो उसे कर दें*। आपका जीवन आपका है। जो दोस्त आपके अच्छे काम की आलोचना करते हैं, वे दरअसल आपके दोस्त नहीं हैं।

संभावना इस बात की है कि जो लोग यह सोचते हैं कि आपका व्यवहार हमेशा उनके मानदंडों के अनुरूप होना चाहिये, वे लोग तब आपके साथ नहीं होंगे जब आपको धन, नौकरी या मदद की ज़रूरत होगी। जो लोग यह चाहते हैं कि आप भी उन्हीं की तरह सोचें, उन्हीं की तरह काम करें, उन्हें यह देखने में मज़ा आयेगा कि आप असफल हो गये हैं या किसी तरह की मुश्किल में फँस गये हैं। यह याद रखें : जो लोग आपसे यह उम्मीद करते हैं कि आपका दृष्टिकोण उन्हीं जैसा हो, वे स्वयं बहुत असुरक्षित होते हैं।

2. अगर आपको प्रशंसा ही चाहिये, तो उनकी प्रशंसा चाहें, जिनका आप सबसे अधिक सम्मान करते हों। एक मार्गदर्शक चुन लें। "दूसरे लोग क्या सोचेंगे ?" यह पूछने के बजाय यह पूछें "जिस सबसे सफल व्यक्ति को मैं जानता हूँ, क्या वह मेरे मस्तिष्क में मौज़ूद विचार की सराहना करेगा ?" सफल लोग जिस तरह सोचते और काम करते हैं, उसी तरह सोचें और काम करें।

तैयारी करके डर को हरायें

हर चार साल बाद अमेरिका में राष्ट्रपति पद का चुनाव होता है। इस पद के दो प्रमुख दावेदारों के बीच टेलीविज़न पर बहस होती है। 10 करोड़ या इससे अधिक लोग इस बहस को देखते हैं। चुनावी सर्वेक्षण में पीछे चल रहा उम्मीदवार इस बहस में बेहतर प्रदर्शन करके बराबरी करना चाहता है। जो उम्मीदवार आगे होता है, वह अपनी बढ़त बनाये रखने की कोशिश करता है। लाखों वोट और शायद पूरा चुनाव इस बात पर निर्भर करता है कि कौन सा उम्मीदवार देश की चुनौतियों को बेहतर तरीक़े से समझता है और किसके पास इन समस्याओं का सर्वश्रेष्ठ समाधान है।

और इसे समझने में कोई ग़लती न करें। दोनों उम्मीदवार घबराये होते हैं; दोनों ही डरे होते हैं। महीनों और कई बार तो वर्षों की चुनावी तैयारी दाँव पर लगी होती है। हर उम्मीदवार अपने स्वयंसेवियों की कड़ी मेहनत, चुनावी चंदे और सबसे बढ़कर देश के कल्याण के बारे में चिंतित होता है।

कोई उम्मीदवार ठीक-ठीक यह नहीं जानता कि कौन से सवाल पूछे जायेंगे। परंतु उसे यह मालूम होता है कि किन मुद्दों के बारे में सवाल पूछे जा सकते हैं जैसे आर्थिक मामले, विदेश व्यापार, राष्ट्रीय सुरक्षा और सामाजिक कल्याण।

टी.वी. पर बहस या वाद-विवाद के कुछ दिन पहले हर उम्मीदवार आम तौर पर चुनाव अभियान बंद कर देता है, एकांत में चला जाता है और तैयारी करता है। स्टाफ़ का एक सदस्य विरोधी उम्मीदवार की भूमिका निभाता है। स्टाफ़ के बाक़ी लोग रिपोर्टरों की भूमिका निभाते हैं और ऐसे सवाल पूछते हैं, जो पत्रकार वास्तविक वाद-विवाद में पूछ सकते हैं। वाद-विवाद के इस विस्तृत अभिनय का उद्देश्य यह होता है कि उम्मीदवार का आत्मविश्वास बढ़ जाये और वह अपना सर्वश्रेष्ठ प्रदर्शन करने के लिये तैयार हो जाये। जब उम्मीदवार जनता के सामने आते हैं, तो जनता तत्काल भाँप लेती है कि किसमें ज़्यादा आत्मविश्वास है। और जनता ऐसा राष्ट्रपति चाहती है, जिसमें आत्मविश्वास हो, दृढ़ता हो, निर्णय लेने की क्षमता हो और साथ में विनम्रता भी हो। मतदाता ऐसा राष्ट्रपति चाहते हैं, जिसे महत्वपूर्ण मुद्दों का ज्ञान हो। इमर्सन ने लिखा है - "डर हमेशा अज्ञान से उत्पन्न होता है।" और मतदाता ऐसे उम्मीदवार का समर्थन नहीं करते, जो अज्ञान की वजह से तैयार न हो। डर का प्रमुख कारण है अपूर्ण या अधूरा ज्ञान।

पूरी तैयारी हो, तो डर को हराने में मदद मिलती है। बॉक्सिंग मैच की प्रैक्टिस के लिये विजेता ऐसा पार्टनर चुनते हैं, जिसकी बॉक्सिंग की शैली उनके प्रतिद्वंद्वी से मिलती-जुलती हो।

फ़ुटबॉल का कोच बहुत अधिक तैयारी करवाता है, ताकि टीम का आत्मविश्वास बढ़ जाये और डर दूर भाग जाये। विरोधी टीमों के खेल की

फ़िल्मों की समीक्षा की जाती है, "ख़ास" चालों (moves) की बार-बार प्रैक्टिस की जाती है और खिलाड़ियों की व्यवधान पहुँचाने वाली गतिविधियों पर प्रतिबंध लगा दिया जाता है। ऐसा इसलिये किया जाता है क्योंकि बराबरी की टक्कर में आत्मविश्वास ही निर्णायक तत्व होता है और आत्मविश्वास तैयारी से आता है।

तैयारी नौकरी के इंटरव्यू में भी विश्वास बढ़ाती है। इंटरव्यू लेने वालों ने मुझे बताया है कि नौकरी के लिये आवेदन करने वाले अधिकांश लोग, चाहे वे किशोर हों, हाल ही में निकले कॉलेज स्नातक हों या अधेड़ व्यक्ति हों, इंटरव्यू के दौरान डरे होते हैं और उनका डर साफ़ झलकता है। कुछ लोग तो इतने डरे होते हैं कि वे इंटरव्यू लेने वाले से नज़रें नहीं मिलाते, उनकी याददाश्त गड़बड़ा जाती है, वे कुर्सी में इधर-उधर सरकते रहते हैं और उन्हें बहुत पसीना आता है।

क्यों ? इस डर का प्रमुख कारण ज्ञान की कमी है। रोज़गार दिलाने का बिज़नेस करने वाले एक मित्र ने मुझे बताया कि इंटरव्यू के डर को हराने के लिये किस तरह की तैयारी करना चाहिये।

- जिस तरह का काम आप खोज रहे हैं, उसके बारे में जानें - अंदर से भी और बाहर से भी।
- यह जानें कि किस तरह आपकी योग्यता, आपका व्यक्तित्व और आपकी इच्छा नौकरी के अनुरूप है। यह जानें कि आप किस तरह योग्य हैं और आप नौकरी क्यों चाहते हैं।
- जिस कंपनी में आप जाना चाहते हैं, उसके बारे में जानकारी रखें - यह क्या करती है ? इसका रिकॉर्ड कैसा है ? इसे किन समस्याओं का सामना करना पड़ रहा है ?

कंपनी और अपने संभावित काम के बारे में आपको जितना अधिक ज्ञान होगा, आपमें उतना ही अधिक आत्मविश्वास होगा। और आपमें जितना अधिक आत्मविश्वास होगा, आपको नौकरी मिलने की संभावना उतनी ही अधिक होगी।

सेलिंग में आत्मविश्वास कैसे हासिल करें ? लोगों को सबसे

ज़्यादा डर लगता है सार्वजनिक रूप से बोलने से। ज्यादातर लोगों को सार्वजनिक संभाषण के बाद अगर किसी बिज़नेस से सबसे ज़्यादा डर लगता है तो वह है सेलिंग। और मैं एक बार फिर दोहरा दूँ, सेल्स प्रज़ेंटेशन देते वक़्त लोगों को जो लक़वा मार जाता है, उसे दूर करने का उपाय है तैयारी। लोग इस बात से डरते हैं कि वे मूर्ख दिखेंगे, संभावित ग्राहक "नहीं" कह देगा, वे शर्मिंदा होंगे, वे भूल जायेंगे कि वे प्रॉडक्ट के बारे में क्या कहना चाहते थे, ऑर्डर के लिये पूछने का डर और सेल न कर पाने का डर।

मेरे एक अच्छे दोस्त जॉन इवान्स विश्व-स्तरीय सेल्स प्रशिक्षक हैं। जॉन बताते हैं, "सेलिंग का मूलभूत सिद्धांत है तैयारी। सेल्समैन में विनम्रता होना चाहिये। उसमें जोश होना चाहिये। परंतु बेचने के लिये उसे आत्मविश्वास का प्रदर्शन करना चाहिये - 'मुझे पूरा विश्वास है कि मेरे प्रॉडक्ट से आपकी आवश्यकतायें पूरी होती हैं।'

"अब," जॉन आगे कहते हैं, "अपने प्रॉडक्ट को सफलतापूर्वक बेचने के लिये जिस प्रबल आत्मविश्वास की ज़रूरत होती है, उसे हासिल करने का सर्वश्रेष्ठ तरीक़ा - दरअसल, इकलौता तरीक़ा है तैयारी। और तैयारी का अर्थ है ज्ञान - आप जो बेच रहे हैं उसका ज्ञान, आपके सामान से संभावित ग्राहक को मिलने वाले लाभ का ज्ञान और जिस व्यक्ति को आप सामान बेच रहे हैं उसका ज्ञान।

"अपने प्रॉडक्ट या सेवा को जानिये। ठीक-ठीक जानिये कि यह संभावित ग्राहक या प्रॉस्पेक्ट के लिये क्या कर सकता है। इतनी अच्छी तरह तैयारी कीजिये कि आप किसी भी पूछे गये सवाल का जवाब दे सकें। निर्माण, आवश्यक मात्रा, गारंटी का ज्ञान रखिये। सीमाओं का ज्ञान रखिये, यानी आपको यह मालूम होना चाहिये कि प्रॉडक्ट का प्रयोग कब नहीं करना चाहिये।

"दूसरी बात, यह जानकारी रखिये कि आपके प्रॉडक्ट या सेवा से आपके प्रॉस्पेक्ट को किस तरह मदद मिलेगी। आपका ग्राहक आत्म-रुचि के नियम के हिसाब से काम करता है। जब कोई सेल्समैन प्रस्तुति देता है, तो ग्राहक दरअसल यह जानना चाहता है, 'इसका मेरी समस्या से क्या

संबंध है ? इससे मुझे क्या फ़ायदा होगा ?'

"आत्मविश्वास बढ़ाने वाला तीसरा तत्व है प्रॉस्पेक्ट के बारे में ज्ञान। आप मशीनों को सामान नहीं बेच रहे हैं, आप लोगों को सामान बेच रहे हैं। जिस तरह परिचित लोगों के साथ रहने पर आपमें आत्मविश्वास रहता है और आपको डर का अनुभव नहीं होता, उसी तरह प्रॉस्पेक्ट्स के साथ रहने पर भी आपमें तब आत्मविश्वास पैदा होगा, जब आप उनकी व्यक्तिगत रुचियों, व्यक्तित्व, व्यक्तिगत ज़िम्मेदारियों, नौकरी की ज़िम्मेदारियों और परिवार के बारे में पर्याप्त जानकारी रखेंगे।

"इसलिये, किसी सेल्स स्थिति में विश्वासपूर्ण कार्य करने के लिये अपने आपको तैयार कीजिये। तीन चीज़ों का ज्ञान हासिल कीजिये : आप जो प्रॉडक्ट बेच रहे हैं उसका ज्ञान, इससे प्रॉस्पेक्ट को किस तरह लाभ पहुँचेगा इसका ज्ञान और प्रॉस्पेक्ट कौन है इसका ज्ञान।

"परंतु सेलिंग में आवश्यक आत्मविश्वास हासिल करने के लिये ज्ञान ही काफ़ी नहीं होता। एक चीज़ इससे भी ज़्यादा ज़रूरी है। और वह है प्रैक्टिस, प्रैक्टिस और प्रैक्टिस (तैयारी, तैयारी और तैयारी)। अपने प्रज़ेंटेशन की प्रैक्टिस ऐसे लोगों के साथ करें, जो ग्राहक की भूमिका निभायें। शीशे के सामने प्रैक्टिस करें या इससे भी अच्छा यह होगा कि आप किसी टी.वी. कैमरे से अपनी फ़िल्म बना लें। अपने हावभाव देखें, अपनी आवाज़ पर ध्यान दें और अपनी बॉडी लैंग्वेज देखें।

जब आप पूरी तरह तैयार होंगे, तो आपके मन से सेलिंग का डर निकल जायेगा और आपका आत्मविश्वास बढ़ जायेगा। किसी भी काम में आत्मविश्वास उसी अनुपात में आता है, जिस अनुपात में तैयारी होती है।

विशेषज्ञीय ज्ञान हासिल कीजिये

सदियों से अधिकांश लोगों ने कॉलेज पूरा करने के बाद कभी विशेषज्ञीय ज्ञान हासिल करने का कोई प्रयास नहीं किया। उन्होंने बिज़नेस, मैनेजमेंट, सेलिंग या अपने प्रोफ़ेशन के बारे में जो सीखा, वह संयोग से और हिट ऑर मिस आधार पर सीखा।

परंतु अब ज़माना बदल चुका है। आज सेमिनार, क्लीनिक, संक्षिप्त कोर्स और सम्मेलन आयोजित होते हैं, जिनमें आप किसी भी चीज़ के बारे में नवीनतम तकनीकें और ज्ञान हासिल कर सकते हैं। विशेषज्ञीय ज्ञान के ये स्रोत पारंपरिक शिक्षा की तुलना में तीन अतिरिक्त लाभ प्रदान करते हैं। इनमें विशेषज्ञ पढ़ाते हैं, न कि वे लोग जिनकी योग्यता सिर्फ़ डिग्री है। दूसरे, पढ़ाये जा रहे विषय का सीधा संबंध आपकी आवश्यकताओं से होता है और अनावश्यक जानकारी नहीं दी जाती। तीसरे, पढ़ाने वालों से आपको जितनी उपयोगी जानकारी मिलती है, उतनी ही उपयोगी जानकारी आप अपने सहभागियों से हासिल कर सकते हैं। विशेषज्ञीय प्रशिक्षण बैठकें उन महत्वाकांक्षी लोगों को आकर्षित करती हैं, जो ज़्यादा पैसे कमाने और ज़्यादा बड़ी सफलता का आनंद लेने के लिये उत्सुक होते हैं।

उत्साहवर्धक जानकारी पाने के लिये अपने पर्सनल कंप्यूटर की मेमोरी को प्रोग्राम कीजिये

हममें से हर एक के साथ जो कुछ भी हुआ है, वह हमारी मेमोरी यानी याददाश्त में दर्ज है। हमारे दिमाग़ की याददाश्त और कंप्यूटर में स्टोर की हुई मेमोरी लगभग एक सी होती हैं। आपके मेमोरी बैंक में दरअसल सैकड़ों बिलियन घटनायें हैं, जो बाहर आने के लिये आपके चेतन मस्तिष्क के इशारे का इंतज़ार कर रही हैं। बचपन के अनुशासन के विशिष्ट विवरण, दूसरे बच्चों की मदद, स्कूल में होने वाली घटनायें, लोगों के साथ बिताये पल - हर वह घटना जो आपके साथ हुई है या जिसमें आप शामिल हैं, वह आपकी मानसिक तिजोरी में सुरक्षित है।

आपकी याददाश्त एक अद्‌भुत जगह है! इसमें बिलियनों चीज़ें भरी हैं। आपने जो चीज़ें देखी हैं, जो चर्चायें सुनी हैं, जिन वस्तुओं को स्पर्श किया है, जिन गंधों को सूँघा है, जिन खाद्य पदार्थों व द्रवों को चखा है (आपकी समस्त शारीरिक इंद्रियों ने जो कुछ भी अनुभव किया है), वे सब आपकी याददाश्त में सुरक्षित हैं। और इसमें इससे भी ज़्यादा चीज़ें मौजूद हैं। आपकी आध्यात्मिक अनुभूतियाँ, आपके विचार और आपकी भावनायें

भी आपके मस्तिष्क में हैं। आपका चेतन मस्तिष्क यह नहीं जानता कि आपकी याददाश्त की तिजोरी में कितना अद्‌भुत सामान भरा हुआ है, परंतु आपका अवचेतन मस्तिष्क यह बात जानता है। बहरहाल, आपका चेतन चिंतन आपके अवचेतन मस्तिष्क के कार्यों को नियंत्रित करता है।

आप चेतन रूप से उन घटनाओं का बहुत थोड़ा सा हिस्सा ही याद रख सकते हैं, जिन्होंने आपको वर्तमान स्वरूप में ढाला है। परंतु आपका अवचेतन मस्तिष्क सब कुछ याद रखता है और आपके व्यवहार को प्रभावित करता है।

आप वह इकलौते व्यक्ति हैं, जो अपने लाभ के लिये अपने मानसिक स्टोरेज बैंक का इस्तेमाल कर सकते हैं। जब आपके विचारों पर डर हावी होने लगे, जब आपका आत्मविश्वास कम होने लगे, जब आपको महसूस हो कि आपकी दुनिया धराशायी हो रही है तो आपके पास दो विकल्प होते हैं :

(1) आप अतीत के नकारात्मक, निराशापूर्ण, हताशा भरे विचार याद कर सकते हैं और उन्हें अपना मानसिक आहार बना सकते हैं, या

(2) आप प्रसन्नता के विचार, जीत के पल और अपनी नियामतों को याद कर सकते हैं।

आप अपने मेमोरी बैंक से जो निकालते हैं, वह अत्यंत महत्वपूर्ण होता है। अगर आप नकारात्मक चीज़ें याद करते हैं, तो आपको और अधिक कारण मिल जायेंगे कि आप "सफल क्यों नहीं हो सकते" या आप अगली बार कोशिश करने पर क्यों असफल होंगे। बुरी यादें, असफलता की यादें, पराजय की यादें आपकी वर्तमान स्थिति पर दबाव डालने लगती हैं।

वह मौक़े याद कीजिये, जब आप कोशिश करने के बाद असफल हुए थे। वे अवसर याद कीजिये, जब किसी ने आपको बताया था कि आपके विचार मूर्खतापूर्ण हैं और आपके लक्ष्य बहुत ज़्यादा ऊँचे हैं। उन शर्मनाक क्षणों को याद कीजिये, जिन्हें आपने झेला है। अगर आप इन चीज़ों को याद करेंगे, तो आपका डर आपको हरा देगा।

परंतु आप सकारात्मक विकल्प भी चुन सकते हैं। आप अपने मेमोरी बैंक को कह सकते हैं कि वह आपकी यादों की तिजोरी से अच्छे पोषक विचार निकाले। आप विजय, सफलता, अच्छे अनुभव निकाल सकते हैं, जो आपको प्रेरित करेंगे और आपका आत्मविश्वास बढ़ायेंगे। उन प्रोत्साहन के शब्दों को याद कीजिये, जो आपने सुने हों। उन अवसरों को याद कीजिये, जब दूसरों ने आपकी प्रशंसा की हो। अपनी उपलब्धियों और सफलताओं को याद कीजिये।

इस बात का ध्यान रखें कि आपका मेमोरी बैंक इस बात की परवाह नहीं करता कि आप इसमें से किस तरह के विचारों को निकालते हैं। यह तो आपके जीवन की घटनाओं का सिर्फ़ एक वेअरहाउस होता है। फ़ैसला *आप* करते हैं; मेमोरी बैंक के कोई पूर्वाग्रह नहीं होते। आपके चिंतन यंत्र का चेतन हिस्सा यह फ़ैसला करता है कि क्या सफलता के विचारों को बाहर निकालकर डर को हराया जाये या फिर असफलता के विचारों को बाहर निकालकर डर के सामने हार मान ली जाये।

मान लें आप किसी महत्वपूर्ण इंटरव्यू का सामना कर रहे हैं। आपको सामने वाले व्यक्ति का सहयोग चाहिये। परंतु आप डरे हुए हैं। आपको यह डर लग रहा है कि आप हार जायेंगे। अब अगर आप ऐसी घटनाओं को याद करेंगे, जैसे "याद करो स्कूल में तुम्हारे कितने ख़राब नंबर थे, भाषा की ग़लतियों की वजह से लोग तुम पर हँसते थे, तुममें आवश्यक योग्यतायें नहीं हैं, तुम्हारी पूर्व पत्नी सोचती थी कि तुम मूर्ख हो," तो आपका आत्मविश्वास नष्ट हो जायेगा।

परंतु अगर आप अपने मानसिक कंप्यूटर से आत्मविश्वास बढ़ाने वाली अच्छी यादें निकालेंगे (दोस्तियाँ, पुरानी सफलतायें, आपके द्वारा जीते गये मैच, आपकी पुरानी नौकरियाँ, वे सब सफलतायें जिनकी वजह से आप अपने वर्तमान स्वरूप में हैं), तो आपका आत्मविश्वास बढ़ जायेगा।

जोखिम स्वीकार कीजिये - वे सफलता की ईंटें हैं

किसी व्यक्ति के आत्मविश्वास का सबसे अच्छा पैमाना है जोखिम

उठाने की इच्छा। कोई व्यक्ति जिस हद तक जोखिम से बचना चाहता है, उसी हद तक वह डरा होता है।

पुरानी कहावत "कोई जोखिम नहीं, कोई लाभ नहीं" लगभग हमेशा सच होती है। जोखिम यानी नुक़सान की संभावना सफलता के लिये उतनी ही आवश्यक है, जितनी जीवन के लिये हवा।

कल्पना कीजिये क्या होगा अगर हर व्यक्ति यह फ़ैसला कर ले कि वह शत-प्रतिशत जोखिमरहित जीवन जीने की कोशिश करेगा :

- कोई किसान फ़सल नहीं बोयेगा, क्योंकि ज़्यादा बारिश हो सकती है या सूखा पड़ सकता है। या बाज़ार में अनाज की क़ीमतें बहुत घट सकती हैं।
- कोई भी व्यक्ति नया बिज़नेस शुरू नहीं करेगा, क्योंकि प्रतियोगिता के कारण यह चौपट हो सकता है।
- कोई भी टेलीविज़न कार्यक्रम नहीं बनायेगा, क्योंकि हो सकता है इसे इतने कम दर्शक देखें कि इसे विज्ञापन न मिलें।
- निवेशक नई इमारतों, तेल के कुओं की खोज और नये काम में अपना पैसा नहीं लगायेंगे।
- कलाकार और लेखक काम करना बंद कर देंगे, क्योंकि जनता उनकी रचना को अस्वीकार कर सकती है।

पूरी तरह सुरक्षित होने के लिये लोग अपना पैसा बैंकों से निकाल लेंगे (बैंक दिवालिया हो सकते हैं), भोजन का संग्रह कर लेंगे (परमाणु युद्ध हो सकता है), कार चलाने से इंकार कर देंगे (मेरे साथ दुर्घटना हो सकती है) और अस्पताल में मरीज़ ख़ून लेने से मना कर देंगे (ख़ून में संक्रमण हो सकता है)। 100 प्रतिशत सुरक्षा का लक्ष्य हमारी अर्थव्यवस्था को लगभग रातोंरात नष्ट कर सकता है।

अगर सभी लोग जोखिम से पूरी तरह बचना चाहें, तो कोई भी किसी नौकरी के लिये आवेदन नहीं देगा (हो सकता है आपको यह नौकरी न मिले), किसी साहित्यिक पत्रिका में कविता नहीं भेजेगा (इसे अस्वीकार किया जा सकता है), किसी दोस्त से डेटिंग पर चलने के लिये नहीं पूछेगा

(आपको मना किया जा सकता है), मीटिंग में नहीं बोलेगा (लोग आपकी हँसी उड़ा सकते हैं), या ऑर्डर के लिये नहीं पूछेगा (प्रॉस्पेक्ट 'नहीं' कह सकता है)।

यह रहा एक महत्वपूर्ण बिंदु : सफलता चाहने वाले लोग जोखिम लेते हैं और कई बार जोखिम लेने की वजह से उन्हें नुक़सान भी होता है। आज के मिलियनेअरों में सैंतीस प्रतिशत ऐसे हैं, जो दौलत इकट्ठी करने के बाद दिवालिया हो गये। परंतु उन्होंने हार नहीं मानी और वे दुबारा जीते। कोई भी निवेश हमेशा "सही" नहीं होता। जो लोग शॉपिंग सेंटर, रहवासी कॉलोनियाँ और दफ़्तरों की इमारतें बनाते हैं, वे कई बार अपना पैसा गँवा देते हैं। ऑइल ड्रिलिंग बिज़नेस में ज़्यादातर कुयें सूखे निकलते हैं।

किसी भी फ़ुटबॉल कोच का सीज़न हर साल आदर्श नहीं होता। सभी संगीतकार ग़लतियाँ करते हैं।

हम असफलता के बाद कैसी प्रतिक्रिया करते हैं, यही सफलता की कुंजी है। आपने सुना होगा कि जो लोग किसी नौकरी या बिज़नेस में असफल हो जाते हैं, वे कहते हैं, "मैंने यह करके देख लिया है। अब मैं दुबारा यह काम कभी नहीं करूँगा!"

कई बार हम सब ऐसा महसूस करते हैं कि हार मान लेना चाहिये। और अगर हम सावधान न रहें, तो हम सचमुच हार मान लेंगे। समर्पण करने के लिये साथियों का प्रबल दबाव भी हो सकता है। वे आपसे कहते हैं, "देखो, तुमने कोशिश करके देख ली। तुम्हारी योजना काम नहीं आई। दीवार से सिर क्यों फोड़ रहे हो? बुरा मत मानो। नये काम की कोशिश करने वाले ज़्यादातर लोग असफल होते हैं।"

ये लोग - आपके समकक्ष और "दोस्त" - अकसर आपको समर्पण करते देखकर ख़ुश होते हैं। यह निराशाजनक है, परंतु सत्य है। उनके पास अपने दम पर कुछ करने का साहस नहीं होता। अगर वे आपको असफल होते देखते हैं, तो उन्हें अपने बारे में बेहतर अनुभव होता है; आप उनमें से एक होते हैं - एक और औसत आदमी।

आमने-सामने की स्थिति में आत्मविश्वास कैसे जीता जाये

अकसर, आमने-सामने की स्थितियों में दो बातें होती हैं। आप जो चाहते हैं, या तो आपको वह हासिल होता है या फिर नहीं होता। जब आप किसी नौकरी के लिये आवेदन देते हैं, तो आपके सामने एक और आदमी होता है, जिसके पास हाँ या ना कहने का अधिकार होता है। जब आप कोई वस्तु बेचते हैं, तो आप आम तौर पर अपनी प्रस्तुति किसी ऐसे आदमी के सामने रखते हैं, जिसमें हाँ-या-ना का फ़ैसला करने की शक्ति होती है। और जब आपके प्रदर्शन का मूल्यांकन होता है, प्रमोशन का आग्रह होता है या आप कोई ख़ास चीज़ चाहते हैं, तो आप आम तौर पर किसी अकेले व्यक्ति से बात करते हैं - उस व्यक्ति से, जो सत्ता और शक्ति का प्रतिनिधित्व करता है।

आपके डर को बढ़ाने वाली एक और बात यह है कि जिस व्यक्ति से आप मिल रहे हैं, उसके पास घरेलू मैदान का लाभ भी होता है। आप अपनी सेल्स प्रज़ेन्टेशन अपने ऑफ़िस में नहीं, बल्कि प्रॉस्पेक्ट के ऑफ़िस में जाकर देते हैं। आप अपने बॉस से उसके चैंबर में बात करते हैं, अपने चैंबर में नहीं। थोड़ा दबाव महसूस होना स्वाभाविक है क्योंकि जिस व्यक्ति को आप प्रभावित करना चाहते हैं, वह अपने परिचित माहौल में है, जबकि आप नहीं हैं।

आज रात हज़ारों घरों में एक जीवनसाथी दूसरे से कह रहा होगा, "तुम तनाव में दिख रहे हो - तुम्हें कौन सी बात परेशान कर रही है?" जवाब है: "कल मेरे प्रदर्शन का मूल्यांकन होने वाला है और इसीलिये मैं घबरा रहा हूँ," या "डिपार्टमेंट के हेड ने मुझे कल मिलने के लिये बुलवाया है। मैं इसलिये चिंतित हूँ, क्योंकि मैं नहीं जानती कि वह क्या चाहता है," या "मैं कल एक नये प्रॉस्पेक्ट से मिलने जा रहा हूँ। मैंने सुना है कि वह बहुत ही कड़क स्वभाव का है।"

आमने-सामने की मुलाक़ात में कुछ लोगों के साथ बहुत ज़्यादा समस्याएं आती हैं। हम चर्चा के *पहले* दहशत और आतंक का अनुभव कर

सकते हैं, चर्चा के *दौरान* डरे और घबराये हुए हो सकते हैं और *बाद में* इस बात पर अफ़सोस कर सकते हैं कि हमने अपनी बात ठीक से नहीं कही और कई ग़लतियाँ कर दीं।

जब लोग किसी अधिकारी से चर्चा करते हैं, तो अकसर बुरी तरह असफल हो जाते हैं। छोटा जिमी हर दिन 30 मिनट देर से स्कूल पहुँचता है। इस कारण उसे प्रिंसिपल के ऑफ़िस में बुलवाया जाता है। वह डर जाता है और यह नहीं बता पाता कि उसे देर इसलिये हो रही थी, क्योंकि माँ के ऑफ़िस का समय बदल जाने के कारण उसे अपनी छोटी बहन की देखभाल करने के लिये रुकना पड़ता था।

बेट्टी एक नौकरी के इंटरव्यू में बुरी तरह घबरा जाती है और पहले की नौकरियों के महत्वपूर्ण अनुभवों का ज़िक्र करना भूल जाती है। बिल के दिमाग़ में कुछ ज़ोरदार विचार हैं कि कंपनी को किस तरह बेहतर तरीक़े से चलाया जा सकता है, परंतु उसे बिग बॉस से डर लगता है। वह इतना घबरा जाता है कि जब उससे सुझाव माँगे जाते हैं, तो वह अपने विचार भूल जाता है।

यह ध्यान रखें कि कुछ मैनेजर और दूसरे सत्ताधारी लोग यह सीखने के लिये कोर्स में भाग लेते हैं कि दूसरों को कैसे दबाया जाये। हालाँकि लोगों को यह सिखाना शर्मनाक है कि दूसरों को कैसे परेशान किया जाये, परंतु हमें यह जान लेना चाहिये कि ज़िंदगी में ऐसा होता है।

जब हममें आत्मविश्वास कम हो, तो हम सत्ताधारी व्यक्तियों से किस तरह निबटें ? हमें अपने विचार उस आदमी के सामने प्रस्तुत करने का आत्मविश्वास कैसे प्राप्त हो, जिसमें "हाँ" या "ना" कहने की शक्ति हो ? यहाँ दो सुझाव दिये जा रहे हैं, जो आपके काम आयेंगे :

1. मीटिंग से पहले ख़ुद को बतायें, "हम दो महत्वपूर्ण लोग आपसी महत्व के किसी विषय पर चर्चा करने के लिये बैठ रहे हैं।" मुझे उस चीज़ की आवश्यकता है, जो सामने वाला प्रदान कर रहा है। परंतु उसे भी उस चीज़ की ज़रूरत है, जो मैं प्रदान कर रहा हूँ। यह चर्चा हम दोनों के भाग्य को प्रभावित कर सकती है। साझे लक्ष्यों पर ध्यान

एकाग्र करें।

बचपन से ही हमें वयस्कों, शिक्षकों और सत्ता के अन्य लोगों का सम्मान करना सिखाया जाता है। इस तरह की सीख अच्छी है। किसी भी सामाजिक संगठन को बनाये रखने के लिये सत्ता का सम्मान किया जाना चाहिये, चाहे यह घर हो या बड़ा बिज़नेस हो या ऑफ़िस हो।

बहरहाल, इस प्रक्रिया में कई लोगों को सत्ताधारी लोगों का सम्मान करने के बजाय उनसे डरना सिखा दिया जाता है।

सत्ताधारी लोगों का सम्मान करें, **हाँ।** सत्ताधारी लोगों से डरें, **कभी नहीं।**

सत्ता का डर और इसकी वजह से उत्पन्न आत्मविश्वास का अभाव सफलता की राह में असली बाधा है। इसलिये जब आप इंटरव्यू की तैयारी करें, तो ख़ुद के सामने दोहरायें, "हम दो महत्वपूर्ण लोग आपसी महत्व के किसी विषय पर चर्चा करने वाले हैं।"

2. ***ख़ुद को याद दिलायें कि सामने वाला व्यक्ति भी इंसान है, भगवान नहीं है।*** वह भी उसी तरह से भोजन पचाता है, साँस लेता है और खाँसता है, जिस तरह से आप करते हैं। वह व्यक्ति संतुलित और महत्वपूर्ण हो सकता है। परंतु वह भी एक इंसान ही है, जिसके पास चिंतायें, कुंठायें, बच्चों या जीवनसाथी या पैसे की समस्याएं हो सकती हैं और यह चिंता भी कि दूसरे लोग कॉरपोरेट मैच में उसे हरा देंगे। और यह भी ध्यान रखें कि हो सकता है सत्ता में बैठा आदमी भी आपसे उतना ही डर रहा हो, जितना आप उससे डर रहे हैं। आप जो बेच रहे हैं, उसे ख़रीदने वाला इंसान भी ग़लतियाँ करने से डरता है और अपने सुपीरियर के सामने ग़लत छवि बनाने से डरता है। आप जिस मैनेजर के अधीन हैं, उसे भी हमेशा इस बात की चिंता होती है कि जिस मैनेजर के अधीन वह काम कर रहा है, वह उसके बारे में क्या सोचेगा। यह दुर्भाग्यपूर्ण परंतु सत्य है कि सभी संगठनात्मक स्तरों पर लोग डरे होते हैं। हम एक-दूसरे से जितने अलग हैं, उससे कहीं ज़्यादा हम एक समान हैं।

"मुझमें आत्मविश्वास है" की छवि बनायें

अपनी किसी क़रीबी सहेली के साथ थोड़ा शोध करें। इस तरह की बात कहें, "आप और चार्ल्स इतने क़रीब हैं। क्या मैं आपसे पूछ सकती हूँ कि आप दोनों एक-दूसरे की तरफ़ कैसे आकर्षित हुए ?"

आपकी सहेली शायद इस तरह की बात कहेगी, जैसे "अरे, हमने पाया कि हमारी रुचियाँ इतनी मिलती थीं कि यह स्वाभाविक ही था कि हम इकट्ठे रहना चाहें।"

या किसी पुरुष से कहें, "आपकी और सोनिया की जोड़ी बहुत अच्छी है। कौन सी चीज़ आपको क़रीब लाई ?" और संभावित प्रतिक्रिया यह है, "मैं उससे एक पार्टी में मिला। जल्दी ही हमने पाया कि हम दोनों को ही टेनिस पसंद है और हमारे लक्ष्य एक जैसे हैं। इसके बाद मुझे जो पहली चीज़ पता चली, वह यह थी कि हम दोनों ने शादी कर ली।"

अब आपके दोनों दोस्तों ने अपने जीवनसाथी चुनने के बहुत अच्छे कारण बताये हैं। परंतु उन दोनों ने ही इस बात को नज़रअंदाज़ कर दिया कि रूपरंग - आपसी शारीरिक आकर्षण - पहले से ही था और इसी के बाद साझी रुचियाँ खोजी गई थीं।

रूपरंग से आकर्षण निर्धारित *होता है*। रूपरंग जीवनसाथी चुनने में महत्वपूर्ण भूमिका निभाता है।

आत्मविश्वास हासिल करने और डर जीतने का एक अचूक तरीक़ा है - आत्मविश्वास से पूर्ण छवि विकसित करना। जब आप जानते हैं कि आपकी छवि आत्मविश्वास से पूर्ण है, तो आपका आत्मविश्वास बढ़ जाता है और आपके व्यवहार में भी आत्मविश्वास आ जाता है। दूसरे लोगों को तत्काल इस बात का एहसास हो जायेगा और वे आपके प्रति अधिक सम्मान दिखायेंगे।

प्रॉडक्ट या पैकेज का रूपरंग अत्यंत महत्वपूर्ण मार्केटिंग अवधारणा है। कंपनियाँ अपने प्रॉडक्ट या पैकेट के डिज़ाइन पर हर साल 200 बिलियन डॉलर से अधिक ख़र्च करती हैं। सिर्फ़ इसलिये, ताकि जो वे बेच रही हैं, उसके प्रति ग्राहक आकर्षित हों। कार ख़रीदते समय ज़्यादातर

लोग इंजन को नहीं देखते; उनके लिये उसकी डिज़ाइन महत्वपूर्ण होती है। भोजन ख़रीदते समय ज्यादातर लोग तत्वों को नहीं देखते, उनका विश्वास तो लेबल पर होता है।

और यह फ़ैसला करने में कि आपको नौकरी दी जाये या नहीं, आपके साथ डेटिंग पर जाया जाये या नहीं, या आपका सामान ख़रीदा जाये या नहीं, आपका रूपरंग सामने वाले के निर्णय को अवचेतन रूप से प्रभावित करता है।

लोग पुस्तक का मूल्यांकन उसके कवर के हिसाब से *करते* हैं। अगर कोई व्यक्ति किसी पुस्तक को खोलकर उसके कुछ पेज पढ़े, तो वह उसके बारे में अपने विचार बदल सकता है। परंतु अगर पुस्तक का कवर - यानी कि पैकेट - आकर्षक न हो, तो इस बात की संभावना नहीं है कि वह पुस्तक खोलने का कष्ट करेगा, जब तक कि वह लेखक को न जानता हो।

स्थिति के हिसाब से सही कपड़े पहनने से आप अधिक सेलेबल बनते हैं। लोग आपके दिखने के हिसाब से आपका मूल्यांकन करते हैं। यह होता है :

- जिस सीमा तक आपकी छवि विशेषज्ञ जैसी होती है, लोग उसी के अनुरूप आपके विचारों का मूल्यांकन करते हैं।
- जब आप सत्ता की छवि प्रस्तुत करते हैं, तो आपके कर्मचारी या अधीनस्थ सकारात्मक प्रतिक्रिया देते हैं।
- जब आप अमीर दिखते हैं, तो ग्राहकों के आपके साथ बिज़नेस करने की संभावना अधिक होती है।
- बैंकर्स आपको पैसे उधार दे देंगे, अगर आपको देखकर उन्हें यह लगे कि आपको पैसों की ज़रूरत नहीं है।

जिस तरह लोग भोजन, कारों या घरों को उनके दिखने के हिसाब से पसंद या नापसंद करते हैं, उसी तरह वे आपके दिखने के आधार पर ही आपके बारे में अपने विचार बनाते हैं।

याद रखें, आपका 90 प्रतिशत पैक रहता है

ऑफ़िस में या सार्वजनिक स्थान पर लोग आपके शरीर का सिर्फ़ दस प्रतिशत हिस्सा ही खुला देखते हैं - आपका सिर, चेहरा, गला और हाथ। किसी पुरुष का ९० प्रतिशत हिस्सा उसके सूट, शर्ट, जूते और मोज़े के नीचे ढँका रहता है। और किसी महिला का ९० प्रतिशत हिस्सा ड्रेस, ब्लाउज़, सूट, जूते और मोज़े के नीचे ढँका रहता है।

जिस तरह लोग अपने आपको कपड़ों में पैक करते हैं उससे ख़ुद के बारे में उनके नज़रिये पर सीधा प्रभाव पड़ता है (मैं ख़ुद को पसंद करता हूँ या मैं ख़ुद को पसंद नहीं करता)। हमारी पैकिंग का प्रभाव हमारे प्रति दूसरों के नज़रिये पर भी पड़ता है। "वह व्यक्ति इतना अच्छा दिख रहा है, इसलिये वह अच्छा ही होगा," या दूसरे छोर पर, "वह व्यक्ति मूर्ख दिखता है, इसलिये वह मूर्ख ही होगा।"

स्वयं की सही पैकिंग से आपको दो तरह से लाभ होता है। पहली बात, आपमें अधिक आत्मविश्वास आ जाता है। आप लोगों के साथ अधिक सहज होते हैं। आप नई स्थितियों का सामना करने में बेहतर समर्थ होते हैं। सही पैकिंग आपको आंतरिक शक्ति देती है।

दूसरी बात, अच्छा दिखने से आपको तत्काल विजेता का लाभ मिल जाता है। जब आप आकर्षक और सफल दिखते हैं, तो लोग आपके साथ बिज़नेस करना चाहते हैं।

सवाल : "मुझे यह कब पता चलेगा कि मैंने स्थिति के हिसाब से सही कपड़े पहने हैं ?"

जवाब : "तब, जब आप अपने पहनावे में इतने सहज अनुभव करें कि आपको ख़ुद से या दूसरों से यह न पूछना पड़े, 'क्या मैं ठीक दिख रहा हूँ ?' आप तब सही तरह से कपड़े पहने हैं, जब आप अपने काम पर पूरा ध्यान लगा सकें और इस बारे में न सोचें कि आप किस तरह से 'पैक' हैं।

मैंने एक सेल्स मैनेजर को अपने सेल्स स्टाफ़ को यह सलाह देते सुना थाः "किसी स्थिति के लिये इतने उचित कपड़े पहनें कि आपको यह

याद ही न रहे कि आप क्या पहने हैं। आपका काम है ग्राहक की आवश्यकताओं पर शत-प्रतिशत ध्यान देना और यह सोचना कि आप उन्हें किस तरह संतुष्ट कर सकते हैं। अगर आप अपने दिखने को लेकर चिंतित हैं, तो आपकी कुछ मानसिक ऊर्जा ग़लत दिशा में जा रही है।"

उस 10 प्रतिशत के बारे में क्या, जिसे आप नहीं ढँकते?

उस हिस्से का क्या करें जिसे आप पैक न कर सकें - आपके चेहरे और आपकी आँखों का आत्मविश्वास से क्या लेना-देना है ? मुझे स्पष्ट करने दें।

आत्मविश्वासी दिखने का अचूक तरीक़ा है : मुस्कराना, मुस्कराना और मुस्कराना। इसे आज़मायें : एक सच्ची मुस्कराहट दें और किसी आदमी या चीज़ के बारे में डरने की कोशिश करें। आप ऐसा नहीं कर सकते। न ही आप मुस्कराते समय चिंता कर सकते हैं या ग़ुस्सा हो सकते हैं!

मैं 25 साल तक चार्ल्स डब्ल्यू. के क़रीब रहा हूँ। वह प्रिंटिंग बिज़नेस में एक सफल बिज़नेसमैन है और वह मुस्कराने वाला इंसान है। जब "असंभव" डेडलाइनें आती हैं, तब भी चार्ल्स मुस्कराता रहता है। किसी बड़े कॉन्ट्रैक्ट की नीलामी के दौरान भी चार्ली मुस्कराता है। जब कर्मचारी किसी समस्या को लेकर तनाव में आ जाते हैं, तब भी चार्ली मुस्कराता रहता है।

एक बार मैंने चार्ली की हमेशा मुस्कराने की आदत के बारे में पूछा, ख़ास तौर पर तब जब ज़्यादातर लोगों को मुस्कराने का कोई कारण नहीं मिलता। चार्ली ने ज़ाहिर है, मुस्कराते हुए मुझे धन्यवाद दिया और कहा, "मैंने स्वयं को मुस्कराना सिखाया, चाहे स्थितियाँ कैसी भी हों। इससे मैं बेहतर अनुभव करता हूँ। इससे दूसरे लोग हथियार डाल देते हैं। हो सकता है वे मुझे विचलित करने या ग़ुस्सा करने या चिंतित करने आये हों। पर मेरी मुस्कराहट से वे हमेशा बेहतर मूड में आ जाते हैं।"

स्वीकृति जीतने के लिये अपनी आँखों का प्रयोग कैसे करें

आपकी आँखें दो तरह से आपकी मदद कर सकती हैं : पहला, दूसरे लोगों से नज़रें मिलाने से यह व्यक्त होता है, "मुझमें आत्मविश्वास है," "मैं विजेता हूँ," और "मैं जानता हूँ कि मैं क्या कर रहा हूँ।" अगर आप कुछ कहते या माँगते समय सामने वाले से नज़रें नहीं मिलाते, तो सामने वाला यह मान लेता है कि आप कुछ छुपा रहे हैं, आप ईमानदार नहीं हैं या आप कमज़ोर और डरे हुए हैं।

अगर आप शर्मीले हैं, तो नज़रें मिलाने की आदत डालने का सिर्फ़ एक ही तरीक़ा है। लोगों से नज़रें मिलाने का तब तक अभ्यास करें, जब तक कि आपको इसकी आदत न पड़ जाये।

परंतु सफलता पाने के लिये सामने वाले से नज़रें मिलाने के अलावा भी आपकी आँखों को बहुत कुछ करना पड़ता है। आपकी आँखें जो कहती हैं, उसी से दूसरे लोगों की सबसे महत्त्वपूर्ण प्रतिक्रिया तय होती है। आँखें सचमुच आत्मा का दर्पण होती हैं। आँखें हमेशा हक़ीक़त बताती हैं कि आप कैसा महसूस कर रहे हैं। प्रेम, घृणा, नफ़रत, डर या जो भी भाव आप महसूस कर रहे हैं, आपकी आँखें हर पल उन भावों को व्यक्त करती हैं।

एक उदाहरण से मैं इसे स्पष्ट कर दूँ। अपनी आँखों की अभिव्यक्ति की शक्ति को खोजने के लिये किसी मित्र की मदद लें। अपने मित्र की तरफ़ दो या तीन मिनट तक देखें और इस दौरान गहराई तथा गंभीरता से सोचें, "मैं तुमसे प्रेम करता हूँ।" फिर अपने मित्र से पूछें, "मेरी आँखें क्या कह रही थीं ?" आपका मित्र कह सकता है, "आपकी आँखें कह रही थीं कि आप मुझे पसंद करते हैं या मुझसे प्रेम करते हैं।" फिर बिना अपने चेहरे के भावों को बदले मन में घृणा और क्रोध के विचार भरकर अपने दोस्त की तरफ़ देखें। एक बार फिर उससे पूछें, "मेरी आँखें क्या कह रही थीं ?" और सामने वाला व्यक्ति कहेगा, "आपकी आँखें कह रही थीं कि आप मुझे पसंद नहीं करते।"

आपकी आँखें आपके द्वारा महसूस किया गया हर भाव अभिव्यक्त करती हैं - प्रेम, नफ़रत, अवहेलना, ख़ुशी, डर, चिंता।

इस बिंदु को समझें और इसका अभ्यास करें। *अपनी आँखों से कोई भाव व्यक्त करने के लिये आपको अपने मन में वह भाव पैदा करना होगा।* आपको सोचना होगा, "मैं आपकी परवाह करता हूँ", तभी आपकी आँखें कह पायेंगी "मैं आपकी परवाह करता हूँ।"

याद रखें, आपकी आँखें आपकी आत्मा की तस्वीर हैं। *कोई भी,* निःसंदेह कोई भी, अपनी आँखों की तस्वीर को तब तक नहीं बदल सकता, जब तक कि वह अपने सोचने के तरीक़े को न बदल ले। हो सकता है विचार बदलने में एक या दो मिनट लगें - और फिर आँखें उस बदले हुए भाव को व्यक्त करने लगेंगी। परंतु यह प्रक्रिया बिलकुल निश्चित है, शाश्वत सत्य है।

दूसरे लोगों के साथ महत्वपूर्ण मुलाक़ातों में आप अभिव्यक्ति की इस तकनीक का इस्तेमाल कर सकते हैं। इस स्थिति की कल्पना करें : आप अपने बॉस को पसंद नहीं करते, परंतु आपको उनसे कोई विशेष लाभ चाहिये। अपना आग्रह करने से पहले उनके बारे में ऐसी बातें सोचें, जिनकी आप प्रशंसा करते हैं (शायद उनकी कड़ी मेहनत, या किस तरह वे मुश्किलों को जीतते हैं, स्टाफ़ के प्रति वफ़ादारी या ज्ञान)। बॉस के बारे में कोई ऐसी चीज़ सोचें, जिसकी आप सराहना करते हों। ऐसा करने से इस बात की संभावना काफ़ी बढ़ जायेगी कि आपका बॉस आपकी बात मान ले।

नुक़सान से सबक़ लें

आज अंतरिक्ष यात्रा इतनी आम हो गई है कि अब यह ख़बर नहीं रह गई है। परंतु किसी मनुष्य को पृथ्वी की कक्षा में पहुँचाने से पहले लगभग 16,000 अंतरिक्ष यानों को भेजा गया। हर असफलता का विश्लेषण दो सवालों के जवाब जानने के लिये किया गया : "क्या ग़लत हुआ था ?" और "अगली उड़ान में हम इस समस्या को किस तरह सुधार सकते हैं ?"

हवाई यात्रा आज यातायात का सबसे सुरक्षित माध्यम है क्योंकि हर हवाई दुर्घटना या "हार" का अध्ययन यह जानने के लिये किया जाता है कि दुर्घटना क्यों हुई और इसे किस तरह रोका जा सकता है। द्वितीय विश्वयुद्ध में अमेरिका के 33,000 हवाई जहाज़ नष्ट हुए। चूँकि युद्ध चल रहा था, इसलिये हर दुर्घटना का विस्तार से विश्लेषण नहीं किया गया। परंतु जो कुछ हमने सीखा, उसके आधार पर हमने हवाई जहाज़ों को अधिक सुरक्षित बनाया। हवाई यात्रा अब इतनी सुरक्षित है कि 100 बिलियन मील की उड़ान में सिर्फ़ एक दुर्घटना होती है। व्यावसायिक उड़ान कितनी सुरक्षित है? कोई व्यक्ति 600 मील प्रति घंटे की रफ़्तार से चौबीसों घंटे 1,000 साल तक उड़ता रहे, तब कहीं जाकर उस व्यक्ति के हवाई दुर्घटना में मरने की आशंका होगी। आज ख़तरा उड़ान के दौरान नहीं है, बल्कि हवाई अड्डे तक जाने और वहाँ से आने के दौरान है। हवाई यात्रा की तुलना में सड़क से यात्रा करना 1,562 गुना अधिक असुरक्षित है।

चिकित्सा में प्रगति इसलिये होती है, क्योंकि डॉक्टर असफलता से सबक़ सीखते हैं। एक पीढ़ी पहले तक हृदय का बाईपास ऑपरेशन इतना ख़तरनाक माना जाता था कि इसका प्रयोग अंतिम विकल्प के रूप में किया जाता था। चूँकि सर्जनों ने पिछली असफलताओं से सीखा, इसलिये आज डॉक्टर एक दिन में ऐसे कई ऑपरेशन कर रहे हैं।

आग लगना एक दुर्भाग्यपूर्ण घटना है। पर जब आग बुझाने वाले आग लगने के कारण का पता लगाते हैं, तो इमारतों के कानून लिखे जाते हैं, ताकि ऐसी घटना दुबारा न हो पाये।

जिन सबसे सफल लोगों को आप जानते हों, उनके बारे में सोचें। उनमें से हर एक जितनी बार "जीता" है, उससे ज़्यादा बार "हारा" होगा। जाँच करने पर आप पायेंगे कि हर शीर्षस्थ व्यक्ति ने बहुत झटके सहे हैं, जैसे "हाँ" से अधिक बार "नहीं" सुना है, नौकरी के लिये उसे ठुकराया गया है, नौकरी से निकाला गया है, दुर्घटनायें हुई हैं, बुरे स्वास्थ्य के दौर आये हैं, मादक द्रव्यों का शिकार रहा है, बुरे निवेश किये हैं और अपमान सहा है।

सफलता का रहस्य पराजय से बचना नहीं है। इसके बजाय सफलता का रहस्य है पराजय के बाद विकास करना। नुक़सान हमेशा एक संभावित सबक़ है। कोई भी बच्चा दर्जनों बार लड़खड़ाये या गिरे बिना चलना नहीं सीख पाता। हर महान मनोरंजनकर्ता ने कई बुरे प्रदर्शन किये हैं, तब कहीं जाकर वह इस क़ाबिल बना कि लगातार अच्छा प्रदर्शन कर सके। और हर प्रशंसित मैनेजर ने दर्जनों बड़ी ग़लतियाँ की हैं।

सबक़ : ग़लतियाँ सब करते हैं। हम किस तरह अपने नुक़सानों, पराजयों और ग़लतियों को देखने का चुनाव करते हैं (ध्यान दीजिये मैं *चुनाव करते हैं* पर ज़ोर दे रहा हूँ), अंततः उसी से यह निर्धारित होता है कि कौन सफल होगा और कौन औसत ज़िंदगी जियेगा।

सभी प्रोफ़ेशनलों से आशा की जाती है कि वे सर्वश्रेष्ठ प्रयास करें। हम जो भी करते हैं, उसमें हमारा सर्वश्रेष्ठ प्रयास होना चाहिये। परंतु पूर्णता या परफ़ेक्शन असंभव है। राह में असफलतायें हमेशा मिलेंगी। कोई योजना, कोई मशीन, किसी भी तरह का कोई भी व्यवसाय कभी भी पूरी तरह फ़ूलप्रूफ़ नहीं हो सकता। नुक़सान अवश्यंभावी हैं। सबसे बड़ा सवाल यह है कि "क्या हमने नुक़सान से कुछ सीखा ?"

सफलता और आत्मविश्वास जीतने की कुंजी है *पोस्टमॉर्टम*। अगर हम स्मार्ट हैं, तो हारने के बाद हम दो सवाल पूछते हैं :

1. *क्या ग़लत हुआ ?* याद रखिये, हर पराजय का एक स्पष्टीकरण होता है।
2. *हम इस ग़लती को किस तरह सुधार सकते हैं ?* किसी भी समस्या को सुलझाने के लिये हमेशा नई तकनीकें इस्तेमाल की जा सकती हैं।

गहरे आत्मविश्वास के लिये इन अवधारणाओं को आज़मायें:

- डर की जड़ को पहचानें – बुरी तरह भटका हुआ चिंतन।
- जिस काम से आप डरते हों, उसे कर दें और आपका डर ग़ायब हो जायेगा।

- तैयारी करके आत्मविश्वास बढ़ायें। नौकरी के इंटरव्यू, सेल्स प्रज़ेंटेशन और लोन के आग्रह के डर को इसकी-तैयारी-कीजिये कार्यक्रम द्वारा हरा दें।
- अपने मस्तिष्क के बैंक से विजय की यादें निकालें, पराजय की नहीं। याद रखें, केवल आप ही अपने विचारों को नियंत्रित कर सकते हैं।
- जो काम आप करना चाहते हैं, अगर वह कानूनी और नैतिक है तो उसे *कर दें!*
- आमने-सामने की स्थिति में (1) खुद को बतायें, "हम दो महत्वपूर्ण लोग आपसी महत्व के किसी विषय पर चर्चा कर रहे हैं" और (2) खुद को याद दिलायें कि सामने वाला व्यक्ति भी एक इंसान है।
- आत्मविश्वास की छवि विकसित करें। अपनी पैकिंग इस तरह करें कि लोग आपमें रुचि लें।
- अच्छे, सकारात्मक विचार सोचकर अपनी आँखों को सही तरह की शक्ति दें।
- नुक़सान एक सबक़ है। सबक़ सीखें और बड़ी सफलता की ओर आगे बढ़ें।

❖❖❖

अध्याय पाँच

सफलता के लिये 100 प्रतिशत दें

.ज़्यादा कुछ दिये बिना बहुत कम मिल पाता है। सफलता, दौलत और सुख मिलते हैं उदारता से ("मैं सामने वाले को क्या दे सकता हूँ?"), न कि स्वार्थ से ("सामने वाला मुझे क्या दे सकता है?")। आप जितना .ज़्यादा देते हैं, आपको उतना ही .ज़्यादा मिलता है। सफल लोग उदार होते हैं। लोग उनसे जितनी उम्मीद करते हैं, वे लोगों को उससे अधिक देते हैं।

देने पर ध्यान केंद्रित करें और जल्दी ही आपको अपने आप मिलने लगेगा। आइये देखें ऐसा किस तरह होता है :

सोचिये : एक दर्जन का असली मतलब है तेरह

जब मैं छोटा था तो मेरे पिताजी पास के क़स्बे में मीठी मकई बेचते थे। जब मैं गिनने लायक हुआ, तो पिताजी ने मुझे यह ज़िम्मेदारी सौंपी कि मैं मकई के एक दर्जन भुट्टों की ढेरियाँ बना दूँ। इसमें मुझे बहुत गर्व महसूस हुआ। मैं पाँच साल का था, परंतु मुझे लगा जैसे मैं भी अपना योगदान दे रहा हूँ। इसलिये, पिताजी के आदेश का पालन करते हुए मैंने मकई की ढेरियाँ बना दीं; हर ढेरी में पूरे बारह भुट्टे थे।

जब पिताजी ने मेरी बनाई ढेरियों के कुछ सैंपल देखे, तो वे बास्केट के पास गये। उन्होंने मकई के कुछ और भुट्टे निकाले तथा हर ढेरी में एक भुट्टा बढ़ा दिया। इससे मैं बहुत नाराज़ हुआ और मैंने उनसे कहा, "मैं

जानता हूँ कि कैसे गिना जाता है। एक दर्जन का मतलब बारह होता है। अब हर ढेरी में तेरह भुट्टे हो गये हैं। तेरह का मतलब एक दर्जन नहीं होता।" मैंने विरोध किया। (पिताजी के काम से मैं चिढ़ गया था, क्योंकि हर भुट्टा एक पेनी में बिकता था और उस समय मेरे लिये एक पेनी बहुत बड़ी रक़म थी।)

पिताजी ने मुस्कराते हुए धीरे से समझाया, "जब हम मकई बेचते हैं, तो हर दर्जन में तेरह भुट्टे होते हैं। देखो, हम सिर्फ़ अच्छी मकई बेचते हैं। परंतु अगर भुट्टे पर अब भी छिलका हो, तो हमारे ढेर में एक ख़राब भुट्टा भी निकल सकता है, जिसके बारे में हमें पता नहीं होता। इसलिये हम अपने दोस्तों को एक अतिरिक्त भुट्टा दे देते हैं। हम चाहते हैं कि हमारे ग्राहक यह न समझें कि हमने उन्हें धोखा दिया है।

"इसके अलावा," पिताजी ने आगे कहा, "हम चाहते हैं कि जो भी हमारी मकई ख़रीदे, वह क़स्बे में अपने पड़ोसियों को बताये कि हमारे भुट्टे कितने अच्छे हैं। इस तरह से हमारी मक्का अधिक बिकेगी और हम अधिक धन कमा पायेंगे।"

मैंने इस बात के कई उदाहरण देखे कि लोग अपने प्रॉडक्ट्स बेचने में उदारतापूर्वक गिनती करते थे। एक बार हमने सैकड़ों मील की दूरी पर स्थित हैचरी से चूज़े ख़रीदे। हैचरी हमें हर बक्से में 100 चूज़े भेजने वाली थी।

जब चूज़े आये, तो उन्हें गिनने की ज़िम्मेदारी मुझे सौंपी गई। मैं यह देखकर हैरान हो गया कि हर बक्से में 107 या 108 चूज़े निकले - न कि 100, जिनका हमने ऑर्डर दिया था। हैचरी ने हर बक्से में कुछ अतिरिक्त चूज़े रख दिये थे, ताकि अगर उनमें से कुछ बीमार हों, तो भी हमें पूरे चूज़े मिल सकें। ऐसा करने की वजह से उस हैचरी के ग्राहक हमेशा उसी से चूज़े ख़रीदते रहे, नकारात्मक पत्राचार नहीं हुआ और उसका बिज़नेस तरक्की करता गया। यह एक अद्भुत - और स्मार्ट - तरीक़ा है।

ज़ाहिर है, कई साल बाद मैंने यह जाना कि "एक दर्जन का मतलब है तेरह" की अवधारणा कुछ बेकरों द्वारा लंबे समय से प्रयुक्त की जा रही

है - "बेकर्स डज़न" वाक्यांश इसीलिये प्रचलन में आया। परंतु तब तक अतिरिक्त देना मेरे स्वभाव का हिस्सा बन चुका था।

अगर आप थोड़ा अतिरिक्त देंगे, तो आप हीरो बन जायेंगे। उम्मीद से कम देंगे, तो आप ख़ुद को किसी की "नफ़रत की सूची" में शामिल कर लेंगे। हर एक, हाँ हर एक, जितना सौदा करता है, उससे अधिक पाना पसंद करता है। कोई भी, हाँ कोई भी, धोखा खाना पसंद नहीं करता। आप जितने सामान की क़ीमत देते हैं उससे कम पाने से आप नाराज़ होते हैं, आपके अहम् को धक्का लगता है और आप उस कंपनी की बुराई करना चाहते हैं, जिसने आपसे अनुचित लाभ उठाया।

स्मार्ट लोग बढ़ाते हैं - मूर्ख लोग कम करते हैं

सीखने का सबसे महत्वपूर्ण तरीक़ा है ध्यान से देखना। हमें सफलता के मूलभूत सिद्धांत सिखाने वाले सबक़ लोगों के साथ हर मुलाक़ात में उपलब्ध होते हैं।

इस उदाहरण पर विचार करें। आप किसी कैंडी स्टोर में जाते हैं और एक पौंड खुली कैंडी माँगते हैं। काउंटर के पीछे बैठा आदमी तराज़ू पर कैंडी का एक बड़ा ढेर रख देता है, शायद 20 औंस और फिर आपकी कैंडी एक-एक करके कम करना शुरू करता है, जब तक कि वज़न ठीक 16 औंस न हो जाये।

आपको कैसा महसूस होता है? आपको लगता है, जैसे आपको धोखा दिया गया हो। अचेतन रूप से आपने कैंडी के 20 औंस के बड़े ढेर को *अपनी* कैंडी मान लिया था। जब काउंटर के पीछे बैठा आदमी इसमें से कुछ कम कर देता है, तो आपको ऐसा महसूस होता है जैसे वह *आपकी* कैंडी को चुरा रहा हो।

काउंटर के पीछे बैठे समझदार लोग बढ़ाने वाली नीति का प्रयोग करते हैं। वे तराज़ू पर कैंडी की तुलनात्मक रूप से कम मात्रा रखते हैं, शायद 10 से 12 औंस। फिर वे मात्रा बढ़ाते जाते हैं, जब तक कि तराज़ू 16 औंस नहीं दिखाती। अचेतन रूप से इससे आपको अच्छा महसूस होता है, क्योंकि आपको ऐसा लगता है जैसे आपको अतिरिक्त कैंडी मिल रही है।

16 औंस 16 औंस ही होते हैं। परंतु एक पौंड को किस तरह से गिना जाता है, इससे बहुत बड़ा फ़र्क़ पड़ता है। हाल ही में, सुपरमार्केट में सीफ़ूड काउंटर पर मुझसे आगे खड़ी एक महिला ने एक पौंड झींगे का ऑर्डर दिया। काउंटर पर बैठे आदमी ने लापरवाही से लगभग दो पौंड झींगे उठाकर तराज़ू पर रख दिये और फिर वह उन्हें कम करने लगा। आख़िरकार जब झींगे ठीक 16 औंस हो गये, तो महिला ने ग़ुस्से भरी आवाज़ में कहा, "मैंने अपना इरादा बदल दिया है। अब मुझे झींगे नहीं चाहिये," और वह बाहर चली गई।

निश्चित रूप से काउंटर पर बैठे लोगों को सामान तौलने में सावधानी रखना चाहिये। उस दिन झींगे की क़ीमत 14 डॉलर प्रति पौंड थी – यानी 87½ सेंट प्रति औंस। परंतु मुद्दे की बात यह है कि ग्राहक को ऐसा *कभी* नहीं लगना चाहिये कि उसके साथ धोखा किया जा रहा है।

सफल बिज़नेस कंपनियाँ अपनी सेल बढ़ाने के लिये ऐसे रचनात्मक तरीक़े खोजती रहती हैं, जिनके द्वारा कुछ अतिरिक्त प्रदान करने की उदार तकनीक का प्रयोग किया जा सके। इसके उदाहरण देखिये : पत्रिका की सदस्यता के साथ एक पॉकेट कैलकुलेटर मुफ़्त मिलता है, टेलीविज़न सेट ख़रीदने पर रिमोट कंट्रोल फ़्री आता है, और दवा कंपनी एक की क़ीमत में दो देती हैं। जब आप लोगों को उनके धन के बदले में उनकी आशा से अधिक देते हैं, तो लोग आपको पसंद करते हैं और आपसे सामान ख़रीदते हैं।

उदारता या अधिक देने वाली शैली चमत्कार करती है। इसके प्रमाण बहुत प्रबल हैं। बहरहाल, अब भी कई बिज़नेस कंपनियाँ हैं, जो यह मानती हैं कि सफलता का अर्थ होता है **धोखा देना**। ऐसे उदाहरण आम हैं कि कई स्टोर ऐसे विज्ञापन करते हैं, जिनमें अस्तित्वहीन उपकरण मूर्खतापूर्ण रूप से कम क़ीमत पर बेचने का वायदा होता है। परंतु इसके बाद वे ग्राहक से विवाद करते हैं, उसे धमकाते हैं, यह कोशिश करते हैं कि वह ज़्यादा क़ीमत वाला कोई प्रॉडक्ट ख़रीदने पर विवश हो जाये। इस तरह के बदमाशों को देखें, परंतु सिर्फ़ यह सीखने के लिये कि सफल कैसे *नहीं* हुआ जाता है।

आप "अतिरिक्त" के सिद्धांत का इस्तेमाल जीवन के हर क्षेत्र में कर सकते हैं :

- अपने बॉस की अनपेक्षित व अतिरिक्त सेवा करें। ऐसा करने पर आप अधिक तनख़्वाह, अधिक अतिरिक्त लाभ और प्रमोशन के दावेदार बन जाते हैं।
- स्कूल से मिले अपने होम असाइनमेंट में थोड़ा अतिरिक्त कर दें और बेहतर ग्रेड हासिल करें।
- अपने बच्चों को थोड़ा ज़्यादा समय दें और बदले में अधिक प्रेम व सहयोग पायें।
- कार पार्किंग के अटैंडेंट को सम्मान दें; आपकी कार की बेहतर देखभाल होगी।

जब आप लॉन तराश दें, तो झाड़ियों को भी तराश दें

कई संगठनों में हमें विशेषज्ञ मिलते हैं - ऐसे लोग जो काम की मात्रा और क्वालिटी का स्तर निर्धारित करते हैं, यानी यह पैमाना बनाते हैं कि किस व्यक्ति से कितने समय में कितने काम की आशा की जा सकती है। समय के साथ व्यक्ति इस बात का आदी हो जाता है कि उससे कितने काम की उम्मीद की जाती है - इस बात से कोई फ़र्क़ नहीं पड़ता कि वह व्यक्ति कितना काम कर सकता है या करना चाहता है। इससे 100-प्रतिशत-अधिकतम-प्रयास-करो वाला समाज बनने के बजाय दुर्भाग्य से हमारा समाज न्यूनतम-आवश्यक-काम-करो वाला समाज बन चुका है। यह दुर्लभ है कि लोग अधिक धन या अन्य सुविधाओं के वायदे से प्रोत्साहित होकर न्यूनतम आवश्यक कार्य से अधिक करें। और अगर कोई व्यक्ति अपना निर्धारित काम करने के बाद अतिरिक्त काम करने की पहल करता है, तो उसके सहकर्मी उसकी हँसी उड़ा सकते हैं।

यूनियन लीडर्स द्वारा समझौते की सौदेबाज़ी में इस बात पर बहुत वाद-विवाद होता है कि उनके सदस्यों को कितना *कम* काम करना चाहिये। यूनियन एक्ज़ीक्यूटिव अपने सदस्यों को गर्व से बताता है (हालाँकि यह बुरा है), "देखो, मैंने कम काम के बदले में तुम्हें अधिक तनख़्वाह दिलवा

दी। मुझे अपना वोट दो, .ज्यादा पैसे दो, असीमित एक्सपेंस अकाउंट दो, शोफ़र सहित लिमोज़िन कार दो और अगली बार जब हम सौदेबाज़ी करेंगे तो मैं तुम्हें कम काम करने के बदले में और ज़्यादा तनख़्वाह दिलवाऊँगा। मैं वॉशिंगटन जाऊँगा और वहाँ लोगों से कहूँगा कि वे तुम्हारी नौकरियाँ बचायें।"

यह देश की उत्पादकता और बिज़नेस की बहुत बड़ी तथा प्रमुख समस्या है। दूसरे देशों में कर्मचारियों को .ज्यादा काम करने के लिये प्रोत्साहित किया जाता है; जबकि हमारे यहाँ कर्मचारियों को कम काम करने के सभी संभव लाभ दिये जाते हैं।

खेत पर बड़े हुए बच्चे के रूप में मुझे याद है कि काम का कोई मानक पैमाना नहीं होता था। हो सकता था पहला काम यह दिया गया हो, "लॉन तराशो" (और वह भी बिना बिजली के लॉन मोअर की मदद के)। और मूलभूत काम के साथ हमेशा एक और काम जुड़ा रहता था - "फिर झाड़ियाँ तराशो।" या मूलभूत काम हो सकता था "फ़ेंस सुधारो", जिसके साथ जुड़ा दूसरा काम हो सकता था - "खरपतवार भी साफ़ कर दो।"

कभी भी कोई कृत्रिम पैमाना नहीं होता था, जो बताये कि "पर्याप्त" काम कितना था। करने वाले काम हमेशा .ज्यादा होते थे; उन्हें करने के लिये समय कम होता था। परंतु चूँकि काम ज़रूरी और विविध प्रकृति के होते थे, इसलिये उन्हें करने में मज़ा आता था।

यह रहा नौकरी में आगे बढ़ने, प्रमोशन पाने, .ज्यादा पैसे कमाने, और सबसे महत्वपूर्ण बात, काम का आनंद लेने का मूलभूत सिद्धांत : सौंपे गये काम को अधिकाधिक कुशलता और शीघ्रता से करें तथा इसके बाद ख़ुशी-ख़ुशी .ज्यादा काम करने की पहल करें। याद रखें, "जब आप लॉन तराश दें, तो इसके बाद झाड़ियों को भी तराश दें।"

मैं आपको एक बहुत सफल व्यक्ति का उदाहरण दे दूँ, जो अतिरिक्त काम की पहल करके शिखर पर पहुँचा। चार सप्ताह पहले मैं कैलिफ़ोर्निया की प्रसिद्ध सिलिकॉन वैली में एक शीर्ष कंप्यूटर कंपनी के मैनेजमेंट समूह के सामने भाषण देने गया। डिनर के दौरान और भाषण से पहले मैंने अपने मेज़बान से कहा, "आपने कहा था कि चीफ़ एक्ज़ीक्यूटिव

ऑफ़िसर यहाँ पर रहेंगे। वे कहाँ हैं ?"

मित्र ने कहा, "वे आपके बाईं तरफ़ तीसरी टेबल पर बैठे हैं।"

मैंने उस तरफ़ देखा और जब मुझे वहाँ सी.ई.ओ. जैसा कोई व्यक्ति नहीं दिखा, तो मैंने मेज़बान के साथ अपनी चर्चा दुबारा शुरू कर दी। कुछ मिनट बाद मैंने दुबारा पूछा, "सी.ई.ओ. कहाँ बैठे हैं ?" मेज़बान ने दुबारा उस टेबल की तरफ़ इशारा किया और सी.ई.ओ. का वर्णन किया।

"वह आदमी ?" मैंने कहा। "अरे, उनकी उम्र तो पैंतीस भी नहीं होगी। क्या वे सचमुच सी.ई.ओ. हैं ?"

मेज़बान हँसा और उसने कहा, "वह सिर्फ़ चौंतीस साल का है और वह हमारा सी.ई.ओ. है। जब टिम (सी.ई.ओ.) हमारी कंपनी में तेरह साल पहले आया था, तब वह सीधा कॉलेज से निकला था, जहाँ उसने कंप्यूटर साइंस की पढ़ाई की थी। वह मेरे अधीन काम करता था। मैंने उसे पहला काम यह दिया कि वह हमारे बिलिंग के तरीक़ों की जाँच करे। हम अपने कंप्यूटर सिस्टम बड़े अस्पतालों को बेचते थे। मुझे किसी गड़बड़ी की उम्मीद नहीं थी। मैंने सोचा कि यह काम बहुत छोटा है और मैं टिम को ख़ास तौर पर कोई छोटा काम देना चाहता था, ताकि वह अपने पैर जमा सके।

"दो दिन बाद टिम मेरे पास आया और उसने कहा, 'मैंने प्रोग्राम में एक समस्या खोजी है, परंतु हम इसे आसानी से सुधार सकते हैं।' मुझे समस्या का अंदेशा भी नहीं था, परंतु टिम ने एक ऐसी समस्या खोज ली, जो हमें हर महीने तीस हज़ार डॉलर का चूना लगा रही थी। मैंने सोचा था कि बिलिंग प्रोग्राम की जाँच करने में टिम कम से कम एक महीने तक व्यस्त रहेगा। परंतु सिर्फ़ दो दिनों में उसने एक ऐसी समस्या खोज ली, जिसकी हमें उम्मीद नहीं थी और उसने हमारा बहुत सा पैसा बचा दिया।

"फिर टिम मेरे पास आया और उसने कहा, 'अब अगला काम कौन सा है, बॉस ?' टिम शुरू से ही ऐसा था। वह दर्जनों जटिल समस्याओं से जूझा, उन्हें रिकॉर्ड तोड़ समय में सुलझाया और ज़्यादा काम माँगता रहा।

"टिम ने तेज़ी से तरक्की की। चार साल में हमारी भूमिकायें बदल चुकी थीं। अब मैं उसके अधीन काम कर रहा था। उसे जो भी काम सौंपा गया, उसने हर काम में निपुणता हासिल की तथा इसके बाद वह और अधिक काम ढूँढ़ता रहा। जब नये सी.ई.ओ. की नियुक्ति का समय आया, तो बोर्ड ऑफ़ डायरेक्टर्स और प्रमुख एक्ज़ीक्यूटिव्ज़ ने, जिन्हें उसे मैनेज करना था, सर्वसम्मति से टिम को चुना।

एक क्षण के लिये मेरा दिमाग़ उस समय में पहुँच गया, जब मुझसे कहा गया था, "जब आप लॉन तराश दें, तो झाड़ियाँ भी तराश दें।" यह फ़िलॉसफ़ी काम करती है!

इस विचार पर सोचें : चाहे हम कितनी ही कोशिश कर लें, आप और मैं अर्थव्यवस्था के भाग्य को नियंत्रित नहीं कर सकते। परंतु आप और मैं अपने आर्थिक भाग्य को नियंत्रित कर सकते हैं। चाहे अर्थव्यवस्था की स्थिति कैसी भी हो, हम अधिक समृद्धि, सुख और मानसिक शांति का आनंद ले सकते हैं। अधिक काम करने के लिये स्वेच्छा से पहल करना सफलता का एक प्रमुख हिस्सा है। अपने हाथ के काम में अपना सब कुछ झोंक दें तथा इसके बाद और काम माँगें।

मैनेजरों के लिये टिप : अपने कर्मचारियों के प्रदर्शन के आधार पर पुरस्कार का सिस्टम बनायें। ऐसा करने पर आप पायेंगे कि लोग इतना अधिक काम कर रहे हैं, जितना आपने सपने में भी नहीं सोचा होगा।

जिमी ओ. ने स्कूल छोड़ दिया और सफल हो रहा है, क्योंकि वह सर्वश्रेष्ठ प्रयास करता है

इन दिनों माता-पिता के लिये शायद सबसे बड़े अपमान की बात यह होती है कि उनका बच्चा स्कूल की पढ़ाई छोड़ दे। ड्रॉप-आउट हममें से अधिकांश लोगों के लिये शायद सबसे बुरी स्थिति होती है। अमेरिकी संस्कृति में "हाई स्कूल ड्रॉप-आउट" का अर्थ होता है बेरोज़गारी, अपराध, पागलपन, मादक द्रव्य और बर्बाद ज़िंदगी। माता-पिता और शिक्षक मानते हैं : (1) सभी बच्चों को स्कूल जाना चाहिये, जब तक कि वे कम से कम हाई स्कूल पास न कर लें (कुछ तो जूनियर कॉलेज में कम से कम दो साल

की सीमा निर्धारित करते हैं); (2) स्कूल में गुज़ारा गया समय युवक या युवती के लिये हमेशा अच्छा होता है; और (3) अगर कोई युवक या युवती पढ़ाई अधूरी छोड़ दे, तो वह आजीविका नहीं कमा सकता।

इस तरह के आम विचार बहुत से युवाओं और समाज के लिये अच्छे नहीं होते।

बच्चों-को-स्कूल-में-रखो-चाहे-यह-उनके-साथ-कुछ-भी-करे के समर्थक इस बात पर गर्व नहीं कर सकते कि स्कूल के हॉल में गार्ड नियुक्त हों और विद्यार्थियों से हवाई अड्डों की तरह मेटल डिटेक्टर से गुज़रने के लिये कहा जाये।

सच्चाई यह है कि कुछ युवाओं को अपनी किशोरावस्था में स्कूल छोड़ देना *चाहिये*। समाज की यह ज़िम्मेदारी होना चाहिये कि वह ऐसे युवाओं के लिये अवसर उपलब्ध कराये, जो औपचारिक शिक्षा के प्रति सकारात्मक प्रतिक्रिया नहीं करते। अगर हम किसी युवक को उसकी इच्छा के विरुद्ध स्कूल में पढ़ने के लिये विवश करें, तो अक्सर बोरियत, कुंठा और विद्रोह की प्रवृत्ति उत्पन्न होती है। यही वे शक्तियाँ हैं, जो बच्चे को अपराध, मादक द्रव्य और दूसरी समस्याओं की तरफ़ धकेलने में मदद करती हैं।

मैं आपको जिमी ओ. के बारे में बता दूँ। उसने स्कूल छोड़ दिया, परंतु वह बहुत अच्छी तरह काम कर रहा है। वह अपने उन साथियों से काफ़ी बेहतर स्थिति में है, जो उसी की तरह स्कूल में नहीं रहना चाहते थे, परंतु उन पर ऐसा करने के लिये दबाव डाला गया।

मैं जिमी ओ. से चार साल पहले मिला। ठंडे दिसंबर की एक सुबह घंटी बजी और मैंने बाहर निकलकर देखा कि यह बच्चा खड़ा था। उसकी उम्र शायद 14 साल होगी, उसकी ऊँचाई लगभग 5 फ़ुट 5 इंच होगी और वह किसी छड़ी की तरह दुबला था। उसने बहुत विनम्रता से कहा, "गुड मॉर्निंग, मैं काम की तलाश कर रहा हूँ। मैंने देखा कि आपके पीछे के दालान में बहुत से लट्ठे पड़े हैं, जो इतने बड़े हैं कि आपकी अँगीठी में नहीं समा सकते। मैं उन्हें सही आकार में काट देता हूँ, ताकि अगर सचमुच ठंड पड़ने लगे तो आपके पास अँगीठी में जलाने के लिये बहुत सी लकड़ी रहे।"

मैंने उस किशोर से कहा, "बात तो सही है, पर मेरे पास कुल्हाड़ी या कोई औज़ार नहीं है।"

"कोई दिक्क़त नहीं," उसने कहा, "मेरे पास सब सामान है।" फिर मैंने उसकी साइकल को देखा। वहाँ पर सचमुच एक कुल्हाड़ी और औज़ार फ्रेम में बँधे हुए थे। (ध्यान दीजिये उसने मेरे साथ बिज़नेस करने की कल्पना कर ली थी। किसी भी सामान बेचने वाले को यह कल्पना कर लेना चाहिये कि उसे ऑर्डर मिल जायेगा।)

"तुम कितना लोगे ?" मैंने पूछा।

"पाँच डॉलर प्रति घंटा," उसने जवाब दिया।

"पर यह तो न्यूनतम मज़दूरी से अधिक है," मैंने प्रतिक्रिया दी।

"मैं जानता हूँ," उसने कहा, "पर मैं सचमुच मेहनत से काम करता हूँ! मैं अपना सर्वश्रेष्ठ प्रयास करूँगा।"

किशोर ने *काम* शब्द पर इतना ज़्यादा ज़ोर दिया कि मैंने उसे लट्ठे चीरने का काम देने का फ़ैसला कर लिया। मन ही मन मैं सोच रहा था कि यह बच्चा इतने पैसे लायक काम नहीं कर पायेगा, परंतु मैं उसे पसंद करने लगा था। और मैंने यह अनुमान लगाया कि जो अतिरिक्त धन मैं उसे दे रहा था, वह एक तरह से परोपकार था।

उसने लट्ठे चीरना शुरू किया और मैं अपने ऑफ़िस चला गया। मैं सोच रहा था कि लट्ठे चीरने में उसे कम से कम चार घंटे लगेंगे, परंतु दो घंटे से भी कम समय में वह मेरे ऑफ़िस की घंटी बजा रहा था।

जिमी ने कहा, "डॉ. श्वार्ट्ज़, मैंने लकड़ी चीर दी है और गट्ठर बना दिये हैं। अपने बोट हार्बर की सफ़ाई के बारे में आपका क्या इरादा है ?"

मैं हैरान था कि उसने इतनी जल्दी लकड़ी चीर दी थी, इसलिये मैंने कहा, "कर दो।"

अगले पाँच साल तक जिमी ने मेरे लिये घर के बाहर और भीतर बहुत से काम किये। इसके साथ ही वह पड़ोस में अपने स्थायी ग्राहक बना रहा था और ऐसे काम कर रहा था, जो आजकल बहुत कम लोग करना

चाहते हैं – गटर साफ़ करना, दीवार धोना, कचरा उठाकर ले जाना और लॉन तराशना।

एक दिन मैंने जिमी से पूछा कि वह स्कूल में आगे क्यों नहीं पढ़ा। बड़े खुलेपन से उसने बताया, "वे मुझे जो सिखाने की कोशिश कर रहे थे, मैं उससे बहुत बोर हो चुका था, क्योंकि उससे मुझे कोई फ़ायदा नहीं हो रहा था। देखिये, मैं अपने हाथों से काम करना पसंद करता हूँ; मैं विविधता चाहता हूँ और अपना ख़ुद का बॉस बनना चाहता हूँ। इसके अलावा, मैं और मेरी दादी अकेले हैं। दादी की तबियत ख़राब रहती है, इसलिये पैसे कमाना मेरे लिये विशेष रूप से महत्वपूर्ण है। मैं अपनी आधी कमाई उन्हें दे देता हूँ और बचे हुए पैसों का अधिकांश हिस्सा जमा कर लेता हूँ।"

जिमी ओ. अब 19 साल का है और वह अब भी मेरे लिये काम कर रहा है। अब उसके दो सहयोगी हैं, जिनकी उम्र 16 साल है। उसके पास एक ट्रक है, लॉन मोअर्स हैं और अपने लगातार बढ़ रहे ग्राहकों की सेवा के लिये अन्य आवश्यक यंत्र भी हैं।

जब मैं जिमी के बिज़नेस को फलते-फूलते देखता हूँ, तो अक्सर सोचता हूँ कि यह सबके लिये अच्छा रहा कि वह स्कूल अधूरा छोड़कर आ गया, ताकि वह अपना मनपसंद काम कर सके – वह काम जिसे करने की ज़रूरत थी। जिमी को इस क्रूर संसार में सफलता पाने की चिंता करने की कोई ज़रूरत नहीं है। जिमी सफल हो रहा है। अगर उसे स्कूल में रहने के लिये मजबूर किया जाता, गणित सिखाया जाता (जो उसे पसंद नहीं था), यह बताया जाता कि रोमन साम्राज्य का विघटन क्यों हुआ (एक ऐसी घटना, जिसमें उसकी कोई दिलचस्पी नहीं थी), राज्यों के बीच युद्ध के कारण बताये जाते (एक ऐसी चीज़, जिसके बारे में कोई सहमत नहीं होता) और यह सिखाया जाता कि परमाणु की संरचना कैसी होती है (फिज़िक्स से दरअसल उसे बोरियत होती थी), तो वह नकारात्मक पलायन करने के लिये प्रोत्साहित हुआ होता – मादक द्रव्य, संभावित अपराध या इससे भी बुरा। परंतु जिमी में इतनी हिम्मत थी कि वह दुनिया में अपने लिये जगह तलाश कर ले और वह ख़ुश है कि उसने ऐसा किया।

जिमी और मैं अक्सर बातें करते हैं। मुझे उसके पैने सवाल सुनकर

आश्चर्य होता है। वह अक्सर ऐसी बातें पूछता है, जैसे "कर प्रणाली के साथ सचमुच दिक्कत क्या है?" "क्या इम्पोर्ट कोटा एक अच्छा विचार है?" और "मैं अपने धन का सबसे अच्छा निवेश किस तरह कर सकता हूँ?"

जिमी के लक्ष्य बड़े हैं। बरसों से वह मुझे बताता आ रहा है कि किसी दिन वह एक ऐसी जगह का मालिक बनना चाहता है, जहाँ मोटरसाइकल चालक अपनी कुशलताओं को जाँच सकें और बाइक चलाने का आनंद ले सकें। पिछले सप्ताह उसने मुझे बताया कि उसने शहर से पचास मील दूर 100 एकड़ ज़मीन नक़द ख़रीदी है, जिस पर वह "मोटरसाइकल हैवन" बनाने जा रहा है। और जिमी अभी सिर्फ़ 19 साल का है। 30 साल का होने से पहले वह मिलियनेअर बन जायेगा।

जिमी के पास देने के लिये सचमुच कुछ है और जिमी दे रहा है!

यह सही है कि नये ज़माने में हमें उच्च शिक्षित इंजीनियरों, आर्किटेक्ट्स, डॉक्टरों, कंप्यूटर विशेषज्ञों और वैज्ञानिकों की ज़रूरत होगी। परंतु हर आदमी इन गतिविधियों के लिये नहीं बना है। जो काम लोगों को चुनौतीपूर्ण नहीं लगते, वे काम करने के लिये उन्हें विवश करना मूर्खतापूर्ण ही नहीं, बल्कि क्रूर, अदूरदर्शितापूर्ण और विपरीत परिणाम देने वाला है।

चार उपहार, जिनके सशक्त परिणाम मिलते हैं

अच्छा उपहार दिल से आता है। यह कहता है, "मैं आपके बारे में सोचता हूँ और मुझे आपकी परवाह है। मैं आपका दोस्त हूँ।" जब तक उपहार किसी दूसरे इंसान को ऊपर न उठाये और उसे आश्वस्त न करे, तब तक कोई सच्चा दूरगामी प्रभाव नहीं पड़ता। इससे भी बुरी बात यह है कि इसकी सराहना नहीं होती।

उपहार विचार के मूल्य से महान बनता है, न कि धन के मूल्य से। जिस तरह प्रेम को पैसे से नहीं ख़रीदा जा सकता, उसी तरह प्रेम को पैसे से दिया भी नहीं जा सकता।

उत्साह बढ़ाने वाली फ़ोन कॉल कीजिये

आमने-सामने की चर्चा के बाद संप्रेषण का सबसे व्यक्तिगत माध्यम फ़ोन है। अगर इसे आशा प्रदान करने, किसी अच्छे काम की प्रशंसा करने और अच्छे काम करते रहने के लिये लोगों को प्रेरणा देने के उपहार के रूप में सोचा जाये, तो फ़ोन करना मित्रता को प्रगाढ़ करने का एक सशक्त उपाय हो सकता है।

निर्मित मकानों की एक कंपनी के प्रेसिडेंट ने मुझे बताया कि वह अपने 300 डीलरों को उत्साही बनाये रखने के लिये किस तरह टेलीफ़ोन के उपहार का प्रयोग करता है।

"मैं पचास से साठ डीलरों को फ़ोन करने के लिये बुधवार का दिन अलग रख देता हूँ। मैं मार्केटिंग रणनीति या उनके प्रदर्शन के बारे में चर्चा करने के लिये उन्हें फ़ोन नहीं करता। हमारे पास आठ सेल्स मैनेजर हैं, जो यह काम करते हैं। मेरी फ़ोन कॉल्स तो विशुद्ध सद्भावना की कॉल्स होती हैं। मैं हर डीलर को बताता हूँ कि मुझे उस पर गर्व है। फिर मैं उसके परिवार, उसकी सेहत और इसी तरह की चीज़ों के बारे में पूछता हूँ। मैं अधिकांश डीलरों से साल में सात या आठ बार फ़ोन पर बात करता हूँ। हमारे बिज़नेस में थोड़ा उत्साह भरने के लिये यह बहुत बढ़िया तरीक़ा है।"

फ़ोन कॉल करने का अभ्यास कीजिये। किसी उपलब्धि पर लोगों को बधाई देने के लिये फ़ोन एक आरामदेह तरीक़ा है। और फ़ोन करना लोगों को यह बताने का बहुत अच्छा तरीक़ा है कि आप उन्हें महत्वपूर्ण मानते हैं, क्योंकि यह पूरी तरह अनपेक्षित होता है।

इसलिये अगर आपके किसी परिचित को प्रमोशन मिलता है, अच्छी नौकरी मिलती है, उसके घर बच्चे का जन्म होता है या उसे कोई पुरस्कार मिलता है - तो उसे फ़ोन करें। वह व्यक्ति आपको लंबे समय तक याद रखेगा।

अपने समय का उपहार दें

जिन बच्चों के माता-पिताओं के पास उन्हें देने के लिये समय नहीं होता, वे उस छोटी उम्र में भी हैरान होते हैं, "डैडी या मम्मी हमेशा काम करने या पार्टी या मीटिंग में जाने का समय कैसे निकाल लेते हैं, जबकि उनके पास मेरे लिये कभी समय नहीं होता?" या "दूसरे बच्चों के माता-पिता लिटिल लीग मैच देखते हैं, परंतु मेरे डैडी मुझे वहाँ सिर्फ़ छोड़ने जाते हैं और मैच ख़त्म होने के बाद लेने आते हैं," या "जब मेरे डैडी मुझसे बात करते हैं, तो ऐसा लगता है जैसे वे किसी और चीज़ के बारे में सोच रहे हैं।"

बच्चों को आपके समय और आपके पूरे ध्यान के उपहार की ज़रूरत है। आपके जीवनसाथी को भी, और आपके माता-पिता को भी, जो हो सकता है वृद्धाश्रम में रह रहे हों।

आप समय कैसे निकालेंगे? पहले तो यह फ़ैसला करें कि क्या महत्वपूर्ण है : उन लोगों को समय देना, जिन्हें आपकी ज़रूरत है या अपने आनंद में समय बिताना - खेलना, बाहर खाना, उस मनोरंजन में भाग लेना जिसमें सिर्फ़ आपको आनंद आता है। दूसरे, अपने काम और अन्य गतिविधियों की योजना बहुत सावधानी से बनायें, ताकि आपके पास उन लोगों के लिये समय रहे, जिन्हें आपके विशेष ध्यान की ज़रूरत है। ख़ुद से कहें, "मेरे प्रियजन मेरी पहली प्राथमिकता हैं।"

व्यक्तिगत चिट्ठी लिखें। यह एक सशक्त उपहार है

हाल ही में मैं अपने एक मित्र के ऑफ़िस में था, जो एक कंपनी का प्रमुख मालिक है। इस कंपनी का ग्रॉस टर्नओवर साल भर में एक बिलियन डॉलर है। यह बेहद अमीर व्यक्ति अपने ऑफ़िस की दीवारों को महँगी कलाकृतियों से सजा सकता था। इसके बजाय उसने अपने ऑफ़िस में *हाथ से लिखी* चिट्ठियाँ मढ़वाकर टाँग रखी हैं। ये चिट्ठियाँ एक शीर्षस्थ गोल्फ़र, एक सीनेटर और उसके पादरी ने लिखी हैं। दीवारों पर इन चिट्ठियों के अलावा उसके पोतों की दो ड्रॉइंग लगी हैं, जो मेरे मित्र की नज़रों में इतनी महत्वपूर्ण थीं कि उन्हें स्थायी रूप से याद किया जाये।

लोग हाथ से लिखी चिट्ठी पसंद करते हैं। यह बताती है, "मैं आपके बारे में सोच रहा हूँ और मैंने आपको यह बताने के लिये समय निकाला।"

व्यक्तिगत चिट्ठियाँ लोगों को यह बताने का अद्भुत तरीक़ा हैं कि उनके प्रमोशन पर, प्रोफ़ेशनल एसोसियेशन में अफ़सर बनने पर, कोई सम्मान मिलने पर, बच्चे के जन्म पर या कॉलेज से ग्रैजुएट होने पर आपको कितना गर्व है।

ग्रीटिंग कार्ड ठीक है, परंतु सिर्फ़ तभी, जब आप इसके साथ व्यक्तिगत संदेश भेजें। कुछ लोग नाम प्रिंट करके ग्रीटिंग कार्ड भेजते हैं। हममें से ज़्यादातर लोग इस तरह की अभिव्यक्ति से चिढ़ जाते हैं। यह बहुत अव्यक्तिगत होता है, कुछ ज़्यादा ही कुशल, कुछ ज़्यादा ही मशीनी। यह दरअसल कहता है, "हमारे कंप्यूटर में आपका नाम है और आपको यह कार्ड भेजने के लिये इसे प्रोग्राम किया गया है।"

अगर मुझे मिलने वाले आमंत्रण पत्र पर हाथ से लिखे एक या दो वाक्य नहीं होते, तो मेरी पहली इच्छा यह होती है कि उसे रद्दी की टोकरी में फेंक दूँ।

यह बहाना मत बनाइये, "मेरे पास व्यक्तिगत चिट्ठियाँ लिखने के लिये समय नहीं है।" जीवन के किसी भी क्षेत्र में सचमुच महत्वपूर्ण लोग यह कहने का समय निकाल लेते हैं, "आपकी मदद के लिये धन्यवाद" या "हम आपसे दुबारा मिलने के लिये उत्सुक हैं।" हाल के सभी अमेरिकी राष्ट्रपति हर सप्ताह बहुत सी व्यक्तिगत चिट्ठियाँ लिखते थे। क्यों? क्योंकि व्यक्तिगत चिट्ठियाँ समर्थन हासिल करने का एक प्रभावी तरीक़ा हैं।

सुनने की कला सीखें। यह एक सशक्त उपहार है

सब लोग, यहाँ तक कि सबसे सकारात्मक लोग भी, कई बार हताश, निराश और आहत होते हैं। हो सकता है ऑफ़िस में चीज़ें ठीक न हों, किशोर पुत्र या पुत्री संकट में हो, विवाह या रोमांस ख़तरे में पड़ गया हो। जब आपका कोई परिचित निराशा के दलदल में हो, तो उस व्यक्ति

की समस्या को सुनें।

सुनें और सिर्फ़ सुनकर आप समझ, सहानुभूति और समर्थन के उपहार दे सकते हैं।

सुनने का आशय यह नहीं है कि आप सलाह दें या उस व्यक्ति की समस्या को सुलझा दें। उस व्यक्ति को यह बताने के प्रलोभन से बचें, "अगर मैं तुम्हारी जगह होता तो ऐसा करता, वैसा करता" या "यह रहा वह काम, जो तुम्हें करना चाहिये।" सुनने का अर्थ सिर्फ़ यह है कि आप दूसरे व्यक्ति तक चिकित्सा पद्धति का वह लाभ पहुँचने दें, जो समस्या के बारे में बोलते रहने से मिलता है।

किसी को भी जो सबसे बुरा दंड दिया जा सकता है, वह है उसे चर्चा के आनंद से वंचित कर देना। सुनने की कला या विश्वासपात्र बनने की कला आज जितनी महत्वपूर्ण है, उतनी शायद पहले कभी नहीं रही। हमारा समाज धीरे-धीरे एकाकी बनता जा रहा है। पाँच में से एक घर में सिर्फ़ एक ही व्यक्ति रहता है। और हमारे आधे घरों में सिर्फ़ एक या दो व्यक्ति रहते हैं।

याद रखें, सुनने से प्रेम प्रदर्शित होता है। यह सामने वाले व्यक्ति को बताता है, "मैं आपका मित्र हूँ। मैं आपका ख़्याल रखता हूँ।"

बच्चे अपने माता-पिता या दादा-दादी को जो उपहार देते हैं, वे किसी स्टोर से नहीं ख़रीदे जाते। वे तो बच्चों द्वारा बनाई गई तस्वीरें होती हैं, बर्ड फ़ीडर्स होते हैं जिन्हें बच्चे ने बनाया है, कोई भी ऐसी चीज़ होती है जिसे बनाने में बच्चे ने अपना समय लगाया और प्रतिभा का प्रयोग किया। इमर्सन ने लिखा था, "सबसे अच्छा उपहार अपना ख़ुद का हिस्सा होता है।" जब आप ख़ुद को देते हैं, तो आप प्रेम अभिव्यक्त करते हैं, सामने वाले के सामने यह साबित करते हैं कि आप उसका ख़्याल रखते हैं और आप गंभीर हैं।

जब आप कोई ऐसी चीज़ देते हैं जिसे आप मूल्यवान और प्रिय मानते हैं – शायद कोई पुस्तक, डिश या पेंटिंग – तो आप अपना एक हिस्सा दे रहे हैं। और यह तय है कि इस उपहार की निश्चित रूप से सराहना होगी।

परिवार को समर्थन दें। यह अच्छी दवा है!

हाल ही में मैं अपने पुराने मित्र जॉन आर. से मिला, जो एक पब्लिक स्कूल सिस्टम में मनोवैज्ञानिक है। हम दोनों ने दिन भर एक सेमिनार में भाग लिया, जिसका शीर्षक था "किस तरह बॉर्डरलाइन रिटार्डेड (आंशिक मंदबुद्धि) युवाओं की मदद की जाये।"

शाम को डिनर के वक़्त मैंने जॉन से पूछा कि मंदबुद्धि युवाओं को किस चीज़ की सबसे ज़्यादा ज़रूरत होती है।

जॉन ने एक पल के लिये सोचा और फिर जवाब दिया, "कुछ दवायें हैं, जो मदद कर सकती हैं। मैं "सकती" पर ज़ोर दे रहा हूँ क्योंकि अक्सर जो दवायें दी जाती हैं, वे फ़ायदे के बजाय नुक़सान पहुँचाती हैं। जो उपचार सबसे ज़्यादा फ़ायदा पहुँचाता है, वह है संबल देने वाले परिवार की मदद। कम से कम एक व्यक्ति ऐसा होना चाहिये, जो समस्याग्रस्त व्यक्ति की सचमुच मदद करना चाहता हो।"

"परंतु आप एक मनोवैज्ञानिक हैं," मैंने कहा, "मुझे हैरानी है कि आपने यह नहीं कहा कि काउंसलिंग सबसे ज़्यादा मदद कर सकती है।"

"बिलकुल नहीं," जॉन ने कहा। "काउंसलिंग मदद कर सकती है लेकिन *सिर्फ़* तभी, जब मरीज़ को घर पर प्रोत्साहन - दृढ़, सकारात्मक प्रोत्साहन - और सम्मान मिले। मैं किसी मरीज़ की मदद तभी कर सकता हूँ, जब घर पर सकारात्मक प्रेरणा और सम्मान मिलता हो, परंतु तब नहीं जब उसे 'नीचा दिखाने वाला' व्यवहार झेलना पड़ता हो, जो अधिकांश ज़रूरतमंदों को झेलना पड़ता है।

"देखिये," जॉन ने आगे कहा, "मैं अपने अधिकांश मरीज़ों को सप्ताह में एक घंटे परामर्श देता हूँ। अगर उस व्यक्ति का परिवार सकारात्मक है, तो मुझे अच्छे परिणाम मिलते हैं। ख़ुद को बेहतर तरीक़े से समझने, लक्ष्य बनाने (चाहे वे कितने ही छोटे क्यों न हों) और दूसरे लोगों के साथ अधिक प्रभावी तरीक़े से व्यवहार करने में मैं उस व्यक्ति की मदद कर सकता हूँ। परंतु अगर उसका परिवार उसका साथ न दे, तो मेरे प्रयास अर्थहीन हैं। मैं मरीज़ के लिये दो महीने में जो काम करता हूँ,

नकारात्मक परिवार दो मिनट में उस काम को मटियामेट कर सकता है या उससे हो रहे फ़ायदे को कम कर सकता है।"

"क्या आप इसे अधिक स्पष्ट करेंगे?" मैंने जॉन से पूछा। "क्या आप यह समझाने के लिये विशिष्ट उदाहरण दे सकते हैं कि सकारात्मक परिवार का होना महत्वपूर्ण है।"

"ठीक है," जॉन ने जवाब दिया। "मैं कोशिश करता हूँ। मैं आपको दो युवकों के बारे में बताता हूँ। जे.टी. सत्रह साल का है और बी.डब्ल्यू. सोलह का। मैं इन दोनों के साथ काम कर रहा हूँ। दोनों ही बॉर्डरलाइन रिटार्डी हैं, सेरीब्रल पैल्सी से पीड़ित हैं और व्हीलचेयर पर हैं। दोनों की सामाजिक-आर्थिक पृष्ठभूमियाँ भी बहुत समान हैं, परंतु इन युवाओं की पीड़ा के बारे में उनके परिवार के नज़रियों में ज़मीन-आसमान का फ़र्क़ है।

"जे.टी. के मामले में," मेरे दोस्त ने आगे कहा, "माता-पिता और उसके भाई-बहन उसे यह एहसास दिलाते हैं कि वह अवांछित है, बोझ है, और उनके जीवन पर बदनुमा दाग़ है। उसे अपराधी अनुभव कराया जाता है, क्योंकि अतिरिक्त देखभाल की आवश्यकता होने के कारण वह उन्हें आगे बढ़ने से रोक रहा है। उसके घर जाने के बाद यह स्पष्ट हो जाता है कि जे.टी. का परिवार उसे पसंद नहीं करता। जे.टी. भी यह बात समझता है। हालाँकि ऐसे व्यक्ति की बुद्धि कम हो सकती है, परंतु इंसान में दूसरे लोगों के नज़रिये को भाँपने की गहरी बुद्धि और अच्छी समझ होती है। कुत्ते-बिल्ली भी समझ लेते हैं कि उन्हें चाहा जा रहा है या नहीं।"

"मुझे ऐसा लगता है कि जे.टी. को आपकी सेवाओं की जितनी आवश्यकता है, उससे अधिक आवश्यकता उसके माता-पिता को है," मैंने टिप्पणी की।

जॉन मुस्कराया और बोला, "आप सही हो सकते हैं। परंतु मैं आपको बी.डब्ल्यू. और उसके परिवार के सकारात्मक नज़रिये के बारे में बता दूँ। मैंने जिन बच्चों के साथ काम किया है, बी.डब्ल्यू. उनमें सबसे सुखी बच्चों में से एक है। जब मैं बी.डब्ल्यू. के घर गया, तो उसके मम्मी-डैडी और दो अन्य बच्चे ख़ुश, सकारात्मक और प्रगतिशील दिखे।

वे हँस रहे थे और भावपूर्ण चर्चा का आनंद ले रहे थे। और बी.डब्ल्यू. काम में हाथ बँटाता था। उसे अपने काम करने पड़ते थे। वह ऐसे काम करता था, जिन्हें वे 'ज़मीनी काम' कहते थे - कुर्सियाँ साफ़ करना, डिनर की टेबल साफ़ करना आदि, क्योंकि जैसा उसकी माँ मज़ाक़ में कहती थीं, 'वह इसके सबसे क़रीब है' (व्हीलचेयर पर रहने के कारण और खड़े न हो पाने के कारण)।

"स्कूल में भी," जॉन ने आगे कहा, "दोनों के व्यवहार में बहुत अंतर है। जे.टी. उदास रहता है और कभी नहीं मुस्कराता। स्कूल के आवारा बच्चे और 'दादा' उस बच्चे की हँसी उड़ाते हैं जो 'अलग' हो और जब वे जे.टी. के साथ ऐसा करते हैं, तो उसे चोट पहुँचती है।

"परंतु बी.डब्ल्यू. की कहानी अलग है। बाथरूम में व्हीलचेयर नहीं जा सकती। इसलिये जब उसे टॉयलेट जाना होता है, तो वह रेंगकर जाता है। वह बहुत हँसता है।

"कुछ सालों में, " जॉन ने आगे कहा, "बी.डब्ल्यू. को किसी तरह की नौकरी मिल जायेगी। वह कभी सामान्य नहीं हो पायेगा, परंतु वह ख़ुश रहेगा। परंतु जे.टी. के साथ ऐसा नहीं होगा। उसके मामले में तो मैं यही कहूँगा कि वह शायद ही कभी कोई उपयोगी नौकरी करने क़ाबिल हो पायेगा।"

मैंने टिप्पणी की, "आप मंदबुद्धि युवकों की मदद करने के लिये सकारात्मक पारिवारिक माहौल की बहुत पैरवी कर रहे हैं। परंतु क्या यह 'दवा' अन्य मनोवैज्ञानिक समस्याओं को भी ठीक कर सकती है?" मैंने पूछा।

"अरे हाँ, क्यों नहीं!" जॉन ने जवाब दिया। "शराबख़ोरी की लत लें। सौ में से एक शराबी भी यह बुरी आदत नहीं छोड़ सकता, जब तक कि कम से कम एक व्यक्ति लगातार उसे मज़बूत सहारा न दे। अल्कोहलिक एनॉनिमस के पीछे यही अवधारणा है। *अगर* शराबी *सचमुच* इस लत को छोड़ना चाहता है और *अगर* शराबी के साथ समझने वाले या सहारा देने वाले लोग हैं, तो सफलता हासिल की जा सकती है।

किसी भी तरह की बाधा को पार करने के लिये इंसान को किसी ऐसे व्यक्ति के सहारे की ज़रूरत होती है, जो सचमुच परवाह करे। यह मनोविज्ञान का नियम है। जब हम इस व्यवसाय में इस बात का एहसास कर लेंगे, तब हम आगे की तरफ़ एक बड़ा क़दम उठा लेंगे।"

पिछले कुछ सप्ताहों में मैंने जॉन के विचारों के बारे में काफ़ी सोचा। हममें से हर एक को सहारा देने वाले परिवार या कम से कम एक व्यक्ति के सहारे की आवश्यकता *होती* है।

इस महत्वपूर्ण बिंदु पर ध्यान दें : जब आप सहारा देते हैं, तो आप ख़ुद को अधिक पसंद करते हैं और अधिक प्रेम करते हैं। और जब आपको मदद की ज़रूरत हो, तो सहारा देने वाले व्यक्ति की खोज करें - ऐसे व्यक्ति की नहीं जो आपका मूल्यांकन करे, बल्कि ऐसे व्यक्ति की जो आपकी मदद करना चाहे।

ख़ुद को आत्मसम्मान का उपहार दें

यह सफल जीवन का नियम है। इस बारे में हर दिन सोचें, जब तक कि आप इसे अपने हर काम में न अपना लें।

नियम यह है : हम ख़ुद का जितना सम्मान करते हैं, लोग उसी अनुपात में हमारा सम्मान करते हैं। अगर आप ख़ुद को फ़र्स्ट-क्लास मानते हैं, तो दूसरे आपके प्रति फ़र्स्ट-क्लास सम्मान दिखायेंगे। परंतु अगर आपकी ख़ुद के बारे में राय है "मैं सेकंड-क्लास निकम्मा हूँ" तो आपको बहुत कम सम्मान मिलेगा। हम धीरे-धीरे निकम्मों का देश बनते जा रहे हैं।

किसी स्टोर में "आत्मसम्मान" नाम का प्रॉडक्ट नहीं मिलता, इसलिये हम इसे ख़रीद नहीं सकते। न ही यह विरासत में मिलता है। यह जीन्स के साथ भी नहीं आता। और हम किसी ऐसे व्यक्ति से आत्मसम्मान उधार भी नहीं ले सकते, जिसके पास यह प्रचुर मात्रा में हो।

आत्मसम्मान का सिर्फ़ एक ही स्रोत है : स्वयं आप।

हम उन लोगों का सम्मान नहीं करते, जो बच्चों को नशीले पदार्थ बेचते हैं या लोगों को वेश्यावृत्ति के लिये लुभाते हैं। परंतु हममें से हर एक के मन में शराबियों और सामाजिक वंचितों के प्रति सहानुभूति व आध्यात्मिक प्रेम होता है। जब हम उनके दुख को देखते हैं, तो हम अपने आप से कहते हैं, "ईश्वर की कृपा है, वरना उसकी जगह मैं भी हो सकता था।" परंतु हम इन दुर्भाग्यपूर्ण लोगों का *सम्मान* नहीं करते, क्योंकि वे अपना ख़ुद का सम्मान नहीं करते।

यूनानी विद्वान मेनियस ने 2400 साल पहले कहा था, "कोई श्रेष्ठ व्यक्ति संकीर्ण मानसिकता या आत्मसम्मान की कमी नहीं दर्शायेगा।" हम ऑफ़िस के उस व्यक्ति का सम्मान नहीं करते जो दूसरों को नीचा दिखाता है, अपने अधीनस्थों पर बहुत सख़्ती करता है, बम की तरह दिखता है और लगातार गालियाँ बकता रहता है। (अमेरिकी भाषा में 6,80,000 शब्द हैं। फिर गालियाँ देने की क्या ज़रूरत है?) इस तरह के लोगों का व्यवहार हमें बताता है कि उनमें आत्मसम्मान की कमी है। फिर हम उनका सम्मान क्यों करेंगे?

कई लोगों में आत्मसम्मान की कमी नकारात्मक माहौल की वजह से हो जाती है। जिन पत्नियों पर शारीरिक और मानसिक अत्याचार होता है, वे आत्मसम्मान खो देती हैं। जिन पतियों को उनकी पत्नियाँ नीचा दिखाती हैं या दूसरे पुरुषों की तुलना में उन्हें हमेशा हीन साबित करती हैं, वे लगभग हमेशा अपना आत्मसम्मान गँवा देते हैं। और जिन बच्चों से कहा जाता है "क्या तुम अच्छे नंबर नहीं ला सकते?" "अगर मैंने तुम्हें नशा करते पकड़ा, तो मैं तुम्हारी चमड़ी उधेड़ दूँगा," और "तुम जिस तरह से व्यवहार करते हो, उस पर मुझे शर्म आती है," निश्चित रूप से उनका आत्मसम्मान ख़त्म हो जाता है और वे व्यवहार के ऐसे तरीक़ों के शिकार हो जाते हैं, जिनकी वजह से वे मुश्किल में पड़ जाते हैं।

इसलिये आत्मसम्मान की कमी सिर्फ़ हमारे मिशन, जेल और सुधारगृहों के लोगों तक ही सीमित नहीं है।

किस तरह जॉन ख़ुद के लिये खड़ा हुआ और उसने सम्मान जीता

गहरे आत्मसम्मान का प्रदर्शन करना और दूसरों की प्रशंसा व सम्मान हासिल करना सब लोगों के लिये एक चुनौती है। जे.टी. नाम के एक युवा मैनेजर ने एक घटना बताई, जब लगातार नीचा दिखाये जाने के कारण उसका आत्मसम्मान ख़तरे में पड़ गया था। उसने यह बताया कि किस तरह उसने स्थिति को क़ाबू में किया, जिस वजह से अब उसका काफ़ी सम्मान किया जाता है।

जे.टी. ने कहा, "मुझे एक होलसेल डिस्ट्रिब्यूटिंग कंपनी में सहायक नियंत्रक की नौकरी मिली। मैं जानता हूँ कि मुझमें आत्मविश्वास की कमी थी। मैं युवा था, तुलनात्मक रूप से अनुभवहीन था और शायद सबसे महत्वपूर्ण बात यह थी कि मुझमें भाषा की अशुद्धियाँ थीं। मुझे लगता है कि मैं अपने आपको हीन महसूस करता था और दूसरों को भी हीन दिखता था। जल्द ही मैंने पाया कि कंपनी का तानाशाह प्रेसिडेंट हमारी साप्ताहिक मैनेजमेंट मीटिंग में मुझे नीचा दिखा रहा था। हर सोमवार की सुबह मैं एक या दो तानों का शिकार होता था। हमेशा मुझी से चीफ़ की एश ट्रे या पानी का गिलास लाने या इसी तरह के चपरासियों के काम करने के लिये कहा जाता था। चीफ़ जानता था कि मैं इस सेकंड-क्लास व्यवहार को पसंद नहीं करता था। यह जानने के बाद वह मुझे नीचा दिखाने के लिये अधिक प्रेरित हुआ।

"उसका व्यवहार आख़िर मुझे चुभने लगा। कम होने के बजाय नीचा दिखाने की घटनायें बढ़ने लगीं।

"एक रात मीटिंग से पहले मैंने ख़ुद से एक लंबी चर्चा की। मैंने कुछ मूलभूत बातें सोचीं। मैंने ख़ुद को याद दिलाया कि मुझे अपने काम का ज्ञान था और मैं अच्छा काम कर रहा था। मैंने अपना मन बना लिया कि मैं चीफ़ के तानों, मुझे निशाना बनाकर किये जा रहे मज़ाक़ तथा चपरासियों वाले व्यवहार को अब और सहन नहीं करूँगा।

"अगली मीटिंग में चीफ़ ने मेरे बोलने की समस्या के बारे में एक मज़ाक़ किया और मुझे नीचा दिखाया। कुछ मिनट बाद उसने एक छोटी सी ग़लती के बारे में अपमानजनक शब्द कहे, जो मैंने अपनी रिपोर्ट में की थी।

"मीटिंग के तत्काल बाद मैं प्रेसिडेंट से अकेले में मिला और बोला, 'सर, पिछले छह महीनों से मैं आपका अपमान सहन कर रहा हूँ। मैं यह तो नहीं जानता कि आप ऐसा क्यों करते हैं। मुझे लगता है कि मैं पर्याप्त योग्य हूँ, वरना आपने मुझे नौकरी पर नहीं रखा होता। मुझे यह भी लगता है कि मैं अच्छा काम कर रहा हूँ, वरना आपने मुझे नौकरी से निकाल दिया होता। मैं स्वयं का इतना ज़्यादा सम्मान करता हूँ कि मैं इस तरह के व्यवहार को अब और सहन नहीं कर सकता। इसलिये मैं नौकरी छोड़कर जा रहा हूँ।'"

"फिर क्या हुआ ?" मैंने पूछा।

जे.टी. ने आगे कहा, "मैं कमरे से बाहर निकला, अपने केबिन में गया और सामान समेटना शुरू कर दिया। पाँच मिनट के भीतर चीफ़ मेरे पास आये, उन्होंने मुझसे माफ़ी माँगी और आग्रह किया कि मैं नौकरी छोड़कर न जाऊँ।

"मैंने नौकरी नहीं छोड़ी और अगली मीटिंग में चीफ़ ने ख़ुद को विनम्र बनाया। अपने व्यवहार के लिये दूसरे मैनेजरों से भी गंभीरता से माफ़ी माँगी। तब से वे मेरे साथ बहुत सम्मानपूर्वक व्यवहार करते हैं। इस घटना को नौ महीने हो चुके हैं और मुझे इस दौरान एक बड़ा प्रमोशन मिल चुका है।"

सबक़ : जब आपके साथ ग़लत व्यवहार हो रहा हो, तो विनम्रता परंतु दृढ़ता से बोलिये। नीचा दिखाने वाले को बता दीजिये कि आप उसके व्यवहार की किन बातों को पसंद नहीं करते। याद रखें, जब आप अपना सम्मान करेंगे, तो दूसरे भी आपका सम्मान करेंगे।

खड़े रहें और महत्व पायें

अख़बार के बिज़नेस में काम कर रहे मेरे एक दोस्त ने मुझसे कहा कि हमारे समाज में आत्मसम्मान की कमी बहुत बड़े पैमाने पर फैली हुई है।

"हम गर्व से अपने देश को स्वतंत्र लोगों की भूमि और बहादुरों का घर कहते हैं। परंतु अधिकांश लोग स्वतंत्र अनुभव नहीं करते और वे बहादुरों जैसे काम भी नहीं करते।"

"इस बात से आपका क्या मतलब है कि लोग स्वतंत्र अनुभव नहीं करते और बहादुरों जैसे काम नहीं करते?" मैंने पूछा।

"हर दिन हमें संपादक के नाम आये ढेर सारे पत्र मिलते हैं," मेरे दोस्त ने कहा। "आम तौर पर उनमें से नब्बे प्रतिशत लोग राजनेताओं, विचारों, प्रॉडक्ट्स, कंपनियों, स्कूलों और अदालतों को दोष देते हैं। आप जिस भी चीज़ का नाम लें, लोग उसकी आलोचना करते हैं।

"मुझे कष्ट इस बात से होता है," मेरे अख़बारी दोस्त ने आगे कहा, "कि शिकायत करने वाले दस लोगों में से सिर्फ़ एक ही अपने नाम के हस्ताक्षर करता है। क्या इससे ऐसा लगता है कि लोग बहादुर हैं? इस बिज़नेस में तीन दशक तक रहने के बाद मैं इस निष्कर्ष पर पहुँचा हूँ कि अधिकांश लोग डरपोक होते हैं। अगर कोई अपने विचारों का इतना भी सम्मान नहीं करता कि उनके नीचे अपने हस्ताक्षर कर दे, तो हम उन्हें कूड़ेदान में डाल देते हैं।"

आत्मसम्मान की कमी स्पष्ट करती है कि कई लोग उस भीड़ में क्यों शामिल होना चाहते हैं जिसे "एनॉनिमस" या "ग़ुमनाम" कहा जाता है।

जो लोग सार्वजनिक मंच पर बोलते हैं (सभाओं, पी.टी.ए. मीटिंग्स या सम्मेलनों में) वे साबित करते हैं कि उनमें आत्मसम्मान है। भले ही आप उनकी कही हुई बातों से सहमत न हों, परंतु आप और अन्य लोग उनका सम्मान करेंगे क्योंकि उनमें बोलने की हिम्मत है।

क्या करें जब "मैं-कोई-नहीं-हूँ" की भावना आपको जकड़ ले

जब हमारी नौकरी या पारिवारिक जीवन में चीज़ें गड़बड़ होती हैं, तो हमारा मन ललचा जाता है कि हम अपना सम्मान करना छोड़ दें और संघर्ष करने के बजाय समर्पण कर दें। जब आत्मसम्मान में कमी की भावना आने लगे, तो इन बिंदुओं को याद कीजिये :

आप दुर्लभ हैं। किसी और के पास आपके फ़िंगरप्रिंट, आपकी आवाज़, आपका क़द या जैसा खोजी कुत्ते बताते हैं, आपके शरीर की गंध नहीं है। इससे भी अधिक महत्वपूर्ण बात यह है कि किसी और के पास आपके जैसा दिमाग़ नहीं है। आप इस धरती के पाँच बिलियन लोगों से हर महत्वपूर्ण मामले में अलग हैं। आपसे पहले आने वाले सैकड़ों बिलियन लोगों में पहले कभी कोई आपके जैसा नहीं रहा है। और आपके बाद आने वाले कई ट्रिलियन लोगों में भी कोई बिलकुल आपकी तरह का नहीं होगा।

आपकी ज़रूरत है। आपमें से किसी को यहाँ इसलिये नहीं भेजा गया कि आप ख़ुद का ही ध्यान रखें। दूसरे लोगों - जीवनसाथी, बच्चों, कर्मचारियों, पड़ोसियों, ग्राहकों, माता-पिता, भाई-बहन - को आपकी ज़रूरत है। आपकी दोस्ती, आपका प्रेम और समर्थन, आपका मार्गदर्शन और आपकी योग्यतायें आपको बाँटने के लिये दी गई हैं।

आप एक उदाहरण बनें। जितना आपको लगता है, आपमें से हर एक की उससे ज़्यादा नक़ल की जाती है। आपकी आदतें और आपके नज़रिये उदाहरण बन जाते हैं, जिसका अनुसरण करने की कोशिश दूसरे लोग करते हैं। आत्मसम्मान एक महत्वपूर्ण उदाहरण है, जो आप प्रस्तुत कर सकते हैं और दूसरों को सिखाने में गर्व कर सकते हैं।

इन बातों को ध्यान में रखें :

* आप जितना ज़्यादा देंगे, आपको उतना ज़्यादा मिलेगा। देने से आपको अद्‌भुत एहसास होता है। और यह एक ऐसा निवेश है, जो फल देता है।

- सोचिये : दरअसल एक दर्जन का मतलब होता है तेरह। जितने का सौदा हुआ है, हमेशा लोगों को उससे अधिक दें।
- स्मार्ट लोग बढ़ाते हैं – वे कभी घटाते नहीं हैं। जब आप कोई चीज़ बेचें, तो कुछ अतिरिक्त दें।
- आगे बढ़ने के लिये जितना काम आवश्यक है, उससे अधिक काम करें। याद रखें, जब आप लॉन तराशें, तो झाड़ियाँ भी तराश दें।
- एक अच्छा उपहार बताता है, "मैं आपका *ख़्याल* रखता हूँ!"
    - उत्साह बढ़ाने वाले फ़ोन करें।
    - अपने समय का उपहार दें।
    - व्यक्तिगत चिट्ठी लिखें।
    - सुनें। यह एक सशक्त उपहार है।
- परिवार को सहारा दें। यह एक अच्छी दवा है।
- ख़ुद को आत्मसम्मान का उपहार दें। खड़े हों और महत्व पायें। यह बात हमेशा याद रखें कि हम ख़ुद का जितना सम्मान करते हैं, लोग उसी अनुपात में हमारा सम्मान करते हैं।

❖❖❖

अध्याय छह

अपना मनचाहा काम करवाने के लिये लोगों को प्रेरित करने की सफल तकनीकें

उपलब्धि के इस सिद्धांत को भी सीख लें : हम दूसरे लोगों को जितनी अच्छी तरह से प्रेरित करते हैं, उसी अनुपात में हम सफल होते हैं। हमें जो धन, प्रभाव और अधिकार हासिल होता है, वह इस बात पर निर्भर करता है कि हम दूसरों से कितना काम करवाते हैं। सेलिंग में सफल होने के लिये सेल्समैन को दूसरे लोगों को ख़रीदने के लिये राज़ी करना पड़ता है। मैनेजमेंट में सफल होने के लिये आपको दूसरों के सहयोग पर निर्भर होना पड़ता है, क्योंकि काम करने में वे आपकी मदद करते हैं। चुनाव जीतने के लिये राजनेताओं को नागरिकों को प्रेरित करना होता है कि वे उन्हें वोट दें। लाभ कमाने के लिये व्यापारी ग्राहकों पर निर्भर हैं कि वे उनका सामान ख़रीदें। इस तरह आपकी सफलता इस बात पर निर्भर करती है कि आप दूसरे लोगों से कितना काम, ख़रीदारी, निवेश या त्याग करवाते हैं।

चाहे हम कोई भी काम करें, हमें उसमें दूसरों के सहयोग की ज़रूरत होती है। दूसरों के माध्यम से ख़ुद को उच्च स्तर पर पहुँचाने के लिये उनका सहयोग हासिल करने की आवश्यकता होती है। और दूसरों

की मदद स्वैच्छिक होना चाहिये। आप लोगों का सहयोग बलपूर्वक हासिल नहीं कर सकते। न ही आप आग्रह करके या भीख माँगकर ज़्यादा कुछ हासिल कर सकते हैं।

एक पल के लिये सोचें कि आपकी सफलता किस हद तक आपकी प्रेरणा देने की क्षमता पर निर्भर करती है। अपने बच्चों से होमवर्क करवाने के लिये, किसी सख़्त व्यक्ति से अपॉइंटमेंट लेने के लिये, अपने कर्मचारियों से सर्वश्रेष्ठ प्रयास करवाने के लिये और किसी को अपना प्रॉडक्ट, प्रस्ताव, योजना या विचार ख़रीदने हेतु प्रेरित करने के लिये यह आवश्यक है कि आपको यह ज्ञान हो कि किस तरह प्रेरित व प्रोत्साहित किया जाता है।

सही तरीक़े से प्रेरित करके अधिकार व प्रभाव कैसे हासिल किया जाता है, यह सीखा जा सकता है। आइये देखें ऐसा किस तरह संभव है:

लोगों को दिखायें कि समृद्ध कैसे हुआ जाये

अधिक समृद्धि का आनंद कैसे लिया जाये, इस बारे में बहुत सलाह दी जाती है। इसमें से ज़्यादातर सलाह शुरू होती है "आपको यह करना चाहिये" से। इसके बाद आपको बताया जाता है कि "आपको बेहतर काम करना चाहिये," "आपको अधिक सामान बेचना चाहिये," "आपको बेहतर जीवन जीना चाहिये," "आपको अच्छे नंबर लाना चाहिये" इत्यादि।

समस्या यह है कि जो लोग आपको बताते हैं कि "आपको यह करना चाहिये," वे यह नहीं समझाते कि आप उनके नुस्ख़े को *किस तरह* अपने काम में ला सकते हैं।

एक कहानी बताती है कि "किस तरह किया जाये" कितना महत्वपूर्ण होता है। एक "विशेषज्ञ" से पूछा गया कि मिलियनेअर कैसे बना जाये। "विशेषज्ञ" ने कहा, "यह आसान है। आपको सिर्फ़ इतना करना है कि आप दस सप्ताह तक हर सप्ताह बैंक में एक लाख डॉलर जमा करें। इस तरह से आप मिलियनेअर बन जायेंगे।"

मिलियनेअर बनने के इच्छुक व्यक्ति ने पूछा, "परंतु मैं हर सप्ताह एक लाख डॉलर कहाँ से लाऊँगा?" विशेषज्ञ का जवाब था, "यह आपकी समस्या है। मैंने आपको सामान्य नीति बता दी है। अब बाक़ी विवरण आप ख़ुद सोच लें।"

लोगों से सर्वश्रेष्ठ परिणाम हासिल करने में विवरण महत्वपूर्ण भूमिका निभाते हैं। सिर्फ़ बड़ी नीति पर्याप्त नहीं है। लोगों से अच्छा प्रदर्शन करवाने के लिये आपको उन्हें दिखाना चाहिये कि वह काम कैसे किया जाये, जो आप उनसे करवाना चाहते हैं।

मेरा एक मित्र मल्टी-लेवल मार्केटिंग बिज़नेस में अद्भुत रूप से सफल है, जिसे उसने और उसकी पत्नी ने शून्य से शुरू किया था। अब इस शानदार दंपति के पास एक करोड़ डॉलर की पूँजी और 7000 लोगों की उत्साही टीम है। यह बिज़नेस इस दंपति को हर साल प्रति व्यक्ति प्रति माह 24 डॉलर की दर से कमाकर देता है यानी कुल मिलाकर लगभग बीस लाख डॉलर प्रति वर्ष।

मैंने उससे यह पूछा कि वह और उसकी पत्नी इतने सफल क्यों हैं, जबकि कई लोग कोशिश करने के बाद भी इसमें सफल नहीं हो पाये।

मेरे मित्र ने जवाब दिया, "देखिये, हमारी प्रॉडक्ट लाइन सर्वश्रेष्ठ है। परंतु सफलता का रहस्य है, पहले लोगों को बिज़नेस में लाना और फिर उन्हें यह दिखाना कि सफल कैसे हुआ जाये - प्रॉडक्ट को बेचकर और अपने दोस्तों को डिस्ट्रिब्यूटर्स के रूप में बिज़नेस में शामिल करके।

"जब हम इस बिज़नेस में आये, तो किसी ने हमारी मदद नहीं की। हमने अपने दम पर संघर्ष किया। हमने अपनी ग़लतियों से सीखा कि लोगों को शामिल कैसे किया जाये और उन्हें सफल होना कैसे सिखाया जाये। हमने बहुत सी कोशिशें कीं, जिनमें से कई काम नहीं आईं। परंतु हम प्रयोग करते रहे। हमारा बिज़नेस धीरे-धीरे परंतु निश्चित रूप से बढ़ता रहा। हम अपने बिज़नेस में शामिल होने वाले लोगों को दो योजनायें बताते रहे। पहली योजना है 'लोगों को शामिल कैसे करें' और दूसरी है 'प्रॉडक्ट किस तरह बेचें।''

"परंतु ये तो सफल मल्टी-लेवल मार्केटिंग की मूलभूत बातें हैं ?" मैंने पूछा।

"बिलकुल हैं," मेरे दोस्त ने सहमत होते हुए कहा, "परंतु हम अपने सहयोगियों को सिर्फ़ यह नहीं बताते कि क्या करना है। हम उन्हें *यह दिखाते* हैं कि इसे कैसे करना है। लोगों को यह बताना आसान है कि वे हमारे बिज़नेस में अमीर बन सकते हैं। लोगों को शुरुआत में उत्साहित

करना मुश्किल नहीं होता, क्योंकि हर आदमी .ज्यादा पैसे कमाना चाहता है। परंतु अगर हम लोगों को यह नहीं *दिखाते* कि .ज्यादा पैसे कैसे कमाये जायें, तो उनका उत्साह जल्दी ही ठंडा हो जाता है।"

"क्या आप अपनी बात को अधिक स्पष्ट करेंगे ?" मैंने पूछा।

"ठीक है। मैं उदाहरण देता हूँ," मेरे मित्र ने आगे कहा। "हम लोगों को सिर्फ़ यही नहीं बताते कि कोई प्रॉडक्ट अच्छा है। हम उन्हें *दिखाते* हैं। किसी प्रॉडक्ट का तीस सेकंड का डिमॉन्स्ट्रेशन (प्रदर्शन) तीन हज़ार शब्दों के मौखिक वर्णन से अधिक मूल्यवान होता है। हम अपने लोगों को सिर्फ़ यह नहीं बताते कि वे अपने परिचितों को बिज़नेस में शामिल करने का आमंत्रण दें। हम उन्हें *दिखाते* हैं कि ऐसा किस तरह करें - आमंत्रित कैसे किया जाये, उनसे क्या कहा जाये, कब कहा जाये और शामिल होने के लिये उनसे किस तरह वायदा करवाया जाये। विवरण, निश्चित बातें - यह बातें अत्यंत महत्वपूर्ण हैं।"

मेरे दोस्त की सफलता का रहस्य यही है : वह *दिखाता है* काम कैसे किया जाये। और जब आप किसी दूसरे से कोई काम करवाना चाहते हैं, तो "दूसरों-की-अमीर-बनने-में-मदद-करने" की यह तकनीक हर बार सफल होती है :

- अगर कोई पादरी लोगों से कहता है कि वे प्रलोभन के सामने हार न मानें, तो उसे बेहतर परिणाम उस स्थिति में मिलेंगे, जब वह उन्हें क़दम दर क़दम दिखाये कि नशीले पदार्थों के प्रयोग या परीक्षा में नक़ल करने की इच्छा का प्रतिरोध *किस तरह* किया जाये।
- माता-पिता के लिये बच्चों को यह बताना आसान है कि उनमें बेहतर नंबर लाने की योग्यता है। परंतु निश्चित रूप से यह स्पष्ट करने से .ज्यादा फ़ायदा होगा कि पढ़ाई *कैसे की* जाये और बेहतर नंबर कैसे लाये जायें।
- जो कोच अपने खिलाड़ियों को यह करके दिखाता है कि बॉल को कैच कैसे किया जाये, वह उस कोच से अधिक सफल होगा जो खिलाड़ियों से सिर्फ़ यह कहता है कि वे कैच करने के लिये .ज्यादा मेहनत करें।

ग्राहक-की-कमाई-बढ़ाने-में-मदद-करो की नीति से ब्रोकर ने किस तरह एक नया अकाउंट जीता

एक निवेशक ने मुझे बताया कि उसने अपना स्टॉक ब्रोकर क्यों बदला। "दो साल पहले, मैंने एक ब्रोकरेज हाउस को अपना स्टॉक ब्रोकर बनाया। मैं कोई समझदार निवेशक होने का दावा नहीं करता, इसलिये मुझे अपने ब्रोकर पर बहुत विश्वास था। आख़िर वह इस उद्योग की सबसे बड़ी फ़र्मों में से एक का प्रतिनिधि था। इसी वजह से मैंने यह मान लिया कि वह पूरी तरह योग्य है। (मेरे दोस्त ने बहुत नासमझी भरे सोच का परिचय दिया, क्योंकि सम्माननीय फ़र्मों में कुछ बुरे ब्रोकर भी होते हैं। डिस्काउंट ब्रोकरेज उद्योग का अस्तित्व ही इसलिये है क्योंकि ग्राहक पुरानी फ़र्मों के ब्रोकरों से असंतुष्ट हैं।)

"बहरहाल, मेरे निवेश ठीक-ठाक काम करते दिख रहे थे - बहुत बढ़िया नहीं, पर ठीक-ठाक। फिर दूसरी फ़र्म का एक ब्रोकर मुझसे मेरे पोर्टफ़ोलियो के संबंध में बात करने आया। मैंने स्पष्ट किया कि मैं ब्रोकरेज हाउस के साथ अपने निवेश को लेकर काफ़ी संतुष्ट था, परंतु अगर वह मुझे अपने विचार बताना चाहे तो उसका स्वागत है।

"कुछ दिनों में दूसरा ब्रोकर दुबारा मेरे पास आया और उसने मुझसे सवाल पूछे, जैसे 'आपने यह बॉन्ड क्यों ख़रीदे ?' 'इन मीच्युअल फ़ंडों को ख़रीदने के लिये आप कैसे प्रेरित हुए ?' मैं सिर्फ़ इतना ही कह पाया कि मैंने अपने ब्रोकर की सलाह पर ऐसा किया।

"जितनी नरमी से वह बता सकता था, उतनी नरमी से दूसरे ब्रोकर ने मुझे बताया कि मेरे पोर्टफ़ोलियो के दस में से सात निवेश 'हाउस स्पेशल' थे, यानी कि ब्रोकर को मेरे लिये वे सिक्युरिटीज़ ख़रीदने पर बोनस कमीशन मिला था।

"फिर उस ब्रोकर ने मुझे एक और महत्वपूर्ण बात बताई। उसने कहा, 'आपका ब्रोकर *आपके लिये* पैसा कमाने के बजाय *आपसे* पैसा कमाने में ज़्यादा दिलचस्पी ले रहा है।' दूसरे शब्दों में मेरा ब्रोकर स्वार्थपूर्ण ढंग से काम करके मुझे ऐसी सिक्युरिटीज़ बेच रहा था जिनसे उसे सबसे

.ज़्यादा लाभ हो, बजाय ऐसी सिक्युरिटीज़ के जिनसे मुझे सबसे .ज़्यादा लाभ हो।

"यह कहने की ज़रूरत नहीं कि मैंने अपना ब्रोकर बदलकर दूसरे ब्रोकर को अपना ब्रोकर बना लिया। यह कहना जल्दबाज़ी होगी कि मैं नये ब्रोकर के साथ .ज़्यादा पैसे कमाऊँगा, परंतु यह तय है कि मैं बेहतर अनुभव कर रहा हूँ। मुझे महसूस होता है जैसे पहले ब्रोकर ने मुझे मूर्ख बनाया और यह बात मुझे क़तई पसंद नहीं आई।"

इस तरफ़ ग़ौर कीजिये कि पहला ब्रोकर यह सोच रहा था कि वह प्रीमियम कमीशन वाली सिक्युरिटीज़ बेचकर .ज़्यादा पैसे कमा रहा है। परंतु लंबे समय में उसने पैसा गँवाया, क्योंकि उसने एक लाभदायक ग्राहक खो दिया।

सफलता का नियम यह पूछना है, "मैं क्या कर सकता हूँ, ताकि मेरे ग्राहक .ज़्यादा से .ज़्यादा पैसे कमायें?" चाहे आप बैंकिंग में हों, रियल एस्टेट, बीमा, सिक्युरिटीज़ में हों या आपका ख़ुद का बिज़नेस हो, *अगर आप अपने ग्राहक के लाभ को अपने तात्कालिक लाभों के ऊपर रखेंगे, तो आप .ज़्यादा पैसे क़मायेंगे।* रिपीट बिज़नेस से आपकी असली क़माई होती है।

इस कहावत में बुद्धिमानी है, "अगर आप किसी आदमी को मछली देंगे, तो वह एक दिन ज़िंदा रह सकता है; परंतु अगर आप उसे यह सिखा देंगे कि मछली *कैसे* पकड़ी जाती है, तो वह आजीवन ज़िंदा रह सकता है।" पीस कॉर्प्स का जो स्वयंसेवक कबीले वालों को दिखाता है कि *किस तरह* .ज़्यादा अनाज उगाया जाये, वह उनका इतना .ज़्यादा भला कर रहा है जो एक लाख पर्चे बाँटने से भी नहीं होगा। अगर आप लोगों को दिखाते हैं कि नौकरी *कैसे* हासिल की जाये, तो उन्हें नौकरी मिल जायेगी। परंतु इसके बजाय अगर आप उन्हें यह बताते हैं कि "आपको काम पर जाना चाहिये" या "अमुक-अमुक से मिलना चाहिये। उनके पास कोई अवसर होगा," तो इससे लोग यह नहीं सीख पाते कि नौकरी कैसे हासिल की जाये। इससे सिर्फ़ रोज़गार एजेंसी के कर्मचारी के गले का व्यायाम होता है।

सबक़ : *लोगों को सिर्फ़ यही न बतायें कि क्या करना है, बल्कि यह भी दिखायें कि कैसे करना है, ताकि उन्हें सच्ची मदद मिल सके।*

दिखाना हमेशा बताने से अच्छी तरह काम करता है। इस उदाहरण को आज़मायें। अपनी जैकेट उतारें और किसी दोस्त से यह बताने को कहें कि इसे ठीक-ठीक कैसे पहना जाता है। बिलकुल वही करें जो आपके दोस्त ने कहा है और पाँच मिनट बाद शायद आप अब भी जैकेट नहीं पहन पाये होंगे और आपका दोस्त पूरी तरह कुंठित होगा!

या किसी बच्चे को बतायें कि जूते का फीता कैसे बाँधा जाता है। अगर बताने के साथ-साथ आप उसे यह करके न दिखायें, तो बच्चा फीते बाँधना कभी नहीं सीख पायेगा।

किसी भी काम - सेलिंग, भाषण देने, कंप्यूटर चलाने, कार चलाने, पैसे कमाने - में लोगों को सबसे अच्छे परिणाम तब मिलते हैं, जब आप धैर्य और स्पष्टता से यह *दिखाते* हैं कि इसे *कैसे* किया जाता है। जब आप किसी अजनबी को सिर्फ़ मौखिक निर्देश देते हैं कि उसे कहाँ पता खोजना है, तो उसे ऐसा करने में बहुत परेशानी होगी। परंतु अगर आप उसे नक़्शा बनाकर दिखा देते हैं कि जगह कौन सी है, तो उसे यह आसानी से मिल जायेगी।

दिखाना शिक्षा का सबसे शुद्ध और श्रेष्ठ रूप है।

लोगों को प्रभावित करने के लिये प्रशंसा की शक्ति में निपुण बनिये

सब लोग तारीफ़ चाहते हैं - उनके अहम् के लिये यह अच्छा पोषक आहार होता है। लोगों की सच्ची तारीफ़ करना - यह दर्शाना कि वे महत्वपूर्ण हैं और आप उन्हें व्यक्ति के रूप में सम्मान दे रहे हैं - एक सशक्त प्रेरणादायी औज़ार है, जो आपके प्रभावक्षेत्र को फैलाता है। लोगों की तारीफ़ करने से आपको वह पाने में मदद मिलती है, जो आप चाहते हैं। देखिये किस तरह।

लोगों को बतायें कि वे अच्छे दिखते हैं

हर व्यक्ति यह सुनना चाहता है, "आप अच्छे दिख रहे हैं!" लोग कपड़े ख़रीदते हैं, बाल सेट करवाते हैं, वज़न कम करते हैं, वज़न उठाते

हैं और व्यायाम करते हैं क्योंकि वे अपने बारे में बेहतर महसूस करना चाहते हैं। परंतु वे यह भी चाहते हैं कि उनमें हुए सुधार को दूसरे भी देखें। बेहतर दिखने में किये गये निवेश के बदले में लोग यह "लाभ" चाहते हैं कि आप उनके रंगरूप की प्रशंसा करें।

लोग ख़ुद को ज़्यादा आकर्षक बनाने के लिये जो प्रयास कर रहे हैं, उनकी तरफ़ ध्यान दीजिये। मैं अक्सर सैंडविच की एक छोटी दुकान में कॉफी पीता हूँ। विदेशी मूल की एक 70 वर्षीय महिला इसे चलाती है। एक दिन मैंने देखा कि उसकी हेयरस्टाइल बदली हुई थी। मैंने उससे कहा कि उसकी नई हेयरस्टाइल बहुत अच्छी लग रही थी। मेरी प्रशंसा सुनकर वह किसी 14 साल की लड़की की तरह शरमा गई। मैंने उसका दिन सफल कर दिया था। इस घटना के बाद उसकी सेवा का अंदाज़ ही बदल गया।

यह बताने की आदत डालें कि लोग कितने अच्छे दिख रहे हैं। इसमें कुछ ख़र्च नहीं होता, परंतु जिस व्यक्ति की आप प्रशंसा कर रहे हैं उसे बहुत अच्छा लगता है। और आपको भी बहुत अच्छा लगता है। अगर आप ऐसा करेंगे, तो लोग अपने हुलिये पर अधिक गर्व महसूस करेंगे।

व्यक्तिगत असंवेदनशीलता को पहचानने के लिये मैंने समूह की स्थितियों में मनोवैज्ञानिक परीक्षण का एक आसान प्रयोग सैकड़ों बार किया है। एक से चार के पैमाने पर यह अस्वाभाविक है कि कोई ख़ुद को चार अंक दे – "मुझे लगता है कि मैं हमेशा बहुत अच्छे हुलिये में रहता हूँ।" अधिकांश लोग अपने हुलिये को लेकर बहुत असुरक्षित होते हैं। इसलिये दूसरे लोगों में कुछ गर्मी डालिये। याद रखें : "आप बेहतरीन दिख रहे हैं!" सुनने के लिये लोग दौड़ते हैं, व्यायाम करते हैं, हेयर स्टाइलिस्ट्स के पास जाते हैं, कपड़े ख़रीदते हैं और डाइटिंग करते हैं। इस बात का भी ध्यान रखें : अगर आप किसी व्यक्ति को बताते हैं कि वह कितना अच्छा दिख रहा है, तो वह आपको तथा आपकी बातों को कई दिन तक, शायद कई सप्ताह तक याद रखेगा।

लोग फ़र कोट क्यों ख़रीदते हैं ? मेरा दोस्त हाउस्टन में फ़र विक्रेता है। उसने मुझसे एक बहुत अच्छी बात कही, "सिर्फ़ अमीर औरतें ही फ़र का कोट नहीं ख़रीदतीं। दरअसल, नैन्सी रीगन प्रथम महिला के रूप में

शायद ही कभी फ़र का कोट पहनती हों। पचास प्रतिशत से भी ज़्यादा फ़र कोट, जो मैंने पाँच हज़ार डॉलर से अधिक में बेचे हैं, क़िस्तों में या किसी अन्य तरीक़े से उधारी में ख़रीदे गये हैं।

"अब हाउस्टन की आम महिला," उसने आगे कहा, "फ़र के उस कोट को एक साल में लगभग दस बार पहनेगी। अगर वह फ़र के कोट को पाँच साल तक रखती है, तो हर बार कोट पहनने की क़ीमत सौ डॉलर आती है।"

"एक बार कोट पहनने के लिये सौ डॉलर बहुत ज़्यादा होते हैं," मैंने कहा। "लोग ऐसी चीज़ ख़रीदने के लिये क्यों प्रेरित होते हैं, जिसकी उन्हें ज़रूरत नहीं है?" (यह जनवरी की बात थी और हाउस्टन में तापमान 85 डिग्री था।)

"दो कारणों से," फ़र विक्रेता ने स्पष्ट किया। "पहला, दूसरी औरतों को थोड़ा ईर्ष्यालु बनाने के लिये और दूसरा, पुरुषों की प्रशंसा पाने के लिये।"

लोग यह तारीफ़ सुनना *चाहते* हैं कि वे अच्छे दिख रहे हैं। 2 से लेकर 92 साल की उम्र के लोग, अमीर, ग़रीब, पुरुष, महिला – कार पार्क करने वाले कर्मचारी से लेकर एक्ज़ीक्यूटिव्ज़ तक – सब इस बात के भूखे हैं कि लोग उनकी तारीफ़ करें और सभी यह महसूस करना चाहते हैं कि लोग उनकी क़द्र करते हैं।

किसी व्यक्ति के परिवार के बारे में कोई अच्छी बात कहें

हममें से अधिकांश के लिये हमारा परिवार हमारी सबसे गहरी चिंता है। परिवार व्यक्ति की मुख्य रुचि और गर्व का सबसे बड़ा स्रोत होता है।

सामान्य टिप्पणियाँ जैसे "जिमी स्कूल में कैसा प्रदर्शन कर रहा है?" "मैं शर्त लगा सकता हूँ कि आपको गर्व होगा कि *सारा* बैले में दिलचस्पी ले रही है।" "जिम ने मुझे बताया कि हैरियट (सामने वाले व्यक्ति की पत्नी) अपनी नौकरी में बहुत तरक्की कर रही है।" "फ़्रेड को बता देना (आपकी मित्र के पति को) कि मुझे उसके प्रमोशन मिलने पर गर्व है।" "अरे, मैंने सुना है कि पीट ने स्टेट युनिवर्सिटी में नाम लिखवा

लिया है। यह बहुत बढ़िया हुआ!" लोगों को यह पता चलने दें कि उनके जीवन में जो महत्वपूर्ण है, आप उसका ध्यान रखते हैं।

सावधानी का एक शब्द : दूसरे व्यक्ति के परिवार की सिर्फ़ इसलिये तारीफ़ न करें, ताकि आप अपने परिवार के बारे में डींगें हाँक सकें। इससे सामने वाले को वह ख़ुशी और संतुष्टि नहीं मिलेगी, जो आप उसे अनुभव कराना चाहते हैं। लोग यह नहीं सुनना चाहते कि आप महान क्यों हैं; वे यह सुनना चाहते हैं कि वे महान क्यों हैं।

दूसरों की उपलब्धियों को पहचानें

किसी चीज़ को हासिल करने के लिये एक प्रमुख प्रेरणा होती है दूसरे लोगों से प्रशंसा हासिल करना। सभी चाहते हैं कि उनके कामों की प्रशंसा की जाये। जिस सेल्समैन ने नया ग्राहक बनाने के लिये कड़ी मेहनत की है, उसकी उपलब्धि के लिये उसे प्रशंसा मिलना चाहिये और उसे इसकी ज़रूरत है। जो खिलाड़ी किसी मुश्किल मैच को सफलतापूर्वक खेलता है, वह बधाई के शब्द सुनना चाहता है। जो कंप्यूटर प्रोग्रामर किसी कठिन सिस्टम को आसान कर देता है, वह अपने काम की प्रशंसा सुनना चाहता है।

उपलब्धियाँ हर आकार में आती हैं, जॉनी के ए ग्रेड पाने से लेकर जेनी के पहला क़दम चलने और दादाजी के बोर्ड ऑफ़ डायरेक्टर्स में चुने जाने तक। परंतु चाहे यह मिलियन डॉलर की उपलब्धि हो या बुलडोज़र ऑपरेटर के समय से तीन घंटे पहले काम ख़त्म कर देने की, इसके लिये उसकी पीठ ठोंकी जाना चाहिये। और पीठ ठोंकना एक उत्कृष्ट प्रेरणादायक दवा है। यह सामने वाले को बताती है, "आप महत्वपूर्ण हैं। अच्छा काम करते रहिये।" इसलिये, यह देखते रहिये कि लोग कब अच्छा काम करते हैं और इसके लिये उनकी तारीफ़ कीजिये। उन्हें आमने-सामने की मुलाक़ात में बताइये, फ़ोन कीजिये या चिट्ठी लिखिये। उन्हें अच्छा लगेगा और आपका प्रभाव बढ़ेगा।

लोगों के महत्वपूर्ण सामान की प्रशंसा कीजिये

लोग घर, कार, फ़र्नीचर और अन्य सामान दो कारणों से ख़रीदते

हैं : उन्हें सामान की ज़रूरत होती है और वे दूसरों की प्रशंसा तथा शायद ईर्ष्या भी चाहते हैं। इसलिये हर अवसर पर दूसरे व्यक्ति के सामान पर ध्यान दें और प्रशंसा करें। कहिये, "मुझे आपकी नई कार सचमुच पसंद है। यह आपके व्यक्तित्व के अनुरूप है," या "आपका घर बहुत अच्छी तरह से सज़ा हुआ है," या "आपकी नई घड़ी सचमुच अच्छी दिख रही है।"

सामने वाले व्यक्ति के सामान की तारीफ़ करने में आपका कुछ ख़र्च नहीं होता, परंतु इससे यह साबित होता है कि आप उस व्यक्ति की प्रशंसा करते हैं। बदले में, "धन्यवाद" के अलावा आपको बेहतर सहयोग, ज़्यादा मेहनत से किया गया काम और अधिक त्याग मिलेगा।

लोगों के विचारों की तारीफ़ करें

यह दुर्भाग्यपूर्ण परंतु सत्य है कि ऑफ़िस में, घर पर, स्कूल में और सामाजिक गतिविधियों में लोगों में यह सोचने की आदत डाल दी गई है, "मेरी बुद्धि ज़्यादा अच्छी नहीं है। लोग सोचते हैं कि मैं मूर्ख और नादान हूँ।" इससे यह समझ में आता है कि लोग अक्सर अपनी राय देने में झिझकते क्यों हैं, बोलते क्यों नहीं हैं और प्रमोशन के लिये कोशिश करने से क्यों डरते हैं। जब आप बड़ी सफलता की तरफ़ बढ़ते हैं, तो आपको उन सभी सुझावों, अनुशंसाओं और विचारों की ज़रूरत होती है, जो आप प्राप्त कर सकते हैं।

दूसरों की मानसिक शक्ति को जाग्रत करने का सबसे अच्छा तरीक़ा है हर अवसर पर उनकी तारीफ़ करना। इस तरह की टिप्पणी जैसे "जोआन, मैं आपकी निर्णय-क्षमता की प्रशंसा करता हूँ। आपकी राय क्या है?" "बिल, मैं जानता हूँ आपको इस तरह की समस्याओं का काफ़ी अनुभव है। आपके विचार से हमें क्या करना चाहिये?" या, "जॉर्ज, आपने इसी स्थिति में बहुत अच्छा काम किया था। आप हमें क्या करने की सलाह देते हैं?"

अगर आप दूसरों के बौद्धिक इंजन को चालू करने के लिये अहम् बढ़ाने वाले प्रश्नों का प्रयोग करते हैं, तो आप लोगों की बहुत बड़ी प्रशंसा करते हैं और आपको अक्सर उपयोगी विचार मिलते हैं।

यह याद रखें, अधिकांश लोगों को बहुत कम बार यह अनुभव कराया जाता है, "मेरे पास दिमाग़ है। मेरे पास विचार हैं। मेरे पास योग्यता है।" सब लोगों में बुद्धिमान महसूस करने की जो भूख है, उसे संतुष्ट कीजिये और वे आपसे प्रभावित होंगे। यह सबसे अच्छी प्रेरणा है और इसमें आपका कुछ ख़र्च नहीं होता।

कोशिश करने के लिये लोगों की प्रशंसा कीजिये

चाहे सेल्स प्रज़ेंटेशन देना हो, फ़ुटबॉल मैच खेलना हो या पैदल चलना सीखना हो, किसी भी तरह के काम में असफलता सामान्य बात है। राजनीतिक पद के लिये लड़ने वाले अधिकांश उम्मीदवार हार जाते हैं। नौकरी के लिये आवेदन करने वाले अधिकांश लोग "ना" सुनते हैं और किसी प्रतियोगिता में शामिल होने वाले अधिकांश लोग प्रतियोगिता में नहीं जीत पाते।

चाहे प्रयास असफल हो, परंतु सिर्फ़ प्रयास के लिये भी सच्ची सराहना की जाना चाहिये। हर बच्चा हर विषय में ए ग्रेड नहीं ला सकता। जो बच्चा कुछ विषयों में सी ग्रेड का रिपोर्ट कार्ड लेकर घर आता है, उसे समझाइश, प्रोत्साहन और मदद की ज़रूरत है – न कि उपहास, धमकी या डाँट-डपट की।

जब किसी सेल्समैन का बुरा समय चल रहा हो, तो यह आवश्यक हो जाता है कि सच्चा प्रयास करने के लिये उसकी प्रशंसा की जाये। अगर पुत्री सौंदर्य प्रतियोगिता नहीं जीत पाती, तो यह ज़रूरी हो जाता है कि प्रतियोगिता में शामिल होने के लिये उसकी प्रशंसा की जाये। अगर कोई राजनेता चुनाव हार जाता है, तो वह इस बात के लिये हमारी सराहना सुनना चाहता है कि कम से कम उसने कोशिश तो की।

राष्ट्रपति थियोडोर रूज़वेल्ट के इन शब्दों को पढ़ें :

> "आलोचक महत्वपूर्ण नहीं होता, न ही वह व्यक्ति जो यह बताता है कि दृढ़ व्यक्ति किस तरह लड़खड़ाया या काम करने वाला कहाँ बेहतर काम कर सकता था। तारीफ़ उस व्यक्ति को मिलना चाहिये, जो दरअसल मैदान में संघर्ष

करता है; जिसका चेहरा धूल, पसीने और ख़ून से लथपथ होता है; जो बहादुरी से प्रयास करता है; जो ग़लतियाँ करता है और बार-बार असफल होता है। तारीफ़ उस व्यक्ति को मिलना चाहिये जो प्रबल उत्साह व प्रबल निष्ठा को जानता है; जो ख़ुद को किसी महत्वपूर्ण काम में लगाता है; जो जानता है कि अंत में उच्च उपलब्धि की विजय सर्वश्रेष्ठ परिणाम होगा और सबसे बुरा यह हो सकता है कि वह असफल हो जाये। परंतु अगर वह असफल होता है, तो भी कम से कम वह साहसिक प्रयास के बाद असफल होगा; इसलिये उसका स्थान उन ठंडे और कायर लोगों के साथ कभी नहीं होगा, जो न तो विजय को जानते हैं, न ही पराजय को।"

* थियोडोर रूज़वेल्ट

याद रखें, लोगों के नीचे गिरने पर हम उनसे जिस तरह का व्यवहार करते हैं, उससे उनके ऊपर उठने की क्षमता पर सीधा प्रभाव पड़ता है। जब कोई व्यक्ति कोशिश करने के बाद असफल हो गया हो, तब उसे बधाई देना अच्छी आदत है। यह स्मार्ट तरीक़ा भी है। *कोशिश करते रहिये* की आपकी टिप्पणियाँ लोग याद रखेंगे, इसके लिये कृतज्ञ होंगे और किसी न किसी तरीक़े से आपको पुरस्कार मिलेगा। जब लोग हारते हैं, तब उनकी तारीफ़ करना बैंक में पैसा जमा करने की तरह है।

किसी तीसरे की तारीफ़ कीजिये और मित्र जीतिये

सामने वाले आदमी को प्रभावित करने का एक अचूक तरीक़ा यह है कि उसे किसी तीसरे व्यक्ति द्वारा कही गई कोई बात सुनाई जाये, "मैं जिम से हाल ही में मिला था। उसने मुझे बताया कि आप अपनी नई नौकरी में बहुत अच्छा प्रदर्शन कर रहे हैं," "जिल ने कहा था कि मैं जब भी आपसे अगली बार मिलूँ, उनकी तरफ़ से आपको हलो कहूँ," "मैबल ने मुझे बताया था कि आपका नया घर बहुत शानदार है।"

तीसरे व्यक्ति की प्रशंसा सशक्त होती है। यह सामने वाले को बताती है, "आप लोकप्रिय हैं। आप सम्माननीय हैं। सब आपकी प्रशंसा

करते हैं।" और जब वह अपने बारे में बेहतर महसूस करता है, तो उसके साथ बिज़नेस करना काफ़ी आसान हो जाता है। तीसरे व्यक्ति की तारीफ़ सुनने के बाद व्यस्त एक्ज़ीक्यूटिव आपकी बातों को सुनने का "समय निकाल लेता है।" जिस मैनेजर के पास देने के लिये नौकरी नहीं है, वह भी आपकी योग्यताओं का विवरण सुनेगा। पार्टी में लोकप्रिय व्यक्ति भी बाद में आपको याद रखेगा।

और तीसरे व्यक्ति की प्रशंसा अनपेक्षित होती है (आश्चर्यजनक रूप से इसका बहुत कम इस्तेमाल होता है)। इस वजह से "अमुक-अमुक ने आपके बारे में यह अच्छी बात कही" ख़ास तौर पर सशक्त टिप्पणी बन जाती है।

सभी दूसरों की सहमति और प्रशंसा चाहते हैं। जब आप उन्हें यह प्रमाण देते हैं कि लोग उनके कामों को पसंद करते हैं, तो आप हीरो बन जाते हैं।

याद रखें, लोग अच्छी ख़बर सुनना पसंद करते हैं, ख़ासकर तब जब इसे किसी तीसरे व्यक्ति ने कहा हो। यह नियम बना लें कि आप जिससे भी मिलें, उसे तीसरे व्यक्ति की कही कोई अच्छी बात सुनायें।

अगर प्रशंसा इतनी शक्तिशाली है, तो लोग इतनी कम प्रशंसा क्यों करते हैं?

इस बात की काफ़ी संभावना है कि आपकी जितनी प्रशंसा होती है, उससे कहीं अधिक आपकी आलोचना होती है। फिर यह सोचना स्वाभाविक है कि आलोचना ही परिणाम हासिल करने का तरीक़ा है। *लोगों की तारीफ़ मत करो* के मिथकों का संग्रह हमारे सोचने के तरीक़े को प्रभावित करता है। इनकी तरफ़ निगाह डालें और देखें कि ये कितने मूर्खतापूर्ण हैं।

"परंतु जिम मेरी तारीफ़ नहीं करता। फिर मैं उसकी तारीफ़ क्यों करूँ?" जवाब : इसलिये क्योंकि आप सफलता के विद्यार्थी हैं और ज़ाहिर है कि जिम नहीं है। याद रखें, आपको जिम का सहयोग चाहिये। इसलिये यह बात गाँठ बाँध लें : आपको जितनी प्रशंसा मिले, उससे पाँच गुनी प्रशंसा करने की योजना बना लें। निश्चित रूप से आप भी प्रशंसा सुनना चाहते हैं, परंतु उसकी उम्मीद न करें।

"परंतु सैली में ऐसा कुछ नहीं है जिसकी प्रशंसा की जा सके।" जवाबः हर व्यक्ति में कुछ न कुछ प्रशंसनीय होता है। हर एक में कई अच्छे गुण होते हैं। उन्हें खोजें और पहचानें। कोई भी पूर्ण या आदर्श नहीं होता और कोई भी पूरी तरह अपूर्ण नहीं होता।

"परंतु आप लोगों की ज़रूरत से ज़्यादा तारीफ़ कर सकते हैं।" जवाबः मैंने हज़ारों लोगों से पूछा है कि क्या उन्हें कभी ज़रूरत से ज़्यादा तारीफ़ की वजह से मनोवैज्ञानिक अपच हुई है। मुझे ऐसा एक भी प्रकरण नहीं मिला। हममें से हर एक का अहम् इतना भूखा है कि तारीफ़ का ज़्यादा से ज़्यादा भोजन चाहता है।

"परंतु अगर मैं किसी की तारीफ़ करूँगा, तो वह बाद में कम प्रयास करेगा।" जवाब : ग़लत! अगर आप अच्छे रिपोर्ट कार्ड के लिये बच्चे की तारीफ़ करेंगे, तो बच्चा अगली बार और ज़्यादा मेहनत से कोशिश करेगा। अगर आप किसी खिलाड़ी के अच्छे प्रदर्शन की प्रशंसा करते हैं, तो वह अगली प्रतियोगिता में ज़्यादा कड़ी मेहनत व प्रयास करेगा।

जो अच्छा है, उसके बारे में बात करें और गपशप से बचें

किसी व्यक्ति की सफलता की संभावना को नापने का एक तरीक़ा यह है कि क्या उसे गपशप की लत है। गपशप नकारात्मक चर्चा है। गपशप अफ़वाह पर आधारित होती है; यह सच्चाई नहीं होती। गपशप हमेशा विकृत होती है। और इसका लक्ष्य होता है दूसरों को चिंतित, नर्वस और कुंठित करना। गपशप और लीडरशिप एक साथ नहीं रह सकतीं।

हम देखते हैं कि सभी संगठनों में गपशप करने वाले लोग होते हैं। ये लोग उन कामों की आलोचना करते हैं, जिन पर सकारात्मक चिंतक मेहनत से जुटे रहते हैं।

इस उदाहरण पर विचार करें :

आप कंपनी के कॉफ़ी हाउस में बैठकर कॉफ़ी की चुस्कियाँ ले रहे हैं और अपनी नौकरी की किसी समस्या के बारे में विचार कर रहे हैं।

डिपार्टमेंट का गपशप करने वाला हैरी वहाँ आता है और कहता है, "क्या मैं आपके साथ बैठ सकता हूँ ?"

आप विनम्र हैं, इसलिये कहते हैं, "क्यों नहीं ?"

ट्रे से अपनी कॉफ़ी उठाते हुए हैरी कहता है, "अभी-अभी एक महत्वपूर्ण ख़बर सुनी है। ऐसी चर्चा चल रही है कि कंपनी के अधिकारी *प्रोजेक्ट थ्री* को कैंसल करने जा रहे हैं। जब ऐसा होगा, तो उस प्रोजेक्ट पर काम करने वाले आप जैसे बहुत से लोग भारी मुसीबत में पड़ जायेंगे।"

अगले दस मिनट तक आप हैरी के "प्रमाण" सुनते हैं। और यह भी सुनते हैं कि इस वजह से नौकरी के पुनर्गठन, छँटनी और सेवामुक्ति पर किस तरह प्रभाव पड़ेगा।

अब आप अपनी डेस्क पर लौटते हैं। चिंतित, दुविधाग्रस्त तथा विचलित हैं। आप ख़ुद से पूछते हैं, "क्या मेरा ट्रांसफ़र कर दिया जायेगा ? या शायद निकाल दिया जायेगा ? अगर मेरा ट्रांसफ़र किया जाता है या मुझे नौकरी से निकाला जाता है, तो इसका मेरे घरेलू जीवन पर क्या प्रभाव पड़ेगा ? मैं बिलों का भुगतान किस तरह कर पाऊँगा ? अगर मेरा ट्रांसफ़र हो जाता है, तो क्या मेरी पत्नी अपनी नौकरी छोड़ने के लिये तैयार हो जायेगी ?"

आपका बाक़ी दिन कुंठा में गुज़रता है। आप अपनी चिंताओं को घर ले जाते हैं और उन्हें अपनी पत्नी की तरफ़ बढ़ा देते हैं। अब दो लोग चिंतित हो गये।

आपकी चिंतायें अगले तीन दिन तक चलती रहती हैं। आपकी कार्य-क्षमता घट जाती है। शारीरिक रूप से आप भयानक दिखने लगते हैं।

फिर तीन दिन बाद एक आधिकारिक घोषणा होती है कि *प्रोजेक्ट थ्री* पर काम की गति को बढ़ाना है, उसे ख़त्म नहीं करना है जैसी भविष्यवाणी गपशप करने वाले ने की थी।

आपने चिंता की। आपने अपने काम को बुरी तरह प्रभावित होने दिया और अपना डर अपनी पत्नी तक भी पहुँचा दिया, सिर्फ़ इसलिये

क्योंकि आप डिपार्टमेंट के सबसे बड़े गपोड़े की मनगढ़ंत झूठी जानकारी से डर गये।

कुछ लोग गपोड़ों पर विश्वास करते हैं

जब आप बड़ी सफलता के लिये ख़ुद को तैयार करते हैं, तो यह तथ्य कभी न भूलें : ज्यादातर लोग अंदर से असुरक्षित होते हैं। वे नौकरी, घर और सामाजिक स्थितियों में डरे हुए होते हैं। चूँकि लोग डरे होते हैं, इसलिये वे बुरी ख़बर पर भरोसा करते हैं और अच्छी ख़बर पर भरोसा नहीं करते। मैं आपको एक उदाहरण दे दूँ।

ब्रेंडा झेड. एक पश्चिमी युनिवर्सिटी में पीएच.डी. की छात्रा थी। ब्रेंडा बहुत अच्छी छात्रा नहीं थी और उसका पास होना मुश्किल लग रहा था। परंतु वह आकर्षक थी - शायद बहकाने वाली भी। उसने महसूस किया कि डिग्री हासिल करने के लिये उसे कमेटी के तीन सदस्यों के प्रबल भावनात्मक समर्थन की ज़रूरत है।

ब्रेंडा को डिपार्टमेंट के चेयरमैन की वह टिप्पणी याद आ गई, जब उन्होंने एक बार मज़ाक़ में उससे कहा था, "तुम इतनी आकर्षक हो कि जब मैं तुम्हारे आसपास होता हूँ, तो मेरा ध्यान भटक जाता है।" इस टिप्पणी का कोई ग़लत मतलब नहीं था। इसे उत्साह बढ़ाने वाले वाक्य के रूप में कहा गया था।

परंतु सभी गपोड़ों की तरह ब्रेंडा भी साज़िश करने में उस्ताद थी। उसने चेयरमैन की टिप्पणी में संभावना खोज ली। इसलिये, बेहतरीन टाइमिंग करके वह कमेटी के सबसे युवा सदस्य के पास गई और सावधानी से बहाये गये आँसुओं के साथ उसे बताया कि चेयरमैन ने उसके सामने प्रेम-प्रस्ताव रखा था, जिस वजह से उसे पढ़ाई छोड़ना पड़ेगी। उसने कहा, "मैं सिर्फ़ डिग्री हासिल करने के लिये उनके बिस्तर पर नहीं सो सकती।"

युवा प्रोफ़ेसर को एक पल के लिये भी यह संदेह नहीं हुआ कि चेयरमैन को फँसाया जा रहा था। उसे समझ में नहीं आया कि वह क्या करे। दुर्भाग्य से उसने यह ख़बर उस प्रमुख गपोड़े को सुना दी, जो चेयरमैन से चिढ़ता था।

प्रमुख गपोड़े ने कमान सँभाल ली। सुनियोजित तरीक़े से उसने पूरे डिपार्टमेंट में यह ख़बर फैला दी, "क्या आपने सुना है चेयरमैन किस तरह ब्रेंडा को फँसाने की कोशिश कर रहे हैं ? मुझे लगता है सेक्स का आनंद लेने के लिये चेयरमैन अपने पद का नाज़ायज़ फ़ायदा उठा रहे हैं।"

जल्दी ही डीन और दूसरे वरिष्ठ प्रशासकों को भी यह कहानी पता चल गई। इस समय तक इस कहानी में बहुत अतिशयोक्ति आ गई थी, क्योंकि इसमें कई काल्पनिक विवरण जुड़ चुके थे। सौभाग्य से डीन ने इस प्रकरण की जाँच की। बाद में यह पता चला कि यह तो पूरी तरह से गप्प थी, तब कहीं जाकर चेयरमैन की जान छूटी।

और ब्रेंडा ने पढ़ाई अधूरी छोड़ दी।

गपशप के जाल से बचें

गपोड़े हर जगह होते हैं। वे जो नुक़सान करते हैं, उससे बचने के लिये समझदारी की आवश्यकता होती है। यहाँ तीन सुझाव दिये जा रहे हैं:

1. ***गपशप न सुनें।*** याद रखें, गपशप से आपको कोई फ़ायदा नहीं होता। जब हर व्यक्ति का "मित्र" यानी गपोड़ा आपके पास कोई चटपटी ख़बर सुनाने आये, जैसे "क्या तुमने सुना, आजकल जोआन की समस्या क्या है ?" या "मुझे लगता है आज सुबह मैंने सचमुच लोगों को उलझाकर रख दिया।" या "एक विश्वसनीय सूत्र से मुझे पता चला है कि बिल अपने एक्सपेंस अकाउंट में गड़बड़ी कर रहा है," तो बस इतना ही कहें "जिम, मेरे पास गपशप के लिये समय नहीं है। इस समय मुझ पर काम का सचमुच बहुत दबाव है - लंच से पहले दसवीं मंज़िल पर एक रिपोर्ट ले जाना है" या इसी तरह की कोई बात कहकर विषय बदल दें और जिम के दिमाग़ को दूसरी दिशा में मोड़ दें।

इसमें समय लग सकता है, परंतु जब जिम नाम के गपोड़े को यह पता चल जायेगा कि नकारात्मक चर्चा में आपकी दिलचस्पी नहीं है, तो फिर वह आपको परेशान करना बंद कर देगा।

बुरी ख़बर फैलाने में मज़े लेने वाले लोगों के साथ लंच करने, कॉफ़ी पीने या सामाजिक संपर्क से बचने के लिये ख़ुद को व्यस्त रखें। सकारात्मक

लोगों को खोजें - ऐसे लोग, जिनके पास रचनात्मक योजनायें हों। अगर आप ऐसा करेंगे, तो आप अपने जीवन का अधिक आनंद ले पायेंगे।

2. ***याद रखें, आपका समय और योग्यतायें कच्चा माल हैं, जिनसे आपकी तक़दीर बनती है।*** "यह रही वह एक और ग़लती, जो कंपनी कर रही है" या "बॉस ने उस मूर्ख को नौकरी पर क्यों रखा?" ऐसी बातें सुनने में आप जो समय बर्बाद करते हैं, उसकी वजह से आपके बैंक अकाउंट में जमा धन कम हो जाता है। इससे आपका वह बहुमूल्य समय भी नष्ट हो रहा है, जिसका इस्तेमाल आप अपने लाभ के लिये कर सकते हैं। इससे आपकी योग्यतायें नकारात्मक दिशा में भी एकाग्र हो रही हैं। साथ ही, अगर आपकी अंतरात्मा सही स्थिति में है, तो आप यक़ीनन जानते हैं कि गपशप करना ग़लत है। ऐसा करने पर आप अपराधी अनुभव करते हैं और ख़ुद से नाराज़ रहते हैं।

एक बुद्धिमान प्रोफ़ेसर ने एक बार हमारी क्लास से कहा था, "आप किसी चर्चा का जो हिस्सा दोहरायेंगे, वह या तो आपकी मदद करेगा या आपको नुक़सान पहुँचायेगा। आप जिस व्यक्ति से मिले हैं, उसके बारे में अगर आप बुरी बातें कहेंगे, तो कोई बुरी चीज़ आपके रास्ते में आ जायेगी। परंतु अगर, आप उसके बारे में उससे अच्छी बातें कहेंगे, तो आप आश्वस्त रह सकते हैं कि आपको राह में कोई अच्छी चीज़ मिल जायेगी।"

गपशप गपोड़े को नुक़सान पहुँचाती है, क्योंकि वह साबित करता है कि वह एक छोटा, घटिया और नकारात्मक चिंतक है। जिसके बारे में गपशप हो रही है, उसे भी नुक़सान होता है क्योंकि कई लोग अफ़वाह पर विश्वास कर लेते हैं और उसे दोहरा भी देते हैं। सुनने वाले को भी नुक़सान होता है, क्योंकि इससे उसका ध्यान नकारात्मक सुझावों की तरफ़ जाता है।

3. ***यह मान लें कि आप सामने वाले से जो भी कहेंगे, उसे तोड़-मरोड़ कर पेश किया जायेगा और दोहराया जायेगा।*** याद रखें, अगर आप गपशप के जाल में फँसते हैं, तो इस बात की प्रबल संभावना है कि आप गपोड़े से जो भी कहेंगे, उसे वह तोड़-मरोड़कर दूसरों के सामने दोहरायेगा। बीस में से शायद एक ही व्यक्ति गोपनीय जानकारी को

गोपनीय रख पायेगा। इसलिये जब आप किसी व्यक्ति से अपने बिज़नेस प्लान, समस्याओं, लक्ष्यों या विचारों के बारे में कुछ कहें, तो इस बात पर हैरान न हों कि जल्दी ही दूसरे लोगों को आपकी बातों का एक ऐसा संस्करण सुनने को मिलेगा, जो आपने अपने "दोस्त" को गोपनीय रूप से बताया था।

जब तक आप यह न *जानते* हों कि जिससे आप बात कर रहे हैं वह सच्चा विश्वासपात्र है, तब तक आपको यह मानना चाहिये कि आप उस व्यक्ति से जो भी कहेंगे, उसे तोड़-मरोड़कर दोहराया जायेगा और नकारात्मक बातों का नमक-मिर्च लगाकर उसे पेश किया जायेगा। मान लीजिये आप **ए** को बताते हैं कि टॉम का वज़न ज़्यादा है। इस बात की काफ़ी संभावना है कि **ए** यह बात **बी** को तोड़-मरोड़कर बतायेगा। वह बतायेगा कि आप कह रहे थे कि टॉम इतना मोटा है कि वह चल ही नहीं पाता। अगर आप जेन को बताते हैं कि बारबरा संतोषजनक नहीं है, तो इस बात की संभावना है कि जेन सान्ड्रा को यह बतायेगी कि बारबरा "हर चीज़ बिगाड़कर रख देती है।"

देखिये, बुरी ख़बर तेज़ी से फैलती है और हर बार दोहराये जाने के साथ और भी बुरी बनती जाती है।

जब आप कोई बात कहने से पहले सामने वाले से बोलते हैं, "यह बहुत गोपनीय है" या "इसे किसी को भी मत बताना," तो आप उसकी ख़बर फैलाने की इच्छा को बढ़ा देते हैं! जानकारी गोपनीय रखने के लिये आप दूसरों को जितना प्रोत्साहित करेंगे, उसे फैलाने के लिये वे उतने ही ज़्यादा प्रोत्साहित होंगे।

एक पल के लिये स्वार्थपूर्ण ढंग से सोचें। समृद्धि, मानसिक शांति, प्रसिद्धि और प्रशंसा के अपने लक्ष्यों को हासिल करने के लिये आपको दूसरों के सहयोग की ज़रूरत है। आपकी सफलता इस बात से तय होती है कि आप दूसरों से अपने लिये कितना काम करवा सकते हैं। आपको उनका सहयोग चाहिये। परंतु इससे भी ज़्यादा महत्त्वपूर्ण बात यह है कि आपको उनका सहयोग हर हाल में चाहिये। लोगों के बारे में बातें करें, हाँ। लोगों के बारे में बुरी बातें करें, कभी नहीं।

आगे बढ़ने का संकल्प करें, बदला लेने का नहीं

निष्पक्ष खेल। हम सभी यह चाहते हैं। हममें से ज़्यादातर लोग दूसरों के साथ उसी तरह का व्यवहार करने की कोशिश करते हैं, जिस तरीक़े का व्यवहार हम अपने साथ चाहते हैं। लोग स्वर्णिम नियम के हिसाब से जीना *चाहते* हैं। परंतु जब सामने वाला आदमी निष्पक्ष खेल की संहिता का उल्लंघन करता है, तो हम नाराज़ हो जाते हैं। हम बदला लेना चाहते हैं। बच्चा चलना सीखने से पहले ही अपने उस भाई से बदला लेना चाहता है, जो उसके साथ अन्यायपूर्ण व्यवहार कर रहा है। हो सकता है बच्चे के बिस्तर गीला करने का कारण यह हो कि उसे लग रहा हो कि माता या पिता अन्यायपूर्ण व्यवहार कर रहे हैं और वह इसका प्रतिशोध लेना चाहता है।

जब हाई स्कूल का कोई प्रिंसिपल बच्चों को किसी शरारत के लिये सबक़ सिखाना (बदला लेना) चाहता है और कुछ कठोर परंतु अनुचित नियम थोप देता है, तो क्या होता है? शरारती बच्चों के साथ अच्छे बच्चे भी उसके विरोधी बन जाते हैं। जल्दी ही लॉकर तोड़ दिये जाते हैं, स्कूल की संपत्ति को नुक़सान पहुँचता है, माहौल बिगड़ता है और स्कूल आने वाले बच्चों की संख्या घट जाती है। जब अधिकारी की कुर्सी पर बैठे लोग प्रतिशोध लेना चाहते हैं, तो हर एक को नुक़सान होता है।

हर बड़े शहर में हर रोज़ "बदला लेने" के लिये हत्यायें होती हैं। तलाक़ के बाद पति अपनी पत्नी के साथ हिसाब बराबर करना चाहता है। वह बंदूक या छुरा उठाता है – और एक ज़िंदगी ख़त्म हो जाती है। यह एक ऐसी प्रतियोगिता है, जिसमें कोई भी कभी नहीं जीत सकता।

मैं बदला लेने जा रहा हूँ, चाहे यह मेरे द्वारा किया गया आख़िरी काम हो का संकल्प अक्सर इसी तरह का होता है। घातक कार दुर्घटनाओं का कारण क्या होता है? "लापरवाही से गाड़ी चलाना" या "नियंत्रण खो देना।" परंतु अक्सर असली कारण यह होता है कि किसी निर्दोष ड्राइवर को दूसरी गाड़ी वाला कट मारता है और इस वजह से उसे गाड़ी सड़क से नीचे उतारना पड़ती है। वह निर्दोष ड्राइवर हमलावर को "सबक़ सिखाने" के लिये गाड़ी की गति बढ़ा देता है और नतीजा यह होता है कि दुर्घटना हो जाती है। कौन जीता? कोई नहीं।

दो साल पहले एक बेसबॉल सितारे को पिचर की फेंकी हुई गेंद से चोट लगी। उसने सोचा कि पिचर ने ऐसा जान-बूझकर किया था। वह तत्काल दौड़कर गया और बल्ला उठाकर पिचर को दे मारा। कुछ सेकंड में ही दोनों टीमें आपस में भिड़ गईं। कुछ लोग कह सकते हैं कि बेसबॉल के सितारे का काम "सही" था और बेसबॉल के समर्थक कभी-कभार झगड़ा देखना पसंद करते हैं। परंतु बेसबॉल के उस सितारे को यह एहसास नहीं था कि उसकी "बदला लेने" की कोशिश की वजह से उसे पाँच लाख डॉलर के विज्ञापन कॉन्ट्रैक्ट से हाथ धोना पड़ा! प्रायोजकों ने फ़ैसला किया कि इस घटना से खिलाड़ी की छवि को नुक़सान पहुँचा था और इसलिये उसे वह कॉन्ट्रैक्ट न दिया जाये।

जब एक देश के आतंकवादी दूसरे देश के दस मासूम लोगों को मारते हैं, तो दूसरे देश के आतंकवादी प्रतिशोध लेते हैं और पहले देश के बीस लोगों को मार डालते हैं। अगर यह सिलसिला चलता रहे, तो तर्क की दृष्टि से एक दिन सब लोग मर जायेंगे।

प्रतिशोधसाइटिस यानी बदला लेने की बीमारी हममें से हर एक में जन्मजात होती है। "आँख के बदले आँख, दाँत के बदले दाँत" सतही तौर पर उन लोगों के साथ निबटने का बुद्धिमत्तापूर्ण तरीक़ा लगता है, जो हमारा अनुचित लाभ उठाते हैं। परंतु यह तो मानना ही पड़ेगा कि बदला लेने में हमारी ऊर्जा ख़त्म हो जाती है, इस प्रक्रिया में हम दूर तक नहीं देख पाते और हमारा मस्तिष्क बड़े लक्ष्य से दूर भटक जाता है। सफलता और प्रतिशोधसाइटिस आपस में मिल ही नहीं सकते। अगर हमारे मन में बदला लेने की इच्छा है, तो हम इसका सामना सकारात्मक ढंग से भी कर सकते हैं। परंतु इसके लिये मेहनत करना पड़ती है। नीचे दिये गये उदाहरण देखें कि बदला लेने के बजाय किस तरह आगे बढ़ा जाये।

"मैं-बदला-लेना-चाहता-हूँ" की स्थितियों से कैसे निबटा जाये

बदला लेने का रास्ता सर्वश्रेष्ठ स्थिति में भी आपको औसत दर्जे की तरफ़ ले जाता है। प्रतिशोध लेना सफल लोगों की आदत नहीं होती। "मैं-प्रतिशोध-लेना-चाहता-हूँ" की आम स्थितियों से निबटने के इन तरीक़ों की तरफ़ देखिये :

प्रतिशोध के लिये ललचाने वाली स्थिति	बदला लेने की इच्छा से निबटने का आसान परंतु ग़लत तरीक़ा	प्रतिशोध की स्थितियों से निबटने का मुश्किल परंतु सही तरीक़ा
परिपक्व महिला की एक बहन है, जो उसकी उपलब्धियों को नज़रअंदाज़ करती है और उसे नीचा दिखाती है। परिवार के बाक़ी सदस्यों के साथ भी वह यही करती है।	बदले में आप अपनी बहन के काम को नज़रअंदाज़ कर दें। उसका बर्थडे "भूल" जायें, उसे सामाजिक समारोहों में आमंत्रित न करें।	बहन के ठंडेपन को नज़रअंदाज़ कर दें। उसकी तारीफ़ करने के तरीक़े खोजें। रिश्ते में जितना संभव हो, सौहार्द्रपूर्ण रहें।
कोई व्यक्ति जीवनसाथी से प्रेम करता है, परंतु उसे पता चलता है कि उसकी रुचि किसी दूसरे में है।	आरोप लगायें, ग़ुस्सा हों, इसी तरह का व्यवहार करके उससे बदला लें। संबंध ख़त्म कर लें।	पता लगायें कि समस्या क्या है, फिर उसे सुधारें। अधिक प्रेम, स्नेह, क्षमा का प्रदर्शन करें।
सुपरवाइज़र आपका मूल्यांकन करते समय आपके काम की अनुचित आलोचना करता है।	उसके बारे में अफ़वाह फैलायें। उसके प्रदर्शन को ख़राब दिखाने के तरीक़े खोजें। उससे बड़े अधिकारी के पास जाकर शिकायत करें।	सुपरवाइज़र से नम्रता से दुबारा मूल्यांकन करने का आग्रह करें। सलाह माँगें कि सुधार किस तरह किया जाये।
विद्यार्थी को लगता है कि उसे अन्यायपूर्ण ग्रेड दिया गया है।	प्रिंसिपल के पास जायें और शिकायत करें। टीचर के बारे में नकारात्मक गपशप करें।	टीचर से दुबारा मूल्यांकन करने को कहें। सलाह माँगें। दुबारा परीक्षा लेने का आग्रह करें।
पड़ोसी का कुत्ता बार-बार आपका आँगन गंदा कर देता है।	अपने बच्चों से पड़ोसी के पेड़ों पर टॉयलेट टिशू बाँधने को कहें। डॉग स्क्वाड को बुलायें। पड़ोसी के कुत्ते को ज़हर देने की कोशिश करें।	अपने पड़ोसी का ध्यान इस समस्या की तरफ़ दिलायें। बतायें कि आप उसकी समस्या समझते हैं, परंतु आप उसका सहयोग चाहते हैं।
कोई कार वाला किसी चौराहे पर आपकी कार से लगभग टकरा जाता है।	अपनी स्पीड बढ़ायें। हॉर्न बजायें। अगले चौराहे पर उसका ध्यान खींचने की कोशिश करें, फिर उसे गाली दें। अगर आवश्यक हो तो दुर्घटना का जोखिम मोल लें।	शांत रहें। कार में बैठकर सड़क को युद्ध का मैदान बनाने की कोशिश न करें। प्रार्थना करें कि अंधाधुंध गाड़ी चलाने वाला किसी और को टक्कर न मार दे।
बिज़नेस मीटिंग में कोई व्यक्ति आपके विचार या सुझाव का मज़ाक़ उड़ाता है, आपके अहम् को ठेस पहुँचाता है।	बुरी टिप्पणी करके लड़ने लगें। उस व्यक्ति को नीचा दिखायें। बुरी टिप्पणी को लिखकर सम्मेलन में अपने "दोस्तों" की तरफ़ बढ़ा दें।	बहस करने से बचें। सचमुच दर्शायें कि आप आलोचक के विचार को समझते हैं। फिर अपने विचारों को विस्तार से बतायें।
परिणाम :	आप सोचते हैं कि आप जीत रहे हैं, परंतु आप दरअसल हार रहे हैं। आप सम्मान, प्रशंसा, सहायता, प्रेम, आत्मसम्मान हारते हैं।	आपको लग सकता है कि आप हार रहे हैं, परंतु आप दरअसल जीत रहे हैं। आप सहयोग, आत्मसम्मान, प्रशंसा और जिन लक्ष्यों को आप पाना चाहते हैं, उन सबको जीत रहे हैं।

याद रखें :

- हर आदमी अमीर बनना चाहता है। अगर आप लोगों को यह दिखायेंगे कि वे किस तरह ज़्यादा कमा सकते हैं, तो आपको उनका अधिक सहयोग मिलेगा। ख़ुद से पूछें, "मैं किस तरह अधिक आनंद लेने में लोगों की मदद कर सकता हूँ?" फिर उन्हें *करके दिखा दें*।
- प्रशंसा की अद्‌भुत शक्ति का दोहन करें।
  - — लोगों को बतायें कि वे अच्छे दिखते हैं।
  - — उनके परिवार के बारे में अच्छी बातें कहें।
  - — लोगों की उपलब्धियों को पहचानें।
  - — उनके सामान की तारीफ़ करें।
  - — उनके विचारों के लिये उनकी सराहना करें।
  - — कोशिश करने के लिये लोगों की प्रशंसा करें, भले ही वे असफल हो गये हों।
- यह सुनिश्चित कर लें कि तीसरे व्यक्ति की प्रशंसा उन तक पहुँच जाये।
- गपशप और लीडरशिप एक साथ नहीं चलतीं। गपशप न सुनें। यह जान लें कि आप लोगों को जो बताते हैं, उसे तोड़-मरोड़कर दूसरों को सुनाया जायेगा।
- बदला लेने के बजाय आगे बढ़ने का फ़ैसला करें। सही काम करके प्रतिशोधसाइटिस को जीतें।

❖❖❖

अध्याय सात

उत्साह + कर्म = सफलता

किसी बिलकुल नई बेहतरीन कार के बारे में सोचें। यह महँगी है - 50,000 डॉलर की। आदर्श डिज़ाइन। आला दर्जे की। विश्वस्तरीय इंजीनियरिंग। सुंदर सीट। शानदार रंग-रूप। दमदार इंजन।

सिर्फ़ एक समस्या है। यह कार स्टार्ट नहीं होती। क्यों ? क्योंकि किसी ने इसमें इग्नीशन सिस्टम नहीं लगाया। किसी आदमी को जल्दी से अस्पताल पहुँचाने जैसी आपातकालीन स्थिति में 50,000 डॉलर की यह कार किसी काम नहीं आ सकती। ऐसी स्थिति में इस कार और कूड़े के ढेर में कोई अंतर नहीं होता।

अब अपने किसी ऐसे परिचित के बारे में सोचें, जो हर तरह से लाभदायक स्थिति में दिखता हो। जवानी तक वह क़ीमती हो चुका है। उसके भोजन, कपड़ों, शिक्षा और मनोरंजन पर कम से कम 2,50,000 डॉलर ख़र्च हुए हैं, ताकि वह कैरियर के लिये तैयार हो सके। उस व्यक्ति की डिज़ाइन बहुत बढ़िया है - उसमें प्रतिभा है, आकर्षक चेहरा-मोहरा है, अच्छी सेहत है। इंजीनियरिंग भी फ़र्स्ट क्लास है- वह सबसे अच्छे स्कूल-कॉलेजों में पढ़ा है। उसने सबसे अच्छे और शानदार कपड़े पहन रखे हैं।

परंतु कार की तरह उसके साथ भी एक समस्या है। जॉनी काम को शुरू नहीं कर पाता। वह स्टार्ट नहीं हो पाता, क्योंकि उसका मनोवैज्ञानिक

इग्नीशन सिस्टम नदारद है। इस प्रतियोगी युग में सफलता की तैयारी में जॉनी पर जो 2,50,000 डॉलर ख़र्च हुए हैं, वे बर्बाद हो गये।

मशीनों और इंसानों में एक समानता होती है : दोनों को ही काम करने के लिये चालू करना पड़ता है।

हर इंसान एक मनोवैज्ञानिक इग्नीशन सिस्टम के साथ पैदा होता है। इसे उत्साह कहा जाता है।

उत्साह पूर्णतः अमूर्त और अदृश्य होता है। परंतु आप हर दिन इसके परिणाम देखते हैं। जब आप किसी खिलाड़ी को रिकॉर्ड तोड़ते देखते हैं, तो आप उत्साह का भौतिक रूप देखते हैं। ये सब लोग उत्साह से भरे हैं : वह परिवार जो ज़्यादा पैसे न होने के बाद भी अपने बच्चों को अच्छी शिक्षा दिलवाता है; वह सेल्समैन जो सर्वश्रेष्ठ प्रदर्शन करता है; वह आवेदक जिसे नौकरी मिलती है; वह "साधारण" आदमी जो मिलियनेअर बनता है; वह व्यक्ति जो लोगों के सोचने के तरीक़े को बदल देता है; वे दंपति जो अपने विवाह को अद्‌भुत बनाते हैं।

उत्साह मनोवैज्ञानिक एड्रीनलिन है, जो आपके मस्तिष्क, शरीर और इच्छा से काम करवाता है, ताकि आप मुश्किलों, प्रतियोगिता, सीमित धन और दूसरी कमियों के बावजूद जीत सकें।

हर आदमी उत्साह के साथ पैदा होता है। नवजात शिशु पहला काम यह करता है कि वह बहुत उत्साह के साथ रोता है। अगर वज़न के अनुपात से कोई वयस्क व्यक्ति नवजात शिशु जितनी तेज़ी से रोये, तो उसकी आवाज़ एक मील दूर तक सुनाई देगी!

परंतु जल्द ही इस सच्ची और दिल से काम करने की आदत पर बंधन लग जाते हैं। लोग बच्चे के मनोवैज्ञानिक इग्नीशन सिस्टम के साथ छेड़छाड़ करने लगते हैं। बच्चे से कहा जाता है "यह मत करो," "वह करना बंद करो," "तुम्हें यह नहीं करना चाहिये," "तुममें समझ होना चाहिये," "तुम तो बुद्धू हो," "क्या तुम कभी कोई काम सही तरीक़े से नहीं कर सकते ?" और अन्य निर्देश, जो बच्चे को यह सिखाते हैं कि वह अपना उत्साह कम करे।

तारीफ़, प्रशंसा और सराहना के शब्द दुर्लभ होते हैं। कुछ समय बाद बच्चा अपने वास्तविक व्यक्तित्व का प्रदर्शन न करने में सुरक्षा खोज लेता है। आंतरिक उत्साह की जगह अब वह सामाजिक बंधनों को स्वीकार कर लेता है। और चूँकि सामाजिक बंधन सिर्फ़ औसत, अनुत्साही और साधारण होते हैं, इसलिये जवानी तक ज़्यादातर लोग रोमांचक, सकारात्मक तथा ख़ुशियों से भरी ज़िंदगी की उत्सुकता गँवा देते हैं।

यह समझने और समझाने की बहुत कोशिश की गई है कि "जीनियस" का कारण क्या है। विज्ञान, बिज़नेस, कला और टेक्नोलॉजी में कुछ लोग असाधारण रूप से सफल क्यों होते हैं?

बरसों तक यह सिद्धांत लोकप्रिय था कि असाधारण लोगों का मस्तिष्क "सामान्य" लोगों की तुलना में बड़ा होता है। परंतु "महान" लोगों के मस्तिष्कों पर जब प्रयोग किये गये और उनका वज़न तौला गया, तो उनमें और सामान्य लोगों के मस्तिष्क के वज़न में कोई अंतर नहीं पाया गया।

अक्सर कहा जाता है शिक्षा भी इस अंतर का कारण है। परंतु यह भी सच नहीं है। भौतिक शास्त्र में क्रांति लाने वाले आइंस्टीन और अंतरिक्ष अन्वेषण के प्रवर्तक वॉन ब्रॉन के पास पीएच.डी. की डिग्री नहीं थी। हमारे सबसे सफल कलाकारों, बिज़नेस एक्ज़ीक्यूटिव्ज़, बिज़नेसमैन, किसानों और दार्शनिकों में से कइयों की स्कूली शिक्षा बहुत कम रही है। दरअसल स्कूली या औपचारिक शिक्षा के साथ एक बहुत बड़ी समस्या है। यह लोगों को इस भुलावे में रखती है कि चूँकि उनके पास एक काग़ज़ का टुकड़ा है, इसलिये दुनिया में उनकी सफलता तय है।

हाल ही में रसायन शास्त्र के एक नोबल पुरस्कार विजेता ने कहा, "मुझे केमिस्ट्री की धुन है। यह मेरा जीवन है। मैं ज़िंदा ही इसलिये हूँ ताकि पदार्थ की प्रकृति को सुलझा सकूँ।" धुन या उत्साह ही उनकी सफलता का राज़ है।

हममें से हर एक में उत्साह की संभावित मात्रा असीमित है। हममें से हर एक उत्साह की मनचाही मात्रा का प्रयोग करने के लिये स्वतंत्र है। अगर हम कम शक्ति का प्रयोग करेंगे, तो हमें छोटे परिणाम मिलेंगे। परंतु

अगर हम शक्ति को काफ़ी बढ़ा देंगे, तो हमें बड़ी सफलता मिल जायेगी। इंसान के मन में काम के लिये जितना उत्साह होगा, वह अपने लक्ष्य को पाने में उसी अनुपात में सफल होगा। महान सफलता हमेशा महान उत्साह की बदौलत ही आती है। दूसरी तरफ़, असफलतायें हमेशा उत्साह की कमी की वजह से मिलती हैं।

यह अध्याय आपको ऐसी तकनीकें बताता है, जिनसे आप अपना मनोवैज्ञानिक इग्नीशन सिस्टम बेहतर बना सकें।

मुस्कराने से उत्साह पैदा होता है

मुस्कराहट एक अद्भुत प्रेरणादायक तकनीक है। मुस्कराना सकारात्मक है; त्यौरी चढ़ाना नकारात्मक है। एक छोटा सा प्रयोग करें। किसी ऐसे व्यक्ति के बारे में सोचें, जिसे आप ख़ास तौर पर नापसंद करते हों। अब उस व्यक्ति के बारे में सोचते हुए मुस्करायें। आपकी नापसंदगी तत्काल काफ़ूर हो जाती है। जब तक आप मुस्करा रहे हैं, तब तक आप सामने वाले के प्रति क्रोध अनुभव नहीं कर सकते।

नौकरी की किसी समस्या के बारे में चिंता करते समय मुस्कराने की कोशिश करें। आप ऐसा नहीं कर सकते। मुस्कराहट नकारात्मक भावनाओं को उसी तरह पोंछ देती है, जिस तरह तौलिया पानी को। मुस्कराना सफलता के दुश्मनों जैसे निराशा, क्रोध, कुंठा, घृणा और डर को हराने का अद्भुत उपाय है।

दूसरों के साथ सभी तरह के संबंधों में मुस्कराहट का प्रयोग करें। जब आप किसी से पहली या 100वीं बार मिलें, तो उस व्यक्ति का स्वागत मुस्कराकर करें। जब आप किसी सामान, व्यक्ति या विचार के बारे में कोई बात कह रहे हों, तो मुस्करायें। अगर कोई आपको फटकार रहा है और ऐसे में आप मुस्करायेंगे, तो सामने वाले का ग़ुस्सा जल्दी शांत हो जायेगा। और जब आप हार मानने जा रहे हों, तब भी आप ख़ुद को मुस्कराने पर विवश करें।

हास्य शक्ति है। इसका प्रयोग करें।

अगर आप हास्य का प्रयोग करते हैं (कई बार संक्षिप्त प्रसंग या

छोटे चुटकुले सुनाकर) या मुश्किल परिस्थितियों में भी कोई रोचक पहलू देख लेते हैं, तो दूसरे लोग आपकी सराहना करते हैं, प्रशंसा करते हैं और आपके क़रीब आ जाते हैं। हास्य लोगों को अपनी ओर आकर्षित करने वाले चुंबक की तरह है। लोग हमेशा ऐसे आदमी के आसपास रहना पसंद करते हैं, जो मुस्कराने, हँसने और जीवन का आनंद लेने में उनकी मदद करता है। दूसरी तरफ़, लोग हमेशा ग़लतियाँ निकालने वाले आदमी से बचना चाहते हैं, जो कभी नहीं मुस्कराता और हर स्थिति का सिर्फ़ नकारात्मक पहलू ही देखता है।

हँसी से चमत्कार होते हैं। हँसने से दूसरों को अच्छा महसूस होता है। हँसने से ब्लड प्रेशर कम होता है, मानसिक शांति मिलती है, पाचन ठीक होता है और चिंतायें भूलने में मदद मिलती है। पीढ़ियों से *रीडर्स डाइजेस्ट* कह रही है कि हँसी सर्वश्रेष्ठ दवा है। यह सच है।

इस बारे में कोई संदेह नहीं है - जिन लोगों को आप प्रभावित करना चाहते हैं, वे हास्य को पूँजी की तरह देखते है। मैं एक युवक को अच्छी तरह जानता हूँ, जो मेडिकल कॉलेज की पढ़ाई पूरी करने वाला है। वह एक प्रतिभाशाली युवा डॉक्टर है। उसने अपनी रेसीडेंसी के लिये 20 नामी अस्पतालों में आवेदन किया। उसे 19 की स्वीकृति मिली। 95 प्रतिशत स्वीकृति की दर इस व्यक्ति के बारे में काफ़ी अच्छी राय व्यक्त करती है। अब यह रहा महत्वपूर्ण बिंदु : जिन मेडिकल डीनों ने उसकी रेसीडेंसी के प्रस्ताव को स्वीकार किया था, उनमें से सात ने यह कहा कि युवा डॉक्टर के हास्य बोध ने उन्हें काफ़ी प्रभावित किया था। उसका हास्य बोध एक प्रमुख तत्त्व था, जिसकी वजह से उन्होंने उसे स्वीकार करने का निर्णय लिया।

यह रहा उस पत्र का हिस्सा, जो एक अस्पताल के चेयरमैन ने उसे लिखा था :

"प्रिय डॉक्टर ओल्ट :

आपमें यह क्षमता है कि किसी मुश्किल परिस्थिति का सामना करते हुए भी आप उसके रोचक और आशावादी पहलू को देख सकते हैं। आपका हास्यबोध डॉक्टरी के

आपके कैरियर में बहुत काम आयेगा।"

एक बेहद सफल सेल्समैन ने मेरे सामने यह टिप्पणी की: "हर प्रस्तुति के पहले कुछ सेकंडों में मैं हमेशा यह कोशिश करता हूँ कि मेरा प्रॉस्पेक्ट (संभावित ग्राहक) मुस्कराये या इससे भी बेहतर है कि वह हँसे। मैं ऐसा दो कारणों से करता हूँ : पहला, हँसी रिलैक्स करती है और मैं उसे जो बताने वाला हूँ, उसके प्रति उसे अधिक सकारात्मक बनाती है। दूसरा कारण यह है कि हँसी से यह छवि बनती है कि मैं मिलनसार और दोस्ताना हूँ। इससे यह लाभ होता है कि जब मैं अगली बार उसे फ़ोन करूँगा, तो वह मेरे साथ बात करना चाहेगा।"

हास्यपूर्ण आत्म-अभिव्यक्ति की कुंजी यह है कि आपमें किसी भी तरह की स्थिति में कोई मज़ेदार चीज़ खोजने की क्षमता हो।

ज़िंदगी इतनी छोटी है कि इसे मुँह लटकाकर नहीं गुज़ारा जाना चाहिये।

अच्छे हास्य का कच्चा माल क्या है ? सर्वश्रेष्ठ हास्य सामग्री आप स्वयं हैं। राष्ट्रपति रीगन में यह योग्यता थी कि वे किसी भी अवसर के अनुरूप अपने बारे में कोई मज़ाक़िया बात खोज लेते थे - और उन्हें इसका लाभ भी मिलता था। राष्ट्रपति अपनी उम्र के बारे में दर्जनों मज़ाक़ करते थे। और चूँकि वे इतिहास में अब तक सबसे ज़्यादा उम्र के राष्ट्रपति थे, इसलिये जब रीगन अपने बुढ़ापे पर ख़ुद हँसते थे, तो वे लोग निरस्त्र हो जाते थे जो यह कहना चाहते थे कि वे इस काम के लिये बहुत बूढ़े हैं।

उत्साह बढ़ाने के लिये ज्ञान हासिल कीजिये

एक पुरानी कहावत हमें बताती है कि हम किसी चीज़ के बारे में जितना ज़्यादा जानते हैं, हमें उतना ही ज़्यादा मालूम होता है कि हम कुछ नहीं जानते। चिकित्सा, इंजीनियरिंग या भौतिकी के क्षेत्र में कोई नई खोज जितने जवाब देती है, उससे ज़्यादा सवाल खड़े कर देती है। और ज्ञान से उत्साह भी बढ़ता है।

हम अंतरिक्ष का जितना अधिक अन्वेषण करते हैं, हमारे कैमरे जितनी ज़्यादा गहराई में देख पाते हैं और पदार्थ की संरचना के बारे में हम

जितना ज़्यादा जानते हैं, सीखने का हमारा उत्साह उतना ही ज़्यादा बढ़ता जाता है।

मेरी एक दोस्त एक ऐसी संस्था की प्रमुख है, जो बच्चों के साथ होने वाले दुर्व्यवहार को रोकने का काम करती है। उसने मुझे बताया कि जब तक लोग यह नहीं जानते कि बच्चों के साथ कितने व्यापक पैमाने पर दुर्व्यवहार होता है, तब तक इस काम के लिये पैसे इकट्ठे करना, स्वयंसेवक मिलना और समस्या को मीडिया में प्रचारित करने के लिये विश्वास दिलाना कठिन होता है। बहरहाल, जब लोग जान जाते हैं, तो वे उसके काम में सहयोग करने के लिये उत्सुक हो जाते हैं।

एक बार फिर, उत्साह ज्ञान के साथ आता है।

अधिकांश लोगों को डाक टिकट इकट्ठे करने के विचार से बोरियत होगी। जब तक कि वे इस तरह के सवालों के जवाब नहीं जान जायें : यह निर्णय कौन करता है कि डाक टिकट पर कौन सी तस्वीर छपेगी और क्यों छपेगी; हर साल कितने टिकट जारी किये जाते हैं; किस वजह से कुछ टिकट बहुमूल्य बन जाते हैं; डाक टिकट का आविष्कार किसने किया; और सब टिकट एक ही आकार के क्यों नहीं होते।

ज्ञान से ज़्यादा सीखने की प्रेरणा और उत्साह मिलता है।

जब हम किसी व्यक्ति, वस्तु या विचार के बारे में ज़्यादा जान जाते हैं, तो हम उत्साह बढ़ाने की दिशा में एक महत्वपूर्ण क़दम उठाते हैं। अज्ञान से उत्साह सिमटता है; ज्ञान से उत्साह फैलता है।

उत्साहित होने में दूसरों की मदद करेंगे, तो आप और भी अधिक उत्साही होंगे

"आप जितना अधिक देंगे, आपको उतना ही अधिक मिलेगा," यह कहावत उत्साह पर भी लागू होती है। आप दूसरे लोगों को जितना ज़्यादा प्रोत्साहन देंगे, आपको उतना ही ज़्यादा प्रोत्साहन मिलेगा। और आपको जितना ज़्यादा प्रोत्साहन मिलेगा, आप उतना ही बेहतर काम कर सकेंगे।

इस अवधारणा को अच्छी तरह से जान लें। चाहे आप कुछ भी

करते हों, लक्ष्य-प्राप्ति हेतु प्रभावी लीडरशिप के लिये यह बेहद महत्वपूर्ण है कि आपमें दूसरों से सर्वश्रेष्ठ प्रदर्शन करवाने के लिये प्रेरित करने की योग्यता हो। सफलता का एक नियम यह है : जो लोग दूसरों को प्रेरित कर सकते हैं, वे महान लीडर बन सकते हैं। जो लोग दूसरों को प्रेरित नहीं कर सकते, वे कभी लीडर नहीं बन सकते।

अपने अनुभव को टटोलें। इस बात की संभावना है कि आपको कोई ऐसा टीचर याद आ जाये, जिसने आपको सचमुच प्रेरित किया हो। आपने ज़्यादा कड़ी मेहनत की, उसकी एक भी क्लास नहीं छोड़ी, उसके साथ सहयोग किया, और सबसे बड़ी बात, उससे कुछ काम की बातें सीखीं। अनुभव को टटोलते समय शायद आपको वह दूसरा टीचर भी याद आ जायेगा, जिसने आपके इंजन को बंद कर दिया हो। आपने सिर्फ़ उस विषय में पास होने लायक पढ़ाई की, यथासंभव उसकी क्लास से बंक मारा और सिर्फ़ इतना सीखा ताकि आप परीक्षा में पास हो जायें।

फ़र्क़ किस चीज़ से पड़ा ? क्या प्रेरक टीचर के पास किसी "बेहतर" युनिवर्सिटी की डिग्री थी? क्या वह अधिक बुद्धिमान था? अधिक अनुभवी ? शायद नहीं। फ़र्क़ विद्यार्थियों को उत्साहित करने की योग्यता में था।

आप अलग-अलग अधिकारियों, ऑफ़िस मैनेजर्स, एक्ज़ीक्यूटिव्ज़ और सुपरवाइज़रों के लिये किये गये काम की क्वालिटी और क्वांटिटी में बहुत अंतर देखते हैं। जो लोग दूसरों को प्रेरित करते हैं, वे लीडरशिप की पहली आवश्यकता को पूरा करते हैं। वे जानते हैं कि किस तरह लोगों को किसी लक्ष्य के बारे में प्रोत्साहित किया जाये, उन्हें उस दिशा में आगे बढ़ाया जाये और उनका मार्गदर्शन किया जाये।

इससे यह निष्कर्ष निकलता है कि "मैं दूसरों को किस तरह प्रेरित कर सकता हूँ" सवाल का जवाब देना आपके लिये महत्त्वपूर्ण है। इस जवाब से आपको धन, स्टेटस और लीडरशिप के दूसरे पुरस्कार प्राप्त करने में मदद मिलेगी।

जब आप किसी योजना में मदद करते हैं और लोगों का उत्साह बढ़ाकर उन्हें प्रेरित करते हैं, तो वे बेहतर प्रदर्शन करते हैं। आपके

कर्मचारी अपने काम को जितने बेहतर तरीक़े से करेंगे, आपका प्रदर्शन उतना ही बेहतर होगा। एक लीडरशिप सूक्ति कहती है, "आपका मूल्यांकन इस बात से नहीं होता कि आप क्या करते हैं; आपका मूल्यांकन तो इस बात से होता है कि आप अपने सहयोगियों से कितना करवाते हैं।"

अगर आप इस सूक्ति के अनुसार काम करेंगे, तो आपको भी अधिक संतुष्टि का आनंद मिलेगा।

लोगों को परिणाम के साथ जोड़ें

इसे पहचानने में ग़लती न करें : कोई व्यक्ति अपने काम के अंतिम परिणाम से जितनी नज़दीकी से जुड़ा रहेगा, वह उतना ही ज़्यादा उत्साही और सफल होगा।

मेरा एक दोस्त नॉर्थ कैरोलिना में एक बड़ी फ़र्नीचर फ़ैक्ट्री का मालिक है। उसे अपने कर्मचारियों पर बहुत गर्व है। और उन्हें भी उस पर बहुत गर्व है। वह अपने कर्मचारियों की इस तरह मदद करने में निपुण है, ताकि वे कंपनी के कार्यों से भावनात्मक रूप से जुड़ जायें। यह उत्साह बढ़ाने वाली एक सशक्त तकनीक है।

वह बताता है, "मेरे ट्रक ड्राइवरों को ही देख लें। वे बहुत मेहनत करते हैं, कभी शिकायत नहीं करते और अपने हिस्से के जोखिमों से ज़्यादा जोखिम उठाते हैं। हमारे ड्राइवर हमारे काम से क़रीबी रूप से जुड़े हैं। जब वे कोई सामान पहुँचाते हैं - शायद दो हज़ार मील दूर - तो वे सभी दस्तावेज़ों पर यह लिखकर हस्ताक्षर करते हैं, 'गर्व के साथ ... ... ने पहुँचाया।' अपने नाम के हस्ताक्षर करते समय वे सोचते हैं 'यह मैंने किया है। मैंने यह सामान अपनी कुशलता, सावधानी और कड़ी मेहनत से पहुँचाया।' जब वे ऑफ़िस फ़ोन करके हमें बताते हैं कि उन्होंने काम कर दिया है तो वे हमेशा इस तरह से शुरू करते हैं, 'मैं ... बोल रहा हूँ। मिशन सफल हुआ।'

"परंतु कर्मचारियों का जुड़ाव यहीं पर ख़त्म नहीं होता," मेरे दोस्त ने आगे कहा। "तीन से पाँच कर्मचारियों की टीम फ़र्नीचर के हर नमूने को अंतिम रूप देती है और उसकी जाँच करती है। हम उन कर्मचारियों के

नाम फ़र्नीचर पर एक साफ़-सुथरे लेबल में लिख देते हैं। इससे उन्हें गर्व का एहसास होता है और इससे फ़र्नीचर बेचने में भी मदद मिलती है क्योंकि इससे ग्राहक यह जान जाते हैं कि इस फ़र्नीचर को मशीनों ने नहीं, बल्कि इंसानों ने बनाया है।"

मेरे मित्र के कारखाने में सेक्रेटरी भी पत्रों, रिपोर्ट, क़ीमत के कोटेशन (हर वह चीज़, जो टाइप होती है) सिर्फ़ हस्ताक्षर से नहीं (कोई भी आपके लघु हस्ताक्षर नहीं पहचानता) बल्कि पूरा नाम लिखकर भेजती है।

किये गये काम के साथ जुड़ाव बड़े पहलू पर यानी महत्वपूर्ण पहलू पर ध्यान केंद्रित करता है और इससे सक्रिय उत्साह पैदा होता है।

एक ऐसी टीम बनायें, जो उत्साह को पहले नंबर पर रखे

इससे कोई फ़र्क़ नहीं पड़ता कि आप क्या करते हैं। हर क्षेत्र में आपको अपने लक्ष्य पाने के लिये दूसरों के सक्षम और उत्साहपूर्ण सहयोग की आवश्यकता होती है। अपना ख़ुद का बिज़नेस चलाने के लिये, कॉरपोरेट जीवन में आगे बढ़ने के लिये, खिलाड़ियों की टीम बनाने के लिये या राजनीति में जीतने के लिये आपको लोगों की मदद की ज़रूरत होती है। इन लोगों को चुनने में दो गुण महत्वपूर्ण हैं : योग्यता और नज़रिया।

योग्यता महत्वपूर्ण है। महान संगठन बनाने में योग्य लोगों की आवश्यकता होती है। एक अच्छी बेसबॉल टीम का मतलब यह है कि प्रतिभाशाली खिलाड़ियों को लिया जाये। महान इमारतें डिज़ाइन करने के लिये योग्य आर्किटेक्ट्स के योगदान की ज़रूरत होती है। किसी भी महान परिणाम को हासिल करने के लिये प्रशिक्षित, दक्ष और योग्य व्यक्तियों की ज़रूरत होती है।

हम एक ऐसे समय में रह रहे हैं, जब काम लगातार विशेषज्ञतापूर्ण और जटिल होता जा रहा है। नौकरी में विशेषज्ञता की माँग पिछले 15

सालों में दुगुनी हो गई है और अगले 15 सालों में तिगुनी हो सकती है। और हमारे देश में कॉलेज डिग्री धारकों का प्रतिशत अब सारे रिकॉर्ड तोड़ रहा है। फिर भी, उत्पादकता की स्थिति निराशाजनक है। क्यों ? कारण यह है कि योग्यता सिर्फ़ यह नापती है कि लोग क्या *कर सकते हैं*; योग्यता हमें यह नहीं बताती कि लोग क्या *करेंगे*। ऐसा कोई मल्टिपल चॉइस टेस्ट नहीं है, जो इच्छा या प्रेरणा को नाप सके।

नज़रिया योग्यता से ज़्यादा महत्वपूर्ण है! अगर कोई व्यक्ति 1 से 10 के पैमाने पर योग्यता में 10 अंक पर हो, परंतु नज़रिये के पैमाने पर उसका स्कोर सिर्फ़ 5 या 6 हो, तो वह उस व्यक्ति से पीछे रह जायेगा, जिसका स्कोर योग्यता के पैमाने पर सिर्फ़ 5 या 6 है, परंतु नज़रिये के पैमाने पर 10 है।

अगर नज़रिये का स्कोर 10 है, तो व्यक्ति सीखकर, अनुभव से और कोशिश करके अपनी योग्यता को बहुत अधिक बढ़ा सकता है। इसका विपरीत सच नहीं है। हर बिज़नेस या प्रोफ़ेशन में – सभी तरह की नौकरियों में – ऐसे योग्य लोग होते हैं जो ख़राब प्रदर्शन करते हैं, भटक जाते हैं, नौकरी के दौरान ही "रिटायर" हो जाते हैं, सहयोग नहीं करते और अपनी या बिज़नेस की तरक्की के लिये कुछ नहीं करते।

कॉलेज कोच प्रतिभाशाली हाई स्कूल खिलाड़ियों को टीम में शामिल करते समय बहुत ध्यान देते हैं। स्काउट्स उन्हें बताते हैं कि किन खिलाड़ियों पर ध्यान देना है। स्काउट्स चाहते हैं कि खेल के मैदान में सर्वश्रेष्ठ खिलाड़ी ही उतरें। परंतु हर साल "उलटफेर" होते हैं। जिन हाई स्कूल खिलाड़ियों को स्काउट्स ने शॉर्टलिस्ट नहीं किया था, जिन खिलाड़ियों की अनुशंसा हाई स्कूल टीम के किसी भी कोच ने नहीं की थी, ऐसे खिलाड़ी कॉलेज की टीम में आने के लिये कोशिश करते हैं और उसमें चुन लिये जाते हैं। इसका कारण यह है कि उनके मन में टीम में शामिल होने की प्रबल इच्छा व उत्साह होता है और उनका नज़रिया सकारात्मक होता है।

हमेशा यही देखा जाता है कि जो लोग शिखर पर पहुँचते हैं, वे नज़रिये के पैमाने पर भी सचमुच शिखर पर होते हैं। योग्यता महत्वपूर्ण

है, परंतु यह उतनी अनिवार्य कभी नहीं होती, जितना कि सकारात्मक व प्रतिबद्ध नज़रिया होता है। योग्यता सिर्फ़ संभावित शक्ति है। जब तक इसे सक्रिय न किया जाये, तब तक इसका कोई मूल्य नहीं है।

सकारात्मक लोग सुधार करना जारी रखेंगे; नकारात्मक लोग .ज़्यादा से .ज़्यादा यथास्थिति क़ायम रखना चाहेंगे।

अपने कर्मचारियों को प्रेरित करने के लिये उनमें व्यक्तिगत रुचि दिखायें

मैं बहुत से पुरस्कार समारोहों में भाषण दे चुका हूँ। कुछ कंपनियाँ हर साल पुरस्कार समारोह आयोजित करती हैं। यह बहुत अच्छी बात है। असाधारण प्रदर्शन का सम्मान किया जाना चाहिये, क्योंकि इससे हर एक को बेहतर काम करने का प्रोत्साहन मिलता है। हर व्यक्ति चाहता है कि उसकी पीठ थपथपायी जाये। हर व्यक्ति को इसकी ज़रूरत है। जब कंपनी किसी कर्मचारी से कहती है, "आपने बहुत बढ़िया काम किया है," "धन्यवाद," "हम आपके सहयोग की सराहना करते हैं," और "इसी तरह शानदार काम करते रहें" तो उसे यह सुनकर बहुत अच्छा लगता है।

वार्षिक पुरस्कार समारोह आयोजित करने के साथ-साथ यह भी होना चाहिये कि हर दिन, हर सप्ताह उत्साह बढ़ाने की कोशिश की जाये। जब तक किसी व्यक्ति को समय-समय पर प्रेरणा की .ख़ुराक न मिले, तब तक वह सामान बेचने, स्कूल में पढ़ाने, फ़ुटबॉल खेलने या किसी और काम को करने में बहुत .ज़्यादा उत्साही नहीं रहेगा।

एक सॉफ़्टवेअर कंपनी के सेल्स मैनेजर ने मुझे अपने प्रेरणादायक कार्यक्रम के बारे में बताया। "मेरे पास मिसिसिपी के पूर्वी क्षेत्रों में तेरह प्रतिनिधि हैं। मेरे कर्मचारी सिर्फ़ अस्पतालों और मेडिकल सुविधा देने वाली संस्थाओं में सामान बेचने जाते हैं। सेल्समैन .ज़्यादातर समय अपने दम पर काम करते हैं और उन्हें काफ़ी यात्रायें करना पड़ती हैं।

"परंतु मैं उनमें से हर एक के साथ सप्ताह में कम से कम दो बार चर्चा करता हूँ। मैं उनसे सेलिंग के तकनीकी पहलू के बारे में .ज़्यादा बातें

नहीं करता। हमारे सेल्समैन जानते हैं कि कैसे बेचा जाता है, क्योंकि हमारा प्रशिक्षण कार्यक्रम बहुत अच्छा है। मेरी चर्चाओं का सिर्फ़ एक ही उद्देश्य होता है - उन्हें उत्साहित करना, जिसे मैं "गिरावट रोकने" (Slump Prevention) का नाम देता हूँ। सूक्ष्म तरीक़ों से मैं उन्हें बताता हूँ कि उनमें कितनी संभावनायें हैं। मैं उनमें से हर एक को बताता हूँ कि हम उसके काम व योगदान की सराहना करते हैं।

"मेरा विश्वास कीजिये," मेरे मित्र ने आगे कहा, "जब आप अपनी पत्नी, बच्चों और घर के आरामदेह जीवन से हर सप्ताह तीन या चार दिनों तक दूर रहें, तो अपने उत्साह को बढ़ाने के लिये आपको बहुत सारी प्रेरणा की ज़रूरत होती है।"

"क्या आपकी चर्चाओं से लाभ होता है?" मैंने पूछा।

"बिलकुल होता है। देखिये, मुझे लगता है नज़रिया और सिर्फ़ नज़रिया ही वह तरीक़ा है, जिससे बिक्री को बढ़ाया जा सकता है और मंदी को रोका जा सकता है। मैं प्रतियोगिता को नियंत्रित नहीं कर सकता। मैं उन मेडिकल सेंटर्स के बजट को नियंत्रित नहीं कर सकता, जिन्हें हम सामान बेचते हैं। परंतु मैं अपने कर्मचारियों के उत्साह पर बहुत अधिक प्रभाव डाल सकता हूँ। और मैं उनके उत्साह को बढ़ाने के लिये बहुत मेहनत करता हूँ।"

हर व्यक्ति सकारात्मक ध्यान चाहता है

अगर लोगों से मशीनों या बेजान वस्तुओं की तरह व्यवहार किया जाये, तो वे चिढ़ जाते हैं। लोगों के पास पत्नियाँ, पति, बच्चे, शौक, पालतू जानवर और समस्याएं होती हैं। किसी व्यक्ति के निजी मामलों के बारे में उसे कुछ मिनट का समय देना एक तरह से उसकी तारीफ़ करना है। मैं एक बहुत सफल सुपरवाइज़र को जानता हूँ, जो हर दिन अपने 15 कर्मचारियों में से हर एक के साथ दो या तीन मिनट तक बात करते हैं। उन्होंने मुझे बताया, "इसमें हर दिन तीस से पैंतालीस मिनट का समय लगता है, परंतु इससे सचमुच फ़ायदा होता है। चूँकि मैं उनमें रुचि लेता हूँ, इसलिये वे मेरा सम्मान करते हैं।"

मेरे दोस्त ने आगे कहा, "अपने कर्मचारियों की व्यक्तिगत रुचियों और चिंताओं को जानना मेरे काम का सबसे महत्वपूर्ण हिस्सा है।"

मैंने कहा, "अधिकांश मैनेजर तो यही कहेंगे कि आपके कर्मचारियों की व्यक्तिगत चिंताओं से आपका कोई लेना-देना नहीं होना चाहिये।"

सुपरवाइज़र ने आगे कहा, "मैं जानता हूँ। परंतु मैं आपको इस बात का प्रमाण दे दूँ कि मेरा तरीक़ा सचमुच काम करता है। मुझे जब सुपरवाइज़र बनाया गया, उसके एक साल पहले बीमारी के कारण अनुपस्थिति की औसत संख्या प्रति कर्मचारी तेरह दिन थी। मेरे पहले वर्ष में अनुपस्थिति घटकर प्रति कर्मचारी सिर्फ़ दो दिन रह गई। उत्पादन बढ़ गया। कंपनी छोड़कर दूसरी कंपनी में जाने वालों की संख्या कम हो गई और मेरे डिपार्टमेंट में दुर्घटना का आँकड़ा आदर्श है।

"अपने कर्मचारियों के साथ भावनात्मक रूप से जुड़ना मेरे लिये बहुत फ़ायदेमंद रहा है। आख़िर, उनकी समस्याएं मेरी समस्याएं हैं, क्योंकि उनकी परेशानी से मैं भी तो प्रभावित होता हूँ।"

उत्साह चमत्कार करता है

उत्साह ही वह शक्ति है, जो सेलिंग, स्पोर्ट्स और बिज़नेस में फ़र्क़ पैदा करती है। उत्साह लोगों को विजेता की तरह महसूस कराता है और उनसे विजेता की तरह काम करवाता है, जिस वजह से वे विजेता बन जाते हैं।

उत्साह घर बेचता है

रियल एस्टेट बेचने में ८० प्रतिशत धन 20 प्रतिशत या उससे कम एजेंट कमाते हैं। क्यों ? क्या पाँच में से एक एजेंट, जो बाक़ी चार की सम्मिलित कमाई से भी ज़्यादा धन कमाता है, उनसे ज़्यादा कुशल है ? ज़्यादा कड़ी मेहनत करता है ? बिज़नेस में अधिक सालों से है ? अधिक भाग्यशाली है ? नहीं।

रियल एस्टेट के सितारों में एक जोशीला तत्व होता है - उत्साह। वे ज़मीन के एक बेजान टुकड़े में जीवन, सपने, आनंद और अवसर भर

देते हैं। सफल रियल एस्टेट सेल्समैन सिर्फ़ जायदाद नहीं दिखाते - वे उसमें "उत्साह" फूँक देते हैं।

मैरियन ओ. नामक महिला एक्ज़ीक्यूटिव ने मुझे बताया कि उसने एक घर दूसरी बार दिखाये जाने पर क्यों ख़रीदा - जब दूसरी एजेंट ने उसे वही घर दुबारा दिखाया।

"मैं एक घर की तलाश कर रही थी, क्योंकि मेरे पति और मैं यहाँ ट्रांसफ़र होकर आये थे," मैरियन ने बताया। "एजेंट हर प्रॉपर्टी के बारे में सारे तथ्य जानता था, वर्ग फ़ुट, मॉर्टगेज का विवरण, टैक्स, यूटिलिटी ख़र्च और इसी तरह की दूसरी चीज़ें। उसके पास मेरे हर सवाल का तथ्यात्मक जवाब था। परंतु अठारह मकान देखने के बाद भी मुझे अपने लिये आदर्श घर नहीं मिला। इसलिये मैंने दूसरी रियल एस्टेट फ़र्म की मदद लेने का फ़ैसला किया।

"दूसरी फ़र्म की एजेंट ने मुझसे दर्जनों सवाल पूछने के बाद अपना काम शुरू किया। उसने मुझसे पूछा, 'इससे पहले कि मैं आपको घर दिखाऊँ, मैं चाहूँगी कि आप मुझे बतायें कि आपके हिसाब से आदर्श घर कैसा होना चाहिये। अपने व्यक्तिगत, पारिवारिक व सामाजिक जीवन के संदर्भ में आप इससे क्या अपेक्षायें रखती हैं ?'

"मैंने इस एजेंट को थोड़े विस्तार से बताया कि मुझे कैसा घर चाहिये। उसने अपनी फ़ाइलें टटोलीं, अपने कंप्यूटर में जानकारी खोजी और मुझसे कहा, 'हमारे पास एक घर है, जो आपकी ज़रूरतों के हिसाब से सचमुच आदर्श है। आइये, हम चलकर उसे देखते हैं।'

"जब हम उस प्रॉपर्टी के पास गये, तो मैंने तत्काल पहचान लिया कि इस घर को तो पहला एजेंट मुझे दिखा चुका था और यह मुझे पसंद नहीं आया था। इसलिये मैंने एजेंट से कहा 'मैं पहले ही यह घर देख चुकी हूँ और मुझे यह पसंद नहीं आया था।'

"नई एजेंट ने जवाब दिया, 'इसके मालिक ने एक सप्ताह पहले ही दूसरी फ़र्म के साथ अपना एग्रीमेंट कैंसल किया है। मुझे विश्वास है कि इस प्रॉपर्टी के बारे में कुछ ख़ास बातें शायद आपको बताई नहीं गई हैं। मैं यह घर आपको दुबारा दिखाना चाहूँगी!'

"थोड़ी अनिच्छा से मैं तैयार हो गई। दूसरी एजेंट के पास भी वही ठोस तथ्य थे, जो पहले एजेंट के पास थे। परंतु दूसरी एजेंट ने इन तथ्यों में जान डाल दी। उसने अपनी बात अलग अंदाज़ में कही। घर, बगीचे और पड़ोस की हर विशेषता के बारे में वह उत्साहित थी।"

"क्या आप विस्तार से बतायेंगी?" मैंने पूछा।

"जैसे, दोनों एजेंटों ने मुझे बताया कि घर में ऊर्जा की बचत की संभावना है। परंतु दूसरी एजेंट ने मुझे बताया कि हम घर को गर्म या ठंडा रखने में हर महीने सौ डॉलर की बचत कर सकते हैं। और फिर उसने कहा, 'सौ डॉलर प्रति माह इन दिनों बड़ी रक़म नहीं लगती है, परंतु अगर हर महीने सौ डॉलर को बीस साल की अवधि के लिये पंद्रह प्रतिशत ब्याज पर निवेश कर दिया जाये, तो अच्छी ख़ासी रक़म बन जाती है।'

"दूसरी एजेंट ने बगीचे के बारे में मेरी कल्पनाशक्ति को भी जाग्रत किया। उसके पास योजना थी कि पेड़ कहाँ लगाये जायें और उसने मुझे वह जगह दिखाई, जो पुराने फ़ैशन के छोटे बगीचे के लिये बिलकुल सही हो सकती थी।

"मकान के दो कमरों में काफ़ी मरम्मत की ज़रूरत थी, परंतु एजेंट ने बताया कि यह भी एक कारण था, जिसकी वजह से वह प्रॉपर्टी मूल्यवान थी, क्योंकि मैं इन कमरों को अपने मनचाहे तरीक़े से दुबारा सजा सकती थी।

"जब मैंने पड़ोसियों के बारे में पूछा, तो उसने मुझे यह नहीं बताया कि वे ऊँची सोसायटी के बेहतरीन लोग हैं। उसने मुझे आठ सबसे क़रीबी पड़ोसियों में से हर एक का विस्तृत विवरण दिखाया - उनकी उम्र, व्यवसाय, बच्चों की संख्या इत्यादि।

"जब दूसरी एजेंट ने हाई स्कूल का वर्णन किया (हमारे दो बच्चे किशोरावस्था में थे), तो उसने यह नहीं कहा, 'यह शहर के सबसे अच्छे स्कूलों में से एक है' - सभी रियल एस्टेट एजेंट आपसे यही बात कहते हैं। उसने मुझे स्कूल के कुछ विद्यार्थियों के बारे में बताया जो अब बहुत सफल हैं, उन पुरस्कारों के बारे में बताया जो विद्यार्थियों ने बैंड, वाद-विवाद

प्रतियोगिताओं और एथलेटिक्स में जीते थे।

"फिर उसने अपनी आवाज़ में गहरी भावना के साथ मुझसे कहा, 'प्रॉपर्टी दिखाने का अवसर देने के लिये धन्यवाद। मैं इस घर की संभावना से सचमुच प्रेम करती हूँ।'"

"फिर क्या हुआ?" मैंने पूछा।

मैरियन ने जवाब दिया, "चौबीस घंटे बाद हम उस घर के मालिक बन गये।"

सबक़ : सिर्फ़ तथ्यों के सहारे आप कोई चीज़ नहीं बेच सकते। जब तथ्यों को उत्साहपूर्ण कल्पनाशक्ति के माध्यम से प्रस्तुत किया जाता है, तभी ग्राहक "हाँ" कहते हैं।

उत्साह मैच जिताता है

खेल की टीमें योग्यता, दक्षता, आकार और अनुभव में कभी एक-दूसरे से बहुत अलग हुआ करती थीं। परंतु अब ऐसा नहीं है। बेसबॉल टीमों की औसत ऊँचाई में अब आम तौर पर एक-दूसरे से एक इंच से भी कम का फ़र्क़ होता है, औसत वज़न में सिर्फ़ तीन या चार पौंड का और अनुभव में सिर्फ़ एक या दो माह का। यही फ़ुटबॉल, बास्केटबॉल, हॉकी या किसी अन्य खेल के बारे में सत्य है।

आज प्रतियोगी टीमों के बीच अंतर शारीरिक नहीं, बल्कि भावनात्मक होता है। वही टीम शिखर पर पहुँचती है, जिसमें जीतने की सबसे प्रबल इच्छा और सबसे ज़्यादा उत्साह होता है!

एक फ़ुटबॉल कोच ने मुझे अपनी हाफ़ टाइम चर्चा के बारे में बताया, जो उसने अपनी टीम के साथ तब की थी, जब उसकी टीम 28-0 से पीछे थी।

"मैंने कोई रणनीति नहीं सुझायी, ग़लतियाँ करने वाले खिलाड़ियों को नहीं फटकारा, किसी को धमकी नहीं दी। मैंने सिर्फ़ उनसे इतना कहा कि अगर सामने वाली टीम पहले हाफ़ में हमसे अट्ठाईस पॉइंट ज़्यादा बना सकती है, तो हम दूसरे हाफ़ में अट्ठाईस से भी ज़्यादा पॉइंट बना

सकते हैं। मैंने अपनी टीम को बताया कि वे सचमुच बहुत अच्छे खिलाड़ी हैं और उन्हें अच्छे खिलाड़ियों की तरह खेल दिखाना चाहिये। अंत में हम 33-28 से मैच जीत गये।

"और यह दूसरी टीम के घरेलू मैदान पर हुआ," मैंने बीच में कहा।

"हाँ। पर इससे मेरे लिये विजय अधिक सुखद नहीं होती," कोच ने जवाब दिया। "मैंने अपने खिलाड़ियों को यह सिखाया है कि वे भावनात्मक शक्ति के लिये अंदर की तरफ़ देखें, घरेलू मैदान के लाभ पर निर्भर न रहें।"

कोच ने एक महत्वपूर्ण बात कही : उत्साह से फ़र्क़ पड़ता है और उत्साह किसी बाहरी स्रोत से नहीं, बल्कि इंसान के भीतर से आता है।

एक रिटेलर इतना ज़्यादा सफल क्यों है?

वॉशिंगटन, डी.सी. में एक अग्रणी रिटेलर चेन के चेयरमैन ने मुझे अपनी सफलता का राज़ बताया।

"पारंपरिक दृष्टि से देखा जाये, तो हम अपने प्रतियोगियों की तुलना में ज़्यादा फ़ायदेमंद स्थिति में नहीं हैं। अगर हमारे पास अच्छी लोकेशन है, तो उनके पास भी अच्छी लोकेशन है। हमारे और उनके ब्रांड भी काफ़ी मिलते-जुलते हैं। उनके स्टोर में तीन सौ डॉलर ख़र्च करने पर ग्राहक को लगभग उतनी ही मात्रा और गुणवत्ता का सामान मिलेगा, जितना हमारे स्टोर में तीन सौ डॉलर ख़र्च करने पर मिलेगा। अगर हमारे यहाँ स्पेशल सेल लगती है, तो उनके यहाँ भी स्पेशल सेल लगती है। हम जमकर विज्ञापन करते हैं और हमारे प्रतियोगी भी ऐसा ही करते हैं।

"हमारे पास सबसे महत्वपूर्ण लाभ पहुँचाने वाली चीज़ हैं हमारे कर्मचारी। प्रतिस्पर्धा में हमारी जीत का कारण ग्राहक के साथ किया जाने वाला व्यवहार है। हम अपने स्टोर में ऐसे कर्मचारी रखते हैं, जो सेवा को पहले स्थान पर रखें, जो ख़ुशी-ख़ुशी और उत्साह से सेवा करें। हम ऐसे कर्मचारियों को बर्दाश्त नहीं करते, जो इस तरह से व्यवहार करें जैसे ग्राहक की सेवा करके वे उस पर एहसान कर रहे हों। हमारी नीति है,

'ग्राहक की पूर्ण संतुष्टि को सबसे ऊपर रखो,' और इस नीति का पालन हर विभाग में किया जाता है, सेल्फ़-सर्विस तथा व्यक्तिगत सर्विस क्षेत्रों में, डाइनिंग रूम में और पूरे स्टोर के लीज़ किये हुए डिपार्टमेंट में।"

मैंने कहा, "तब तो अपने कर्मचारियों को उत्साहित बनने की प्रेरणा देने के लिये आपको बहुत मेहनत करना पड़ती होगी ?"

"हाँ, हम करते हैं," मेरे मित्र ने जवाब दिया। "हमारे यहाँ श्रेष्ठ सेवा के लिये लगातार पुरस्कार देने की परंपरा है। हमारे यहाँ प्रेरणादायक बैठकें होती हैं – बहुत से कार्यक्रम हैं, जिनका लक्ष्य कर्मचारियों के मनोबल को ऊँचा रखना है।

"परंतु हमारा प्रेरणादायक कार्यक्रम दरअसल हमारे कर्मचारियों को चुनने की प्रक्रिया से शुरू होता है। हम सिर्फ़ अपनी ख़ाली जगह भरने के लिये लोगों को नौकरी नहीं देते। हम लोगों को स्टोर के प्रतिनिधि के रूप में काम करने के लिये *चुनते* हैं। हमारे हर कर्मचारी के साथ हमारी छवि जुड़ी रहती है।"

मुझे यह बात इतनी दिलचस्प लगी कि मैंने अपने मित्र से इसे थोड़े विस्तार से बताने को कहा।

"देखिये," उसने आगे कहा, "हमारे कर्मचारियों को अच्छे स्वास्थ्य, संतोषजनक रोज़गार इतिहास, आपराधिक रिकॉर्ड न होना और अच्छे हुलिये की सामान्य शर्तों को पूरा करने के अलावा भी कई शर्तों को पूरा करना होता है।

"हम नज़रिये का तत्व देखते हैं। इंटरव्यू के दौरान हम पता लगा लेते हैं कि कोई उम्मीदवार सिर्फ़ नौकरी चाहता है या वह हमारे यहाँ नौकरी चाहता है। हम कॉरपोरेट वेलफ़ेयर (औद्योगिक कल्याण) में विश्वास नहीं करते।"

"इससे आपका क्या मतलब है ?" मैंने पूछा।

मेरे मित्र ने कहा, "वेलफ़ेयर दो तरह का होता है। ज्यादातर लोग सिर्फ़ पब्लिक या गवर्नमेंट वेलफ़ेयर के बारे में ही सोचते हैं। परंतु एक और तरह का वेलफ़ेयर होता है, जिसे प्राइवेट या कॉरपोरेट वेलफ़ेयर कहा

जा सकता है। अगर सारे आँकड़े इकट्ठे किये जायें, तो कॉरपोरेट वेलफ़ेयर - लोगों को कुछ न करने या बहुत कम काम करने के लिये तनख़्वाह देना - हमारी अर्थव्यवस्था के पब्लिक वेलफ़ेयर पर भारी पड़ेगा। और निश्चित रूप से इससे कंपनी को बहुत घाटा होता है।

"कॉरपोरेट वेलफ़ेयर का मतलब है लोगों को सिर्फ़ काम करने की प्रक्रिया से गुज़रने के लिये तनख़्वाह देना, चाहे उन्होंने सचमुच काम किया हो या न किया हो। हम बहुत कोशिश करते हैं कि ऐसे लोगों को अपने यहाँ काम पर न रखें, जो शत-प्रतिशत से कम प्रयास करें।

"हम अपने आवेदकों का मूल्यांकन कई बिंदुओं पर करते हैं, जैसे हमारे साथ काम करने की इच्छा, टीम का खिलाड़ी होने की योग्यता, उत्साही तथा ज़िंदादिल लोगों की तरह बात करना, मुस्कराना, व्यवहार करना और चलना।

"हमारे यहाँ कर्मचारी चयन विभाग एक परीक्षा लेता है, जिसे मैं 'उत्साह' परीक्षण कहता हूँ। चर्चा में वे इस तरह के सवालों के जवाब खोजते हैं, 'क्या इस व्यक्ति को स्वयं पर गर्व है?' 'क्या आवेदक को लगता है कि तनख़्वाह और प्रदर्शन का आपस में संबंध होना चाहिये?' 'क्या आवेदक अपने पूर्व नियोक्ताओं के बारे में अच्छी राय व्यक्त करता है?' 'क्या व्यक्ति सेल्फ़-स्टार्ट हो सकता है?' 'क्या आवेदक टीम का खिलाड़ी बन पायेगा?'"

मेरे मित्र ने आगे कहा, "ग्राहक 'मुर्दा' लोगों के साथ बिज़नेस करना पसंद नहीं करते। मैं मानता हूँ कि शॉपिंग करना अमेरिका का सबसे बड़ा मनोरंजन है। अगर लोगों को हमारे यहाँ शॉपिंग करने में मज़ा नहीं आयेगा, तो वे कोई दूसरा स्टोर खोज लेंगे जहाँ पैसे देकर सामान ख़रीदने में उन्हें ज़्यादा मज़ा आये।"

अटलांटा में अधिकांश शहरों तक हवाई यात्रा के लिये बहुत सी एयरलाइनों के विकल्प हैं। इसके बावज़ूद मेरा ट्रैवल एजेंट हमेशा एक ही एयरलाइन से मेरा टिकट ख़रीदता है, चाहे इसकी वजह से मुझे एक या दो घंटे की देर हो जाए। क्यों? दूसरी एयरलाइन भी उसी तरह के उपकरणों के सहारे उड़ती है, मेरी प्रिय एयरलाइन के बराबर शहरों तक ही यात्रा

करवाती है और उन्हीं सुरक्षा मानकों को पूरा करती है। फिर मैं एक एयरलाइन से यात्रा करने पर ही ज़ोर क्यों देता हूँ और दूसरी की उपेक्षा क्यों करता हूँ ?

तीन शब्दों में इसका कारण है - *कर्मचारियों का उत्साह*। मेरी प्रिय एयरलाइन के कर्मचारी दूसरी एयरलाइन के कर्मचारियों की तुलना में ज़्यादा उत्साही हैं, चेक-इन काउंटर से लेकर दरवाज़े और हवाई जहाज़ के भीतर तक। मुस्कराहट और गर्मजोशी से किया गया अभिवादन, बहुत अच्छी सेवा तथा पाइलटों द्वारा की गई दोस्ताना गुड बाई जैसी छोटी-छोटी दिखने वाली चीज़ें फ़र्क़ पैदा कर देती हैं।

उत्साहपूर्ण प्रोफ़ेशनेलिज़्म की वजह से डेल्टा लाखों लोगों की सबसे प्रिय एयरलाइन बनी हुई है। और उत्साह के लिये डेल्टा को कितना ख़र्च करना पड़ता है ? एक भी पैसा नहीं। बल्कि इससे कंपनी के पास पैसा *आता* है। कोई भी कंपनी पैसे ख़र्च किये बिना बहुत बड़ा प्रतियोगी लाभ हासिल कर सकती है। लोग सिर्फ़ सामान नहीं ख़रीदते। वे सामान के साथ उत्साह भी चाहते हैं।

अपने काम में विश्वास करें, उत्साह अपने आप आ जायेगा

जब हमारे मन में पूरा विश्वास होता है कि हम जो कर रहे हैं वह सही है, तो उत्साह या भावनात्मक जुड़ाव अपने आप आ जाता है। श्रेष्ठ पादरी, राजनेता, डॉक्टर और बिज़नेसमैनों को यह विश्वास होता है कि उनका काम बेहद महत्वपूर्ण है और उसे किया ही जाना चाहिये। यही कारण है कि वे हमेशा उत्साहित नज़र आते हैं।

परंतु अगर हम यह जानते हों कि हम जो कर रहे हैं वह ग़लत है, तो हम उसे लेकर उत्साहित नहीं हो सकते। हममें से ज़्यादातर लोग मादक द्रव्य बेचने के बारे में कभी उत्साही नहीं बन सकते, क्योंकि हमारी अंतरात्मा हमें चेताती है कि दूसरों के शरीर को नुक़सान पहुँचाना और उनके मस्तिष्क को दूषित करना ग़लत है।

आपकी अंतरात्मा आपके शरीर से कभी झूठ नहीं बोलती। हम किसी व्यक्ति, वस्तु या विचार के बारे में सचमुच कैसा महसूस करते हैं, यह हमारी आँखों, हाथ मिलाने, आवाज़ और हावभाव से प्रकट हो जाता है।

एक सफल अभिनेता ने मुझे बताया कि उसे इतनी सारी फ़िल्मों में रोल के ऑफ़र मिलते हैं, जिनमें से ज़्यादातर उसे ठुकराना पड़ते हैं। उसने मुझे यह भी बताया कि उसकी आमदनी बहुत ज्यादा क्यों है, जबकि अधिकांश अभिनेताओं को काम के लाले पड़े हैं।

उसने इसका कारण बताते हुए कहा, "अधिकांश अभिनेता सिर्फ़ अभिनय करते हैं। आम अभिनेता अपनी भूमिका का अभिनय करता है, नाटक करता है, नक़ल करता है। वह अपनी भूमिका में पूरी तरह डूबता नहीं है। मैं जिस भूमिका को निभाता हूँ, उस पर इतनी गहराई से ध्यान एकाग्र करता हूँ कि मैं वही व्यक्ति बन जाता हूँ। सबसे अच्छा अभिनय किसी इंसान जैसा होने का अभिनय करना नहीं है - बल्कि वह इंसान *बनना* है। जब मेरी भूमिका के व्यक्तित्व को मैं अपना व्यक्तित्व बना लेता हूँ - तो मेरे हावभाव, मेरा व्यवहार, आवाज़, टाइमिंग - मेरा पूरा अस्तित्व उस भूमिका में होता है।

"अब," उसने आगे कहा, "किसी भूमिका का विश्लेषण करते समय अगर मुझे लगता है कि मैं उस भूमिका के व्यक्तित्व के भीतर प्रवेश नहीं कर सकता, तो मैं उसे अस्वीकार कर देता हूँ। लोग समझ जाते हैं कि आप कब धोखा दे रहे हैं। धोखेबाज़ हमेशा धोखेबाज़ की तरह दिखता है। महान अभिनेता बनने के लिये आपमें विश्वसनीयता होना चाहिये; आपको यह विश्वास होना चाहिये कि आप ही वह व्यक्ति हैं, जिसकी भूमिका आप निभा रहे हैं।"

एक सेल्समैन ने मुझे बताया, "मैं उस प्रॉडक्ट को बेचने से साफ़ इंकार कर देता हूँ, जिसके बारे में मुझे यह विश्वास नहीं होता कि वह ग्राहकों के लिये सही है। अगर मैं यह नहीं सोचता कि वह उनके लिये अच्छा है, तो उन्हें इस बात का एहसास हो जायेगा कि मैं क्या सोचता हूँ और इससे मेरी विश्वसनीयता ख़त्म हो जायेगी। मैं सिर्फ़ वही प्रॉडक्ट

बेचता हूँ, जिनके बारे में मैं उत्साही हो सकता हूँ।"

एक वकील ने कहा, "जब मुझे विश्वास होता है कि मेरा मुवक्किल निर्दोष है, तो मैं अदालत में ज्यादा अच्छी तरह से मुकदमा लड़ता हूँ। ऐसा तब नहीं होता, जब मुझे लगे कि मेरा मुवक्किल दोषी हो सकता है। जूरी हमेशा जान जाती है कि मैं अपने मुवक्किल के पक्ष में जो कह रहा हूँ, उसमें मैं विश्वास करता हूँ या नहीं।"

सबक : लोगों का समर्थन जीतने के लिये आपको अपने शब्दों और कार्यों में विश्वास होना चाहिये। उत्साह विश्वास का बाई-प्रॉडक्ट या परिणाम होता है। सफल लोग जानते हैं कि अंतरात्मा से मार्गदर्शन लेने में ही समझदारी है।

अपनी बातों में उत्साह भरें

जब आप बोलते हैं, तो आपके कहे गये शब्द महत्वपूर्ण होते हैं। परंतु आपके शब्दों से भी अधिक महत्वपूर्ण है आपका लहज़ा। आप कह सकते हैं, "गुड मॉर्निंग, आप आज बहुत अच्छे दिख रहे हैं," परंतु सामने वाला इन शब्दों का इनमें से कोई भी मतलब निकाल सकता है : "यह व्यक्ति सचमुच मेरी परवाह करता है और सोचता है कि मैं शानदार दिख रहा हूँ" से लेकर यह मतलब तक "यह आदमी जो कह रहा है दरअसल उसका मतलब यह नहीं है - वह दरअसल सोचता है कि मैं भयानक दिख रहा हूँ।"

कुछ वाक्यांशों के साथ प्रयोग करके देखिये कि आप कितने अलग-अलग भाव प्रस्तुत कर सकते हैं। "आप कैसे हैं ?" "मुझे आपसे मिलकर ख़ुशी हुई," और "मैं आपकी नई कार को पसंद करता हूँ" जैसे वाक्य मित्रता, कटुता, ईर्ष्या या आनंद व्यक्त करने के लिये कहे जा सकते हैं।

समस्त मानवीय भाव ध्वनि के माध्यम से व्यक्त होते हैं। संगीत का अध्ययन करने वाले जानते हैं कि ध्वनियाँ प्रेम, रोमांच, कोमलता, दुख और कई अन्य भावनाओं को व्यक्त कर सकती हैं तथा संगीतकार इनके

माध्यम से ऐसा ही करते हैं।

अगर आपके पास कोई कुत्ता या बिल्ली है, तो आप उसकी आवाज़ सुनकर जान जाते हैं कि उसे कैसा अनुभव हो रहा है। और अपना पहला शब्द बोलने से महीनों पहले ही बच्चा स्पष्ट रूप से बता देता है कि वह आपके बारे में, भोजन के बारे में और अपने आसपास की चीज़ों के बारे में कैसा महसूस करता है।

अगर आप किसी ऐसे व्यक्ति से मिलें जो आपकी भाषा न बोल पाता हो, तो आप इसके बावज़ूद उन भावनाओं को समझ जायेंगे, जो वह व्यक्ति आप तक पहुँचाना चाहता है। शब्द नहीं बल्कि ध्वनि मूलभूत संदेश होता है।

संप्रेषण के दौरान ध्वनि को अक्सर नज़रअंदाज़ कर दिया जाता है। बच्चों को यह तो सिखाया जाता है कि शब्दों को सही बोलना चाहिये; परंतु उन्हें यह नहीं सिखाया जाता कि शब्दों को उत्साहपूर्वक बोलना चाहिये।

जब आप बोलें, तो इन दो उत्साहवर्धक साधनों का इस्तेमाल करें:

याद रखें, दोस्त बनाने के लिये दोस्त बनें। ख़ुद को याद दिलायें, *मैं इस आदमी को पसंद करता हूँ*। ऐसा करने पर आपकी आवाज़ का स्वर अपने आप उस गर्मजोशी को प्रदर्शित करेगा, जो आप उस तक पहुँचाना चाहते हैं।

उत्साह के साथ बोलें। दृढ़ और उत्साही ध्वनि निकालें। कोई भी "मुर्दा" लोगों से बातें करना पसंद नहीं करता। अपनी आवाज़ को ज़िंदादिल बनायें।

टेलीफ़ोन पर उत्साह किस तरह प्रदर्शित करें

आमने-सामने की चर्चा के बाद टेलीफ़ोन लोगों से चर्चा करने का सबसे महत्वपूर्ण साधन है।

इलेक्ट्रॉनिक टेलीफ़ोन टेक्नोलॉजी ने पिछले दशकों में बहुत लंबी

छलाँग लगाई है। परंतु फ़ोन का सकारात्मक उपयोग करने में इंसान पीछे रह गया।

एक दोस्त ने मज़ाक़ में मुझे बताया कि हम जितनी बुरी तरह से टेलीफ़ोन का उपयोग करते हैं, उतनी ही बुरी तरह से अगर हम कार चलाने लगें, तो कोई भी ज़िंदा नहीं बचेगा!

पिक्चर-फ़ोन टेक्नोलॉजी 25 सालों से है। परंतु टेलीफ़ोन के माध्यम से किसी दूसरे शहर या देश में बात करने का चमत्कार टेक्नोलॉजी की सहायता के बिना शब्दों को तत्काल तस्वीरों में बदल देता है। लोग एक तरह से फ़ोन पर सामने वाले इंसान को "देख" सकते हैं। जो हमें फ़ोन कर रहा है, वह हमें भावनात्मक रूप से उतनी ही स्पष्टता से "देख" सकता है, मानो वह टेबल पर हमारे सामने ही बैठा हो।

1. जब आप फ़ोन का जवाब दें, तो इस आसान व प्रोफ़ेशनल चार क़दम के फ़ॉर्मूले का अनुसरण करें :

- सामने वाले व्यक्ति का अभिवादन करते हुए गर्मजोशी से "गुड मॉर्निंग," "गुड आफ़्टरनून," या "गुड ईवनिंग" कहें।
- अपने बिज़नेस या संगठन का परिचय दें – "जेम्स विल्सन कंपनी।"
- अपना परिचय दें, "टेड ब्राउन बोल रहा हूँ।"
- सहयोग प्रदान करें, "मैं आपकी क्या मदद कर सकता हूँ ?"

इसमें अधिक से अधिक पाँच सेकंड या एक मिनट का आठ प्रतिशत समय लगता है।

2. ***बोलते समय मुस्करायें।*** मुस्कराहट आपको आत्मविश्वास देती है और दर्शाती है "मैं सकारात्मक हूँ।" जब आप फ़ोन पर मुस्कराते हैं, तो आप संप्रेषण को नियंत्रित करते हैं। जब आप सच्ची मुस्कराहट लाते हैं – अपने चेहरे पर यह सच्ची अभिव्यक्ति लाते हैं कि मुझे-आपसे-बातें-करने-में-ख़ुशी-है – तो आपके मन में ग़ुस्सा या डर नहीं हो सकता और आप कोई नकारात्मक भाव व्यक्त नहीं कर सकते। और जिससे आप बात कर रहे हैं, वह आपकी बातों को मन लगाकर

सुनेगा। जब आप सकारात्मक और आत्मविश्वासी अंदाज़ में बोलते हैं, तो सामने वाले को लगता है कि वह किसी अच्छे व्यक्ति से बात कर रहा है।

3. ***फ़ोन पर धीमे बोलें।*** उतनी ही धीमी गति से बोलें, जैसे सामने वाला व्यक्ति आपके सामने बैठा हो। सामान्य चर्चा की गति से बहुत अच्छा असर पड़ता है। जिस तरह भीड़ भरे राजमार्ग पर तेज़ गाड़ी चलाने वाले ऐसे एक्सीडेंट कर बैठते हैं, जिनमें बंपर टकराने की वजह से गति धीमी हो जाती है, उसी तरह फ़ोन पर तेज़ गति से बात करने से समय बर्बाद होता है, क्योंकि आपको अपनी बात कई बार दोहराना पड़ती है ("मुझे खेद है, मैं समझा नहीं" या "क्या आप कृपया दोहरायेंगे। हमारा कनेक्शन सही नहीं है।") ज़्यादा तेज़ गति से बोलने का परिणाम यह भी हो सकता है कि रिसेप्शनिस्ट आपकी बात ग़लत व्यक्ति या डिपार्टमेंट से करवा दे।

मैं कई फ़ोन कॉल्स का जवाब देता हूँ और मेरा अनुमान है कि मेरी आधी कॉल्स में रिसेप्शनिस्ट इतनी बुरी तरह जवाब देती है कि मैं उसकी कंपनी का नाम ठीक से नहीं सुन पाता। वह अपनी कंपनी का नाम इतनी तेज़ी से बोलती है जैसे किसी ऑडियो टेप को सामान्य से तीन गुना रफ़्तार से चलाया जा रहा हो।

इस बात का ध्यान रखें : फ़ोन पर तेज़ गति में बात करने से आत्मविश्वास की कमी और असुरक्षा का संकेत मिलता है। धीरे बोलना - सामान्य चर्चा की गति - यह बताती है, "मुझमें आत्मविश्वास है।" "मैं नियंत्रण में हूँ।"

"परंतु मैं किस तरह उन घटिया लोगों से निबटूँ, जो मुझे फ़ोन करते हैं ?" शिकायत करने वाले लोग फ़ोन पर अक्सर कहते हैं : "आपने जो बिल भेजा है, उसमें ज़रूर कोई ग़लती है," "आपने मुझे ऐसी चीज़ भेज दी है, जिसका मैंने ऑर्डर नहीं दिया था," "जिमी स्कूल से बुरी तरह विचलित होकर घर लौटा और यह अमुक-अमुक की ग़लती है," और "आपने मेरे घर के सामने का कचरा नहीं उठाया।"

दो बातें : पहली बात, दरअसल कोई आदमी "घटिया" नहीं होता। जो व्यक्ति आपको शिकायत करने के लिये फ़ोन कर रहा है, वह

भी मानव जाति का एक सदस्य है, एक तरह से आपका रिश्तेदार है।

दूसरी बात, शिकायत करने वाला आपसे नाराज़ नहीं है। वह ख़ुद से पगलाया हुआ है। आप सिर्फ़ बलि का बकरा हैं। ख़ुद को मनोचिकित्सक की तरह मानें, जो किसी के ग़ुस्से का निशाना बनकर उसकी मदद कर रहा है।

शिकायतों को दिल पर न लें।

एक्ज़ीक्यूटिव्ज़ के लिये ध्यान रखने वाली बात : *अपनी कंपनी में आने वाली कॉल्स की निगरानी करें।* मैं एक एयरलाइन को जानता हूँ, जो रिज़र्वेशन के लिये आने वाली सभी कॉल्स के एक प्रतिशत की निगरानी करती है। इसका लक्ष्य जासूसी करना नहीं, बल्कि अपने प्रशिक्षण कार्यक्रम में सुधार के क़दम उठाना है। होटलों, कार रेंटल कंपनियों, डिपार्टमेंट स्टोरों, सरकारी एजेंसियों और टेलीफ़ोन के बड़े प्रयोगकर्ताओं के मैनेजर इस बात से बहुत अधिक लाभ उठा सकते हैं बशर्ते वे कुछ फ़ोन कॉल्स का सैंपल टेप करवा लें, ताकि वे यह सुनिश्चित कर सकें कि लोगों को शिष्ट व कुशल सेवा ही मिले।

(अगर आपका बिज़नेस है, तो अपने किसी मित्र से अपने ऑफ़िस में आने के लिये कहें और देखें कि आपके कर्मचारी उसके साथ कैसा व्यवहार करते हैं। इसके बाद अगर सुधार के क़दम उठाने की ज़रूरत हो, तो उठा लें।)

धन कमाने की इच्छा रखने वाली कोई भी कंपनी अपने बाहरी सेल्स प्रतिनिधियों को मूर्खों की तरह कपड़े नहीं पहनने देगी, उनमें से कचरे की तरह बदबू नहीं आने देगी और ग्राहकों को अपमानित नहीं करने देगी। परंतु कई कंपनियों में ऐसे लोग फ़ोन का जवाब देते हैं, जो मूर्खों की तरह बोलते हैं, उनकी आवाज़ कचरे की तरह लगती है और उन्हें अपमानित व आतंकित करने का पुरस्कार मिलना चाहिये।

टेलीफ़ोन का उपयोग करने वाले सभी लोग सेल्स टीम का हिस्सा होते हैं। फ़ोन का प्रयोग करने वाला हर आदमी – चाहे वह चौकीदार हो या कंपनी का प्रेसिडेंट, कंपनी की छवि बनाता है।

हर बिज़नेस *कुछ न कुछ बेचने के* लिये स्थापित किया जाता है। और कुछ बेचना तब ज़्यादा आसान होता है, जब फ़ोन पर इस तरह की छवि बनती है, "हम आपको पसंद करते हैं। हमें ख़ुशी है कि आपने फ़ोन किया। हम आपकी मदद करना चाहते हैं।"

उत्साह के चमत्कार देखने के लिये यह याद रखें :

- *उत्साह आपका मनोवैज्ञानिक इग्नीशन सिस्टम है।* लोग अपने उत्साह को बढ़ाने की योग्यता के अनुपात में ही सफल होते हैं।
- *उत्साह* सेलिंग, बिज़नेस, खेलों और परिवार को पालने में *"चमत्कार"* करता है। सफलता और उत्साह साथ-साथ चलते हैं।
- *अपने काम में विश्वास करें और उत्साह अपने आप आ जायेगा।* अगर आपको यह विश्वास नहीं है कि कोई काम सही है, तो वह काम न करें।
- *अपनी बातों में उत्साह भरें।* आप जो शब्द कहते हैं, उससे ज़्यादा महत्वपूर्ण है आपकी आवाज़। अपनी आवाज़ में जोश भरें। अपनी आवाज़ को कहने दें, "मुझे आपसे बात करके ख़ुशी हुई।"
- *मुस्कराकर उत्साह पैदा करें।* याद रखें, जब आप मुस्कराते हैं, तो आप नाराज़, निराश या चिंतित नहीं रह सकते। और जब आप मुस्कराते हैं, तो दूसरे लोग आपको पसंद भी करते हैं।
- *ज्ञान से उत्साह पैदा होता है।* आप किसी चीज़ के बारे में जितना ज़्यादा जानेंगे, आप उतने ही ज़्यादा उत्साही होंगे।
- *दूसरे लोगों को उत्साही अनुभव करायें।* इससे आप और ज़्यादा उत्साहित होते हैं।

❖❖❖

अध्याय आठ

लक्ष्य पाने के लिये दूसरों की आत्म-रुचि जगायें

हाल ही में दो सप्ताह तक एक टेलीविज़न चैनल ने आँतों के कैंसर पर जनहित में विज्ञापन दिया। इस टी.वी. चैनल ने स्थानीय दवा कंपनी और अस्पताल के सहयोग से डाक द्वारा मुफ़्त परीक्षण की व्यवस्था की, ताकि यह पता लगाया जा सके कि क्या किसी व्यक्ति में आँतों के कैंसर के लक्षण हैं। आश्चर्यजनक तथ्य यह है - एक लाख से ज़्यादा लोग दवाई की दुकानों तक गये, टेस्ट किट ख़रीदी और अपने मल के नमूने डाक द्वारा सहयोगी अस्पताल में भिजवाये। (आँतों के कैंसर के 100 से ज़्यादा मामले पकड़ में आये, जिससे यह प्रयास बहुत ही उपयोगी साबित हुआ।)

इसी दौरान टी.वी. पर इतनी ही बार विज्ञापन दिये गये कि लोग रेड क्रॉस में चंदा दें। कितने लोगों ने चंदा दिया या इसका वादा किया? सिर्फ़ 97 ने। *आत्म-रुचि का आग्रह सामुदायिक रुचि के आग्रह से हज़ार गुना ज़्यादा शक्तिशाली साबित हुआ।*

लोग दूसरों की ज़रूरतों के बारे में सोचते हैं। परंतु *अपनी ख़ुद की ज़रूरतों के कारण वे कार्य करने के लिये प्रेरित होते हैं।*

मानवीय स्वभाव का एक नियम ऐसा है, जिसे नज़रअंदाज़ नहीं किया जा सकता। यह सीधा सा नियम है : लोग मूल रूप से स्वयं में, अपने

परिवार के सदस्यों में, अपनी नौकरी में, अपनी दौलत में और अपनी भलाई में दिलचस्पी लेते हैं। दूसरों की भलाई में रुचि स्वयं की भलाई में रुचि के बाद दूसरे स्थान पर आती है।

समझदार विज्ञापनदाता आत्म-रुचि के नियम की तरफ़ पूरा ध्यान देते हैं। देखें कि किस तरह उनके संदेश आपसे या आपके प्रियजनों से यह वायदा करते हैं कि आपको अधिक आराम, अधिक सुरक्षा, अधिक प्रतिष्ठा, बेहतर सेहत, अधिक आनंद, अधिक आकर्षक शरीर या इसी तरह के अन्य लाभ प्राप्त होंगे। ये विज्ञापनदाता आपको यह नहीं बताते, "हमारे प्रॉडक्ट ख़रीदो, ताकि हम ज़्यादा पैसे कमा सकें।"

सफलता की कुंजी यह है कि दूसरों की रुचियों को *पहले* स्थान पर रखा जाये और अपनी रुचियों को *दूसरे* स्थान पर।

अपने लक्ष्य पर नज़रें गड़ाये रहें। आप दूसरे लोगों को प्रभावित करना चाहते हैं ताकि वे आपसे ख़रीदें, आपको अपना सहयोग दें, आपके नज़रिये का समर्थन करें, आपके लिये ज़्यादा कड़ी मेहनत करें, आपसे प्रेम करें, आपको पैसे उधार दें या किसी और तरीक़े से आपकी मदद करें।

अब, अपने लक्ष्य को दिमाग़ में रखते हुए यह भी याद रखें कि लोग आत्म-रुचि की वजह से प्रेरित होते हैं। उदाहरण के तौर पर लोग आपसे सामान इसलिये नहीं ख़रीदेंगे, ताकि आपको कमीशन मिल जाये; वे आपसे सिर्फ़ तभी सामान ख़रीदेंगे, जब उन्हें ऐसा लगेगा कि उसे ख़रीदने से उन्हें लाभ हो रहा है।

लोग चाहते हैं कि आप उन्हें यह बतायें :

- इसमें *मेरे लिये* क्या है ?
- *मैं* इस प्रॉडक्ट को दुबारा बेचकर कितना कमा सकता हूँ ?
- *मुझे* ठीक-ठीक कितना फ़ायदा होगा ?
- *मुझे* ज़्यादा कड़ी मेहनत क्यों करना चाहिये ? *मेरे* अतिरिक्त प्रयास की वजह से मुझे क्या पुरस्कार मिलेगा ?
- मान लीजिये *मैं* यह नौकरी करने लगता हूँ ? *मेरे* प्रमोशन्न की संभावनायें कितनी हैं ?

अगर आप ग्राहक को यह बताते हैं कि उसके सामान ख़रीदने से आपको कितना पैसा मिलेगा, तो इससे आपको नुक़सान ही होगा। यह न बतायें कि दूसरे व्यक्ति की मदद से आपको कितना लाभ होगा। आपको जिस लाभ की आशा है, वह महत्वपूर्ण नहीं है। अपनी सारी शक्ति को उन लाभों पर केंद्रित करें, जो सामने वाले व्यक्ति को मिलेंगे।

दूसरों की सेवा को पहले स्थान पर रखें; धन, प्रमोशन, प्रतिष्ठा, नौकरी में सफलता और अन्य पुरस्कार आपको अपने आप मिल जायेंगे। परंतु अगर आप *अपनी* सेवा को पहले स्थान पर रखेंगे, तो जीवन में आपको कम पुरस्कार मिलेंगे।

जो व्यापारी सफल होते हैं, वे लगातार पूछते हैं, "मैं किस तरह अपने ग्राहकों की इच्छाओं, ज़रूरतों और आकांक्षाओं को सबसे अच्छी तरह पूरा कर सकता हूँ?" जो व्यापारी असफल होते हैं, वे हमेशा पूछते हैं, "मैं किस तरह अपने ग्राहकों को मूर्ख बना सकता हूँ, धोखा दे सकता हूँ, उनसे ज़्यादा पैसे ऐंठ सकता हूँ या किसी और तरीक़े से उनके अज्ञान का फ़ायदा उठा सकता हूँ?"

महान सेल्समैन इस बात पर ध्यान एकाग्र करते हैं, "मेरा प्रॉडक्ट किस तरह मेरे ग्राहक की मदद करेगा?" उन्हें कितना कमीशन मिलेगा, यह हमेशा दूसरे स्थान पर रहेगा। प्रभावी मैनेजर कंपनी की नीतियों को कर्मचारियों के लिये लाभदायक बताते हैं, ख़ुद के लिये नहीं।

जो डॉक्टर मरीज़ों की सेवा को पहले स्थान पर रखते हैं, चाहे इसके कारण उन्हें कितना ही त्याग करना पड़े, उनका काम इतना फैल जाता है कि हम दंग रह जाते हैं।

आत्म-रुचि के नियम का सहारा लेकर लाभ कमाने के तीन आसान तरीक़े हैं : लोगों को उनके नाम से बुलाना, दूसरों को "बेहतर होने" के खेल में जीतने देना और लोगों को गर्व का एहसास कराना।

लोगों को उनके नाम से बुलाना

यह अक्सर कहा जाता है कि राष्ट्रपति रीगन वार्तालाप के लिहाज़

से सबसे महान राष्ट्रपति थे। और इसके कारण स्पष्ट हैं। वे सधी हुई आवाज़ में धीमे-धीमे बोलते थे। जिससे बात करते थे, उसकी तरफ़ सीधे देखते थे। दबाव में भी शांत रहते थे। और आसानी से समझ में आने वाले आसान शब्दों का इस्तेमाल करते थे। रीगन जनता के साथ व्यवहार करते समय कई सूक्ष्म परंतु प्रभावी तकनीकों का प्रयोग करते थे। प्रेस वार्ता किसी भी राष्ट्रपति के लिये बहुत कठिन चुनौती होती है, परंतु महत्वपूर्ण बात यह है कि सवालों को स्वीकार करने के दौरान रीगन रिपोर्टरों को नाम से पुकारते थे, बजाय इसके कि हाथ हिलाकर यह संकेत दें कि अगला सवाल कौन सा रिपोर्टर पूछे। यह बहुत छोटी सी बात लग सकती है, परंतु यह तरीक़ा प्रेस के साथ अच्छे संबंध बनाने में सहायक होता था। क्यों ? क्योंकि लोग तब अधिक सहयोग करते हैं, जब उन्हें उनके नाम से बुलाया जाये। नाम से बुलाया जाना गंभीरता और गहराई से की गई प्रशंसा है। यह सामने वाले को बताता है, "आप मेरे लिये महत्वपूर्ण हैं।"

हर व्यक्ति का एक नाम होता है और जैसा डेल कारनेगी ने कहा है, किसी व्यक्ति का नाम उसके लिये मधुरतम शब्द होता है। जब लोगों को नाम से पुकारा ज़ाता है, तो वे ज़्यादा बड़ा और बेहतर अनुभव करते हैं क्योंकि यह उनकी सबसे कीमती संपत्ति है। इससे उन्हें वैयक्तिकता का एहसास हासिल होता है - अनूठे होने की भावना।

"क्या आप जानते हैं मैं कौन हूँ ?" आत्म-रुचि का नियम - अपनी पहचान की ज़बर्दस्त लालसा - कई तरीक़ों से अभिव्यक्त होता है। हाल ही में, एक ही सप्ताह में तीन अलग-अलग अवसरों पर तीन लोगों ने मेरे सामने यह प्रकट किया कि व्यक्तिगत रूप से पहचाना जाना उनके लिये कितना ज़्यादा महत्वपूर्ण था। कॉलेज प्रशासकों के समूह के समक्ष भाषण देने के बाद जब मैं शुभचिंतकों से विदा ले रहा था, तो लगभग 70 साल की एक महिला वहीं पर रुकी रही। यह स्पष्ट था कि वे मुझसे सबसे अंत में बात करना चाहती थीं। अंत में सिर्फ़ वही बची थीं और मैंने उनसे उत्साह से "हलो" किया। उन्होंने मुझसे सीधे यह पूछा, "क्या आपको याद है मैं कौन हूँ ?" मैं हर सप्ताह सैकड़ों लोगों से मिलता हूँ और मैं स्मृति विशेषज्ञ नहीं हूँ। परंतु इस मामले में मुझे याद था।

"ज़ाहिर है," मैंने कहा। "आप डॉ. एस. पेग हैं।"

तत्काल उनके चेहरे पर चमक आ गई। वे ख़ुश थीं, क्योंकि मुझे उनका नाम दस साल बाद भी याद रहा। वे एक मनोवैज्ञानिक थीं - यानी आप सोचेंगे कि उनमें इतना आत्मविश्वास होना चाहिये कि उन्हें इस बात की परवाह नहीं होना चाहिये कि लोगों को उनका नाम याद है या नहीं। परंतु उन्हें परवाह थी। जब मैंने उनका नाम लेकर उन्हें बुलाया, तो मैंने उन्हें दुबारा आश्वस्त कर दिया। मेरे नाम लेने का प्रभाव यह हुआ, "आप इतनी महत्वपूर्ण हैं कि दस साल पहले पाँच मिनट की चर्चा के बाद भी आप मुझे याद हैं। आपने मुझे प्रभावित किया था।"

जब हमने विदा ली, तो उन्होंने मुझसे कहा, "यह रहा मेरा कार्ड। अगर मैं आपकी किसी तरह से मदद कर सकूँ, तो आप मुझे कृपया फ़ोन कर दें।"

उसी सप्ताह बाद में, एक और महिला ने पहचाने जाने की वृहद मानवीय आवश्यकता को प्रकट किया। उन्होंने मुझसे पूछा, "क्या आपने मुझे पहचाना?" वे भी यह विश्वास करना चाहती थीं कि वे इतनी महत्वपूर्ण थीं कि उन्होंने मेरे मस्तिष्क पर अमिट प्रभाव छोड़ा था। इस मामले में मुझे अपने दिमाग़ में आये पहले शब्द कहने पड़े, "मुझे आपका चेहरा याद है, परंतु आपका नाम मुझे याद नहीं आ रहा है।" मैंने तत्काल उनके चेहरे पर दुख और निराशा के मिले-जुले भाव देखे। मैंने उनके अहं को आहत किया था, क्योंकि मुझे उनका नाम याद नहीं था।

एक और भाषण के दौरान लगभग 50 साल का एक आदमी मंच पर आया और उसने यह कहते हुए शुरुआत की, "मैं शर्त लगा सकता हूँ कि आपको मेरा नाम याद नहीं होगा।" कम से कम इस आदमी ने मुझे यह कहने का अवसर तो दिया, "नहीं, मुझे याद नहीं है, परंतु हम अपने परिचय को दुबारा ताज़ा कर लेते हैं।"

मुद्दे की बात यह है : हर जगह लोग अपने नाम से पहचाने जाना चाहते हैं। उनका नाम उनकी पदवी है। याद रखे जाने की आवश्यकता अहं की सबसे बड़ी आवश्यकता है। इसलिये किसी का नाम याद रखने के लिये विशेष प्रयास करें। आपको क्या लगता है आप किसकी

.ज़्यादा मदद करेंगी - उस व्यक्ति की, जो कहता है "मिस थॉमस, क्या आप मेरी मदद करेंगी ?" या उस व्यक्ति की, जो कहता है, "महिला, क्या आप मेरी मदद करेंगी ?"

"महान विश्वासोत्पादक" लिंडन जॉनसन ने नाम याद रखने का अभ्यास किया और लिंडन जॉनसन आधुनिक युग के सर्वाधिक "विश्वासोत्पादक राष्ट्रपति" थे। किसी अधिनियम को संसद में पारित करवाने के लिये विरोधी पक्षों को एकजुट करने में वे बहुत .ज़्यादा सफल थे।

राष्ट्रपति जॉनसन मानवीय संबंधों के इतने कुशल इंजीनियर क्यों थे ? इसलिये क्योंकि उन्होंने इस पर *मेहनत* की थी। कैनेडी के बाद राष्ट्रपति बनने के काफ़ी पहले ही उन्होंने अपने दस सिद्धांत विकसित कर लिये थे और उन पर काम करना शुरू कर दिया था, ताकि वे लोगों के साथ व्यवहार करने में .ज़्यादा सफल हो सकें।

राष्ट्रपति जॉनसन का लोगों-को-प्रभावित-करने का तरीक़ा नीचे दिया गया है। *ध्यान दें कि उन्होंने अपना पहला सिद्धांत यह बनाया था, "लोगों का नाम याद रखना सीखें।"*

1. लोगों का नाम याद रखना सीखें। इस बारे में अयोग्यता यह दर्शा सकती है कि दूसरों में आपकी पर्याप्त रुचि नहीं है।
2. आरामदेह व्यक्ति बनें, ताकि आपके साथ रहने में किसी व्यक्ति को तनाव का अनुभव न हो। पुराने जूते या पुराने हैट की तरह के इंसान बनें।
3. शांत और निश्चिंत बनने का गुण विकसित करें, ताकि घटनायें आपको परेशान न कर सकें।
4. अहंकारी न बनें। इस तरह की छवि न बनायें, जैसे आपको सब पता हो।
5. रोचक बनने का गुण विकसित करें, ताकि लोगों को आपके साथ रहने में अच्छा लगे।
6. अपने व्यक्तित्व से "खुरदुरे" तत्वों को बाहर निकालने के

बारे में अध्ययन करें।

7. किसी पुरानी या अभी की ग़लतफ़हमी को दूर करने का सच्चा प्रयास करें। अपनी शिकायतों को नाली में बहा दें।

8. लोगों को पसंद करने का अभ्यास करें, जब तक कि आप सचमुच ऐसा करना न सीख जायें।

9. किसी की उपलब्धि पर बधाई देने का अवसर न छोड़ें, न ही दुख या निराशा में सहानुभूति व्यक्त करने का अवसर जाने दें।

10. अगर आप लोगों को भावनात्मक शक्ति देंगे, तो वे आपको सच्चा स्नेह देंगे।

लोगों का सहयोग हासिल करने के लिये उनके नाम से उन्हें बुलाने के पाँच मार्गदर्शक सिद्धांत ये हैं :

1. *सामने वाले के नाम का सही उच्चारण करें।* किसी व्यक्ति को सबसे ज़्यादा बुरा इस बात से लगता है कि उसके नाम का उच्चारण सही न हो। वैसे यह हमेशा आसान नहीं होता कि किसी व्यक्ति के नाम का उच्चारण उसी तरह से हो, जिस तरह वह इसे सुनना चाहता हो। हम ऐसी संस्कृति में रह रहे हैं, जहाँ कई राष्ट्रीयताओं के लोग रहते हैं। इसलिये जब आप किसी ऐसे व्यक्ति से मिलें, जिसके नाम के उच्चारण के बारे में आपको दुविधा हो, तो आप इस तरह की बात कहें, "आपका नाम औरों से हटकर है। क्या मैं इसका सही उच्चारण कर रहा हूँ?"

आम तौर पर सामने वाला तत्काल अपना नाम दोहरा देगा, ताकि आप सुन सकें कि वह अपने नाम का उच्चारण किस तरह चाहता है। फिर उस व्यक्ति के नाम को अपने दिमाग़ में उतारने के लिये अगले कुछ मिनटों की चर्चा में इसका कई बार उच्चारण कर लें।

2. *चर्चा में सामने वाले के नाम का अक्सर प्रयोग करें।* यह करके आप उस नाम को अपनी याददाश्त में स्थायी बना लेंगे और सामने वाले व्यक्ति का ध्यान भी आकर्षित करेंगे।

लिखित संदेशों में भी किसी व्यक्ति के नाम का प्रयोग बार-बार

करें। आधुनिक कंप्यूटर के सौजन्य से किसी व्यक्ति का नाम आसानी से पत्र में डाला जा सकता है। यह रहा एक आश्चर्यजनक तथ्य। जो कंपनियाँ डायरेक्ट मेल से सामान बेचती हैं, उन्होंने यह सीख लिया है कि जब लोगों को पत्र मिलता है, तो हालाँकि वे जानते हैं कि उनका नाम मशीनी तरीक़े से डाला गया है, परंतु इसके बावज़ूद "डियर सर" या "डियर मैडम" के प्रयोग की तुलना में बेहतर प्रतिक्रिया मिलती है।

3. *संक्षिप्त नाम का प्रयोग तभी करें, जब आप यह जानते हों कि सामने वाला उसे पसंद करता है।* मैंने यह सबक़ कई साल पहले मुश्किल तरीक़े से सीखा। मैंने जेम्स ग्रे नाम के एक व्यक्ति के सामने सेल्स कॉल की। मैंने तत्काल उसे "जिम" नाम से बुलाना शुरू कर दिया। जब इंटरव्यू आगे बढ़ा, तो मैं समझ गया कि मुझसे कहीं कोई गड़बड़ हो गई थी। मैं जिस सेवा को बेच रहा था, "जिम" को उसकी आवश्यकता थी; क़ीमत व बाक़ी चीज़ें भी सही थीं, परंतु मैं सामान नहीं बेच पाया।

बाद में मुझे पता चला कि मैं असफल क्यों हुआ था। "जिम" इस बात से चिढ़ता था कि उसे "जिम" कहा जाये। उसे इस बात पर असाधारण गर्व था कि उसका नाम बाइबल के सेंट जेम्स पर रखा गया था। जेम्स (अब मैं उसका नाम पूरा लेता हूँ) ने एक बार मेरे एक दोस्त से कहा था कि कोई भी सेंट जेम्स को सेंट जिम कहकर नहीं पुकारता।

यह रहा एक सुझाव। विलियम को "विलियम" कहें, एलिज़ाबेथ को "एलिज़ाबेथ", पीटर को "पीटर" और रेबेका को "रेबेका।" अगर ये लोग चाहते होंगे कि उन्हें बिल, लिज़, पीट या बेकी कहकर बुलाया जाये, तो वे आपको बता देंगे, "कृपया मुझे बिल कहें," या जो भी संक्षिप्त नाम उन्हें पसंद हो। कभी भी किसी व्यक्ति को संक्षिप्त नाम से न बुलायें, जब तक कि वह आपसे ऐसा करने के लिये स्पष्ट रूप से न कहे।

4. *जब तक परिचय स्थापित न हो जाये, तब तक किसी व्यक्ति के अंतिम नाम का ही प्रयोग करें।* इसमें कोई शक नहीं कि आप उन अजनबियों की टेलीफ़ोन कॉल्स से चिढ़ जाते होंगे, जो आपको तत्काल आपके पहले नाम से बुलाने लगते हैं।

जब तक सामने वाला आपको उसके नाम के पहले हिस्से से

संबोधित करने को न कहे, तब तक उसके सरनेम का प्रयोग ही करें। इससे यह पता चलता है कि आप संवेदनशील हैं। क्योंकि : 1. व्यक्ति इससे चिढ़ सकता है; 2. उसे लग सकता है कि आप उस पर चढ़ाई कर रहे हैं (सामने वाले व्यक्ति के रक्षाकवच को नीचे गिराने के बजाय आप उसे मज़बूत बना रहे हैं); और 3. अजनबियों के साथ नाम के पहले हिस्से का प्रयोग न तो प्रोफ़ेशनल है, न ही बिज़नेस के लिये अच्छा है।

याद रखें, जबरन अपनापन जताने से लोग चिढ़ सकते हैं।

5. *सामने वाले के नाम की सही स्पेलिंग लिखें।* जिस तरह किसी व्यक्ति के कान अपने नाम के ग़लत उच्चारण को अस्वीकार कर देते हैं, उसी तरह किसी व्यक्ति की आँख तत्काल अपने नाम की ग़लत स्पेलिंग को पकड़ लेती है। आज हमें जो अधिकांश डाक मिलती है, वह व्यक्तिगत लगती है, परंतु होती नहीं है। स्मार्ट कंपनियाँ यह सुनिश्चित कर लेती हैं कि जो लोग कंप्यूटर में नाम डालते हैं, वे सही स्पेलिंग लिखें। आपको कैसा महसूस होगा अगर आपको ऐसी चिट्ठी मिले, जिसमें आपके नाम की स्पेलिंग ग़लत लिखी हो? आप ख़ुद से शायद यह कहेंगे, "अगर कंपनी इतनी लापरवाह है कि यह मेरे नाम की ग़लत स्पेलिंग लिखती है, तो इस बात की संभावना है कि यह अपने सामान की गुणवत्ता, इसकी क़ीमतों या डिलिवरी के बारे में भी इतनी ही लापरवाह होगी।"

ऑफ़िस के अंदर होने वाले पत्राचार में तो यह और भी अधिक विध्वंसक होता है। इससे यह लगता है, जैसे जान-बूझकर लापरवाही की गई है।

सामने वाले इंसान को "मैं तुमसे बेहतर हूँ" के खेल में जीत जाने दें

"मैं तुमसे बेहतर हूँ" एक ऐसा खेल है, जिसमें दो लोग एक-दूसरे से प्रतिष्ठा, धन, उपलब्धियों या जीवन के किसी अन्य क्षेत्र में आगे निकलने की कोशिश करते हैं। यह रहा एक उदाहरण :

दादी नंबर एक दादी नंबर दो को अपने पोते की कुछ तस्वीरें

दिखाती है और कहती है, "मेरा पोता सितंबर में स्टेट युनिवर्सिटी में नाम लिखाने वाला है।"

दादी नंबर दो जवाब में तत्काल अपने पोते की कुछ तस्वीरें निकालती है और मैं-तुमसे-बेहतर-हूँ के अंदाज़ में कहती है, "यह रहा मेरा पोता। उसे हार्वर्ड में एडमीशन मिल गया है।"

दादी नंबर दो सोचती है कि उसने "मैं तुमसे बेहतर हूँ" का खेल जीत लिया है, क्योंकि सब "जानते हैं" कि हार्वर्ड किसी स्टेट युनिवर्सिटी से "बेहतर" है।

अगर आप चर्चाओं को ध्यान से सुनें, तो आप जान जायेंगे कि "मैं तुमसे बेहतर हूँ" का खेल हर रोज़ खेला जाता है। सोमवार की सुबह होने वाली बातें सुनकर आप सोच सकते हैं कि लोगों में प्रतियोगिता चल रही है, क्योंकि अक्सर बातें इस बारे में होती हैं कि किसने वीकएंड में सबसे ज़्यादा आनंद लिया, किसने सबसे बड़ी मछली पकड़ी, किसने सबसे शानदार पार्टी में भाग लिया और किसे फ़ुटबॉल मैच में सबसे अच्छी सीट मिली। "मैं तुमसे बेहतर हूँ" का खेल ऑफ़िसों, समारोहों, हवाई जहाज़ों, लंच इत्यादि में खेला जाने वाला प्रिय खेल है। जहाँ भी लोग एक-दूसरे से मिलते हैं, वहाँ यह खेला जाता है।

"मैं तुमसे बेहतर हूँ" का खेल बुरे परिणाम दे सकता है। मेरे एक पूर्व सहयोगी को उत्कृष्ट शिक्षक का पुरस्कार मिला। कॉलेज के बहुत से अधिकारी उस समारोह में उपस्थित थे, जिनमें कॉलेज का डीन भी शामिल था। समारोह के कुछ मिनट बाद डीन ने मेरे मित्र को बधाई दी और कहा, "जब मैं तुम्हारी उम्र का था, तो मुझे अमुक-अमुक पुरस्कार मिल चुका था" (जो ज़्यादा बड़ा पुरस्कार था)।

डीन की टिप्पणी सुनकर मेरा दोस्त चिढ़ गया (वह यह घटना मुझे तीन बार सुना चुका है!) डीन ने "मैं तुमसे बेहतर हूँ" का मैच तो "जीत" लिया, परंतु जिस प्रोफ़ेसर को उसने हराया, वह जल्दी ही दूसरी युनिवर्सिटी में चला गया।

"मैं तुमसे बेहतर हूँ" के खेल में जब आप लोगों को हरा देते हैं, तो वे आपको पसंद नहीं करते। और अगर वे आपको पसंद नहीं करते, तो

इस बात की संभावना बहुत कम हो जाती है कि वे आपके साथ सहयोग करेंगे, आपसे सामान ख़रीदेंगे, आपके लिये ज़्यादा कड़ी मेहनत करेंगे।

"मैं तुमसे बेहतर हूँ" के खेल का प्रभावी तरीक़े से सामना करने का उपाय यह है :

1. *अपने लक्ष्य को पहचानें और इसे अपने दिमाग़ में रखें।* क्या आप किसी व्यक्ति से इसलिये बात कर रहे हैं क्योंकि आपको उसे कुछ सामान बेचना है या इसलिये बात कर रहे हैं क्योंकि आपको यह साबित करना है कि आप उससे ज़्यादा अच्छे गोल्फ़र हैं। क्या आप नौकरी हासिल करना चाहते हैं या आप इंटरव्यू लेने वाली महिला को यह बताना चाहते हैं कि आप उससे बेहतर स्कूल में पढ़े हैं ? किसी बच्चे के साथ नंबरों की चर्चा करते समय क्या आप यह चाहते हैं कि बच्चा अगली बार ज़्यादा अच्छे नंबर लाये या आप बच्चे को यह बताकर नीचा दिखाना चाहते हैं कि जब आप स्कूल में थे, तो आपके उससे अच्छे नंबर आये थे ? अपने जीवनसाथी के साथ दिन की घटनाओं के बारे में बात करते समय क्या आप यह चाहते हैं कि वह अपने दिन की कुंठा से मुक्ति पाये या आप अपनी ही समस्याओं का ढोल पीटना चाहते हैं ?

2. *जब आप "मैं तुमसे बेहतर हूँ" का खेल खेलने से बचते हैं, तो आप आत्म-विश्वास दर्शाते हैं।* जो लोग यह साबित करना चाहते हैं कि वे आपसे बेहतर हैं, वे दरअसल असुरक्षित होते हैं और उनमें आत्म-विश्वास की कमी होती है।

याद रखें, जिसके पास डींगें हाँकने के लिये सचमुच कुछ होता है, उसे डींगें हाँकने की ज़रूरत नहीं होती!

विजेता बनें। "मैं तुमसे बेहतर हूँ" का खेल न खेलें।

"मैं तुमसे बेहतर हूँ" खेल में जीतने का एक ही तरीक़ा है। यह कि आप इस खेल को न खेलें। सामने वाले को हमेशा जीत जाने दें। "मैं तुमसे बेहतर हूँ" बच्चों का खेल है (मेरी साइकल तुमसे ज़्यादा अच्छी है; मेरे डैडी तुम्हारे डैडी से ज़्यादा पैसे कमाते हैं)।

सामने वाले को बोलने दें

यहाँ एक सच्चाई बताई जा रही है। लोग आपकी रुचियों के बारे में सुनने के बजाय अपनी रुचियों के बारे में बातें करना ज़्यादा पसंद करते हैं। इसे ज़्यादा सीधे तरीक़े से कहें, तो लोग अपने, अपनी रुचियों, अपने परिवारों, अपनी नौकरियों, अपनी समस्याओं, अपने शौकों और अपने पालतू जानवरों के बारे में बातें करना ज़्यादा पसंद करते हैं बजाय इसके कि वे आपकी रुचियों के बारे में आपकी बातें सुनें।

जब आप किसी की बात सुनते हैं, तो आप उस व्यक्ति की बहुत बड़ी प्रशंसा करते हैं और उसे बात करने तथा ख़ुद में विश्वास करने के लिये प्रोत्साहित करते हैं।

जब आप दूसरों को उनके बारे में बात करने के लिये प्रोत्साहित करते हैं, तो आपको इसके बहुत अच्छे परिणाम मिलते हैं। सामने वाला व्यक्ति आपको अपना मित्र समझेगा, आपको बहुत अच्छा वक्ता समझेगा (चाहे आपने सिर्फ़ सवाल पूछे हों और जवाब में बहुत कम कहा हो) और यह चाहेगा कि आपके बारे में ज़्यादा से ज़्यादा जानकारी हासिल करे।

सामने वाले को ज़्यादा बोलने देना आसान नहीं होता। यह पूरी तरह स्वाभाविक है कि आप अपनी रुचियों के बारे में बातें करना चाहें। परंतु एक बार फिर अपने लक्ष्य को दिमाग़ में रखें : क्या मैं इस व्यक्ति के साथ चर्चा यह बताने के लिये कर रहा हूँ कि मेरा अहं कितना बड़ा है या मैं इससे कितना श्रेष्ठ हूँ ? फिर या मैं बॉब या बेट्टी के साथ इसलिये चर्चा कर रहा हूँ, ताकि अपने लक्ष्यों को हासिल करने में उनका समर्थन हासिल कर सकूँ ? (मुझसे ख़रीदो, मेरे लिये ज़्यादा कड़ी मेहनत करो या मेरे लक्ष्यों को हासिल करने में मेरी मदद करो।)

लोगों को गर्व का अनुभव कराओ और वे आपको 110 प्रतिशत देंगे

उत्तरी जॉर्जिया में मेरा एक दोस्त डब्ल्यू. गस एक कंपनी का मालिक है। यह कंपनी बच्चों के कपड़े बनाती है और इसमें 300 लोग

काम करते हैं। यह कंपनी 100 साल से भी ज्यादा समय से चल रही है और आज तक यहाँ एक भी हड़ताल नहीं हुई, एक दिन भी काम नहीं रुका और हालाँकि विदेशी प्रतिस्पर्धा की वजह से अमेरिकी वस्त्र उद्योग को भयानक झटका लगा है, परंतु गस लगातार लाभ कमा रहा है। हालाँकि काम रूटिन है और तनख़्वाहें कम हैं, परंतु मनोबल और उत्पादकता बहुत ऊँचे हैं। गस ऐसा किस तरह करता है ? काफ़ी हद तक इसका कारण यह है कि वह गर्व बढ़ाने वाले "छोटे" उपायों का प्रयोग करता है। गस सप्ताह में कम से कम दो बार कारखाने का भ्रमण करता है और हर कर्मचारी के हालचाल पूछता है। वह उनके बच्चों और पोतों के बारे में सवाल पूछता है। जिनके परिवार में बीमारियाँ या मौत हुई हैं, वह उनके प्रति सहानुभूति व्यक्त करता है और यह पूछता है कि वह किस तरह उनकी मदद कर सकता है - चिंता और दयालुता की छोटी-छोटी अभिव्यक्तियाँ।

पिछले क्रिसमस पर गस ने एक रचनात्मक और बेहद सशक्त प्रेरणादायी तकनीक का प्रयोग किया। उसने हर कर्मचारी से क्रिसमस पार्टी में एक व्यंजन लाने को कहा। फिर उसने सबसे कहा (95 प्रतिशत कर्मचारी महिलायें थीं) कि वे अपने व्यंजन की विधि लिखकर दें।

इसके बाद गस ने सारी विधियों को एक आकर्षक कुकबुक में छापा, जो उसने हर वर्तमान और संभावित खेरची ग्राहक को दी। कुकबुक से कर्मचारियों का गर्व बढ़ा और ग्राहकों को भी यह बहुत पसंद आई!

कुकबुक की वजह से बहुत से धन्यवाद के पत्र आये, जिन्हें बुलेटिन बोर्ड पर प्रमुखता से प्रदर्शित किया गया।

क्या यह गर्व बढ़ाने का अद्भुत तरीक़ा नहीं है! और क्या यह ग्राहकों के लिये सुखद नहीं है कि उन्हें उस कंपनी की तरफ़ से अच्छा उपहार मिले, जिसके प्रॉडक्ट वे बेचते हैं ?

कैलिफ़ोर्निया में एक कंस्ट्रक्शन मैनेजर ने मुझे बताया, "हमारे पास जो सबसे महत्वपूर्ण औज़ार है, वह है गर्व। बिना गर्व के हर चीज़ औसत या औसत से कमतर होती है।"

मैंने उससे कहा कि वह इस बात को विस्तार से समझाये, क्योंकि कंस्ट्रक्शन कंपनियाँ बहुत महँगे औज़ारों का प्रयोग करती हैं।

उसने कहा, "कर्मचारियों का मनोबल बढ़ाने के लिये हमारे पास इस तरह के बहुत सारे बिंदु नहीं हैं कि कौन से काम न किये जायें या कौन से काम किये जायें। हम हर समय सिर्फ़ इतना याद रखते हैं कि हमारी सफलता के लिये गर्व अनिवार्य है और फिर हम अपना गर्व बढ़ाने वाले विचारों पर कार्य करते हैं।"

"जैसे ?" मैंने पूछा।

"छोटी-छोटी बातें। किसी बड़े प्रोजेक्ट को शुरू करने से पहले हम सारे कर्मचारियों को डिनर के लिये आमंत्रित करते हैं। इसमें लंबे भाषण नहीं होते - हम सिर्फ़ यह याद दिलाते हैं कि हमारी कंपनी बड़ी है, परंतु प्रोजेक्ट की सफलता के लिये हर कर्मचारी महत्वपूर्ण है। गर्मियों में दो या तीन बार हम बेसबॉल मैचों में अपने *लोगो* वाली टी शर्ट और कैप पहनकर जाते हैं। जब हम कोई इमारत पूरी कर लेते हैं, तो एक पार्टी देते हैं, जिसके बाद सवैतनिक छुट्टी दी जाती है। जब शहर में परेड होती है, तो आम तौर पर हमारे पास एक शोभायान होता है।"

"ऐसा लगता है जैसे आपके कर्मचारी बहुत मज़े करते हैं," मैंने बीच में कहा।

"हम बहुत मज़े करते हैं और इससे लाभ भी होता है। देखिये, मुझे इस बारे में चिंता नहीं करना पड़ती कि लोग ऑफ़िस में शराब पीकर या मादक द्रव्य का सेवन करके आयेंगे, बीमारी का बहाना बनायेंगे या नौकरी छोड़कर प्रतियोगी कंपनियों में चले जायेंगे। और हमारे कर्मचारी एक-दूसरे के औज़ार भी नहीं चुराते।

"देखिये, लोगों को तनख़्वाह व दीगर सुविधाओं से अधिक चाहिये। वे यह डींग हाँकना चाहते हैं कि वे एक बेहतरीन कंपनी के लिये काम कर रहे हैं।"

आप अक्सर सुनते हैं कि कई लोग अपनी कंपनी में गर्व का अनुभव इसलिये नहीं करते, क्योंकि संगठन बहुत बड़ा हो गया है। यह

बकवास है। व्यक्तिगत गर्व सिर्फ़ इसलिये कम नहीं होता, क्योंकि संगठन बड़ा हो गया है और इसमें हज़ारों कर्मचारी काम करते हैं। आई.बी.एम, डेल्टा, डिज़नीलैंड और अन्य शीर्षस्थ कंपनियों की तरफ़ देखिये। बड़े होने से गर्व नष्ट नहीं होता - सिर्फ़ स्वार्थी और विचारहीन मैनेजमेंट की वजह से ऐसा होता है।

अमेरिका अमेरिकियों का सबसे बड़ा संगठन है। और हमेशा से मौज़ूद अंदरूनी आलोचना के बावज़ूद गर्व गहरा और मनोबल ऊँचा है।

क्यों ? क्योंकि हमारी परंपरायें याद की जाती हैं और नई पीढ़ियों तथा नये आने वालों को हस्तांतरित की जाती हैं। रहवासियों द्वारा किये गये त्याग, युद्ध से हुई मौत, विनाश और दर्द, असामान्य खोजें, आविष्कार और अभियान सबको यह याद दिलाते हैं कि वे एक बड़े संगठन के हिस्से हैं।

और सफल जीवन का सर्वशक्तिमान औज़ार यानी गर्व इसका परिणाम है।

सबक़ : अगर आप लोगों को गर्व का अनुभव करायेंगे, तो वे आपको 110 प्रतिशत देंगे!

पैसे के कारण नहीं, बल्कि गर्व के कारण बच्चे लिटिल लीग में अपना सब कुछ दाँव पर लगा देते हैं

पिछले साल मैंने 11-12 साल के बच्चों की दो टीमों के बीच में चैंपियनशिप फ़ुटबॉल मैच देखा। मैंने विश्व कप मैच देखे हैं। मैंने सुपर बॉल्स, बड़े गोल्फ़ टूर्नामेंट और अन्य विशेष मैच भी देखे हैं। परंतु छोटे-छोटे बच्चों द्वारा खेला गया यह फ़ुटबॉल मैच उन सभी प्रोफ़ेशनल मैचों पर भारी पड़ा, क्योंकि इसमें पूरे दिल से प्रयास किया गया था। मैदान में खेल रहे हर बच्चे ने अपनी पूरी जान लगा दी। दोनों ही टीमों ने पूरे मौसम में चैंपियनशिप मैच में खेलने की जमकर तैयारी की थी। उन्होंने मैच के लिये प्रैक्टिस की थी, आत्म-अनुशासन का अभ्यास किया था और जीतने के लिये प्रार्थना भी की थी।

बहरहाल, ग्रीन टीम ने ब्लू टीम को 4-3 से हरा दिया। अब सवाल यह है कि ग्रीन टीम को जीतने पर क्या मिला?

तगड़ा नक़द बोनस? बिलकुल नहीं।

प्रोफ़ेशनल फ़ुटबॉल कॉन्ट्रैक्ट? नहीं।

स्कॉलरशिप? नहीं।

गिफ़्ट सर्टिफ़िकेट? नहीं।

ग्रीन टीम को एक सस्ती सी ट्रॉफ़ी मिली और मैक्डॉनल्ड्स में एक हैमबर्गर, एक कोक और चिप्स मिले। ब्लू टीम को ट्रॉफ़ी तो नहीं मिली, परंतु उसे भी हैमबर्गर स्टोर में विशेष पार्टी मिली।

मैंने किसी भी उम्र के इंसानों को किसी भी गतिविधि में इतने दिल से मेहनत करते नहीं देखा। और इसका पैसे से कोई संबंध नहीं था।

दोनों टीमों के कोच शनिवार की सुबह और शाम को गोल्फ़ खेलने या जॉगिंग करने जा सकते थे, परंतु उन्होंने बच्चों को प्रशिक्षण देने में कई शनिवार लगाये। माताओं ने भी अपने समय और ऊर्जा का त्याग किया, ताकि वे यह सुनिश्चित कर सकें कि साइडलाइन पर पर्याप्त रिफ्रेशमेन्ट रहे।

मैच के बाद रेफ़री और मैं जीतने वाली टीम को ख़ुशियाँ मनाते देख रहे थे तथा पराजित टीम के सदस्य सच्चे भद्र पुरुषों की तरह विजेताओं को बधाई दे रहे थे। रेफ़री एक सफल बिल्डर था और उसने मुझसे कहा, "आप जानते हैं, मैंने अपने जीवन में काफ़ी पैसा कमाया है, परंतु मेरे जीवन में इससे अधिक संतुष्टिदायक शनिवार की सुबह कभी नहीं गुज़री।"

अगली बार जब आप किसी को इस तरह की कोई बात कहते सुनें, जैसे "इस समस्या को सुलझाने का तरीक़ा है तनख़्वाह बढ़ाना," या "धन ही सबसे प्रमुख प्रेरणा है," तो ज़रा सोचें। लोगों को प्रेरित करने का सबसे प्रमुख तरीक़ा चेकबुक या बैंक अकाउन्ट द्वारा नहीं, बल्कि दिल या भावना द्वारा है।

क्या होता है जब मैनेजर अहं को तुष्ट नहीं करते?

जब किसी संगठन में लोगों की कभी तारीफ़ नहीं होती, उन्हें कभी प्रोत्साहन नहीं दिया जाता और उनकी हर दिन आलोचना होती है, तो हमेशा इसके नकारात्मक परिणाम मिलते हैं। इन तथ्यों की तरफ़ देखेंः

1. रिटेल स्टोर में ग्राहकों की तुलना में कर्मचारी .ज्यादा सामान चुराते हैं। क्यों? इसका प्रमुख कारण यह है कि कर्मचारी मैनेजर से नाराज़ होने के कारण उसके साथ "बदला लेना" चाहते हैं। और वे चोरी करके बदला लेते हैं।

2. उपेक्षित कर्मचारी प्रशंसित कर्मचारियों की तुलना में.ज्यादा "बीमार" पड़ते हैं।

3. जिन कर्मचारियों को सिर्फ़ तनख़्वाह मिलती है और कोई भावनात्मक प्रेरणा नहीं मिलती, वे कंपनी छोड़कर दूसरी कंपनियों में नौकरी करने.ज्यादा जाते हैं, बजाय उन कर्मचारियों के, जिनकी कंपनी में भावनात्मक प्रेरणा पर ज़ोर दिया जाता है।

यह याद रखें, तोड़फोड़ और मनोवैज्ञानिक आतंकवाद सिर्फ़ रिटेल स्टोर, ऑफ़िसों और फ़ैक्ट्रियों तक ही सीमित नहीं है। अस्पतालों, कंप्यूटर कंपनियों, एयरलाइनों और विश्वविद्यालयों में भी प्रोफ़ेशनल्स तब बदला लेने की सोचते हैं, जब उन्हें लगता है कि उनकी सराहना नहीं हो रही है, उनका शोषण किया जा रहा है और मनोवैज्ञानिक रूप से उन्हें सताया जा रहा है। मैं एक विश्वविद्यालय को जानता हूँ, जिसके हेड ऑफ़ डिपार्टमेंट ने दस लोगों के डिपार्टमेंट में से पाँच सबसे अच्छे प्रोफ़ेसरों को बाहर जाने पर मजबूर किया, क्योंकि उसने उनके काम की जबरन निंदा की, उनकी गतिविधियों पर ज़रूरत से.ज्यादा निगरानी की और तारीफ़ के बजाय डर का इस्तेमाल किया।

सबसे बुरी हड़तालें, जो अक्सर लंबी चलती हैं और कई बार हिंसक हो जाती हैं, उन उद्योगों में होती हैं, जहाँ मैनेजर कर्मचारियों को इंसान मानने से इंकार कर देते हैं, जिनमें अहं की प्रबल और गहरी आवश्यकतायें होती हैं। इन उद्योगों के मैनेजर आम तौर पर अपने

कर्मचारियों को उसी निगाह से देखते हैं, जिस निगाह से वे स्टील, सीमेंट या किसी अन्य निर्जीव पदार्थ को देखते हैं। और रोचक बात यह है कि ज़्यादातर हड़तालें ऊँची तनख़्वाह वाले उद्योगों में होती हैं, जिससे यह पता चलता है कि हड़तालों का प्रमुख कारण पैसा नहीं, बल्कि कर्मचारियों के अहं की मनोवैज्ञानिक अवहेलना है।

छोटे "महत्वहीन" लोग हर दिन बिज़नेस को चौपट करते हैं

प्रबल मंदी के दौरान मैं दक्षिणी फ़्लोरिडा में एक राष्ट्रीय सम्मेलन में भाषण देने गया। जैसे ही मैं उस रिज़ॉर्ट होटल में पहुँचा, जहाँ मैं पहले भी कई बार ठहर चुका था, मुझे महसूस हुआ कि माहौल कुछ बदला हुआ था। उस होटल का माहौल निश्चित रूप से बदल गया था। रिसेप्शन काउंटर के कर्मचारी असामान्य रूप से धीमे काम कर रहे थे, कमरा लापरवाही से सजाया गया था, रूम सर्विस घटिया थी। होटल में रहना उतना मज़ेदार नहीं था और वह उतना बढ़िया नहीं था, जितना पहले हुआ करता था।

अगली सुबह अपना काम ख़त्म करने के बाद मैंने होटल की कार ली और हवाई अड्डे चल दिया। मैं अकेला यात्री था, इसलिये मैं युवा ड्राइवर से बातें करने लगा। मैंने उसे बताया कि मैं उस होटल से निराश हुआ था। मैंने उससे कहा, "यह वह होटल नहीं लग रही थी, जहाँ मैं पिछली बार रुका था।"

ड्राइवर ने खुलकर मुझे बताया कि सिर्फ़ दो महीने पहले ही होटल का मैनेजमेंट बदला था। फिर उसने मुझे कुछ दुखद अनुभव सुनाये। रिसेप्शन काउंटर पर बैठने वाले दो कर्मचारियों को बुरी तरह लताड़ा गया था, क्योंकि उन्होंने एक रात डिनर के लिये मैनेजर द्वारा निर्धारित रक़म से दो डॉलर ज़्यादा ख़र्च कर दिये थे। 12 साल से वहाँ काम कर रहे सीनियर शेफ़ को बाहर निकाल दिया गया था, क्योंकि मैनेजर के विचार से वह भोजन बर्बाद कर रहा था। पच्चीस प्रतिशत महिला कर्मचारियों को निकाल दिया गया था और बची हुई महिला कर्मचारियों का काम उसी

अनुपात में बढ़ गया था। रूम सर्विस, जो पहले 24 घंटे चालू रहती थी, अब सिर्फ़ आधी रात तक ही उपलब्ध थी।

ड्राइवर ने आगे कहा, "सबसे बुरी बात यह है कि मैनेजर हर दिन सुबह और शाम की शिफ़्ट को इकट्ठा करता है और उन्हें फटकारता है कि वे कितना घटिया काम कर रहे हैं। अब कहीं कोई गर्व नहीं है। लोग अब सिर्फ़ यही चाहते हैं कि इस काम से मुक्ति मिले।"

मैंने कहा, "ऐसा लगता है जैसे होटल में काम करना अब दर्दनाक अनुभव बन चुका है, परंतु कम से कम आप तो ख़ुश नज़र आ रहे हैं।"

ड्राइवर थोड़ा हँसा और उसने कहा, "सर, कोई बात सच से इतनी दूर नहीं हो सकती। यह इस होटल में मेरा आख़िरी सप्ताह है। मैं सड़क पर दो ब्लॉक आगे एक दूसरी होटल के स्टाफ़ में जा रहा हूँ।"

"क्यों," मैंने पूछा।

"अतिथियों के साथ सीधे संपर्क में आने वाले अधिकांश होटल कर्मचारियों की तरह मैं भी अपनी अधिकांश आमदनी के लिये टिप पर निर्भर हूँ। होता यह है कि मैं जिन लोगों को हवाई अड्डे तक छोड़ने जाता हूँ, उनमें से ज़्यादातर आपकी ही तरह निराश होते हैं। जब वे जाते हैं, तो वे उस होटल से हमेशा के लिये नाता तोड़ लेते हैं और इस वजह से मुझे कम टिप देते हैं। इसके अलावा, बिज़नेस अब इतनी तेज़ी से कम हो रहा है कि यहाँ पर बहुत कम ऐसे यात्री आते हैं, जिन्हें फ़्लाइट पकड़ना होती है।"

उस दिन घर की तरफ़ उड़ान भरते समय मैं इस घटना को अपने दिमाग़ से नहीं निकाल पाया। "महत्वहीन" लोगों को अपमानित करके, उनकी निंदा करके, उन्हें शोषित करके, होटल के नये मैनेजमेंट ने एक अच्छे-ख़ासे बेहतरीन होटल को बर्बाद कर दिया था।

फिर मैं यह सोचने लगा कि "महत्वहीन" कर्मचारियों को बुरी तरह मैनेज करने के कारण कितने अन्य बिज़नेस चौपट हो रहे थे।

ऑटोमोबाइल कर्मचारियों को हालाँकि कई पीढ़ियों से बहुत अच्छी

तनख़्वाह मिलती है, परंतु उनके साथ भी मशीनों की तरह बर्ताव किया गया। उन्होंने अपने मैनेजरों के साथ "हिसाब बराबर करने" का फ़ैसला किया। नतीजा यह हुआ कि उन्होंने ज़्यादा ग़लतियाँ कीं, घटिया काम किया और समझौते के तहत जितनी छुट्टियाँ ली जा सकती थीं, उतनी छुट्टियाँ लीं। इस प्रक्रिया में उन्होंने अमेरिकी जनता को विदेशी कारें ख़रीदने पर विवश कर दिया।

मैंने उन "महत्वहीन" कचरा इकट्ठा करने वालों के बारे में भी सोचा, जिन्होंने समय-समय पर न्यूयॉर्क शहर को कूड़ेघर की तरह बदबूदार बना दिया। मैंने उन "महत्वहीन" स्कूल शिक्षकों के बारे में सोचा, जिन्होंने हड़ताल की। अगर आप इस बारे में सोचें, तो आप पायेंगे कि हमारे समाज के "महत्वहीन" लोग - कैशियर, रिसेप्शनिस्ट, टेलीफ़ोन ऑपरेटर, स्टोर क्लर्क, ट्रैफ़िक पुलिस के सिपाही - यानी आगे की क़तार के लोगों - की शायद ही कभी प्रशंसा होती है, उनका अक्सर अपमान होता है और आम तौर पर उन्हें निरर्थकता का एहसास कराया जाता है, परंतु एक तरह से देखा जाये, तो वे समाज में सबसे महत्वपूर्ण पदों पर बैठे हैं। *ये "छोटे" लोग जनता से मिलते हैं और जनता उन्हीं के व्यवहार के हिसाब से कंपनी की छवि बनाती है।* जनता शायद ही कभी मैनेजरों से मिल पाती है।

कर्मचारियों का अपमान एक प्रमुख प्रबंधन अपराध है और इसका परिणाम हमेशा यह होता है कि कर्मचारी ख़राब प्रदर्शन करते हैं।

कम मनोबल का कारण है "छोटे कर्मचारियों" के गर्व को चोट पहुँचाना। जो लोग यह अनुभव करते हैं कि उनके गर्व को चोट पहुँचाई गई है या उसे नष्ट किया गया है, वे हमेशा जवाब देने का तरीक़ा खोज लेते हैं। अतीत में जहाज़ पर पलटकर लड़ने को विद्रोह माना जाता था। आज औद्योगिक कारखानों में इसे धीमे काम करना, कंपनी बदल लेना या हड़ताल कहा जाता है। जेलों में पलटकर लड़ने को विशिष्ट प्रकरणों में विद्रोह कहा जाता है। ऑफ़िसों, अस्पतालों, विश्वविद्यालयों और अन्य प्रोफ़ेशनल जगहों पर पलटकर लड़ने का मतलब है दूसरी कंपनी में चले

जाना, गपशप करना, बीमार पड़ जाना और सिर्फ़ समय काटना।

संदेश ? लोगों को नीचे गिरने के बजाय उन्हें ऊपर उठायें। याद रखें :

- आपके संगठन में हर व्यक्ति के पास एक महत्वपूर्ण काम है। अगर काम महत्वपूर्ण नहीं है, तो उस पद को ख़त्म कर दें।
- अगर आप लोगों को तंग करेंगे, उन्हें सज़ा देंगे, उन्हें अपमानित करेंगे तो उनका प्रदर्शन नीचे गिरेगा, ऊपर नहीं उठेगा।

चाहे हार हो या जीत, किसी टीम को तब गर्व होता है, जब उसे हवाई अड्डे पर प्रशंसक मिलते हैं। ऑटोमोबाइल कर्मचारियों को गर्व होता है, जब उनमें से कोई पहले नये मॉडल को चलाकर बाहर लाता है। अभिनेताओं को अच्छा लगता है, जब उनके उद्योग के कुछ व्यक्तियों को विशेष पुरस्कार देकर सम्मानित किया जाता है। नोबल पुरस्कार और पुलित्ज़र पुरस्कार वैज्ञानिकों और रचनात्मक लोगों को प्रोत्साहन देते हैं। विद्यार्थियों को ऐसे हीरो और हीरोइन चाहिये, जिनका वे सम्मान कर सकें।

हर व्यक्ति किसी महत्वपूर्ण, बड़ी, अच्छी और उपयोगी चीज़ का हिस्सा बनना चाहता है।

संक्षेप में,

- आपको जो पाना है, उसे हासिल करने के लिये आप उसे सबसे अधिक महत्व दें, जिसे दूसरे लोग पसंद करते हैं। जब आप लोगों को यह दिखायेंगे कि इससे उन्हें किस तरह फ़ायदा होगा, किस तरह वे अधिक धन कमा सकेंगे और जीवन का आनंद ले सकेंगे, तो *आपको अपने* पुरस्कार आसानी से मिल जायेंगे।
- किसी व्यक्ति का नाम उसकी सबसे महत्वपूर्ण पहचान है। हमेशाः

  i) सामने वाले के नाम का सही उच्चारण करें।

ii) सामने वाले के नाम का बार-बार प्रयोग करें।

iii) संक्षिप्त नामों का तब तक प्रयोग न करें, जब तक कि लोग उन्हें पसंद न करते हों।

iv) जब तक आत्मीयता विकसित न हो जाये, तब तक लोगों को उनके सरनेम से ही संबोधित करें।

v) लोगों के नाम की सही स्पेलिंग लिखें।

- "मैं तुमसे बेहतर हूँ" के खेल में सामने वाले को हमेशा जीत जाने दें। लोगों को अपनी रुचियों के बारे में डींगें हाँकने दें। आपका लक्ष्य सामने वाले को प्रभावित करना है, यह साबित करना नहीं है कि आप उससे बेहतर हैं।

- अगर आप लोगों को गर्व का अनुभव करायेंगे, तो वे आपके मनचाहे काम में आपको सहयोग देंगे। दूसरों को उनके और उनके काम के बारे में अच्छा अनुभव करायें।

❖❖❖

अध्याय नौ

लीडरशिप द्वारा सफलता पाने के पाँच विश्वसनीय क़दम

यह रहा एक आश्चर्यजनक तथ्य : आज के 83% मिलियनेअर निम्न या मध्यम आय वाले परिवारों में पैदा हुए थे। कल्पना कीजिये! अधिकांश सफल कॉरपोरेट एक्ज़ीक्यूटिव्ज़, उद्यमी, वकील, डॉक्टर, अभिनेता, संसद या विधानसभा सदस्य, अधिकांश शीर्षस्थ लोगों ने महानता *अर्जित* की है।

लीडरशिप बाज़ार में नहीं बिकती। इसे विरासत में, क़िस्मत से या विवाह द्वारा हासिल नहीं किया जा सकता। और अगर शिक्षा का लीडरशिप से कोई संबंध होता भी है, तो बहुत कम होता है।

परंतु लगातार जुटे रहकर लीडरशिप विकसित की *जा सकती है*। यह अध्याय पाँच आसान और प्रैक्टिकल क़दम बतायेगा, जिनका आप तत्काल इस्तेमाल कर सकते हैं :

- उत्कृष्ट सोच रखें।
- विजयी उदाहरण प्रस्तुत करें।
- बोलें।
- दूसरे लोगों को अपनी मदद करने दें।
- जोखिम लें और प्रशंसा हासिल करें।

क़दम 1 : अपने हर काम में "औसत सोच" के बजाय "उत्कृष्ट सोच" रखें

मैं आपको एक बहुत ही महत्वपूर्ण सबक़ बताने जा रहा हूँ - एक ऐसा सिद्धांत, जो सफलता, दौलत और सुख हासिल करने में आपकी मदद करेगा।

इस महत्वपूर्ण अवधारणा को समझने के लिये आप अपने मन में यह खेल खेलें। कल्पना कीजिये कि आप अभी-अभी एक कॉमर्शियल हवाई जहाज़ पर चढ़े हैं। आप बैठते हैं, अपनी सीट का बेल्ट बाँधते हैं और आराम से बैठ जाते हैं। तभी उड़ान भरने से पहले आप सुनते हैं कि कप्तान अपने सहयोगियों से कह रहा है, "देखो, इस उड़ान को लेकर मैं आशंकित हूँ। मुझे नहीं लगता कि मैं इस जहाज़ को बहुत अच्छी तरह से उड़ा सकता हूँ। मैं सिर्फ़ एक औसत पायलट हूँ।"

आप क्या करेंगे ? संभावना इस बात की है कि आप जितनी जल्दी हो सकेगा, तत्काल हवाई जहाज़ से उतर जायेंगे। आप जान-बूझकर अपने जीवन को किसी औसत पायलट के भरोसे नहीं छोड़ेंगे।

अब इस खेल को एक क़दम आगे ले जायें। मान लीजिये आप किसी अस्पताल में हैं, जहाँ आपके ऑपरेशन की तैयारी चल रही है। जब एनेस्थेसिया का असर हो रहा हो, तब आप सुनते हैं कि मुख्य सर्जन अपने सहयोगियों से कह रहा है, "मुझे विश्वास नहीं है कि मैं यह ऑपरेशन कर सकता हूँ। कई बार मैं अच्छे ऑपरेशन करता हूँ, परंतु कई बार मैं बहुत ही घटिया ऑपरेशन करता हूँ। देखिये, मैं सिर्फ़ एक औसत सर्जन हूँ।"

अगर संभव होगा, तो आप तत्काल ऑपरेशन टेबल से नीचे उतर जायेंगे।

सबक़ यह है कि जीवन और मौत के मामलों में आप अपने जीवन को औसत लोगों के हाथ में नहीं छोड़ना चाहेंगे। और चाहे आपका जीवन दाँव पर न भी हो, तो भी आप यह नहीं चाहेंगे कि जीवन में औसत लोगों से आपका कोई संबंध हो। इन सवालों का जवाब दें :

क्या आपकी पत्नी या पति औसत जीवनसाथी चाहती या चाहता

है? ज़ाहिर है नहीं। आपका जीवनसाथी आपसे प्रेम करना चाहता है, आपके बारे में डींगें हाँकना चाहता है, आपके बारे में क्षमायाचना नहीं करना चाहता।

क्या आपके बच्चे एक औसत पिता चाहते हैं? एक बार फिर, नहीं। आप अपने बच्चे के जीवन में सबसे महत्वपूर्ण व्यक्ति हैं। अगर बच्चा यह सोचता है कि "मेरे मम्मी-डैडी साधारण और औसत हैं," तो यह एक तरह से बच्चे को सज़ा देना है।

क्या आपके कर्मचारी किसी औसत मैनेजर के लिये काम करने में ख़ुश होते हैं? नहीं! ऑफ़िस में आपके कर्मचारी आप पर गर्व करना चाहते हैं और यह विश्वास करना चाहते हैं कि उनका बॉस महान है।

अगर पिछले साल मेरी आमदनी औसत थी, तो क्या मुझे संतुष्ट होना चाहिये? सच कहा जाये तो नहीं। औसत आमदनी आपको याद दिलाती है कि आप अभी बीच में हैं। काम करने वाले आधे लोग आपसे ज़्यादा कमाते हैं!

क्या मैं अपने आर्थिक मामलों के बारे में सलाह लेने के लिये किसी औसत सी.पी.ए., वकील या आर्थिक सलाहकार को पसंद करूँगा? इस सवाल का जवाब है ज़ोरदार *ना*। हम नहीं चाहते कि जो लोग हमारे पैसे को मैनेज करने में हमारी मदद करते हैं, वे सिर्फ़ औसत हों।

मैंने औसत की यह सर्वश्रेष्ठ परिभाषा सुनी है, जो आपको बताती है कि औसत होना कितना बुरा होता है : औसत सर्वश्रेष्ठ में निकृष्टतम और निकृष्ट में सर्वश्रेष्ठ होता है। औसत की अवधारणा में श्रेष्ठता या महानता सुझाने वाली कोई चीज़ नहीं होती। औसत का अर्थ है सिर्फ़ ठीक-ठाक, ओ.के., साधारण, कामचलाऊ या मुश्किल से स्वीकारने योग्य।

हम "उत्कृष्टता" की परिभाषा इस तरह देते हैं - वह गुण, जो सफलता चाहने वाले लोग अपने हर काम में चाहते हैं - लगभग आदर्श, असामान्य अच्छा, सर्वश्रेष्ठ संभव।

औसत सोच लोगों को पीछे रोक कर रखता है, क्योंकि इससे उन्हें

सुरक्षा और आराम का अनुभव होता है। विद्यार्थी सुरक्षित अनुभव करते हैं, जब वे यह कह सकें, "मेरे नंबर औसत आये हैं, इसलिये मैं ठीक-ठाक हूँ।" कारखाने के मैनेजर आरामदेह महसूस करते हैं, जब वे यह रिपोर्ट देते हैं, "हमारी उत्पादकता उद्योग की औसत उत्पादकता के बराबर थी।" और कई सेल्स मैनेजर सोचते हैं कि अगर उन्होंने अपने सेल्स के लक्ष्य को पूरा कर लिया है, तो उन्होंने बहुत अच्छा काम किया है। उत्कृष्टता लक्ष्यों के आगे जाना है, आवश्यकता से बेहतर सेवा देना है, हम चाहे जो कर रहे हों उसमें अपने सर्वश्रेष्ठ प्रयास करना है - चाहे हम नौकरी कर रहे हों, बच्चे पाल रहे हों, खेल रहे हों या दूसरों को मैनेज कर रहे हों।

हर क्षेत्र में प्रोफ़ेशनल लोग उत्कृष्टता के लिये प्रयास करते हैं और अगर परिणाम कम उत्कृष्ट होते हैं, तो वे रचनात्मक रूप से स्वयं से दुखी होते हैं। जो कोच उतने ही मैच हारता है जितने वह जीतता है, अपने प्रदर्शन से दुखी होता है। इसी तरह से मनोरंजन करने वाला वह व्यक्ति भी दुखी होता है, जिसे सिर्फ़ थोड़ी सी तालियाँ मिलती हैं। और वह मैनेजर भी ख़ुद से असंतुष्ट होता है, जो पिछले साल से बेहतर परिणाम नहीं दे पाता।

देखिये, प्रोफ़ेशनल व्यक्ति उत्कृष्टता को लेकर प्रतिबद्ध होते हैं। जीवन में विजेता इस पुरानी कहावत की बुद्धिमानी पर अमल करते हैं, "अगर कोई काम करने क़ाबिल है, तो वह अच्छी तरह से करने क़ाबिल है।"

बहुत से तथाकथित "कारण" दिये गये हैं, जिनसे यह समझाया गया है कि पिछले बीस सालों में मुक्त संसार के अन्य देशों की तुलना में अमेरिका में उत्पादकता क्यों कम हुई। इन कारणों में शामिल हैं (जो दरअसल बहाने हैं) कार्य-नैतिकता में कमी, ऊर्जा की अधिक लागत, कल्याण का तंत्र, ऊँची ब्याज दरें, विदेशी प्रतियोगिता इत्यादि। परंतु यह बहाने दरअसल यह नहीं समझा पाते कि लाखों कंपनियाँ क्यों दिवालिया हुईं, करोड़ों लोग क्यों बेरोज़गार हैं और समाज का एक बड़ा हिस्सा हताशा तथा मोहभंग के दौर से क्यों गुज़र रहा है।

आर्थिक उथलपुथल और इसकी वजह से उत्पन्न होने वाली

सामाजिक समस्याओं के पीछे असली कारण है : उत्कृष्ट सोच के बजाय औसत सोच के प्रति हमारा राष्ट्रीय प्रेम। औसत सोच के प्रमाण हर जगह हैं। इन उदाहरणों को देखें :

उत्पादन कर्मचारी : "यूनियन के समझौते में छह यूनिट प्रति घंटे लिखा है। मैं इतना ही उत्पादन करता हूँ। मैं औसत से अधिक उत्पादन क्यों करूँ? इसके अलावा, जब मैं उतना ही काम करता हूँ जितना कानून (समझौते) के हिसाब से ज़रूरी है, तो यूनियन का बॉस मुझे पसंद करता है।"

अफ़सर : "मैं अपने काम में सुरक्षित हूँ। मुझसे जितने न्यूनतम की उम्मीद की जाती है, मैं उससे ज़्यादा क्यों करूँ?"

एक्ज़ीक्यूटिव : "मेरा साल अच्छा रहा। हमने उद्योग के औसत लाभ की बराबरी कर ली।"

विद्यार्थी : "मुझे पिछली तिमाही में *सी* यानी एवरेज ग्रेड मिला। यह बुरा नहीं है, क्योंकि इसका मतलब है कि मैं पास हो गया।"

बहुत कम लोग अपने काम में अतिरिक्त प्रयास करते हैं। इससे यह समझने में मदद मिलती है कि बहुत कम लोग अच्छे जीवन का असली आनंद क्यों नहीं ले पाते।

साहस दिखाओ - उत्कृष्ट सोचो

आप उन लोगों को जानते होंगे, जो औसत स्थिति में इसलिये शरण लेते हैं क्योंकि उन्हें प्रतियोगिता करने में डर लगता है। ये लोग तर्क देते हैं, "मेरी वर्तमान नौकरी में मैं हर एक के लगभग बराबर हूँ। अगर मैं इस सुरक्षित जगह को छोड़ूँगा, तो हो सकता है मेरी उपलब्धियाँ इससे भी कम हों, और औसत होने के बजाय मैं औसत से भी कम काम कर पाऊँ या बिलकुल ही असफल हो जाऊँ।"

मैं यह समझा दूँ कि ज़्यादा बड़े या चुनौतीपूर्ण काम का डर किस तरह काम करता है।

मैं आर. लेस्ली को बहुत कुशाग्र विद्यार्थी के रूप में जानता हूँ। वह

एक स्टेट युनिवर्सिटी में गया, जहाँ उसने टी.वी. और रेडियो कम्युनिकेशन्स में विशेषज्ञता हासिल की। ग्रेजुएशन के बाद लेस्ली के पास बहुत से टी.वी. स्टेशनों से नौकरी के प्रस्ताव आये। उसने अपने गृहनगर के प्रस्ताव को स्वीकार किया, जिसकी आबादी 75,000 थी। मैं लेस्ली से 25 साल बाद मिला, जब मैं उसके शहर में चैंबर ऑफ़ कॉमर्स में भाषण देने गया। मैंने उससे एक घंटे तक बातें कीं और उसने मुझे बताया कि सुरक्षित परंतु औसत कैरियर में जाने की वजह से वह कितना असंतुष्ट था।

लेस्ली ने कहा, "आप जानते हैं, जब मैंने अपने गृहनगर के स्टेशन में नौकरी शुरू की, तो उसके कुछ साल बाद तक मेरे पास कई टी.वी. स्टेशनों से नौकरी के प्रस्ताव आये, जहाँ तनख़्वाह बेहतर थी और नौकरी अधिक प्रतिष्ठित थी। परंतु मैंने हमेशा उन्हें ठुकरा दिया।"

मैंने पूछा, "क्यों ?"

"मेरे पास बहुत से कारण थे," लेस्ली ने जवाब दिया। "मुझे लगता था कि किसी बड़ी नौकरी करने से पहले मुझे अधिक अनुभव की ज़रूरत थी। या मैं कई तरह के काम करना पसंद करता था - समाचार पढ़ना, खेल का कवरेज करना, मौसम के हाल सुनाना। परंतु पीछे मुड़कर देखने पर मैं यह स्वीकार करना चाहता हूँ कि ये सब बहाने थे। अब जबकि मेरी उम्र अधिक हो गई है और मेरा अधिकांश टी.वी. कैरियर बीत चुका है, तो मैं यह बताना चाहूँगा कि जिस कारण से मैंने उन अच्छे प्रस्तावों को स्वीकार नहीं किया, वह असली कारण था डर। मैं जानता था कि यहाँ पर अपने काम में मैं ख़ासा अच्छा था। परंतु मैं बुरी तरह डरा हुआ था कि शायद मैं अधिक रफ़्तार और अधिक काम वाले माहौल में सफल नहीं हो पाऊँगा। सर्वश्रेष्ठ स्टेशनों में नौकरी बनाये रखने के लिये आपको सचमुच श्रेष्ठ होना चाहिये। परंतु मैं उन लोगों में से हूँ, जो यह सोचते हैं कि वे सिर्फ़ औसत हैं। इसलिये मैंने सुरक्षित तरीक़े से खेला और यहीं बना रहा।

"मुझे अपने आत्मविश्वास की कमी पर बहुत अफ़सोस होता है," लेस्ली ने आगे कहा। "मेरा यक़ीन करें, सबसे दुखद शब्द सचमुच यही हैं, 'यह हो सकता था।' "

मैं लेस्ली जैसे एक सर्जन को जानता हूँ - जो प्रतिभाशाली था,

परंतु वह देश के कई अच्छे अस्पतालों में प्रैक्टिस करने से बचता रहा, क्योंकि वह "मैं-सिर्फ़-औसत-हूँ" की घातक बीमारी के कारण मनोवैज्ञानिक रूप से पंगु हो गया था। देश भर में यात्रा करने के दौरान मुझे ऐसे कोच मिले जो महान हो सकते थे, ऐसे संगीतकार मिले जिन्हें शोहरत और दौलत मिल सकती थी, ऐसे लोग मिले जो अपने ख़ुद के बिज़नेस में सफल हो सकते थे, ऐसे मैनेजर मिले जो सी.ई.ओ. बन सकते थे और ऐसे उत्कृष्ट प्रोफ़ेसर मिले जिन्होंने अपनी रोशनी को झाड़ी के नीचे छुपाकर रखा हुआ था - और यह सब सिर्फ़ इसलिये हुआ क्योंकि वे सब इस सोच के जाल में फँसे हुए थे, "मैं सिर्फ़ औसत हूँ।"

सबक़ यह है : हमारा सोच ही हमें नियंत्रित करता है। जीवन का सर्वश्रेष्ठ आनंद लेने के लिये अपने कामों को औसत सोच द्वारा नियंत्रित न होने दें। स्वयं से प्रतियोगिता करें। उत्कृष्ट सोचें।

दोषदर्शी लोग हमें बताते हैं कि ईश्वर को आम या औसत लोगों से प्रेम होगा, क्योंकि उसने ज़्यादातर लोगों को ऐसा ही बनाया है। परंतु सफलता चाहने वाले और सकारात्मक मानसिकता वाले लोग कहते हैं कि ईश्वर औसत लोगों को पसंद नहीं करता, क्योंकि उसने हर एक को किसी न किसी तरह अनूठा और ख़ास बनाया है। चूँकि हर व्यक्ति अनूठा है, इसलिये हर व्यक्ति किसी न किसी क्षेत्र में विश्व चैंपियन बनने के लिये गढ़ा गया है।

उत्कृष्ट सोच वालों को पुरस्कार दें - औसत सोच वालों को हटा दें

पिछली मंदी के सबसे निचले बिंदु के दौरान मैंने शिकागो की हवाई यात्रा से पहले लॉस एंजेलिस हवाई अड्डे पर लंच किया। रेस्तराँ में सर्विस बहुत बुरी थी। वेटर अशिष्ट, फूहड़ और अपमानजनक व्यवहार कर रही थी। वह मेरे लिये ऐसी चीज़ ले आई, जिसका मैंने ऑर्डर नहीं दिया था। उसने मुझे ग़ुस्से से घूरा और मुझे यह एहसास दिलाया कि मैं उसके जीवन को मुश्किलों से भर रहा था। जब वह मेरा बिल लेकर आई, उस समय भी वह बिलकुल ख़ुश नहीं दिख रही थी। उसने अपनी आवाज़ में बर्फ़ भरकर

कहा, "मुझे 20 प्रतिशत टिप की उम्मीद है।" (यह कहने की ज़रूरत नहीं है कि मैंने उसे टिप नहीं दी। इतने सारे रेस्तराँओं में सर्विस के ख़राब होने का मुख्य कारण यह है कि ग्राहक सुरक्षात्मक हो जाते हैं और सोचते हैं कि उन्हें टिप देना चाहिये। मेरे विचार से असंतोषजनक सेवा के लिये पुरस्कार कभी नहीं दिया जाना चाहिये।)

जब मैं बाहर निकला और अपना बिल चुकाया, तो मैंने मैनेजर से कहा, "आपने उस वेटर को काम पर क्यों रखा हुआ है ? लॉस एंजेलिस में एक लाख लोग बेरोज़गार हैं! क्या आपको उससे अच्छी वेटर नहीं मिल सकती ?" ग़ुस्से में मैं बिना जवाब सुने बाहर निकल आया और अपने हवाई जहाज़ की तरफ़ चल दिया।

हवाई जहाज़ में मेरे चढ़ने के कुछ समय बाद ही मेरा पड़ोसी यात्री भी आ गया। कुछ मिनट बाद वह मुझसे बोला, "मैंने देखा कि रेस्तराँ में क्या हुआ था और मैंने मैनेजर से आपकी बातें भी सुनीं। मैं आपसे सहमत हूँ। मुझे भी उसी वेटर ने खाना परोसा था और वह उतनी ही ख़राब सर्विस कर रही थी, जितनी कि संभव थी। परंतु मैं आपकी इस बात को नहीं समझ पाया कि लॉस एंजेलिस में एक लाख लोग बेरोज़गार हैं, इसके बाद भी इस वेटर के पास नौकरी क्यों है। शायद वह सीनियर हो। या शायद उसे अपने दो बच्चे पालने हों और उसका पति न हो। या फिर उसका पति बेरोज़गार हो।"

मैं जवाब देने से खुद को रोक नहीं पाया और मैंने अपने सहयात्री से कह ही दिया कि मैं सचमुच विश्वास करता हूँ कि सभी चीज़ें अच्छे के लिये होती हैं। मंदी का भी एक अच्छा पहलू होता है।

मेरे सहयात्री ने कहा, "मुझे यह समझ में नहीं आता कि मंदी में क्या अच्छाई हो सकती है। मैं शिकागो में कैटेलॉग हाउस चलाता हूँ और मंदी से जुड़ी हर चीज़ से मेरे बिज़नेस को नुक़सान पहुँचा है। ऐसे समय में कोई 'अच्छी' चीज़ हो ही नहीं सकती। अगर आपको उसमें कोई लाभ दिखे, जिसे हम शिकागो में मंदी कहते हैं, तो मुझे बता दें।"

मैंने कहना शुरू किया, "देखिये, मेरा एक व्यवसाय दक्षिण-पूर्व में पाइन वृक्षों को बड़ा करना है। लगभग हर दशक में एक बार बुरा बर्फ़ीला

तूफ़ान आता है। बर्फ़ीले तूफ़ान का नकारात्मक पहलू यह है कि बिजली के तार टूट जाते हैं, सड़कों पर बर्फ़ जमा हो जाती है, कुछ परिवारों को दो-एक दिन बिना बिजली के रहना पड़ता है - और भी इसी तरह के कई कष्ट होते हैं।

"परंतु सकारात्मक पहलू से देखा जाये तो बर्फ़ वृक्षों को छाँटने का काम करती है। मरे हुए या बीमार पेड़ गिर जाते हैं और बाक़ी पेड़ों के कमज़ोर अंग टूट जाते हैं। कुल परिणाम यह होता है कि जब बर्फ़ पिघल जाती है, तो वृक्ष उगाने वाले किसानों के पास अधिक स्वस्थ जंगल होते हैं।"

"मैं यह बात समझ सकता हूँ," मेरे सहयात्री ने कहा, "परंतु इस उदाहरण का आर्थिक मंदी से क्या संबंध है?"

मैंने इस व्यक्ति से कहा, "मुझे स्पष्ट करने दें। बर्फ़ के तूफ़ान की तरह मंदी भी संगठन को छाँटने का अवसर देती है - उन लोगों को हटाना, जो अपने हिस्से का वज़न नहीं उठा रहे हैं।"

मेरे मित्र ने बीच में कहा, "मेरी कंपनी में तीन सौ कर्मचारी हैं और मैं उनमें से पचास को इस महीने के अंत में निकाल रहा हूँ। परंतु मैं सीनियॉरिटी या वरिष्ठता को इस बात का पैमाना बना रहा हूँ कि उनमें से कौन रुके और कौन बाहर जाये।"

मैं बोला, "यह आपकी कंपनी है और आप जो क़दम उठाना चाहते हैं उठा सकते हैं, परंतु अगर आप चाहते हैं कि मंदी के बाद आपके पास अधिक दृढ़, अधिक स्वस्थ और अधिक सफल संगठन हो, तो आपको वर्तमान स्थितियों का प्रयोग इस तरह करना चाहिये कि आपके कमज़ोर कर्मचारी छँट जायें। लोगों को नौकरी से निकालने में किसी को ख़ुशी नहीं होती, परंतु जब आपके पास विकल्प न हो, तो यह स्मार्ट तरीक़ा है कि अपने सबसे उत्पादक कर्मचारियों को रखा जाये।"

छह महीने बाद मेरे पास उस सहयात्री का फ़ोन आया। उसने मुझे बताया कि काफ़ी सोच-विचार के बाद उसने यह फ़ैसला किया कि सीनियॉरिटी के बजाय काम के आधार पर कर्मचारियों को हटाया जाये। उसने कहा कि यह एक मुश्किल निर्णय था, परंतु यह सही निर्णय भी था।

"आपको याद होगा कि मुझे पचास लोगों को हटाना था," उसने स्पष्ट किया। "परंतु आश्चर्यजनक बात यह है कि अब हम दो सौ पचास कर्मचारियों के साथ भी उतना ही काम कर रहे हैं, जितना हम पहले तीन सौ कर्मचारियों के साथ करते थे।

"मैंने एक बड़ा सबक़ सीखा," मेरे दोस्त ने कहा। "हम अपने समाज में रोज़गार देने के प्रति तो जागरूक होते हैं, परंतु काम करवाने के प्रति जागरूक नहीं होते।"

कल जब आप ऑफ़िसों में या पोस्ट ऑफ़िस में जायें, तो एक मिनट रुकें और खुद से पूछें कि अगर संगठन औसत, कामचलाऊ, मुझे-परवाह-नहीं के नज़रिये वाले कर्मचारियों को सहन करना बंद कर दें, तो सेवायें और सामान कितने अधिक प्रभावी और कम महँगे हो जायेंगे।

सबक़ : उन लोगों पर दाँव लगायें जो उत्कृष्टता चाहते हैं, उन लोगों पर नहीं जो दोयम दर्जे का काम करते हैं।

याद रखें, औसत निकृष्ट में सर्वश्रेष्ठ है और सर्वश्रेष्ठ में निकृष्टतम है। जब आप बेहतर, अधिक समृद्ध और अधिक संतोषजनक जीवन बनाने का प्रयास करें, तो इन तीन बातों का ध्यान रखें।

पहली, ***अपने हर काम में उत्कृष्टता का प्रयास करें।*** पुरानी कहावत की बुद्धिमत्ता को ध्यान में रखें, "अगर कोई काम करने क़ाबिल है, तो वह अच्छी तरह से करने क़ाबिल है।" हर काम महत्त्वपूर्ण होता है और उसे सर्वश्रेष्ठ तरीक़े से किया जाना चाहिये। याद रखें, जब आप उत्कृष्ट कर्मचारी होते हैं, तो आप ज़्यादा पैसे कमाते हैं। और आपको अधिक संतुष्टि भी मिलती है, जो उस सच्ची दौलत का स्रोत है, जिसे आप चाहते हैं।

दूसरी बात, ***औसत सोच से नफ़रत करें।*** औसत सोच कभी आपके सपने साकार करने में आपकी मदद नहीं करेगी। कोई भी बच्चा यह कहना पसंद नहीं करता, "मेरे डैडी एक औसत डैडी हैं।" कोई बॉस अपने सीनियर से यह नहीं कहना चाहता, "जिम सिर्फ़ एक औसत सेल्समैन है।" और अगर आप औसत व्यक्ति की तरह दिखेंगे, सोचेंगे,

बात करेंगे और काम करेंगे, तो कोई भी आपके बारे में डींगें नहीं हाँकेगा।

तीसरी बात, ***सर्वश्रेष्ठ के साथ प्रतियोगिता करने की इच्छा रखें।*** जब तक आप किसी बड़ी चुनौती का सामना नहीं करते, तब तक आप यह कभी नहीं जान पायेंगे कि आपमें कितना दम है। औसत लोग दूसरों का साथ चाहते हैं। उन्हें यह देखने में बड़ा मज़ा आता है कि दूसरे लोग भी गिरकर उनके स्तर पर आ गये हैं। उन्हें इस दुष्ट आनंद से वंचित रखें। अपने औसत सहयोगियों को इस बात की इजाज़त न दें कि वे आपको नीचे खींचकर अपने प्रदर्शन के स्तर तक ले आयें। विजेताओं से सलाह लें। अपने व्यवहार को सर्वश्रेष्ठ व्यक्तियों के व्यवहार के अनुरूप ढालें। उत्कृष्टता की तरफ़ क़दम बढ़ायें और पुरस्कारों का आनंद लें।

क़दम 2 : विजयी उदाहरण सामने रखें

अगर आप किसी से पूछेंगे, "आपने भाषा बोलना कैसे सीखा ?" तो उसका जवाब शायद यह होगा, "अपने माता-पिता से।" परंतु माता-पिता तो सिर्फ़ स्रोत हैं, वह माध्यम नहीं हैं, जिसके द्वारा हम बोलना सीखते हैं। सीधे से कहा जाये, तो हम दूसरों की नक़ल करके बोलना सीखते हैं।

इस बात की काफ़ी संभावना है कि आपके जो दोस्त कैथोलिक, प्रोटेस्टेंट, यहूदी या बौद्ध धर्म के अनुयायी या मुसलमान हैं, उनके माता-पिता भी उसी धर्म के होंगे। हममें से अधिकांश लोगों के राजनीतिक विश्वास भी अपने माता-पिता की तरह ही होते हैं।

ज़्यादातर लोग धर्म, राजनीति, अर्थशास्त्र, विवाह, अनुशासन, नौकरी और सेक्स के बारे में अपना नज़रिया अपने माता-पिता, शिक्षकों, सुपीरियर्स और साथियों के उदाहरण की नक़ल करके बनाते हैं।

लीडरशिप का अर्थ है उदाहरण प्रस्तुत करना। समय के साथ-साथ लीडर की फ़िलॉसफ़ी और आदतें अनुयायियों की फ़िलॉसफ़ी और आदतें बन जाती हैं।

किसी व्यक्ति का कम से कम 90% व्यवहार उन उदाहरणों द्वारा निर्धारित होता है, जिनकी नक़ल करके उसने दूसरों से सीखा है। इसलिये सही उदाहरण पेश करना सफल लीडर बनने का एक अनिवार्य हिस्सा है।

अपना रोल मॉडल सावधानी से चुनें

एक एडवर्टाइज़िंग एक्ज़ीक्यूटिव ने मुझे एक अनुभव बताया, जिसने उसे लोगों के साथ सही व्यवहार करना सिखाया।

"मैं उस वक़्त बाईस साल का था और कॉलेज से निकला ही था। उसी समय मैंने एक महत्वपूर्ण सबक़ सीखा। मुझे एक एडवर्टाइज़िंग एजेंसी में अकाउंट एक्ज़ीक्यूटिव के सहयोगी की नौकरी मिल गई। मेरा बॉस बिल तुनकमिज़ाज़ था। वह कलाकारों, कॉपीराइटर्स और अन्य रचनात्मक लोगों को ज़्यादा देर सहन नहीं कर पाता था। वह उन्हें फटकारता था, अक्सर उनके विचारों की खिल्ली उड़ाता था और उन्हें नीचा दिखाता था।

"यह मेरी पहली नौकरी थी। लोगों के साथ उसके व्यवहार के तरीक़े को मैं पसंद नहीं करता था, परंतु मैंने सोचा कि शायद यही सही तरीक़ा होगा। आख़िर, वह अकाउंट एक्ज़ीक्यूटिव था और उसका तरीक़ा सही होना चाहिये।

"एक शुक्रवार को मैं एजेंसी के काम से ऑफ़िस से बाहर गया था। ऑफ़िस लौटने पर मुझे यह संदेश मिला कि मैं सीनियर वाइस प्रेसिडेंट मिस्टर कैंपबेल से जाकर मिलूँ।

"मिस्टर कैंपबेल सीधे मुद्दे की बात पर आ गये। 'फ़िलिप्स, हमने बिल (मेरे बॉस) को हटा दिया है।' मिस्टर कैंपबेल ने इसका एकमात्र कारण यही बताया कि 'बिल को रचनात्मक लोगों से सहयोग प्राप्त करने में मुश्किल आ रही थी।' फिर मिस्टर कैंपबेल ने कहा, 'आपकी नौकरी यथावत रहेगी और अब जैक ब्राउन आपके बॉस होंगे।'

"मैंने पाया कि जैक बिल से बिलकुल विपरीत थे। जैक रचनात्मक

लोगों को यह अनुभव कराते थे कि वे महत्वपूर्ण हैं और उन्हें उनकी ज़रूरत है। वे विनम्र और सहिष्णु थे। हमने एक के बाद एक सफल अभियान चलाये और काफ़ी सफलतायें हासिल कीं।

"मैं अक्सर सोचता हूँ," मेरे दोस्त ने सोचते हुए कहा, "कि अगर मैं एक-दो साल तक बिल के अधीन काम करता, तो मेरा न जाने क्या होता। मैं युवा तथा अनुभवहीन था और कोरे काग़ज़ की तरह था। अगर मैंने बिल की आदतें सीख ली होतीं, तो शायद मैं असफल हो गया होता। परंतु ऐसा लगता है जैसे कोई दैवी शक्ति मेरा ध्यान रख रही थी, इसीलिये मुझे जैक के साथ काम करने का अवसर मिला। वह मेरा रोल मॉडल बन गया और इससे मुझे सचमुच बहुत फ़ायदा हुआ।"

मेरे मित्र का अनुभव हमें दो बड़े सबक़ सिखाता है :

- जब आप सीढ़ी पर ऊपर चढ़ें, तो ख़ुद से पूछते रहें, "क्या मैं अपने अधीनस्थों के लिये अच्छा या सकारात्मक उदाहरण पेश कर रहा हूँ ?" याद रखें, कंपनी की संपत्ति और धन को उसी तरह से उपयोग में लायें, जिस तरह आप अपनी संपत्ति और धन को लाते हैं। जब आप ऐसा करेंगे, तो आपके कर्मचारी भी ऐसा ही करेंगे। जब आप अपना शत-प्रतिशत प्रयास करेंगे, तो आपके अनुयायी भी ऐसा ही करेंगे। जब आप अपनी कंपनी के बारे में अच्छा बोलेंगे, तो आपके कर्मचारी भी ऐसा ही करेंगे।
- अपने व्यवहार के लिये सही रोल मॉडल चुनें। किसी नौकरी को करने से पहले ख़ुद से पूछें, "अगर मैं अपने बॉस की आदतें सीख लूँ, उनके नज़रिये को अपना लूँ, तो क्या मैं सफल और संतुष्ट बनूँगा ?"

यह सुनिश्चित कर लें कि आपके बच्चे सही उदाहरण सीखें

पिछले साल देश के कई हिस्सों में शिक्षकों ने हड़ताल की। उनमें से कुछ नकारात्मक और कटु थे। शिक्षक तख़्तियाँ उठाये थे, जिन पर इस

तरह के संदेश लिखे थे, "स्कूल बोर्ड को फाँसी पर लटका दो," "हम आपके बच्चों की देखभाल करते हैं, हमें ज़्यादा पैसे दो," और "शिक्षकों का शोषण बंद करो।"

शिक्षकों के इस आंदोलन से मैं चिंता में पड़ गया। शिक्षा को बच्चों को जो प्रमुख सिद्धांत सिखाना चाहिये, उनमें से एक है सत्ता का सम्मान करना। हड़ताल करने वाले शिक्षकों ने स्कूल बोर्ड की सत्ता की जिस तरह पूर्ण अवहेलना की, उसने विद्यार्थियों के मन पर एक अमिट छाप छोड़ी होगी। अब विद्यार्थी सत्ता का सम्मान क्यों करेंगे, जब वे लोग जिनके प्रति उनका सम्मान होना चाहिये - यानी कि शिक्षक - इस पर उँगलियाँ उठाते हैं ?

एक जिले में हड़ताल एक महीने से ज़्यादा समय से चल रही थी। वहाँ रहने वाली एक माँ ने अपनी समस्या के बारे में मुझसे बात की। "मेरे पति और मैं सचमुच परेशान हैं। हमारे दो बच्चे शिक्षा से वंचित हैं। यह ठीक नहीं है।"

मैंने जवाब दिया, "मैं आपकी इस बात से तो सहमत हूँ कि यह ठीक नहीं है, परंतु आप इस बारे में कुछ करती क्यों नहीं हैं ? आप उन्हें प्राइवेट स्कूल में क्यों नहीं भेजतीं ?"

"हम ऐसा कैसे कर सकते हैं ? जिम और मैंने इस बारे में विचार किया था, परंतु हम प्राइवेट स्कूल का ख़र्च नहीं उठा सकते। इसके अलावा, हम स्कूल टैक्स भी तो दे रहे हैं।"

मेरा जवाब सीधा और तत्काल था, "मैं जानता हूँ कि इससे आप पर आर्थिक दबाव पड़ेगा और यह उचित नहीं है कि आप प्राइवेट तथा सरकारी दोनों स्कूलों को पैसा दें। परंतु अपने बच्चों को सर्वश्रेष्ठ शिक्षा दिलवाना आपका कर्तव्य है। अपनी एक कार बेच दें, अपने घर को दुबारा फ़ाइनैंस करवा लें, सस्ता भोजन कर लें। चाहे आपको कुछ भी करना पड़े, परंतु अपने बच्चों को किसी ऐसे स्कूल में अवश्य भिजवायें, जहाँ के शिक्षक अच्छा उदाहरण पेश करें।"

मैंने यह संकेत भी दिया कि उनके बच्चों के लिये हड़ताली शिक्षकों

के संपर्क में आना कितना बुरा था। ऐसे शिक्षक, जिनकी मानसिकता इतनी घटिया थी कि वे पढ़ाने से सिर्फ़ इसलिये इंकार करते थे, क्योंकि उनकी तनख़्वाहें थोड़ी कम थीं। मैंने अपनी मित्र को याद दिलाया कि अगर शिक्षक तनख़्वाह के मुद्दे पर इतनी नकारात्मक भावनायें रख सकते हैं, तो वे आपके बच्चों के सामने कितने अन्य दुखद उदाहरण पेश कर रहे होंगे।

शिक्षकों को .ज्यादा तनख़्वाह देने से हमारे पब्लिक स्कूल सिस्टम की समस्यायें कभी नहीं सुलझेंगी। समाधान यह है कि उन्हीं को शिक्षक बनाया जाये, जो बच्चों को सिखाने के प्रति समर्पित हों। पादरी की तरह ही शिक्षक बनने का आकर्षण आर्थिक पुरस्कार न तो कभी रहा है, न ही कभी होना चाहिये। टीचिंग के व्यवसाय की तरफ़ उन्हीं लोगों को आकर्षित होना चाहिये, जो युवा मस्तिष्कों का विकास करना चाहते हों और बच्चों में परिवार, समाज तथा देश के प्रति मूल्यों को विकसित करना चाहते हों।

बात मेरी मित्र के दिमाग़ में बैठ गई। तीन दिन बाद उसके बच्चे एक प्राइवेट स्कूल में पढ़ने लगे।

"काम शब्दों से अधिक तेज़ी से बोलते हैं," यह पुरानी कहावत अभी अप्रासंगिक नहीं हुई है। चाहे हम जो करें, चाहे हम जिस तरह से व्यवहार करें, प्रतिक्रिया करें और परिस्थितियों का सामना करें - बच्चे हमारे कहे शब्दों के बजाय हमारे किये गये कामों से .ज्यादा सीखते हैं। इन तथ्यों की तरफ़ ध्यान दें:

> आँकड़ों का प्रमाण पूरी तरह साबित कर देता है कि जिन बच्चों के माता-पिता या दोनों में से एक शराबी होता है, उनके साथ शराब संबंधी समस्या होने की संभावना .ज्यादा है, बजाय उन बच्चों के जिनके माता-पिता शराब नहीं पीते या बहुत कम पीते हैं। बच्चे जो देखते हैं, वही करते हैं।
>
> जो माता-पिता अपने बच्चों को पीटते हैं, उन्हें उनके बचपन में पीटा गया था। अगर बच्चों को पीटा जाता

है, तो बड़े होने पर वे यह तर्क देते हैं कि अब पीटने की उनकी बारी है।

ग़रीबी में रहने वाले अधिकांश वयस्कों ने बचपन में ग़रीबी भोगी है। ग़रीबी में जीवन गुज़ारने वाले लाखों वयस्क अमेरिकी इसे सामान्य मानते हैं। ग़रीबी का उदाहरण अक्सर ग़रीबी सिखा देता है।

चर्च जाने वाले अधिकांश वयस्क अमेरिकी बचपन में भी चर्च जाते थे। इसका उलटा भी सच है। चर्च न जाने वाले अधिकांश लोग बचपन में चर्च नहीं जाते थे।

अपने बच्चों को छोड़ने वाले पिता आम तौर पर वे होते हैं, जिनके पिता ने अपने बच्चों को छोड़ दिया था।

जिन बच्चों के माता-पिता लेबर यूनियन में विश्वास करते हैं और उसका समर्थन करते हैं (उस कंपनी का नहीं, जो उन्हें तनख़्वाह देती है), वे बच्चे आम तौर पर यूनियन का समर्थन करेंगे, बजाय उन बच्चों के जिनके माता-पिता कंपनी को (यूनियन को नहीं) अपना सच्चा हितैषी मानते थे।

किसी भी तरह से देख लें, चेतन या अचेतन रूप से माता-पिता की आदतें, नज़रिये और पूर्वाग्रह बच्चों के व्यवहार के मॉडल बन जाते हैं।

संदेश : आपके बच्चे का अधिकांश प्रशिक्षण उदाहरण द्वारा होता है, शब्दों द्वारा नहीं। इसलिये, अपने उदाहरणों को सकारात्मक और रचनात्मक बनाइये।

इसे इस तरह से देखें। आप बच्चे को अपने उदाहरण द्वारा चलना सिखाते हैं (ध्यान दें कि किस तरह छोटा बच्चा अपने डैडी की तरह चलने की कोशिश करता है)। आप अपने बच्चों को चम्मच, छुरी या काँटा पकड़ना सिखाते हैं - भाषण देकर नहीं, बल्कि उदाहरण देकर। चार साल के बच्चे को सीट बेल्ट बाँधना सिखाने के लिये आप उसे सुरक्षा पर भाषण नहीं देते, बल्कि अपना सीट बेल्ट बाँधकर दिखाते हैं।

जब तक बच्चा तीन साल का होता है, तब तक उसके अधिकांश जीवन की प्रोग्रामिंग हो चुकी होती है। और इस प्रोग्रामिंग का शायद ही कोई हिस्सा उसके दिमाग़ में शब्दों द्वारा भरा जाता है। इस तरह दूसरे लोगों के उदाहरण हमारे जीवन को आकार देते हैं।

हाल ही में मैंने देश की एक अग्रणी डिपार्टमेंटल स्टोर चेन के लिये भाषण दिया। यह मेरे लिये एक विशेष घटना थी, क्योंकि मैं अपने मेज़बान को जानता था। आज वह कंपनी का चेयरमैन था, परंतु 25 साल पहले वह एक स्टॉक क्लर्क था, जो अपने रिटेलिंग कैरियर की शुरुआत कर रहा था।

मैंने अपने दोस्त से कहा, "आप काफ़ी दूर आ चुके हैं और आपको गर्व होना चाहिये कि आपने कितना कुछ किया है। मैं जानता हूँ कि आपमें इतनी क्षमता थी। परंतु आपने कुछ ख़ास किया होगा, कुछ बहुत ही ख़ास, जिसकी वजह से आप आज चेयरमैन के पद तक पहुँच गये।"

मेरा मित्र हँसा और उसने कहा, "मैंने मैनेजमेंट के उस सिद्धांत को अपनाया था, जो मैंने आपसे सीखा था। इसने मुझे बाक़ी किसी भी चीज़ से अधिक लाभ पहुँचाया।"

मेरी उत्सुकता तत्काल जाग गई और मैंने पूछा, "वह कौन सा सिद्धांत था?"

"आपने हम सभी प्रशिक्षण लेने वालों को यह छोटी सी कविता याद करवाई थी, 'हमारी दुनिया किस तरह की होती, अगर इसमें सब लोग मेरी ही तरह व्यवहार करते?' तब से मैं इसी पंक्ति के सहारे जिया हूँ। अब मैं पूछता हूँ, 'हमारा स्टोर किस तरह का स्टोर होता, अगर हर मैनेजर मेरी तरह होता?' इस पंक्ति ने मेरे कैरियर में चमत्कार कर दिया और उन सैकड़ों मैनेजरों के कैरियर में भी, जो मेरे प्रति जवाबदेह हैं। हमारी कंपनी के हर मैनेजर को सिखाया जाता है कि वह अच्छे उदाहरण पेश करके अपने कर्मचारियों को प्रशिक्षित करे।"

"क्या यह उदाहरण किसी ख़ास तरह के होते हैं?" मैंने पूछा।

"मैं तीन क्षेत्रों पर ज़ोर देता हूँ," उसने जवाब दिया।

"पहला है 'ग्राहक की परवाह करने' का उदाहरण। हमारे सभी मैनेजर हर दिन कुछ समय तक ग्राहकों की सेवा करते हैं। इससे कर्मचारियों को मदद मिलती है। आख़िर इन लोगों को बेचने की कला में प्रशिक्षित करने का सबसे अच्छा तरीक़ा यही है कि उन्हें यह दिखाया जाये कि किस तरह बेचा जाता है। इसके अलावा, यह कर्मचारियों के मनोबल के लिये भी बहुत अच्छा रहता है, जब वे देखते हैं कि मैनेजर, और मेरा मतलब है कि सभी मैनेजर जिनमें मैं भी शामिल हूँ, सामान दिखा रहे हैं, क्रेडिट की समस्या सुलझा रहे हैं, पैकेट बाँध रहे हैं या कोई और काम कर रहे हैं। यह हमारे मैनेजरों के लिये भी अच्छा है, क्योंकि वे बिज़नेस से हर दिन सीधे जुड़े रहते हैं।

"अब दूसरा उदाहरण है," मेरे सी.ई.ओ. मित्र ने आगे कहा, "'अपने सामान के प्रति सम्मान दिखाने का उदाहरण। इसका मतलब है हमारे सामान, धन, जुड़ी हुई वस्तुओं और यंत्रों के प्रति सम्मान दिखाना। जब कोई मैनेजर सामान को सावधानी से सँभालता है और उसे सही तरीक़े से रखता है, तो कर्मचारी भी ऐसा ही करेंगे। सामान को किस तरह से आकर्षक दिखाया जाये, इस बात का एक व्यावहारिक प्रत्यक्ष उदाहरण चार पेज के निर्देश से अधिक मूल्यवान साबित होता है!"

"तीसरा उदाहरण क्या है ?" मैंने पूछा।

"मैं इसे 'प्रोफ़ेशनल लुक' का उदाहरण कहता हूँ," मेरे मित्र ने जवाब दिया। "यह महत्वपूर्ण है कि हमारे कर्मचारी समझदार और प्रोफ़ेशनल दिखें। हमारे मैनेजर एक ड्रेस कोड निर्धारित करते हैं, ताकि प्रोफ़ेशनल छवि बन सके - साफ़-सुथरी और सम्मानजनक छवि।"

"आप सामान बेचने वाली टीम बनाने में ऐसे उदाहरण पेश करने में बहुत विश्वास करते हैं, जिनका आप पालन करवाना चाहते हैं," मैंने कहा।

एक्ज़ीक्यूटिव ने जवाब दिया, "बिलकुल। मेरे विचार से यह सही नज़रिये और योग्यतायें सिखाने का एकमात्र तरीक़ा है। ऐसा कोई तरीक़ा

नहीं है, जिसके द्वारा मैं आपको यह सिखा सकूँ कि किस तरह जूते बाँधे जायें, सिवाय इसके कि मैं आपको जूते बाँधकर यह दिखाऊँ। और किसी को यह सिखाने का भी कोई तरीक़ा नहीं है कि ग्राहक की सेवा कैसे की जाये, सिवाय इसके कि ग्राहक की सेवा करके दिखाई जाये।"

क़दम 3 : बोलो

नेतृत्व का संबंध बोलने से है। लीडर्स बोलते हैं। कुछ बड़े लीडर्स के बारे में सोचें।

चर्चिल बोलने में प्रवीण थे। रूज़वेल्ट बेहतरीन वक्ता थे। मार्टिन लूथर किंग, जूनियर लाखों लोगों को मंत्रमुग्ध कर सकते थे। एडोल्फ़ हिटलर हालाँकि बहुत बुरे क़िस्म के शैतान थे, परंतु वे भी लीडर थे। अपनी पुस्तक ***मीन कैम्फ़*** में वे लीडरशिप से संबद्ध बोलने की कला के महत्व को समझाते हैं। वे कहते हैं, "मैं जानता हूँ कि लिखे हुए शब्द की तुलना में बोले हुए शब्द से लोगों को जीतना ज़्यादा आसान होता है और इस दुनिया की हर महान मुहिम महान वक्ताओं के कारण खड़ी हुई है, न कि महान लेखकों के कारण।"

बिज़नेस, सम्मेलनों और बैठकों में स्वेच्छा से बोलने वाले लोगों को (मेमो लिखने वाले लोगों को नहीं) ज़्यादा ज़िम्मेदारियों से भरे पद दिये जाते हैं। परंतु बहुत कम लोगों में अपने विचार व्यक्त करने का आत्मविश्वास होता है। मैंने हाल ही में एक दोस्त के साथ लंच किया, जो तीव्र प्रगति कर रही एक कंपनी का चेयरमैन है। उसने मुझे बताया, "मेरे साथ एक समस्या है। मेरे बोर्ड में पंद्रह डायरेक्टर हैं। हम साल में चार बार मिलते हैं। परंतु सिर्फ़ तीन या चार डायरेक्टर ही बोलते हैं। बाक़ी लोगों का मुँह खुलवाने के लिये मुझे उनसे व्यक्तिगत रूप से सीधे सवाल पूछना पड़ते हैं, जैसे, 'जॉन, आप इस बारे में क्या सोचते हैं?'"

मैंने अपने मित्र को विश्वास दिलाया कि सहयोग का अभाव आम तौर पर सभी बैठकों में होता है। मैंने बताया कि अगर आपके पास 10 से 20 लोग होंगे, तो सिर्फ़ 25% के लगभग ही अपनी तरफ़ से कुछ कहेंगे।

बाक़ी 75% लोग वहाँ पर सिर्फ़ बैठे रहेंगे।

मैंने अपने मित्र से एक और बात कही। "किसी मीटिंग में चुप बैठने वाले लोग बाद में दो या तीन के समूह में अपनी बात कहते हैं। जो लोग औपचारिक बैठक में कुछ नहीं कहते, उनके पास हमेशा ऑफ़िस में बैठकों के बाद, लंच में या नौकरी के घंटों के बाद कहने को बहुत कुछ होता है।"

उस पिछली मीटिंग को याद कीजिये, जिसमें आपने भाग लिया हो- शायद मैनेजरों या सेल्समैनों या क्लब के सदस्यों की मीटिंग। शायद सिर्फ़ थोड़े लोगों ने अपने विचार व्यक्त किये होंगे। और इसकी बहुत संभावना है कि बैठक में चुपचाप रहने वाले लोग बाद में दो या तीन के समूह में खड़े होकर इस तरह की बातें कर रहे होंगे, "काश किसी ने यह सुझाव दिया होता...," या "किसी ने बॉस को उस समस्या के बारे में क्यों नहीं बताया, जो हमें नये सुरक्षा सिस्टम के साथ आ रही है ?" या "काश किसी ने इस बारे में कुछ कहा होता...।"

जिस वजह से ज़्यादातर लोग बोलने के लिये खड़े नहीं होते, उसे एक शब्द में बताया जा सकता है : डर। हँसी उड़ने का डर। मूर्ख दिखने का डर। कोई विवादास्पद बात कहने का डर। अपनी काल्पनिक कमियों के डर के कारण लोग ख़ामोश रहते हैं। सबके सामने कुछ कहने के लिये साहस और आत्मविश्वास की ज़रूरत होती है।

कुछ लोग पुरानी कहावत में विश्वास करते हैं, "यह बेहतर है कि आप चुप रहें और लोग आपको मूर्ख समझें, बजाय इसके कि आप अपना मुँह खोलें और अपनी मूर्खता साबित कर दें।" परंतु यह कहावत हमें भ्रमित करती है। अगर आप चुप रहेंगे, तो आप प्रभाव बढ़ाने के अपने अवसरों को बहुत कम कर देंगे।

सफलता के लिये कोई और योग्यता उतनी महत्वपूर्ण नहीं है जितनी कि दूसरे लोगों के सामने बोलने की, उनका ध्यान खींचने की और उन्हें अपने दृष्टिकोण का विश्वास दिलाने की योग्यता।

हमारा शिक्षा तंत्र आम तौर पर सफलता की इस आवश्यकता की तरफ़ ध्यान नहीं देता। यह संभव है कि कोई व्यक्ति दर्जनों विषयों में

पीएच.डी. की डिग्री ले ले, जिसमें बिज़नेस एडमिनिस्ट्रेशन भी शामिल है और उसे कभी बोलने के संबंध में मार्गदर्शन न मिले। बहरहाल यह बात तय है कि जब तक आप अपनी बात को सकारात्मक तरीक़े से व्यक्त करना नहीं सीखते, तब तक आप अपने क्षेत्र में शिखर पर नहीं पहुँच सकते। यहाँ छह मार्गदर्शक सिद्धांत दिये जा रहे हैं, जो बोलने की आदत डालने में आपकी मदद करेंगे।

1. ***बोलिये। जिस भी मीटिंग में आप भाग लें उसमें सवाल करें, विचार व्यक्त करें, कोई व्यक्तिगत अनुभव बतायें या किसी तरह से कुछ न कुछ कहें।*** बोलने से आपकी अलग पहचान बनेगी। आप ख़ुद को उन 75% लोगों से अलग कर लेंगे, जो मीटिंग में कुछ नहीं बोलते और जब उनसे कोई सीधा सवाल पूछा जाता है तो वे सिर्फ़ "हाँ," "नहीं," "मैं नहीं जानता," "मुझे यह ठीक लगता है," जैसा कोई जवाब बुदबुदा देते हैं। मीटिंग का चेयरमैन विचारों, सुझावों और मदद करने वाली टिप्पणियों की तलाश में है। जब आप अपनी तरफ़ से अपने विचार रखते हैं, तो आप लीडरशिप के गुण का प्रदर्शन करते हैं, जिसका आपको पुरस्कार मिलेगा। ख़ुद से कहें, "मैं जिस मीटिंग में भाग लूँगा, उसमें कुछ न कुछ ज़रूर कहूँगा।" यह आसान नहीं होगा। परंतु याद रखें, बोलने के डर को जीतने का इकलौता तरीक़ा यह है कि आप बोलें।

2. ***अपनी टिप्पणियों को सकारात्मक तरीक़े से व्यक्त करें।*** अपनी बात के पहले इस तरह की कोई टिप्पणी करके उसे कमज़ोर न करें, "मेरे पास एक विचार है। यह शायद काम नहीं करेगा, परंतु..." अपना सुझाव देने से पहले उसे महत्वहीन न बनायें। क्या आप उस सेल्समैन से कार ख़रीदेंगे, जो कहता है, "आपको शायद यह कार पसंद नहीं आयेगी, परंतु फिर भी चलिये और इसे देख लीजिये ?"

3. ***ईमानदारी से बोलें।*** जब चर्चिल ने द्वितीय विश्वयुद्ध के दौरान ब्रिटेन के लोगों को संबोधित किया था, तो उन्होंने सच्चाई बताई थी। उन्होंने यह वायदा किया था कि जीतने के लिये ख़ून, पसीने, मेहनत और आँसुओं की ज़रूरत होगी। महान कॉरपोरेट लीडर्स जब मुश्किल समय में

कंपनियों का नेतृत्व करते हैं, तो वे भी यह वायदा करते हैं, "दुबारा पटरी पर आने की राह मुश्किल होगी।"

कुछ भावी लीडर्स सफलता के लिये आसान राह का वायदा करते हैं। परंतु लोगों को सच्चाई जानना सबसे अच्छा लगता है। जो फ़ुटबॉल कोच अपनी टीम को बताता है, "इस मैच को जीतना केक खाने की तरह आसान होगा," वह निश्चित रूप से मुश्किल में पड़ने वाला है।

एक बार आप अपनी विश्वसनीयता खो दें, एक बार अगर लोगों को यह महसूस हो जाये कि आप सच नहीं बोल रहे हैं, तो वे आपकी हर बात में विश्वास खो देते हैं – चाहे आप अगली बार सच ही क्यों न बोल रहे हों ? प्रथम विश्वयुद्ध में जर्मन सैनिकों से कहा गया था कि ब्रिटिश सैनिक तो महिलाओं की तरह हैं और फ़्रांसीसी सेना के दिमाग़ में तो सिर्फ़ औरतें और शराब के विचार ही भरे रहते हैं। जब युद्ध में जर्मन सैनिकों का सामना फ़्रांसीसी और ब्रिटिश सैनिकों से हुआ, तो उन्हें जल्दी ही यह मालूम चल गया कि उन्हें जो बताया गया था वह सच नहीं था। जल्दी ही यह स्थिति आ गयी कि वे हर बात पर अविश्वास करने लगे।

पिछली मंदी के दौरान कई कंपनियों ने अपने कर्मचारियों से कहा कि वे कंपनी को बचाने में मदद करें और अपनी तनख़्वाह में कटौती करें। जिन कंपनियों ने समझौते की मेज़ पर पूरे तथ्य रखे, उन्हें कम दिक्क़तों का सामना करना पड़ा। सच बोलने वाली कंपनियों के कर्मचारियों ने तनख़्वाह में कटौती या काम करने के कम घंटों को स्वीकार कर लिया। परंतु जिन कंपनियों ने आर्थिक आँकड़ों का ग़लत विश्लेषण करके अपने कर्मचारियों को मूर्ख बनाने की कोशिश की, उन्हें बहुत सी समस्याओं का सामना करना पड़ा।

सबक़ यह है : अगर आप लोगों को सच बता देते हैं, तो वे आपका समर्थन करेंगे। अगर आप उनसे झूठ बोलते हैं, तो लोग आपका साथ छोड़ देंगे।

टीचर्स : अगर अगले सप्ताह होने वाली परीक्षा में कठिन सवाल पूछे जा रहे हैं, तो विद्यार्थियों को पहले से ही कठिनाई के स्तर के बारे में बता दें, ताकि वे बेहतर तैयारी कर सकें।

सुपरवाइज़र्स : अगर ओवरटाइम की ज़रूरत हो, तो कर्मचारियों को बता दें कि अतिरिक्त काम क्यों आवश्यक है। तथ्य जानने के बाद वे आपके साथ सहयोग करेंगे।

एक्ज़ीक्यूटिव्ज़ : अगर कंपनी आर्थिक परेशानी में है, तो शेयरहोल्डरों और डायरेक्टरों को सच्चाई बता दें। हक़ीक़त जानने पर वे आपकी आर्थिक सुधार संबंधी योजनाओं का समर्थन करेंगे। अगर आप उनसे झूठ बोलेंगे, तो आपके प्रति उनका द्वेष बढ़ेगा और यह भी हो सकता है कि वे आपसे कंपनी छोड़ने के लिये कह दें।

माता-पिता : जब आप अपने बच्चों को बताते हैं कि किसी महत्वपूर्ण काम में लगन, मेहनत और त्याग की ज़रूरत है, तो आप लीडरशिप के सिद्धांत का प्रयोग करते हैं।

4. ***आलोचना का सामना सकारात्मक तरीक़े से करें।*** आलोचना होना या खिल्ली उड़ना किसी को भी पसंद नहीं आता। जनता के बीच ग़लतियाँ करना अपमानजनक होता है। मूर्ख दिखने के बड़े डर में बहुत से छोटे-छोटे डर शामिल हैं - उच्चारण और व्याकरण की ग़लतियाँ करने का डर, क्या बोलना है यह भूल जाने का डर, किसी को चोट पहुँचाने का डर और बाद में लोगों द्वारा हमारी ग़लतियाँ बताये जाने का डर।

हर व्यक्ति आलोचना को नापसंद करता है। आलोचना से निबटने का तरीक़ा है आलोचना की उम्मीद करना। इसे तारीफ़ की तरह स्वीकार करें। याद रखें, अमेरिका में जिस आदमी की सबसे ज़्यादा आलोचना होती है, वह कोई आतंकवादी या जनशत्रु नहीं है। जिस व्यक्ति की सबसे ज़्यादा आलोचना होती है, वह राष्ट्रपति होता है। न सिर्फ़ कुछ पत्रकार राष्ट्रपति की कही हर बात की बुराई करते हैं, बल्कि अज्ञानी और निकम्मे लोग भी उनकी जमकर आलोचना करते हैं, क्योंकि वह उन्हें *कुछ नहीं* के बदले में *कुछ* क्यों नहीं देते।

बिज़नेस में कोई भी गेटकीपर की आलोचना नहीं करता, परंतु बहुत से लोग बोर्ड के चेयरमैन की बातों और कामों में ख़ामियाँ निकालते हैं।

इसलिये ख़ुश हों कि आपकी आलोचना हो रही है। यह इस बात का प्रमाण है कि आप विकास कर रहे हैं। फ़ायरिंग लाइन में वही रहते हैं, जो मज़बूत होते हैं। इसलिये गर्व का अनुभव करें।

5. ***जानकारी दें, प्रेरित करें, परंतु कभी आक्रमण न करें।*** सकारात्मक परिणाम प्राप्त करने वाले भाषण में जानकारी और प्रेरणा का अच्छा समावेश होता है। अच्छा भाषण कभी किसी दूसरे के विचारों पर आक्रमण नहीं करता। चाहे किसी और वक्ता ने आपके विचारों के विपरीत कुछ कहा हो, परंतु कभी भी आक्रमण न करें या उसे ग़लत साबित करने की कोशिश न करें।

रचनात्मक होने में लाभ होता है। एक एडवर्टाइज़िंग एक्ज़ीक्यूटिव ने मुझे बताया कि किस तरह उसकी एजेंसी ने कई लाख डॉलर का बीवरेज अकाउंट हासिल किया।

"तीन अन्य एजेंसियों को उनकी योजना प्रस्तुत करने के लिये आमंत्रित किया गया था। ग्राहक ने मुझे अपनी योजनायें बताईं। उसने मुझसे कहा, अगर आपको लगता हो कि ऐसा करने से आपकी योजनाओं को बल मिलेगा, तो आप अपने प्रतिद्वंद्वियों की रणनीतियों की आलोचना करने के लिये स्वतंत्र हैं।"

"क्या आपने ऐसा किया?" मैंने पूछा।

"बिलकुल नहीं," मेरे दोस्त ने जवाब दिया। "मैंने अपनी प्रस्तुति की शुरुआत में सिर्फ़ इतना कहा, 'आप जिन दूसरी एजेंसियों के बारे में विचार कर रहे हैं, उनमें भी अच्छे और रचनात्मक कर्मचारी हैं। परंतु हमारी रणनीति अनूठी है, इसलिये मैं उनसे अपनी तुलना नहीं करूँगा।' फिर मैं अपनी योजना बताने लगा। मेरी प्रस्तुति सबसे अलग हटकर थी। अगर मैंने यह साबित करने की कोशिश की होती कि हमारी एजेंसी सर्वश्रेष्ठ थी, तो मैंने बहस का दरवाज़ा खोल दिया होता। अपने प्रतिद्वंद्वियों पर आक्रमण करने से इंकार करके मैंने विवाद को टाला और अकाउंट हासिल कर लिया।"

याद रखें, छोटी मानसिकता वाले लोग अपने मुक्कों और डंडों से

लड़ते हैं। घटिया मानसिकता वाले लोग उनसे सिर्फ़ थोड़े ऊपर होते हैं और अपने मुँह से लड़ते हैं। सचमुच बड़ी मानसिकता वाले लोग कभी नहीं लड़ते।

जब आप कहते हैं कि आपकी योजना (नीति या रणनीति) किसी दूसरे से बेहतर है या जब आप आक्रमण करते हैं, तो निर्णय लेने वालों में से कुछ लोग आपके प्रतिद्वंद्वी के समर्थन में एकजुट हो जायेंगे। अपने प्रतिद्वंद्वियों को नीचा दिखाये बिना अपनी योजना को सकारात्मक तरीक़े और ईमानदारी से समझायें। कभी भी, हाँ कभी भी, मंच का प्रयोग किसी दूसरे को नीचा दिखाने के लिये न करें। इससे सिर्फ़ युद्ध शुरू होता है, जिसमें आप हार भी सकते हैं।

1984 में राष्ट्रपति रीगन का चुनावी अभियान इस बात का बेहतरीन उदाहरण है कि प्रतियोगिता का सामना किस तरह किया जाये। राष्ट्रपति ने अपने प्रतियोगी का नाम तक नहीं लिया! रीगन किसी के विपक्ष में नहीं लड़ रहे थे। उन्होंने अपनी सारी शक्ति सकारात्मक कार्यक्रम *के पक्ष में* लड़ने के लिये एकाग्र कर ली। और उन्हें रिकॉर्ड संख्या में वोट मिले।

चाहे विचार हो या प्रॉडक्ट, किसी भी चीज़ को बेचने में अपना शत-प्रतिशत प्रयास इस पर एकाग्र करें कि आप जो दे रहे हैं, उसमें क्या अच्छा है। कभी भी अपने प्रतियोगी के विचारों या प्रॉडक्ट्स की आलोचना न करें। जो टी.वी. विज्ञापन बताते हैं कि किस तरह प्रॉडक्ट *ए* प्रॉडक्ट *बी* और *सी* से बेहतर है, दरअसल वे *बी* या *सी* प्रॉडक्ट का मुफ़्त विज्ञापन कर रहे हैं।

6. ***आसान शब्द बोलें।*** कन्फ़्यूशियस ने कहा है, "महान व्यक्ति कभी बचपन की सादगी नहीं खोता।" राल्फ़ वाल्डो इमर्सन ने कहा था, "महानता से अधिक सादगीपूर्ण कुछ नहीं है। दरअसल सादगीपूर्ण होना ही महान होना है।" जिस तरह किसी मशीन में एक भी अनावश्यक पुर्ज़ा नहीं होता, उसी तरह आप जो कह रहे हैं, उसमें एक भी अनावश्यक शब्द नहीं होना चाहिये।

इन आम अभिव्यक्तियों को देखिये :

बुरा तरीका	**बेहतर तरीका**
अधोहस्ताक्षरकर्ता	मैं
वर्तमान समय में	अभी या आज
शीघ्रातिशीघ्र	जल्दी
मुझे अवसर दीजिये कि मैं आपकी सराहना करूँ	धन्यवाद
लेखक सोचता है कि	मैं सोचता हूँ
किसी बाद की तिथि को	बाद में
इसके आसपास	लगभग
इस तथ्य को ध्यान में रखते हुए कि	क्योंकि
इसके पश्चात्	बाद में
बिना किसी विलंब के	तत्काल

बड़े शब्द, जटिल विचार, लंबे-लंबे वाक्यों से आपकी पुरातनपंथी और आडम्बरप्रिय छवि बनती है। इसके बजाय सादगी से बोलें, ताकि कोई बच्चा भी आपकी बात का मतलब समझ सके। कभी भी मंच का प्रयोग यह दिखाने के लिये न करें कि आप कितने स्मार्ट या शिक्षित हैं।

इमर्सन के सिद्धांत पर चलें, अपने हर काम को *आसान बना दें।* ओलंपिक गोताखोर चैंपियन किसी जटिल गोते का प्रदर्शन करते समय अनावश्यक मांसपेशियों का इस्तेमाल नहीं करते। जादूगर अपने जादुई कारनामों को इतनी आसानी से करते हैं कि हर बच्चे को लगता है कि वह भी "इसे कर सकता है।" पुरस्कार जीतने वाले अभिनेता इतनी ज़्यादा कड़ी मेहनत करते हैं कि लगता ही नहीं है जैसे वे अभिनय कर रहे हैं।

क़दम 4 : दूसरों को अपनी मदद करने दें

कैलिफ़ोर्निया में एक इलेक्ट्रॉनिक्स कंपनी के प्रमुख ने बताया कि उन्होंने अपने कैरियर में प्रगति करने के लिये सहयोगी प्रबंधन का किस तरह प्रयोग किया। उनका अनुभव दूसरों का नेतृत्व करने का अच्छा उदाहरण है।

"नौसैनिक अकादमी से स्नातक होने के बाद मैंने एयरक्राफ़्ट कैरियर में जूनियर इलेक्ट्रॉनिक्स ऑफ़िसर के रूप में पहली नौकरी की। तत्काल ही मुझे पता चल गया कि मैं तकनीकी पहलू के बारे में बहुत कम जानता था। परंतु मैंने यह भी जान लिया कि मेरे अधीन कई छोटे अफ़सर थे, जो अनुभवी थे। इसलिये मैं हर दिन उनके साथ बैठता था, दिन भर की गतिविधियों की योजना बनाता था और फिर उनसे उनके विचार पूछता था कि किस तरह आगे बढ़ा जाये। उनकी प्रतिक्रिया ज़बर्दस्त थी। बाद में मुझे पता चला कि मुझसे पहले जो आदमी जूनियर ऑफ़िसर था, वह कभी उनके विचार पूछता ही नहीं था। सहयोग की मेरी शैली उन्हें बहुत पसंद आई।

"नौसेना से मुक्त होने के बाद मैं एक इलेक्ट्रॉनिक्स कंपनी में नौकरी करने लगा। एक बार फिर मैंने जल्दी ही यह महसूस कर लिया कि मुझे अपने अधीनस्थों के विचारों और योग्यताओं की बहुत आवश्यकता है। एक बार फिर मैंने यह जान लिया कि योजना बनाने में उनकी मदद लेकर मैं यह सुनिश्चित कर सकता हूँ कि काम पूरा हो और अच्छी तरह से पूरा हो।

"मुझे बहुत जल्दी प्रमोशन मिले। दो साल पहले मुझे कंपनी का प्रेसिडेंट बनाया गया। तब मैं सैंतीस साल का था। मैं अपनी सफलता का श्रेय लीडरशिप के एक गुण को देता हूँ - चिंतन और योजना बनाने में लोगों को सहयोग देने के लिये प्रेरित करना।"

यह रहे कुछ मार्गदर्शक सिद्धांत, जिनके माध्यम से आप दूसरों की मदद हासिल कर सकते हैं :

1. ***प्रशंसा को धन की तरह मानें। इसका निवेश करें।*** लीडर्स

कभी प्रशंसा के भूखे नहीं होते। सच्चा लीडर प्रशंसा मिलने पर इसका निवेश हमेशा अपने समर्थकों में करता है। स्मार्ट फ़ुटबॉल कोच जीत का श्रेय कभी ख़ुद नहीं लेता। वह इसका श्रेय टीम को देता है। इससे टीम अगले सप्ताह और .ज्यादा मेहनत से खेलने की कोशिश करेगी। इसलिये जब आपको बधाई या पुरस्कार मिले, तो हमेशा उस प्रशंसा को ग्रहण करें और फिर अपने समर्थकों का मनोबल बढ़ाने के लिये इसका निवेश करें। अगर आप सेल्स मैनेजर हैं और आपकी सेल बढ़ जाये, तो इसका श्रेय स्वयं न लें। इसका श्रेय अपने सेल्समैनों को दें। अगर आप प्रॉडक्शन मैनेजर हैं और आप अपने लक्ष्य से अधिक उत्पादन करते हैं, तो काम करने वालों की प्रशंसा करें। अपने को मिलने वाली प्रशंसा से अधिक लाभ हासिल करें।

लीडर्स कभी प्रशंसा के भूखे नहीं होते। जिस तरह समझदारी से किये गये धन के निवेश से अधिक धन मिलता है, उसी तरह सहयोगियों में प्रशंसा का निवेश करने से वे अगली बार बेहतर प्रदर्शन करने के लिये प्रेरित होते हैं।

2. ***अगर गड़बड़ हो जाये, तो 100% प्रतिशत ज़िम्मेदारी लें।*** लीडर स्पष्ट रूप से समझता है कि आप काम करने की सत्ता या शक्ति तो किसी दूसरे को सौंप सकते हैं, परंतु परिणाम की ज़िम्मेदारी दूसरों पर नहीं डाल सकते।

1984 में बेरूत में एक आतंकवादी ने 312 नौसैनिकों को मार डाला। कमांडर-इन-चीफ़ होने के नाते राष्ट्रपति रीगन ने समझदारी का प्रदर्शन करते हुए इस त्रासदी की पूरी ज़िम्मेदारी ली। अगर उन्होंने मैरीन कॉर्प्स के कमांडेंट को दोष दिया होता, तो उनका व्यवहार लीडरों जैसा व्यवहार नहीं होता। और राष्ट्रपति पर गंभीर दोषारोपण भी किया जाता।

बे ऑफ़ पिग्स एक दुर्घटना थी। राष्ट्रपति कैनेडी के कुछ सहयोगियों ने उन्हें सुझाव दिया कि वे असफलता के लिये आइज़नहॉवर प्रशासन को दोष दें, क्योंकि .ज्यादातर योजना कैनेडी के राष्ट्रपति बनने से पहले बनी थी। परंतु कैनेडी ने लीडरशिप का प्रदर्शन किया और अमेरिकी जनता से

कहा, "मैं पूरी ज़िम्मेदारी लेता हूँ।" इसके बाद, असफलता की आलोचना बहुत कम हो गई।

राष्ट्रपति निक्सन ने वाटरगेट प्रकरण के दौरान ज़िम्मेदारी के नियम की अवहेलना की, इसलिये उनके सामने दो ही विकल्प थे : या तो इस्तीफ़ा दें या फिर महाभियोग का सामना करें। कई लोगों का विश्वास है कि अगर निक्सन ने पूरी ज़िम्मेदारी ली होती, अगर उन्होंने अमेरिकी जनता से कहा होता, "मैं घुसपैठ और घटिया चालों की ज़िम्मेदारी स्वीकार करता हूँ" तो वे अपनी कुर्सी बचा सकते थे। परंतु हठधर्मिता का परिचय देते हुए उन्होंने दूसरों को दोष देने की कोशिश की और इसका परिणाम यह हुआ कि इतिहास उनके अच्छे कामों के बजाय उन्हें सिर्फ़ उनकी ग़लतियों के लिये याद रखेगा।

जब स्थिति बिगड़ जाये, तो अपने समर्थकों को दोष न दें। इससे आप छोटे और कमज़ोर नज़र आते हैं। इसके बजाय बड़प्पन का प्रदर्शन करें। यह स्वीकार करें कि आपके अधीनस्थों ने नहीं, बल्कि आपने लापरवाही की है। बड़प्पन का प्रदर्शन करके आप यह सिद्ध करेंगे कि आप लीडर हैं।

3. ***दूसरे लोगों के मस्तिष्कों को संगठित करें।*** महान लीडर्स लोगों का अध्ययन करते हैं। और लोगों का ज्ञान वह सबसे महत्वपूर्ण जानकारी है, जिसकी ज़रूरत आपको सफलता, दौलत और सुख हासिल करने के लिये होती है। काम का ज्ञान इतना महत्वपूर्ण नहीं है। आप कंप्यूटर को प्रोग्राम कर सकते हैं, इसका यह मतलब नहीं है कि आप डिपार्टमेंट भी चला सकते हैं। हो सकता है आप जानते हों कि बेचा कैसे जाता है, परंतु हो सकता है इसके बावज़ूद आप सेल्स मैनेजर बनने के लिये अयोग्य हों। और हो सकता है कि किसी को स्कूल में 4.0 ग्रेड पॉइंट मिले हों, परंतु फिर भी वह लीडर न हो।

देखिये, ज्ञान अपने आप में शक्ति नहीं है। यह शक्ति का कच्चा माल है और इसे सही रास्ते पर ले जाने की आवश्यकता होती है। इस बात की संभावना है कि आप बहुत ज्ञानी लोगों को जानते होंगे, जो किसी बॉय

स्काउट ट्रूप का नेतृत्व न कर सकें या किसी नागरिक क्लब के प्रभावी प्रेसिडेंट साबित न हो सकें। लीडरशिप दूसरों के ज्ञान का दोहन, संयोजन और सम्मिलन है।

एक बार फिर, लीडरशिप का संबंध लोगों के मनोविज्ञान से है, काम या नौकरी के ज्ञान से नहीं है।

इस उदाहरण पर विचार करें। मान लीजिये आप किसी बड़ी युनिवर्सिटी में प्रेसिडेंट बनना चाहते हैं। ख़ुद को तैयार करने के लिये आप हर उस विषय को पढ़ने का फ़ैसला करें, जो युनिवर्सिटी पढ़ाती है। अगर आप ऐसा करेंगे तो आपकी तैयारी पूरी होने से पहले आप कम से कम 2,500 साल बूढ़े हो जायेंगे।

या मान लीजिये आपका लक्ष्य जनरल मोटर्स का सी.ई.ओ. बनना हो। सबसे ऊँचे पद की तैयारी करने के लिये आप फ़ैसला करते हैं कि आप इस कंपनी में होने वाले हर काम में पारंगत हो जायेंगे। एक बार फिर आपकी तैयारी पूरी होने तक आप कम से कम 2,500 साल बूढ़े हो जायेंगे।

लीडर में यह योग्यता होना चाहिये कि वह ऐसे लोगों को मैनेज कर सके, जिनमें उससे अधिक विशेषज्ञीय ज्ञान होता है।

प्रभावी लीडर बनने के लिये लोगों के अध्ययन पर अपना ध्यान एकाग्र करें - किस तरह उन्हें सहयोग देने, सर्वश्रेष्ठ प्रयास करने और व्यक्तिगत त्याग करने के लिये प्रेरित किया जाये।

क़दम 5 : जोखिम लें और प्रशंसा हासिल करें

कुछ साल पहले क्लीवलैंड से कोलम्बस की छोटी सी उड़ान में मेरे पास वाली सीट पर असाधारण ईसाई दार्शनिक डॉ. रॉबर्ट शुलर बैठे थे। उन्होंने एक विचारोत्तेजक बात कही, जिसमें एक महान लीडरशिप सबक़ छुपा है। उन्होंने कहा, "ऐसा क्यों होता है कि जब अधिकांश लोग एक-दूसरे से विदा लेते हैं तो वे कहते हैं, 'अपना ध्यान रखना?' हमारा

देश उन लोगों ने बनाया है जिन्होंने जोखिम लिया है, उन लोगों ने नहीं बनाया जिन्होंने अपना ध्यान रखा है। संभावनाओं को सच्चाइयों में बदलने के लिये हमेशा जोखिम उठाना पड़ता है।''

यह लीडरशिप का बेहद महत्वपूर्ण सिद्धांत है! हर बिज़नेस कोई ऐसा आदमी शुरू करता है, जो जोखिम लेता है। और किसी नये बिज़नेस को सफल बनाने के लिये और भी ज़्यादा जोखिम लेने की ज़रूरत होती है। क्या लोग हमारे प्रॉडक्ट्स को पसंद करेंगे ? क्या कर्मचारी ठीक तरह से काम करेंगे ? क्या हमारा निवेश सफल होगा ? यह जोखिम से जुड़े कुछ सवाल हैं, जिनका सामना हर बिज़नेस शुरू करने वाले को करना पड़ता है।

सभी महान उपलब्धियाँ जोखिम लेने वालों ने हासिल की हैं। डॉ. क्रिश्चियन बर्नार्ड ने जब प्रथम मानवीय हृदय का प्रत्यारोपण किया, तो उन्होंने सर्जन के रूप में अपनी प्रतिष्ठा का जोखिम लिया। ली आयाकोका ने क्राइस्लर कॉरपोरेशन को पुनर्जीवित करने के अपने सफल प्रयास में अत्यधिक जोखिम लिया। और डॉ. नॉर्मन विन्सेंट पील ने जब दुनिया को बदलने वाली पुस्तक ***द पॉवर ऑफ़ पॉज़िटिव थिंकिंग*** लिखी, तो उन्हें चर्च से बर्खास्त होने का जोखिम उठाना पड़ा।

दुर्भाग्य से शिक्षा का पूरा ज़ोर इस बात पर रहता है कि जोखिम से किस तरह बचा जाये, इस बात पर नहीं कि जोखिम लेकर किस तरह लाभ उठाया जाये। हमारे बिज़नेस स्कूलों से जितने जोखिम लेने वाले बिज़नेसमैन बाहर निकलते हैं, उससे पाँच गुना अधिक लोग कर्मचारी बनकर निकलते हैं। और मैंने ख़ुद यह देखा है कि प्रोफ़ेसर जोखिम लेकर सफलता पाने के बजाय जोखिम से बचने की पाँच गुना अधिक कोशिश करते हैं।

एक फ़ुटबॉल कोच ने स्पष्ट किया कि उसने एक रणनीति का प्रयोग करने का फ़ैसला किया, जिसके परिणामस्वरूप उसकी टीम मैच हार गई और कॉन्फ्रेंस चैंपियनशिप नहीं जीत पाई। "हमने मैच शुरू होने के तीस सेकंड में ही स्कोर कर लिया था। इससे हम दूसरी टीम से सिर्फ़ एक पॉइंट पीछे थे। अब मुझे उस साल का सबसे बड़ा निर्णय लेना था : क्या

हम लगभग निश्चित एक पॉइंट हासिल करें, जिससे हम मैच ड्रॉ कर लेते और कॉन्फ्रेंस चैंपियनशिप भी ड्रॉ कर लेते, या फिर हम अधिक जोखिम भरे दो पॉइंट की रणनीति की कोशिश करें? यह तय था कि अगर दो पॉइंट वाली रणनीति सफल नहीं हुई, तो हम मैच हार जायेंगे *और* कॉन्फ्रेंस चैंपियनशिप भी!"

"जहाँ तक मुझे याद है आपने उस मैच में दो पॉइंट वाली रणनीति अपनाई थी," मैंने बीच में कहा।

"हाँ, और यह असफल हुई, इसलिये हम हार गये," कोच ने आगे कहा, "परंतु मुझे इस बात का कोई अफ़सोस नहीं है। रणनीति के असफल होने से ठीक पहले हमने टाइम आउट लिया और क्वार्टरबैक ने मुझसे कहा, 'मैदान में उतरा हर खिलाड़ी चाहता है कि हम दो पॉइंट जीतने की कोशिश करें। हम यहाँ जीतने के लिये आये हैं!'

"मेरे उस निर्णय की काफ़ी आलोचना हुई, जिसकी वजह से हमारे हाथ से मैच और चैंपियनशिप चली गई। हज़ारों प्रशंसक दुखी थे। परंतु हर खिलाड़ी ख़ुश था कि हमने कोशिश की। और कोच होने के नाते मैं हमेशा खिलाड़ियों को पहले स्थान पर रखता हूँ - मैं उनका जीवन बनाने की कोशिश कर रहा हूँ।

"हमने वह मैच तेरह साल पहले खेला था और इन सालों में कई बार उस मैच में खेलने वाले खिलाड़ियों ने मुझे बताया कि उस दिन उन्होंने अपने जीवन का सबसे बड़ा सबक़ सीखा था। इससे उन्हें साहस का अर्थ समझने में मदद मिली।"

ज़रा सोचिये, आपने कितनी बार लोगों को यह कहते सुना है, "काश मैंने अमुक कंपनी में निवेश किया होता!" या "काश मैंने फलाँ कंपनी में नौकरी कर ली होती!" या "काश मैंने अमुक काम कर दिया होता!" सच तो यह है कि जो लोग कहते हैं, "काश-मैंने-वह-किया-होता-जो-मैंने-नहीं-किया," वे सब दुखी होते हैं।

परंतु जो आदमी सफलता, दौलत और सुख चाहता है, वह अपने उस साथी से ज़्यादा जोखिम लेता है, जो औसत ज़िंदगी जीने का चुनाव

करता है। जोखिम लेने से आपको यह जानने में मदद मिलती है कि आपमें कितना दम है।

याद रखें, बिना कोशिश के सफलता नहीं मिलती। एक शौकिया लेखक ने मुझे बताया, "अरे, मैंने किसी प्रकाशक के यहाँ कभी कोई पांडुलिपि नहीं भेजी। शायद वह इसे छापने से मना कर देता।" एक युवक ने बताया कि वह सेलिंग लाइन में क्यों नहीं गया। "मुझे नहीं लगता कि मुझमें इस क्षेत्र में सफल होने की योग्यता है।" उसने कोशिश करने का जोखिम नहीं उठाया। कई लोग बताते हैं कि उन्होंने अपनी नौकरियाँ क्यों नहीं बदलीं : नौकरी बदलने का अर्थ होता जोखिम और अनिश्चितता।

जोखिम लेने का अर्थ जुआ खेलना नहीं है। जब आप जोखिम लेते हैं, तो परिणाम पर आपका थोड़ा-बहुत नियंत्रण होता है। जब आप जुआ खेलते हैं, तो परिणाम पर आपका कोई नियंत्रण नहीं होता।

हाल ही में मैं डेट्रॉइट में जैक डब्ल्यू. से मिला। जैक जनरल मोटर्स में 17 साल तक इंजीनियर के रूप में काम कर चुके हैं। "मेरी नौकरी ठीक-ठाक है, परंतु मैं इसमें अपना शत-प्रतिशत नहीं दे पाया। मैं कई सालों से अपना ख़ुद का बिज़नेस शुरू करने के बारे में सोच रहा हूँ। परंतु मुझे हमेशा एक न एक अच्छा कारण मिल जाता था कि मुझे ऐसा क्यों नहीं करना चाहिये - पर्याप्त धन का अभाव, असफल होने का डर, परिवार को आमदनी के सुनिश्चित साधन की आवश्यकता - इसी तरह के बहाने। आख़िरकार, मेरी पत्नी ने मुझसे छलाँग लगाने को कहा, 'आप सुखी नहीं हैं।' उसने मुझे विश्वास दिलाया कि मैं यह कर सकता हूँ। इसलिये मैंने नौकरी छोड़ दी और अपनी ख़ुद की इंजीनियरिंग कंपनी शुरू की। दो साल तक स्टाफ़ के नाम पर सिर्फ़ मैं ही अकेला व्यक्ति था और मैंने अपनी सेवायें उन कंपनियों को बेचीं, जो सामान्य रूप से सुसज्जित वैन और मनोरंजक वाहन चाहती थीं। आज मैं बहुत अच्छी स्थिति में हूँ।"

मैंने उसे बधाई दी कि उसमें निश्चितता को छोड़कर अनिश्चितता को चुनने का साहस था।

"परंतु मैं आपको कुछ और भी बताना चाहता हूँ," जैक ने आगे

कहा, "मुझे अपने आप पर नया गर्व, नया विश्वास है। मैंने सचमुच अपने बारे में बेहतर महसूस किया। एक और लाभ यह हुआ कि मुझे अपनी पत्नी, बच्चों और मित्रों से अधिक सम्मान मिल रहा है। लोग जोखिम लेने और ख़ुद के दम पर काम करने के लिये मेरी प्रशंसा करते हैं।"

जो लोग सफल होते हैं, वे अपनी प्राथमिकतायें जानते हैं। वे जोखिम को पहले स्थान पर रखते हैं और सुरक्षा को दूसरे स्थान पर। वे जानते हैं कि अगर रचनात्मक तरीक़े, समझदारी और लगन से जोखिम लिया जाये, तो समय के साथ-साथ आदमी को अपनी मनचाही सुरक्षा मिल जाती है।

नेतृत्व करने के लिये इन सिद्धांतों का प्रयोग करें :

- उत्कृष्ट सोचें। जब आप हर काम में अपना सर्वश्रेष्ठ प्रयास करते हैं, तो बहुत संतुष्टि मिलती है। औसत प्रदर्शन कभी पर्याप्त अच्छा नहीं होता।
- दूसरे आपके हर काम की नक़ल करते हैं। इसलिये ऐसे उदाहरण पेश करें, जिनका आप अनुकरण करवाना चाहते हैं।
- लीडरशिप के लिये बोलना अनिवार्य है। हर अवसर पर अपनी बात कहें। बोलने के डर को बोलकर जीतें।
- आपको अपने लक्ष्यों को हासिल करने के लिये दूसरों की मदद की ज़रूरत होती है। इसलिये उनका सहयोग हासिल करें।
- आपको जितनी भी तारीफ़ मिले, उसका निवेश करें।
- जब चीज़ें गड़बड़ हों, तो शत-प्रतिशत ज़िम्मेदारी लें।
- दूसरों के ज्ञान को संगठित करें।
- जोखिम लेने का साहस रखें। जोखिम लेना सफलता के लिये उतना ही अनिवार्य है, जितना कि जीवन के लिये साँस लेना।

❖❖❖

अध्याय दस

सफलता और दौलत की पाँच कभी-न-भूलने-वाली कुंजियाँ

अगले 24 घंटों में 219 अमेरिकावासी मिलियनेअर बन जायेंगे। सिर्फ़ 30 दिन में 6,570 लोग आर्थिक रूप से मुक्त लोगों की श्रेणी में शामिल हो जायेंगे। अगले 12 महीनों में मिलियनेअर्स की संख्या में 80,000 लोगों की बढ़ोतरी हो जायेगी और अगले दशक में 8,00,000 लोगों की। आज से दस साल बाद हर 64 परिवारों में से एक मिलियनेअर होगा।

यह अनुमान डॉ. थॉमस स्टेनले के 12 साल के गहन शोध पर आधारित है, जो अमीरों और उनके अमीर बनने के तरीक़ों पर अग्रणी विशेषज्ञ हैं।

नये मिलियनेअर समाज के सबसे निचले तबक़े से लेकर सबसे ऊँचे तबक़ों से आते हैं। इनमें से कई निरक्षर होते हैं, तो कई उच्च शिक्षित होते हैं। कई शारीरिक रूप से कमज़ोर होते हैं, तो कई मज़बूत और स्वस्थ होते हैं। बहरहाल, सभी नये मिलियनेअर्स में एक गुण साझा होता है : सफलता, दौलत और सुख का सपना, जिसे सच करने के लिये उन्होंने कड़ी मेहनत की। सफल लोग स्वप्नदर्शी होते हैं, जो अपने सपनों को

साकार करने के लिये काम करते हैं। मिलियनेअर्स साधारण लोग होते हैं, जो असाधारण परिणाम प्राप्त करने के अभियान में जुट जाते हैं।

मिलियनेअर्स कई क्षेत्रों से आते हैं, जैसे रिटेलिंग, कंप्यूटर्स, चिकित्सा, खेती, मनोरंजन, रियल एस्टेट, उत्पादन और फ़ाइनैंस।

कुछ लोग अब भी मानते हैं कि किसी की आर्थिक तक़दीर क़िस्मत से तय होती है। मैं तो यही चाहूँगा कि आप "क़िस्मत" शब्द से *नफ़रत* करना सीख लें। दौलतमंद बनने की आपकी खुशक़िस्मती के अवसर इतने कम हैं कि उन्हें गिना भी नहीं जा सकता। इसके बावज़ूद, करोड़ों लोग हर दिन क़िस्मत पर विश्वास किये जाते हैं। हाल ही में मैंने जब एक श्रोता समूह को बताया कि नौ लोग हर घंटे मिलियनेअर बन रहे हैं, तो एक आदमी ने मुझसे कहा (और वह पूरी तरह गंभीर था), "मुझे नहीं पता था कि हमारे यहाँ इतनी लॉटरियाँ चलती हैं।"

बाक़ी लोग यह सोचते हैं कि दौलतमंद बनने का इकलौता रास्ता "प्रदर्शनकारी" संगठनों, व्यावसायिक खेलों, अभिनय और रचनात्मक क्षेत्रों से होकर गुज़रता है। ग़लत! 99 प्रतिशत अभिनेताओं, कलाकारों और लेखकों को अपनी आजीविका कमाने के लिये दूसरे क्षेत्रों में काम करना पड़ता है। हाई स्कूल में फ़ुटबॉल खेलने वाले 12,000 युवकों में से सिर्फ़ एक को प्रोफ़ेशनल टीम का कॉन्ट्रैक्ट मिल पाता है।

अक्सर लोग पूछते हैं, "दौलत किस तरह विभाजित होती है?" आधिकारिक सरकारी आँकड़ों के अनुसार, दौलत आज भी लगभग उसी तरह विभाजित है, जिस तरह यह 40 साल पहले थी।

दौलत और स्थायी समृद्धि की पाँच कुंजियाँ ये हैं :

- दौलत के संग्रह का दृढ़ संकल्प करें।
- अपनी आर्थिक स्वतंत्रता का कर चुकायें।
- अपनी अर्थव्यवस्था की बागडोर थामें।
- स्मार्ट कर्ज़ का प्रयोग करें और मूर्खतापूर्ण कर्ज़ से बचें।
- आने वाले स्वर्ण युग में सहभागी बनें।

कुंजी 1 : दौलत के संग्रह का दृढ़ संकल्प करें

अक्सर कहा जाता है कि तीन चीज़ें रियल एस्टेट का मूल्य तय करती हैं : स्थान, स्थान और स्थान। दौलत के संग्रह की आपकी योजना को सफलता कौन दिलायेगा ? एक बार फिर, तीन चीज़ें : संकल्प, संकल्प और संकल्प।

दौलत के संग्रह हेतु धन निवेश करने के लिये आपके पास कई तरीक़े हैं।

रियल एस्टेट में पैसे कमाने के बेहतरीन अवसर हैं। ज़मीन-जायदाद, किराये के घर, हाउसिंग प्रोजेक्ट आदि में निवेश। शेयर, मीच्युअल फ़ंड, आपका अपना बिज़नेस, प्रिफ़र्ड स्टॉक, बॉन्ड, तेल के कुयें के अभियान दौलत हासिल करने में पूँजी लगाने के कुछ अन्य संभावित उत्कृष्ट तरीक़े हैं।

एक अवधारणा है, जिसे आपको आर्थिक रूप से स्वतंत्र बनने के लिये समझ लेना चाहिये : *आपकी दौलत की योजना का संकल्प निवेश की रणनीति से अधिक महत्वपूर्ण है।* अपने धन का निवेश कहाँ करें, इसका तरीक़ा खोजना आसान है; परंतु उस रणनीति को सफल बनाने के लिये आवश्यक आत्म-अनुशासन रखना उतना आसान नहीं है। ज्यादातर लोगों के अमीर न बन पाने का कारण निवेश की दोषपूर्ण रणनीति नहीं होता, बल्कि यह होता है कि उनमें योजना के प्रति संकल्प का अभाव होता है। इसका अंतिम परिणाम यही निकलता है : आपका नज़रिया यानी संकल्प का आपका स्तर दौलत के संग्रह की कुंजी है। दुनिया की सर्वश्रेष्ठ निवेश रणनीति भी काम नहीं करेगी, जब तक आप इसे कारगर न बनाना **चाहें** और लगन से इस दिशा में प्रयास करने के लिये संकल्पवान न हों।

संकल्प आता है आत्म-अनुशासन से। अनुशासन के लिये लक्ष्यों को हासिल करने की स्वचालित और सुनियोजित इच्छा की ज़रूरत होती है। दुर्भाग्य से बहुत कम लोग ख़ुद को अनुशासित रख पाते हैं, क्योंकि उन्हें घर, स्कूल या नौकरी में इसका प्रशिक्षण नहीं मिला। कोई न कोई वरिष्ठ व्यक्ति उनके ऊपर अनुशासन बनाये रखने के लिये हमेशा मौज़ूद था।

आत्म-अनुशासन की परिभाषा से यह स्पष्ट है कि इसमें ख़ुद पर नियंत्रण किया जाता है। जीवन की शुरुआत में ही हमारे माता-पिता हमें बता देते हैं कि हमें क्या करना है और उसे कैसे करना है। जब हमारा व्यवहार हमारे माता-पिता की अपेक्षाओं से मेल नहीं खाता, तो वे इसे सुधारते हैं। फिर हम स्कूल जाते हैं और वहाँ पर शिक्षक हमारे व्यवहार को ढालने के लिये हमसे कुछ चीज़ें करवाते हैं और दूसरी चीज़ों से बचने की सलाह देते हैं। अगर हम पढ़ाई नहीं करना चाहते (आत्म-अनुशासन की कमी) तो शिक्षक हमें बता देता है कि हमें पढ़ना चाहिये, वरना परीक्षा में हमारे नंबर कम आयेंगे या सज़ा मिलेगी। अगर दौड़ते समय हम मैदान का एक और चक्कर नहीं लगाना चाहते, तो कोच हमें बता देता है कि अगर हम टीम में जगह बनाना चाहते हैं, तो हमें ऐसा करना ही पड़ेगा।

जब तक ज़्यादातर लोग स्कूल पूरा करते हैं, तब तक उन्हें दूसरों द्वारा अनुशासित होने की आदत हो जाती है, इसलिये वे ख़ुद को अनुशासित नहीं कर पाते हैं।

कई लोग ख़ुद को इतना भी अनुशासित नहीं कर पाते कि समय पर ऑफ़िस पहुँच जायें, इसलिये उनका अधिकारी उन्हें अनुशासित करने के लिये पंच-इन क्लॉक का प्रयोग करता है। कई सालों तक अद्भुत रूप से सफल व्यवसायी जॉन जॉनसन, जिन्होंने *एबोनी* पत्रिका की स्थापना की, उन कर्मचारियों की ताक में रहते थे, जो देर से आते थे या जिनमें सही कपड़े पहनने का आत्म-अनुशासन नहीं होता था।

चूँकि आत्म-अनुशासन प्रायः घर या स्कूल में नहीं सिखाया जाता, इसलिये कई लोग जीवन भर यह उम्मीद करते हैं कि दूसरे लोग उन्हें अनुशासित करते रहेंगे। "मुझे बता दें कि क्या करना है, कैसे करना है और कब करना है," यह बहुसंख्यक लोगों का तरीक़ा है, जिसके द्वारा वे जीने का विकल्प चुनते हैं। इसलिये लोग एक ऐसे जीवन से संतुष्ट हो जाते हैं, जिसमें महत्त्वपूर्ण निर्णय किसी दूसरे के द्वारा लिये जाते हैं। जनता ने अपने बुढ़ापे के इंतज़ाम के लिये उस अनुशासन पर विश्वास किया, जो सरकार ने सामाजिक सुरक्षा के द्वारा ज़बर्दस्ती लादा।

सबक़ : दौलत के संग्रह में आपको अपना अनुशासन ख़ुद पैदा

करना होगा। आपको स्वयं से यह माँग करना होगी, "मैं निवेश **करूँगा**। मैं किसी चीज़ को ख़ुद को रोकने की अनुमति नहीं दूँगा। कोई भी व्यक्तिगत संकट या प्रलोभन इतना दृढ़ नहीं होगा कि वह मुझे दौलत के संग्रह की योजना को छोड़ने के लिये विवश करे।"

65 साल की उम्र तक पहुँचने वाले सत्तर प्रतिशत लोग अपने अस्तित्व के लिये सामाजिक सुरक्षा पर निर्भर हैं। इन लोगों ने अपने सबसे उत्पादक वर्ष विश्व इतिहास के सबसे समृद्ध कालखंड में बिताये। इसके बावज़ूद वे ख़ुद को इतना अनुशासित नहीं कर पाये कि वे अपने बुढ़ापे के लिये दौलत इकट्ठी करें।

"मैं तब निवेश करना शुरू करूँगा, जब मेरी तनख़्वाह बढ़ जायेगी।" यह वायदा शायद ही कभी काम करता है। तनख़्वाह के आने से पहले ही .ज़्यादातर लोगों को किसी चीज़ का ज़बर्दस्त प्रलोभन दिख जाता है - बड़ा मकान, नई कार, .ज़्यादा कपड़े, सपनों की छुट्टियाँ। जिन लोगों का ख़र्च मुश्किल से चलता है, अगर उनकी तनख़्वाह दस प्रतिशत बढ़ जाये, तो भी छह माह बाद उनका ख़र्च मुश्किल से ही चलेगा। .ज़्यादातर लोग अपने ख़र्च के थर्मोस्टेट को इतना ऊपर कर लेते हैं कि वे अपनी बढ़ी हुई तनख़्वाह की पाई-पाई ख़र्च कर देते हैं। चूँकि उनमें आत्म-अनुशासन का अभाव होता है, इसलिये .ज़्यादातर लोग हमेशा मुश्किल से ख़र्च चला पाते हैं।

इस समस्या का हल यह है कि आप स्वयं को जितना अनुशासित कर सकते हों, कर लें। *जब तनख़्वाह बढ़े, तो आय का और अधिक प्रतिशत निवेश करें।* उस बड़ी संतुष्टि का आनंद लें, जो आपको अपना नेट वर्थ स्टेटमेंट देखने पर मिलेगी। अपने कर्ज़ का नवीनीकरण करके "मुश्किल से ख़र्च चलाने" से आप सुखी नहीं होंगे।

"परंतु मेरे पास निवेश करने के लिये बहुत कम है। इतनी कम राशि का निवेश करना मूर्खता है।" आप कितनी राशि से निवेश करना शुरू कर रहे हैं, यह इतना महत्वपूर्ण नहीं है जितना यह कि आप निवेश की आदत डाल रहे हैं। जिस तरह वृक्ष उगाने वाला किसान जानता है कि छोटे पौधे समय के साथ-साथ विशाल वृक्ष बन जायेंगे, उसी तरह

समझदार निवेशक जानता है कि लगातार निवेश की जाने वाली छोटी राशियाँ समय के साथ बड़ी राशि में बदल जायेंगी।

1,000 डॉलर की संभावना और शक्ति पर विचार कीजिये : 18 प्रतिशत सालाना ब्याज दर पर 1,000 डॉलर का एक बार किया गया निवेश 20 साल में 32,000 डॉलर हो जायेगा, 30 साल में 10,24,000 डॉलर और 60 साल में 3,27,68,000 डॉलर! और एक बार किया गया 10,000 डॉलर का निवेश 18 प्रतिशत ब्याज की सालाना दर पर 20 साल में 3,20,000 डॉलर हो जायेगा।

इन उदाहरणों में टैक्स का कोई प्रावधान नहीं किया गया है, परंतु अच्छी सी.पी.ए. सलाह से आप टैक्स में कटौती कर सकते हैं। मुद्रास्फीति पर भी विचार नहीं किया गया है, क्योंकि अच्छी तरह से चुने गये निवेश मुद्रास्फीति से बहुत ज़्यादा तेज़ी से बढ़ते हैं।

"परंतु धन लोगों को भ्रष्ट करता है। मैं धन नहीं चाहता, क्योंकि यह लोगों के लिये बुरा है।" विश्वास नहीं होता, परंतु दौलत के संग्रह से बचने के लिये इस बहाने का प्रयोग अब भी किया जाता है। कई लोग अब भी तर्क देते हैं कि दौलत लोगों को बिगाड़ती है, उनके जीवनमूल्यों को नष्ट करती है, पारिवारिक समस्यायें उत्पन्न करती है, मादक द्रव्यों की ओर ले जाती है, अपराध का माहौल बनाती है और लोगों को धोखाधड़ी सिखाती है।

नैतिकता एक जटिल समस्या है। परंतु दौलत को दोष न दें। बहुत अधिक पैसा बुराई की जड़ नहीं है; बहुत कम पैसा बुराई की जड़ है। अधिकांश सामाजिक समस्याओं के लिये ग़रीबी को दोष दें। इन तथ्यों पर विचार करें :

- किसी इलाक़े में आमदनी जितनी कम होती है, अपराध की दर उतनी ही ज़्यादा होती है। देश भर में पुलिस अपना 83 प्रतिशत समय सबसे ग़रीब सात प्रतिशत इलाक़ों में लगाती है।
- लोग जितने ग़रीब होंगे, शराबख़ोरी और मादक द्रव्यों का सेवन उतना ही ज़्यादा होगा। सबसे ग़रीब 20 प्रतिशत लोग

सबसे अमीर 20 प्रतिशत लोगों की तुलना में तीन गुना ज़्यादा शराब पीते हैं।

- ज़्यादातर वेश्यायें ग़रीब होती हैं। वे धन कमाने के लिये पेशा करती हैं।
- अधिकांश मारपीट, चाहे वह बच्चे के साथ हो, जीवनसाथी के साथ हो या बूढ़े माता-पिता के साथ, धन की समस्याओं से संबंधित होती है।
- अधिकांश पारिवारिक कठिनाइयाँ और तलाक़ किसी अन्य कारण के बजाय आर्थिक समस्याओं से ज़्यादा संबंधित होते हैं।

इन बातों में कुछ तो दम है। इस समय जितने लोग धन के बारे में झगड़ रहे हैं, उतने बाक़ी सब समस्याओं को मिलाकर भी नहीं झगड़ रहे होंगे।

कुंजी 2 : अपनी आर्थिक स्वतंत्रता का कर चुकायें। यह अमीरी का बीज है।

जो लोग दौलत हासिल करते हैं, उनमें अपनी कमाई का एक हिस्सा निवेश करने की आदत होती है। दौलतमंद लोग इसीलिये अमीर बनते हैं, क्योंकि वे अपने कुछ धन को काम पर लगा देते हैं ताकि वह अधिक धन कमा सके।

यहाँ एक योजना है, जो काम करेगी और दौलत संग्रह करने में आपकी मदद करेगी। यह उतनी ही विश्वसनीय है जितना कि सूर्य का उगना। स्वयं के फ़ाइनैंशियल फ्रीडम टैक्स (एफ़.एफ़.टी.) का हिसाब लगायें। चाहे आपकी आमदनी जो भी हो, ख़ुद पर कुछ प्रतिशत टैक्स लगायें। मैं 15 प्रतिशत का सुझाव देता हूँ, परंतु यह कम से कम 10 प्रतिशत होना चाहिये। इस टैक्स को अपनी **सकल** आमदनी पर लगायें, न कि कटौतियों के बाद वाली उस तनख़्वाह पर, जो आप घर लाते हैं। इसमें सरकार के उदाहरण का अनुसरण करें। अगर आपकी सकल

आमदनी 2,000 डॉलर प्रति माह है, तो स्वयं पर 200 डॉलर का टैक्स लगायें। अगर आमदनी 8,000 डॉलर प्रति माह है, तो अपनी दौलत की योजना के लिये 800 डॉलर अलग रख दें। फिर अपने एफ़.एफ़.टी. धन को अपने भावी लाभ के लिये निवेश कर दें। इसे अपनी दौलत बढ़ाने के *सीड मनी* की तरह समझें। पूँजी वह धन है, जिसका प्रयोग अधिक धन कमाने के लिये किया जाता है। आपकी एफ़.एफ़.टी. योजना का अर्थ यह है कि आप ख़ुद को भुगतान करते हैं।

कोई भी टैक्स देना पसंद नहीं करता, परंतु सबको ऐसा करना पड़ता है क्योंकि कानून के हिसाब से ऐसा करना अनिवार्य है। जिस तरह का अनुशासन सरकार आप पर रखती है, उसी तरह का अनुशासन अगर आप ख़ुद पर रखते हैं, तो आप उस टैक्स का भुगतान करने के लिये धन "निकाल" लेंगे, जो आपको 100 प्रतिशत लाभ पहुँचाता है।

टैक्सों के बारे में यहाँ एक विचारोत्तेजक बात कही जा रही है। एक स्ट्रीट सर्वे कीजिये और लोगों से यह सवाल पूछिये :

"पिछले साल आपने कितना इन्कम टैक्स दिया?" इस बात की काफ़ी संभावना है कि लोग इसका जवाब देंगे, "मुझे सचमुच नहीं पता। मुझे लगता है कि मैं इस रेंज में हूँ, परंतु मैं आपको निश्चित राशि का आँकड़ा नहीं दे सकता।"

फिर यह पूछें कि उन्होंने एफ़.आई.सी.ए. में कितना धन दिया (कुछ करदाताओं को अब भी नहीं मालूम कि यह क्या होता है)। "आपने राज्य के इन्कम टैक्स में कितना भुगतान किया? शहर के इन्कम टैक्स में? सेल्स टैक्स में? प्रॉपर्टी टैक्स में? गैसोलिन टैक्स में? हवाई जहाज़ के टिकट के टैक्स में?"

करदाता इंटरव्यू में इस तरह की बात कहेगा, "देखिये, मैं नहीं जानता कि मैं कितना टैक्स देता हूँ। मैं तो सिर्फ़ इतना जानता हूँ कि मैं बहुत ज़्यादा टैक्स देता हूँ और महीने के आख़िर में दिवालिया हो जाता हूँ।"

ख़ुद पर टैक्स लगाने के इन लाभों की तरफ़ देखिये

स्वयं को शत-प्रतिशत लाभ। एफ़.एफ़.टी. ही वह इकलौता टैक्स है, जिसे चुकाने में आपको ख़ुशी होगी। इसका शत-प्रतिशत लाभ आपको और आपके परिवार को मिलता है। आपके एफ़.एफ़.टी. का ज़रा सा भी हिस्सा उन लोगों को लाभ नहीं पहुँचाता, जो काम नहीं करते या जिन्होंने कल्याणकारी योजनाओं को अपना कैरियर बना लिया है। और एक पाई भी उन टैक्स कलेक्टर्स के भुगतान में नहीं जाती, जो आपसे धन इकट्ठा करने के अपने अधिकारों का इस तरह प्रयोग करते हैं, जिसके लिये आप उनके प्रति कृतज्ञ नहीं होते।

इसके अलावा अपने निवेश किये हुए एफ़.एफ़.टी. डॉलर्स का उपयोग आप स्वयं कर पायें, इसके पहले ही अगर आपको कुछ हो जाये तो यह निवेश आपकी संपदा में जुड़ जायेगा। अगर आप अविवाहित हैं और आपकी मृत्यु हो जाती है, तो सामाजिक सुरक्षा में आपने जितना भी भुगतान किया है, वह सब चला जाता है। परंतु आपका पूरा एफ़.एफ़.टी. आपके और आपके प्रियजनों के लिये बेहतर जीवन बनाने में लगता है।

स्वयं के पूरे नियंत्रण में। आप ही यह निर्णय लेते हैं कि आपके एफ़.एफ़.टी. का प्रयोग किस तरह किया जाये। आप अपने धन को मीच्युअल फ़ंडों, घर, ज़मीन, बॉन्ड या शेयर में निवेश कर सकते हैं। आपके लिये अन्य निवेश साधन भी मौज़ूद हैं। शुरू करने का एक अद्‌भुत तरीक़ा बचत ख़ाता है, जिस दौरान आप अपने टैक्स के डॉलरों से कमाने के उन तरीक़ों के बारे में अधिक सीख सकते हैं, जिनमें लाभ और जोखिम दोनों ही ज़्यादा हैं।

याद रखें, आप अपने एफ़.एफ़.टी. डॉलर्स सरकार को नहीं दे रहे हैं, जो इसे उस तरह से ख़र्च करेगी, जिस तरह से सांसद इसे ख़र्च करना चाहते हैं। सांसद एक तरह से ख़ुद को दुबारा चुनवाने के लिये यह धन ख़र्च करेंगे यानी कि वोट पाने के लिये कल्याणकारी योजनाओं में, वोट पाने के लिये शिक्षा में सहायता देने में या वोट पाने के लिये अनावश्यक रूप से कर्मचारियों की बड़ी फ़ौज खड़ी करने में। संसद और सीनेट के अधिकांश सदस्यों के दिमाग़ में सिर्फ़ एक ही लक्ष्य होता है – दुबारा चुनाव

जीतना। इसीलिये वे अधिक सरकारी कर्मचारियों को नौकरी देने में आपका धन ख़र्च करते हैं और ऐसी सरकारी सेवायें उपलब्ध कराते हैं, जिन्हें आप पसंद नहीं करते या जिनकी आपको आवश्यकता ही नहीं है।

इसे वसूलने में कुछ भी ख़र्च नहीं होता। ज़रा एक मिनट के लिये सोचें कि आप जितने सरकारी टैक्स चुकाते हैं - संघीय सरकार टैक्स, राज्य आयकर, विक्रय कर, संपत्ति कर, कैपिटल गेन्स टैक्स - उन्हें आपसे वसूल करने के लिये सरकार को काफ़ी ख़र्च करना पड़ता है। एफ़.एफ़.टी. में आप अपना टैक्स ख़ुद वसूल करते हैं। इसलिये यहाँ पर फिज़ूलख़र्ची का कोई सवाल ही नहीं है। सरकार अक्सर इस बात पर गर्व का अनुभव करती है कि आपके धन को आपसे छीनने के लिये उसे कितनी कम लागत पड़ती है। परंतु सरकार जनता को हक़ीक़त नहीं बताती। आपके नियोक्ता को ऐसे लोगों को पे-रोल डिपार्टमेंट में नियुक्त करना होता है, जिनका मुख्य काम टैक्स वसूल करना है। और अगर आपका स्वयं का व्यवसाय है, तो आप सरकार के टैक्स कलेक्टर हैं। आप अपना या अपने कर्मचारियों का समय स्वयं से धन इकट्ठा करने में लगाते हैं, ताकि सरकार इसे अपने मनचाहे तरीक़े से ख़र्च कर सके।

बेहद संतोष का स्रोत। आपका एफ़.एफ़.टी. आपको आर्थिक स्वतंत्रता प्रदान करता हैं। नियमित रूप से इकट्ठा किये जाने और सावधानी से निवेश किये जाने पर आर्थिक स्वतंत्रता का आपका लक्ष्य प्राप्त किया जा सकता है। आप अपने मनचाहे लक्ष्यों - छुट्टियों, दूसरे देशों की यात्राओं, मनचाहे भोजन और घर - का आनंद ले सकते हैं। इसके साथ ही आप अपने मनचाहे तरीक़े से लोगों की मदद भी कर सकते हैं। परोपकार सरकार द्वारा नहीं किया जाना चाहिये।

आपका एफ़.एफ़.टी. पैसा कमायेगा। आपका एफ़.एफ़.टी. आपके पैसे से अधिक धन कमायेगा। इन्कम टैक्स विभाग आपके लिये अधिक धन नहीं कमाता। सरकार तो इतना भी इकट्ठा नहीं कर पाती कि आय और व्यय का बजट बराबर हो। इसे अपने वायदों का भुगतान करने के लिये धन उधार लेना पड़ता है।

आप सरकार को जो टैक्स चुकाते हैं, वे एक खिड़की पर इकट्ठे

किये जाते हैं और दूसरी खिड़की से ख़र्च कर दिये जाते हैं। परंतु आपके एफ़.एफ़.टी. का पैसा आपके लिये काम करता है और बढ़ता रहता है।

सामाजिक सुरक्षा प्रणाली के समस्याग्रस्त बने रहने का कारण यह है कि आप इसमें जो धन देते हैं, उसे अधिक धन कमाने में निवेश नहीं किया जाता। आप जिस महीने इसका भुगतान करते हैं, उसी महीने में इसे ख़र्च कर दिया जाता है। जबकि आपका एफ़.एफ़.टी. आपके निवेशों में लगता है और चक्रवृद्धि ब्याज के मान से आपके लिये धन कमाता है। जब आप अपने एफ़.एफ़.टी. फ़ंड को नक़द में बदलने का निर्णय लेते हैं, तो जितना आपने ख़ुद से "लिया" है, उससे अधिक धन आपको वापस मिलेगा।

अपने एफ़.एफ़.टी. का भुगतान करने के लिये आप पैसे जुटा सकते हैं !

कई लोग सोचते हैं, "मुझे एफ़.एफ़.टी. का विचार पसंद है, परंतु महीने के आख़िर में कुछ बचता ही नहीं है। मैं ख़ुद को एफ़.एफ़.टी. का भुगतान कर ही नहीं सकता, चाहे इससे सिर्फ़ मुझे ही लाभ क्यों न हो रहा हो।"

परंतु आप ऐसा कर सकते हैं! मान लीजिये सरकार आपके इन्कम टैक्स को 15 प्रतिशत और बढ़ा दे – जैसा सरकारी योजना बनाने वाले कई लोग चाहते हैं। क्या आप इसका भुगतान करेंगे ? निश्चित रूप से। आप नहीं चाहेंगे कि इन्कम टैक्स विभाग आपकी जायदाद बेच दे। (मैं यह बता दूँ कि इन्कम टैक्स विभाग बहुत हद तक रियल एस्टेट व्यवसाय में है। हर साल यह लाखों घरों, इमारतों, प्लॉटों और खेतों को नीलाम करता और बेचता है, ताकि उन लोगों से टैक्स वसूला जा सके, जिन्होंने अपनी संपत्तियों पर टैक्स नहीं चुकाया।)

या मान लें, सामाजिक सुरक्षा प्रशासन निर्णय लेता है कि यह लोगों को ख़ुश करने के लिये और अधिक धन ख़र्च करेगा। इसलिये यह आपकी आमदनी पर सामाजिक सुरक्षा कर की राशि को 7.5 से बढ़ाकर 8.5 प्रतिशत कर देता है। आप सोचते हैं, "अरे, यह तो मेरे कमाये गये हर

डॉलर पर एक पेनी ही है। मैं इतना भार उठा सकता हूँ।" परंतु 7.5 से 8.5 प्रतिशत की वृद्धि दरअसल 12 प्रतिशत वृद्धि है। 35,000 डॉलर की आमदनी पर यह रक़म 350 डॉलर है। एक बार निवेश किये जाने पर यह 350 डॉलर 18 प्रतिशत चक्रवृद्धि ब्याज पर 20 साल में 11,200 डॉलर बन जायेंगे और 40 साल में 3,58,400 डॉलर।

या मान लीजिये आप रेस्तराँ के कैशियर से कहते हैं, "देखिये, मैं सेल्स टैक्स को पसंद नहीं करता। कृपया इसे बिल में मत जोड़िये।" वह आपकी तरफ़ ऐसे देखेगा, मानो कह रहा हो, "इस मूर्ख का दिमाग़ चल गया है?" और टैक्स जोड़ देगा।

या अपने नियोक्ता से कहें, "मेरे सामने अभी बहुत सी समस्यायें हैं। कुछ बिल अचानक ही आ गये हैं। बच्चा बीमार हो गया था, किराया बढ़ गया था, कार ख़राब हो गई। कृपया इस महीने मेरे वेतन से इन्कम टैक्स न काटें।" आपका नियोक्ता सिर्फ़ इतना ही कहेगा, "माफ़ कीजिये, यह कानून है। मुझे आपका इन्कम टैक्स काटना ही होगा। इसके अलावा, टैक्स काटने के लिये कंप्यूटर में पहले से ही प्रोग्रामिंग की हुई है।"

या एफ़.आई.सी.ए. के टैक्स प्रतिनिधि को बतायें, "मैं बीस (या तीस या चालीस) साल तक सामाजिक सुरक्षा पाने की उम्मीद नहीं करता। कृपया तब तक मुझसे एफ़.आई.सी.ए. वसूल न करें।" वह कहेगा, "पैसे दो, वरना जेल जाओ।"

सचमुच ज़िद पकड़ लें और अपने घर पर प्रॉपर्टी टैक्स देने से इंकार कर दें। कुछ समय बाद ही टैक्स वाले आयेंगे और आपका घर बेचकर अपना टैक्स वसूल कर लेंगे।

अपनी कड़ी मेहनत का लाभ पाने और आर्थिक ग़ुलामी से ख़ुद को बाहर निकालने के लिये आपको एफ़.एफ़.टी. उसी तरह चुकाना चाहिये, जिस तरह आप दूसरे टैक्स चुकाते हैं।

याद रखें, एफ़.एफ़.टी. ही आपके द्वारा दिया जाने वाला वह इकलौता टैक्स है, जो आपके और आपके प्रियजनों के काम आता है। बाक़ी सभी टैक्स उन लोगों को चुकाये जाते हैं, जिनके बारे में आप नहीं जानते कि वे आपके धन को आपके द्वारा अनुमोदित लक्ष्यों के लिये ख़र्च

करेंगे या नहीं।

जो लोग आपसे आई.आर.एस., एफ़.आई.सी.ए., सिटी टैक्स, स्टेट टैक्स या काउंटी टैक्स वसूल करते हैं, वे आपकी समस्याओं के बारे में सुन सकते हैं, परंतु इसके बावज़ूद वे आपसे टैक्स वसूल करेंगे।

इसलिये, इससे पहले कि आप तनख़्वाह को घर ले जायें, सबसे पहले ख़ुद के नाम एक चेक काटें।

सच्ची आर्थिक सफलता के सभी क़दमों की ही तरह फ़ाइनैंशियल फ़्रीडम टैक्स आसान है, परंतु शुरुआत में इस पर अमल करना मुश्किल होता है। जो लोग सोचते हैं, "मुझसे मुश्किल से ख़र्च चल रहा है। मैं इस महीने ख़ुद को एफ़.एफ़.टी. नहीं दूँगा। मैं इसे अगले महीने से दूँगा," वे ख़ुद को मूर्ख बना रहे हैं।

सबक़ : आप अपने एफ़.एफ़.टी. के साथ तालमेल बिठाना सीख लेंगे। तीन से छह महीने बाद आपको उस धन की याद नहीं आयेगी, जो आप अपने आर्थिक भविष्य को सुदृढ़ करने के लिये ख़ुद को चुका रहे हैं। दौलत इकट्ठी करने के आगे आने वाले क़दमों का अध्ययन करें, ताकि आप देख सकें कि आप अपनी कमाई के हिस्से को अपने लाभ के लिये किस तरह निवेश कर सकते हैं और **करेंगे**।

कुंजी 3 : अपनी आमदनी को अधिकतम करें

हर साल हज़ारों प्रकरण बताते हैं कि किस तरह बहुत अधिक धन कमाने वाले लोगों ने उस धन को गँवा दिया, जिसे पाने के लिये उन्होंने कड़ी मेहनत की थी। जो लुई शायद अब तक के सबसे अच्छे प्राइज़ फ़ाइटर रहे हैं। परंतु जब उनकी मौत हुई, तो तो वे लास वेगास के एक कैसिनो में बाउंसर के रूप में नौकरी कर रहे थे। "राष्ट्रीय संपत्ति" के प्रतीक इस आदमी को विशेष श्रद्धांजलि देते हुए संसद ने एक विशेष कानून पारित किया, ताकि इन्कम टैक्स विभाग को उनके पुराने टैक्स वसूल करने से रोक दिया जाये। जो लुई सरकार के पुराने टैक्स नहीं चुका पाये थे।

यह असामान्य नहीं है कि कभी लखपति रहे फ़ुटबॉल खिलाड़ी, फ़िल्म अभिनेता, मनोरंजन के क्षेत्र के लोग और मीडिया पर्सनैलिटी 40 या 50 साल की उम्र में बुरी तरह कर्ज़ में डूब जायें।

"मैंने 32 लाख डॉलर कमाये और मेरे पास इस समय सिर्फ़ 31,000 डॉलर हैं"

आमदनी को दौलत न मानें। आमदनी वह है, जो आप कमाते हैं। दौलत वह है, जिसके आप स्वामी होते हैं। ज़्यादा आमदनी ख़ुदबख़ुद आपको दौलतमंद नहीं बना देती।

हाल ही में मैं 45 साल से ज़्यादा उम्र के एक आदमी से मिला। उसने मुझे बताया कि उसने अपने जीवन में 32 लाख डॉलर कमाये, परंतु इस समय उसके पास सिर्फ़ 31,000 डॉलर की रक़म है।

उसने बताया, "मैंने बहुत सा धन कमाया, परंतु मैंने कुछ मूर्खतापूर्ण निवेश किये और दो शादियाँ कीं। फिर बारह साल पहले मेरी इन्कम टैक्स विभाग से झंझट हो गई और वे तब से मेरे पीछे पड़े हुए हैं।"

मैंने ख़ुद से कहा, अगर इस आदमी ने फ़ाइनैंशियल फ्रीडम टैक्स चुकाया होता, तो आज उसके पास बहुत बड़ी रक़म होती।

मेरे एक दोस्त ने एक दशक तक हर साल पाँच लाख डॉलर कमाये। वह एक महीने पहले मुझसे मिलने आया। "यह सच है कि जब मैं बहुत अधिक धन कमा रहा था, तो मैं और मेरा परिवार बहुत अच्छी ज़िंदगी जी रहा था। परंतु मैं अपनी बची हुई सारी रक़म बिज़नेस में लगाता रहा। जब तक बहुत देर नहीं हो गई, तब तक मुझे यह पता नहीं चला कि मेरा पार्टनर कंपनी के पैसों का इस्तेमाल अपने लाभ के लिये कर रहा था। अब हमारे पास कुछ नहीं है। बैंक हमारे घर को भी नीलाम करने वाला है।"

हर आदमी अपने जीवन में बहुत सा धन कमाता है। परंतु जब लोग रिटायर होते हैं, तो बहुत कम लोगों के पास प्रचुर दौलत होती है।

इस पर विचार करें। हम दुनिया के सबसे अमीर और दौलतमंद

देश में रहते हैं। हर नागरिक के पास मुफ़्त शिक्षा की गारंटी है। हर एक के पास समान अवसर हैं। फिर भी पिछले दशक में 31 लाख लोग दिवालिया हुए! और 65 की उम्र तक पहुँचने वाले आधे से ज़्यादा लोग जीने के लिये सामाजिक सुरक्षा पर निर्भर हैं।

सबक़ : अपनी अर्थव्यवस्था को चलाने के लिये क़दम उठायें। अगर आप अपनी 15 प्रतिशत आमदनी को चक्रवृद्धि ब्याज पर चलने दें, तो आप किसी भी तरह के आर्थिक तूफ़ान को झेल सकते हैं।

पुरस्कार के बारे में सोचें, तो "त्याग" में आनंद आयेगा

दौलत का संग्रह वह सबसे चुनौतीपूर्ण और रोमांचक "खेल" है, जिसे आप खेल सकते हैं। अपनी ऊर्जा और अनुशासन धन कमाने पर केंद्रित करें। धन कमाना त्याग करना नहीं है। यह सिर्फ़ एक अच्छे लक्ष्य को हासिल करने का आपका तरीक़ा है - आर्थिक स्वतंत्रता।

एक युवा दंपति गैल और विक ने मुझे बताया कि आर्थिक स्वतंत्रता की उनकी योजना शुरू करने में उनका पहले वर्ष का अनुभव क्या था। गैल ने बताया, "हमारी दो पुत्रियाँ हैं, जिनकी उम्र तीन और छह साल है, इसलिये मैं नौकरी नहीं करती। विक की सकल वार्षिक आय 31,250 डॉलर है। हमारे पास एक छोटा सा घर है। और एक साल पहले तक हम अपना पूरा पैसा ख़र्च कर देते थे। परंतु अब हम दौलत इकट्ठी करने की राह पर हैं।"

मैंने पूछा, "आप अब क्या अलग कर रहे हैं?"

"विक और मैं अपनी आर्थिक स्थिति से दुखी थे। हम कहीं नहीं पहुँच पा रहे थे। इसलिये हमने एक योजना बनाने का फ़ैसला किया। हमने ख़ुद से पूछा, 'क्या 12,000 डॉलर की चमकती हुई नई कार तीन साल पुरानी 3,000 डॉलर की अच्छी कार से चार गुना ज़्यादा मूल्यवान है?" "हम किसे प्रभावित कर रहे हैं?' 'कितने समय तक?' 'क्या दूसरे लोगों को सचमुच इस बात की परवाह है कि हमारी कार कितनी नई है?'

"क्या दो हज़ार डॉलर की छुट्टियों में हमें दुगना मज़ा आयेगा और दुगनी संतुष्टि मिलेगी, जबकि अच्छी तरह से, कम शानोशौकत से पास में ही एक हज़ार डॉलर की छुट्टियाँ मनाने में हमें सिर्फ़ आधा मज़ा ही आयेगा ?"

"क्या हमें सचमुच दूसरे टी.वी. की ज़रूरत है ? क्या जीवन बीमा ज़रूरी है ? हमने सीखा कि जब तक समय पूरा नहीं होता, तब तक हम अपने पैसे से सिर्फ़ बीमा कंपनी को अमीर बना रहे हैं।

"विक और मैंने हर वह चेक देखा, जो हमने पिछले साल काटा था। हमने उस एक-एक डॉलर पर ध्यान दिया, जो हमने ख़र्च किया था।"

मैंने पूछा, "अपनी आर्थिक स्वतंत्रता के लिये अधिक धन जुटाने के लिये आपने कौन से दूसरे तरीक़े खोजे ?"

"हमने पाया कि हम मैग्ज़ीन ख़रीदते तो हैं, परंतु उन्हें कभी पढ़ते नहीं हैं," गैल ने आगे कहा, "और हम कुछ प्रॉडक्ट्स सिर्फ़ इसलिये ख़रीदते थे, क्योंकि वे सेल में मिल रहे थे। हम काफ़ी सारा जंक फ़ूड ख़रीदते थे और दूसरे तरीक़ों से पैसे को अपने हाथ से फिसल जाने देते थे।

"इसलिये," गैल ने आगे कहा, "हमने अपने बजट में हो रही बर्बादी की तरफ़ देखा और निवेश करने के लिये पैसा बचाने के कई छोटे-बड़े तरीक़े खोजे। हमारे दिमाग़ में कुछ और विचार भी आये, ताकि दौलत इकट्ठी करने के लिये हम पैसे को अलग रख दें।"

"जैसे ?" मैंने पूछा।

"जैसे सिगरेट पीना," गैल ने जवाब दिया, "विक बरसों से हर दिन दो पैकेट सिगरेट पी रहा था। मैं उससे कहती थी कि सिगरेट पीना उसकी सेहत के लिये अच्छा नहीं है, परंतु इसका उस पर कोई असर नहीं हुआ। अब जब विक को यह एहसास हुआ कि वह हर महीने सिगरेट पर पचहत्तर डॉलर ख़र्च कर रहा था, जिन्हें अगर 12 प्रतिशत के चक्रवृद्धि ब्याज पर अगले 32 साल के लिये निवेश किया जाये – यानी जब वह पैंसठ का होगा – तो यह रक़म पाँच लाख डॉलर के क़रीब होगी, तो उसने

सिगरेट पीना छोड़ दिया।" (गैल की बात से मुझे याद आया कि अमेरिकावासी अपनी आमदनी का पाँच प्रतिशत हिस्सा हर साल तंबाकू और शराब पर ख़र्च करते हैं। हमने फ़ाइनैंशियल फ़्रीडम टैक्स के लिये 10 प्रतिशत का जो न्यूनतम निवेश लक्ष्य बनाया है, यह उसका 50 प्रतिशत है।)

मैंने कहा, "यह स्पष्ट है कि आपने ख़र्च करने और बजट बनाने में काफ़ी विचार किया। निवेश करने में आपने अपने नज़रिये को किस तरह बदला?"

"हमने सचमुच योजना बनाई। दौलत इकट्ठी करने के अपने पहले साल में हमने ग्रोथ मीच्युअल फ़ंड्स में 4,600 डॉलर जमा किये हैं। और यह विक के आई.आर.ए. के अतिरिक्त है।"

"मुझे बतायें," मैंने पूछा, "क्या यह सचमुच भारी त्याग साबित हुआ?"

गैल ने एक पल के लिये सोचा। फिर गंभीरता से कहा, "यह कोई त्याग नहीं है। हम सिर्फ़ ज़्यादा समझदारी से जी रहे हैं। और इसमें मज़ा भी आ रहा है। अब हमें महसूस होता है कि हम सचमुच बेहतर भविष्य की ओर बढ़ रहे हैं।"

कुंजी 4 : स्मार्ट कर्ज़ का प्रयोग करें और मूर्खतापूर्ण कर्ज़ से बचें

स्मार्ट कर्ज़ वह धन है, जिसे आप और अधिक धन कमाने के लिये उधार लेते हैं। मान लीजिये आप 10 प्रतिशत ब्याज पर धन उधार लेते हैं और आपके पास उस धन पर 15, 20 या 25 प्रतिशत अतिरिक्त धन कमाने की एक अच्छी योजना है, तो आप स्मार्ट कर्ज़दार हैं। आम तौर पर अपने घर और दूसरी रियल एस्टेट को लंबे समय के मॉर्टगेज पर फ़ाइनैंस करवाना स्मार्ट कर्ज़ होता है।

बुरा कर्ज़ वह होता है, जब आप क्रेडिट कार्ड पर धन उधार लेते हैं

और कार, सामान या फ़र्नीचर को फ़ाइनैंस करवाने के लिये क़िस्तों में भुगतान की योजनाओं में फँसते हैं। जब आप छुट्टियों, मनोरंजन, कपड़ों और शानो-शौकत के दिखावे के लिये धन उधार लेते हैं, तो आप मूर्खतापूर्ण कर्ज़ ले रहे हैं। आप जो ब्याज दर चुकाते हैं, वह धन की मूल लागत से कम से कम पचास प्रतिशत अधिक होती है। और आप अपनी भावी आमदनी में कटौती भी कर रहे हैं।

हाल ही में मैंने 28 साल की एक अविवाहित महिला को अपनी डाक खोलते देखा। वह ख़ुशी से चीख़ी, "मुझे मिल गया! मुझे मिल गया!"

"आपको क्या मिल गया ?" मैंने पूछा, क्योंकि मैं हैरान था कि मेरी मित्र किस बात पर इतनी ख़ुश हो रही थी।

"मेरा अमेरिकन एक्सप्रेस कार्ड! यह आ गया! इसकी तरफ़ देखें। अब मैं चुनिंदा लोगों में शामिल हो गई हूँ। अब मैं लगभग हर जगह सामान उधार ख़रीद सकती हूँ।"

मैं अपनी युवा मित्र की भावनाओं को समझ सकता हूँ। लोग स्टेटस चाहते हैं। लोग उन चीज़ों के स्वामी बनना चाहते हैं, जो हर एक के नसीब में नहीं होतीं। इस महिला के लिये अमेरिकन एक्सप्रेस के कार्ड का अर्थ था, "आपके पास एक अच्छी नौकरी है, आप अच्छी तरह से रहती हैं, आपकी साख अच्छी है। अब आप आर्थिक समुदाय में विश्वासपात्र समझी जा रही हैं।"

परंतु तभी मैंने ख़ुद से पूछा, "क्रेडिट कार्ड एक वरदान है या अभिशाप ? धन हासिल करने की राह में क्रेडिट कार्ड इस युवती की मदद करेगा या बाधा बनेगा ?"

मेरे मन में दूसरी चीज़ें भी आईं, जो कभी स्टेटस सिम्बल समझी जाती थीं जैसे सिगरेट। धूम्रपान के स्वास्थ्य संबंधी तथ्य पता चलने से पहले सिगरेट निर्माताओं ने वायदा किया था कि सिगरेट पीने से लोग आकर्षक दिखते हैं, उनका प्रभाव ज़्यादा होता है और लोग उन्हें ज़्यादा पसंद करते हैं। ***कैमल*** सिगरेट के निर्माता ने लोगों से वायदा किया कि सिगरेट तनाव कम करती है और पाचन सही रखती है। विज्ञापन में लोगों को यह कहते दिखाया जाता था, "मैं ***कैमल*** की सिगरेट के लिये एक मील

पैदल चलकर जा सकता हूँ।" आज हालत यह है कि जिन लोगों ने तब ***कैमल*** सिगरेट पीना शुरू किया था, उनमें से कुछ तो 100 क़दम भी पैदल नहीं चल सकते। सिगरेट पीने के कारण एम्फ़ीसेमा, कैंसर, हृदय रोग और सामान्य बुरी सेहत वह बड़ी क़ीमत है, जो सिगरेट पीने वाले चुकाते हैं, जिसके बारे में उन्होंने सोचा था कि यह स्टेटस सिम्बल है।

शराब को बेचते समय कहा जाता है कि इसमें आपको "अलग हटकर" बनाने की शक्ति होती है, आप "ज़िंदादिल" बन जाते हैं और लोग "रोल मॉडल" के रूप में आपकी "प्रशंसा" करते हैं।

क्रेडिट कार्ड एक आर्थिक बंदूक है, जिसका इस्तेमाल कई लोग अपनी भावी समृद्धि की हत्या करने में करते हैं। यह नशे के आदी व्यक्ति के लिये नशीली वस्तु की तरह है। कार्ड तत्काल आनंद देता है, परंतु बाद में बहुत ज़्यादा कष्ट उठाने पड़ते हैं।

अगर हमारे यहाँ "सर्जन जनरल" की तरह "फ़ाइनैंशियल जनरल" होता, तो उसने हर क्रेडिट कार्ड पर यह सूचना लगा दी होती : "चेतावनी। इस कार्ड का प्रयोग आपके आर्थिक स्वास्थ्य के लिये ख़तरनाक हो सकता है। इसका परिणाम अधिक ख़र्च, आर्थिक समस्यायें या आर्थिक मृत्यु (दिवालियापन) हो सकता है।"

क्रेडिट कार्ड की अच्छाइयाँ हम सब जानते हैं। यह आसान है, यह बहुत सी जगहों पर स्वीकार किया जाता है और हम ढेर सारी नक़दी ले जाने से बच जाते हैं, जिसके कारण हमारे लुटने का ख़तरा नहीं होता। और यह रिकॉर्ड भी बताता है कि हमने कितना ख़र्च किया, कब किया और कहाँ किया। बिज़नेस में क्रेडिट कार्ड के बिना काम नहीं चल सकता।

परंतु क्रेडिट कार्ड का नकारात्मक पहलू यह है कि यह आपके दौलत इकट्ठी करने के कार्यक्रम में बाधा बन सकता है। इसका कारण यह है। कार्ड में आपको सालाना सेवा शुल्क देना पड़ता है। सामान्य रूप से जो ब्याज दर होती है, क्रेडिट कार्ड कंपनियाँ आपसे उससे दुगनी ब्याज दर वसूल करती हैं। और सबसे बुरी बात यह है कि क्रेडिट कार्ड से अत्यधिक और फिज़ूल ख़र्च को बढ़ावा मिलता है। "अभी ख़रीदो, बाद में पैसे दो" एक आकर्षक प्रलोभन होता है, जिससे बच पाना अधिकांश लोगों के लिये

संभव नहीं होता। रेस्तराँ मैनेजर भी क्रेडिट कार्ड वाले ग्राहकों को पसंद करते हैं, क्योंकि वे नक़द पैसे देने वाले ग्राहकों की तुलना में औसतन 40 प्रतिशत .ज्यादा ख़र्च करते हैं और .ज्यादा बड़ी टिप भी देते हैं।

बाइबल का यह वाक्य क़र्ज के बारे में पूरी तरह सही है, "आपने जो बोया है, आपको वही काटना होगा।" आप अपने कर्ज़ की बहुत .ज्यादा क़ीमत चुकाते हैं। कर्ज़ मुफ़्त में नहीं मिलता। इसमें हमेशा ख़र्च होता है।

क्रेडिट कार्ड लोगों को फिज़ूलख़र्ची के लिये प्रोत्साहित करता है। प्लास्टिक कार्ड की वजह से आप सावधान रहना बंद कर देते हैं, आपको सुरक्षा का झूठा एहसास होता है और आप यह सोचने लगते हैं, "मैं यह सोच लूँगा कि बाद में भुगतान कैसे किया जाये।" ग़लत तरह से इस्तेमाल किये गये क्रेडिट कार्ड की वजह से आप अपनी आर्थिक क़ब्र अपने ही हाथों से खोदते हैं।

इसलिये क्रेडिट कार्ड का इस्तेमाल सिर्फ़ सही कारणों के लिये ही करें। उसका कभी सिर्फ़ इसलिये इस्तेमाल न करें, क्योंकि आपके खाते में पैसे नहीं हैं। याद रखें, हर महीने क्रेडिट कार्ड कंपनियाँ तीन लाख कार्ड रद्‌द करती हैं, क्योंकि कार्डधारक भुगतान नहीं कर सकते।

हमारी संस्कृति में कई कहावतें हैं, जो बताती हैं कि आपको अपनी कमाई का एक-एक पैसा तत्काल ख़र्च कर देना चाहिये। "अच्छी तरह जियो, जवानी में मरो और सुंदर लाश बनकर दिखाओ।" "खाओ, पियो और मौज करो, क्योंकि कल आपकी मौत हो सकती है।" "आज के लिये जियो," और "जो लिखा है, वह होकर रहेगा" सुख के कुछ अल्पकालिक नुस्ख़े हैं।

क्या यह समझदारी नहीं है कि जीवन के बारे में .ज्यादा लंबी, सकारात्मक और रचनात्मक योजना बनाई जाये?

माइक्रो-एकोनॉमिक्स सोचें। सोचें "मेरे लिये क्या सर्वश्रेष्ठ है?"

दशकों से मैं एक सुपर-मिलियनेअर से गहराई से जुड़ा हुआ हूँ।

87 साल की उम्र में उनकी संपत्ति 40 करोड़ डॉलर से ज़्यादा है। इतनी प्रचुर दौलत के बावज़ूद उनकी जीवनशैली असाधारण रूप से सादगीपूर्ण है – याट भी नहीं, प्राइवेट हवाई जहाज़ भी नहीं, सिर्फ़ चौबीस घंटे की एक नौकरानी। उनका प्रमुख आर्थिक लक्ष्य पैसा कमाना है, "क्योंकि मुझे इसमें आनंद आता है और मैं जितना अधिक कमाता हूँ, मैं दूसरों की उतनी ही ज़्यादा भलाई कर सकता हूँ।" वे परोपकार के कामों में उदार हैं और बहुत से लोगों की मदद करते हैं, ज़्यादातर बार उसका श्रेय लिये बिना।

मेरे यह दौलतमंद मित्र एक ग़रीब परिवार में पैदा हुए थे, इसलिये उन्होंने प्रचुर दौलत हासिल करने का सफ़र शून्य से शुरू किया। परंतु वे मुझसे अक्सर कहते हैं, "मेरे माता-पिता ने मुझे धार्मिक सिद्धांत सिखाये। और मुझे पैसे कमाने के जितने अच्छे विचार बाइबल में मिले, उतने बाक़ी सब पुस्तकों को मिलाकर भी नहीं मिले।"

मेरे दोस्त और मैंने दौलत इकट्ठी करने के रहस्य पर घंटों तक चर्चा की। यहाँ पर एक सलाह दी जा रही है, जो आज लागू होती है : "आप जानते हैं," उन्होंने कहा, "मैं पैंतालीस साल का हो गया था, तब जाकर मुझे पता चला कि माइक्रो और मैक्रो-एकोनॉमिक्स शब्दों का क्या अर्थ होता है। परंतु जब मैंने उनका मतलब जाना, तो मैं समझ गया कि मैं इतनी अच्छी स्थिति में क्यों था। मैं अपनी पूरी ज़िंदगी अनजाने में ही माइक्रो-एकोनॉमिक्स के सिद्धांतों का प्रयोग कर रहा था। देखिये, अधिकांश लोग हेडलाइनें पढ़ते हैं। वे हर दिन बिज़नेस न्यूज़ सुनते हैं। वे सोचते हैं कि दिन-प्रतिदिन के उतार-चढ़ाव महत्वपूर्ण हैं। मेरे साथ ऐसा नहीं है। लोग सोचते हैं कि उनका आर्थिक भविष्य देश की तस्वीर से जुड़ा हुआ है। अगर अर्थव्यवस्था मंदी में जा रही है, तो वे मान लेते हैं कि उनकी व्यक्तिगत अर्थव्यवस्था भी मंदी में जायेगी। या अगर अर्थव्यवस्था में उछाल आ जाता है, तो वे सोचते हैं कि उन्हें इसका लाभ मिलने वाला है।

"यह मूर्खतापूर्ण है," मेरे मित्र ने आगे कहा, "मैं अमेरिकी अर्थव्यवस्था, यूरोपीय अर्थव्यवस्था या विश्व अर्थव्यवस्था की चिंता नहीं करता। मैं **अपनी** अर्थव्यवस्था की चिंता करता हूँ। मैंने डाऊ जोन्स स्टॉक औसत की तरफ़ कभी ज़्यादा ध्यान नहीं दिया। मैं हर स्थिति के तर्क को

देखता हूँ। तर्क ने मुझे पचास के दशक में बता दिया था कि बीसवीं सदी का उत्तरार्द्ध दक्षिण और दक्षिणी कैलिफ़ोर्निया का है। इसलिये मैंने अटलांटा, डलास और सैन डियेगो में रियल एस्टेट में निवेश किया। उन दिनों मैंने काफ़ी यात्रायें कीं और मैं यह कह सकता हूँ कि कई बड़े उत्तरी शहरों में वास्तविक समस्यायें थीं।

"देखिये," उन्होंने आगे कहा, "चाहे अर्थव्यवस्था की हालत कैसी भी हो, समझदार लोग पैसे कमा लेते हैं। और मूर्ख अच्छे से अच्छे समय में भी अपना पैसा गँवा देते हैं। सिर्फ़ इसलिये कि दूसरे लोग आर्थिक रूप से बीमार हैं, यह ज़रूरी नहीं है कि आप भी बीमार होने वाले हैं। बुरी से बुरी महामारी में भी सिर्फ़ कुछ प्रतिशत लोग ही मरते हैं। यही मंदी के बारे में भी सही है। अधिकांश कंपनियाँ बच जाती हैं और सर्वश्रेष्ठ कंपनियाँ हमेशा बेहतर हो जाती हैं।"

"स्वर्ण के बारे में क्या ?" मैंने पूछा।

मेरे दोस्त ने जवाब दिया, "मैं आपको ठीक-ठीक तो यह नहीं बता सकता कि सोना अगले साल कितना कमाकर देगा या अगले पाँच साल में भी कितना कमायेगा। परंतु मैं यह बात जानता हूँ। लंबे समय में हमारे यहाँ हमेशा मुद्रास्फीति रही है और स्वर्ण की क़ीमत हमेशा सस्ते धन के साथ बढ़ी है। मुझे याद है, मैंने पढ़ा था कि हमने मैनहटन के लिये इंडियन्स को पच्चीस डॉलर मूल्य के मनके दिये थे। मैं इसे जिस निगाह से देखता हूँ, उस हिसाब से इंडियन्स के लिये यह फ़ायदे का सौदा था। अगर मैंने इन पच्चीस डॉलरों को 1626 में यानी जब हमने यह टापू ख़रीदा था तब निवेश किया होता और मुझे इस पर 15 प्रतिशत का ही चक्रवृद्धि ब्याज मिलता, तो मेरे पास इतना अधिक धन होता, जितनी आज इस टापू की क़ीमत भी नहीं है।

"आपने स्वर्ण के बारे में पूछा था। जब रूज़वेल्ट ने हमें स्वर्ण मानदंड से बाहर निकाला था, तो इसकी क़ीमत पैंतीस डॉलर प्रति औंस रखी गई थी। जब मुद्रास्फीति हम पर दुबारा कसकर प्रहार करेगी, तो सोने में एक बार फिर उछाल आयेगा।"

"आप यह कह रहे हैं कि मुद्रास्फीति जारी रहेगी?" मैंने पूछा।

"अरे हाँ!" उन्होंने स्पष्ट किया, "यह तो होना ही है। परंतु यह हमेशा झटकों में आती है। यह कभी पाँच या ग्यारह प्रतिशत प्रति वर्ष की तरह स्थिर नहीं होती। कुछ कालखंडों के दौरान यह बिलकुल भी नहीं होगी या बहुत कम होगी - शायद डिफ़्लेशन (मुद्रासंकुचन) भी हो। परंतु हर दशक में एक बड़ा उछाल आयेगा। बहरहाल, मुद्रास्फीति की मुझे कोई चिंता नहीं होती। अच्छे निवेश हमेशा मुद्रास्फीति की दर से अधिक धन कमाते हैं। किसी वस्तु में निवेश करने से पहले मैं हमेशा कम से कम दो, कई बार तीन या चार लोगों की राय लेता हूँ। मैं सुनता हूँ। परंतु मैं हमेशा अपने निर्णय ख़ुद लेता हूँ। मैं सोचता हूँ कि यह मेरा पैसा है और सही काम करने में मुझसे ज़्यादा रुचि किसी दूसरे की नहीं हो सकती।"

सबक़ : माइक्रो-एकोनॉमिक्स के संदर्भ में सोचें। सोचें कि आपके लिये क्या सर्वश्रेष्ठ है। कभी भी कोई काम - ख़ासकर धन का निवेश - सिर्फ़ इसलिये न करें, क्योंकि दूसरे लोग ऐसा कर रहे हैं। सलाह लें, परंतु अपने निर्णय ख़ुद लें।

कुंजी 5 : आने वाले स्वर्ण युग में सहभागी बनें

हर युग अवसर से भरा होता है। परंतु भविष्य कभी इतने अधिक लोगों के लिये इतना आशापूर्ण नहीं था। हम सच्चे स्वर्ण युग के लॉन्चिंग पैड पर खड़े हैं। संसार उन घोड़ों की तरह है, जो रोमांचक और इनामी दौड़ के लिये तैयार है। इसके कारण ये हैं :

विश्वव्यापी आर्थिक सहयोग। देश अब आर्थिक रूप से एक-दूसरे पर अधिक निर्भर होते जा रहे हैं। वस्तुओं और सेवाओं के बढ़ते विश्व व्यापार का मतलब यह है कि देश अपनी योग्यताओं, जलवायु, तकनीकी या संसाधन के मान से प्रॉडक्ट्स के उत्पादन में विशेषज्ञता का लाभ उठा सकते हैं। विश्व अर्थव्यवस्था के सहयोग का एक महत्वपूर्ण परिणाम यह होगा कि उत्पादकता बहुत बढ़ जायेगी - अच्छी चीज़ें ज़्यादा होंगी, जिनका लोग आनंद ले सकेंगे।

बढ़ती आर्थिक अंतर्निर्भरता का एक और लाभ होगा युद्ध की आशंका में कमी। जिस तरह एक-दूसरे की ज़रूरत होने पर लोग आपस में नहीं लड़ते, उसी तरह एक-दूसरे पर निर्भर देश भी युद्ध नहीं करेंगे।

जनसंख्या में वृद्धि होती रहेगी। द्वितीय विश्वयुद्ध के बाद वृहद आर्थिक विस्तार का प्रमुख कारण जनसंख्या वृद्धि थी। 1945-1985 के दौरान अमेरिकी जनसंख्या में 10 करोड़ की वृद्धि हुई। अधिक लोगों का मतलब था अधिक घर, स्कूल, चर्च, सड़कें, पुस्तकें, मनोरंजन, मेडिकल सुविधायें - वे सभी प्रॉडक्ट, जिनकी लोगों को आवश्यकता होती है।

कुछ लोग महसूस करते हैं कि जनसंख्या वृद्धि ग़लत है। निराशावादी, पराजयवादी और दोषदर्शी कहते हैं कि अमेरिका (और दुनिया) पहले से ही अति-जनसंख्या का शिकार है। उनके अनुसार, हमारी भूमि, जल, भोजन, वायु और अच्छे जीवन के लिये आवश्यक अन्य तत्व धीरे-धीरे कम होते जा रहे हैं।

इन ओछे नकारात्मक चिंतकों को अपने मस्तिष्क को दूषित न करने दें। 40 से 50 करोड़ लोगों की जनसंख्या (लगभग दुगनी) होने पर भी अमेरिका को तीन या चार दशकों में कोई समस्या नहीं आयेगी।

इन तथ्यों पर विचार करें :

- 1885 में जनसंख्या 9 करोड़ थी और 1985 में यह 24 करोड़ हो गई, फिर भी पहले से कम एकड़ ज़मीन पर खेती की गई और लोगों को बेहतर कपड़े, बेहतर भोजन तथा बेहतर आवास मिले। आज भूख का अस्तित्व एक राजनीतिक समस्या है; भूख अब उत्पादन, अर्थशास्त्र या टेक्नोलॉजी की समस्या नहीं है।
- हर अमेरिकी पुरुष, महिला और बच्चे के लिये दस एकड़ से अधिक (4,25,000 वर्ग फ़ुट) भूमि उपलब्ध है।
- अगर लोग अधिक जनसंख्या घनत्व वाले इलाक़े में रहते हैं (न्यूयॉर्क सिटी, वॉशिंगटन, डी.सी. या शिकागो में), तो ऐसा इसलिये है क्योंकि वे वहाँ रहना चाहते हैं, इसलिये नहीं क्योंकि उनके पास कहीं और रहने की जगह नहीं है।

- दुनिया की 75 प्रतिशत भूमि पानी से ढँकी है। अगर हमें इसकी ज़रूरत पड़े, तो हमारे पास ऐसी टेक्नोलॉजी उपलब्ध है, जिसके द्वारा हम नमक और अन्य अशुद्धियाँ दूर करके उस पानी का उपयोग कर सकते हैं।

उन लोगों के लिये महान अवसर उपलब्ध हैं, जो जनसंख्या वृद्धि को सकारात्मक रूप से देखते हैं।

टेक्नोलॉजी में विस्तार होगा। टेक्नोलॉजी पहले से ही एक प्रमुख उद्योग है। परंतु इसकी संभावना के संदर्भ में यह अब भी एक शिशु है। जेनेटिक इंजीनियरिंग, सौर और वायु ऊर्जा, रोग उन्मूलन तथा बचाव व गहन अंतरिक्ष दोहन जैसे क्षेत्रों में कैरियर, बिज़नेस और निवेश की महान संभावनायें तेज़ी से बढ़ रही हैं। टेक्नोलॉजी की मदद से हम अंतर्राज्यीय हाईवे सिस्टम बना पायेंगे। औसत जीवन आयु 95 वर्ष या इससे अधिक हो जायेगी। इतना ही नहीं, आने वाले दशकों में और भी बहुत कुछ है - वे दशक, जो आपके भविष्य को सीधे प्रभावित करेंगे।

मानवीय इच्छायें तब भी संतुष्ट नहीं होंगी। एडम स्मिथ ने दो सदी पहले हमें यह अवधारणा दी थी कि सभी मानवीय इच्छायें संतुष्ट नहीं की जा सकतीं। यह आज भी उतना ही सच है, जितना कि यह भविष्य में होगा। यात्रा पर विचार करें - जो अवसर के दर्जनों क्षेत्रों में से एक है। लोग देश के अलग-अलग प्रांतों या दूसरे देशों में भ्रमण की अपनी इच्छाओं को संतुष्ट नहीं कर पाते। 100 में से सिर्फ़ एक अमेरिकी ने पिछले साल अमेरिका से बाहर की यात्रा की। और जितने ज़्यादा लोग यात्रा करते हैं, वे उतनी ही ज़्यादा यात्रा करना चाहते हैं। हालाँकि अंतर्राष्ट्रीय पर्यटन ने पिछले साल सबसे ऊँचा रिकॉर्ड बनाया, परंतु यह संभव है कि अगले दो दशकों में यह कम से कम पाँच गुना बढ़ जायेगा। सोचिये, पर्यटन उद्योग किस तरह दूसरे उद्योगों को प्रभावित करेगा, जैसे हवाई यातायात और होटलों को!

स्वर्ण युग हमारे सामने है। इसे देखिये। इसका लाभ उठाइये। इसका आनंद लीजिये। परंतु याद रखिये। जिस तरह लोग 40 साल पहले अवसर सामने खड़ा होने के बावज़ूद उसके प्रति अंधे थे, उसी तरह

अधिकांश लोग आज भी स्वर्ण युग को नहीं देख पायेंगे, जब तक कि लाभ उठाने के लिये बहुत देर न हो जाये।

किसी बच्चे को यह समझाना मुश्किल है कि पिछले 40 सालों के प्रचुर आर्थिक विकास और सामाजिक बेहतरी के बाद आज कोई ग़रीब कैसे हो सकता है? भविष्य में व्यक्तिगत ग़रीबी को समझाना और भी ज़्यादा कठिन हो जायेगा।

अभी हाल निर्णय लें कि आप अपने प्रियजनों और अपने लिये एक अद्‌भुत भविष्य बनायेंगे।

समृद्धि की इन कुंजियों का इस्तेमाल करें

- दौलत इकट्ठी करने का पूर्ण संकल्प करें। शुरुआत करने का समय **अभी** है, तब नहीं जब आपकी तनख़्वाह बढ़ेगी, या जब आपका ख़र्च बहुत कम होगा। इसी समय शुरुआत करें!
- अपनी आर्थिक स्वतंत्रता का टैक्स दें। "टैक्स" चुकाकर ख़ुद को दौलत का पासपोर्ट दिलायें।
- जो भी आप कमाते हैं, उसे अधिकतम कर दें। फ़िज़ूलख़र्ची न करें। यह सोचें कि पुरस्कार और त्याग में आनंद है।
- स्मार्ट तरीक़े से कर्ज़ लेना सीखें और मूर्खतापूर्ण कर्ज़ से बचें।
- यह सोचें कि आप किस तरह समृद्ध होंगे, यह न सोचें कि अर्थव्यवस्था किस तरह समृद्ध होगी।
- आने वाले स्वर्ण युग में सहभागी बनें। सर्वश्रेष्ठ समय आने ही वाला है।

❖❖❖